U0553747

中国县域发展
晋江经验

THE DEVELOPMENT OF
COUNTIES IN CHINA:
ON THE EXPERIENCE OF JINJIANG

本书课题组 著

社会科学文献出版社
SOCIAL SCIENCES ACADEMIC PRESS (CHINA)

序

晋江市是福建省发展最快、实力最强、最具发展活力的县域，已连续11年跻身全国县域经济十强县。2011年实现地区生产总值1095.68亿元，工业总产值达2734.85亿元，财政总收入达136.06亿元，人均GDP 8467美元。在实现经济持续快速发展的同时，晋江在转变发展方式、统筹城乡发展、统筹经济社会协调发展、生态文明建设、民生改善、建设和谐社会，以及建设服务型政府和推进党的建设科学化等方面都取得了骄人的成就和重要经验。

我国县域幅员广大，发展很不平衡，大多数县市都还处于工业化初期阶段，像晋江这样已经实现了工业化、城市化的县级市还是极少数。县域现代化是破解我国城乡二元结构及发展不平衡的关键，是我国未来持续发展的潜力所在和希望所在。晋江市是探索县域现代化道路的先行者，在探索县域现代化道路进程中，总是率先遇到别人没有遇到的问题，并率先解决。因此，晋江经验具有先导性。晋江的成功发展实践证明：薄弱的县域也可以实现赶超式发展，并率先基本实现现代化；县域发展并不主要取决于原有的区位条件和资源状况，而是取决于体制能否继续深化改革，创造条件，加快经济社会发展，其中，提高地方党委和政府的执政能力，是很重要的一条。因此，研究、总结晋江这样的先行者的经验和模式，对于加快广大正在谋求发展和探索现代化道路的县域发展步伐，整体推进中国特色社会主义现代化建设事业，具有十分重要的意义。

晋江模式、晋江经验是我国县域农村探索工业化、城市化和社会现代化、全面推进区域现代化的典型，得到时任福建省省长的习近平同志的高度评价，习近平明确要求要学习晋江经验。2011年召开的中共福建省委第九届党代会将“学习晋江经验”写入了党代会报告。晋江模式、晋江经验也是理论界众多学者长期关注的一个典型，有很多学者到晋江调查研究，写出了很多总结晋江模式和经验的论著。我和中国社会科学院社会学所的部分学者对晋江的研究始于20世纪80年代后期《中国国情丛书——百县市经济社会调查·晋江卷》的调查研究。1995年，在晋江建市三周年之际，与晋江合作成功举办了“晋江模式—农村现代化道路”理论研讨会，并出版了论文集。2000年编撰出版了《晋江的现代化之路：从贫穷到富裕》一书。2007年，在晋江建市15周年之际，受中共晋江市委的邀请，我们在晋江调查历时半年，又编撰出版了《晋江模式新发展——中国县域现代化道路探索》。

最近，我很高兴地看到又一本研究晋江的新作《中国县域发展·晋江经验》将要出版。该书以创业创新为主线，突出2006年以来晋江推动自主创新、建设创新型晋江的经验，反映了晋江模式在新的发展进程中的又一个新阶段，也为关于晋江的研究增添了一个新的视角。

建设创新型国家、创新型城市是我国一项重大的战略决策，也是我国转变发展方式的迫切要求。从县域经济发展看，依靠大量要素资源投入支撑经济增长的发展模式已面临严峻挑战，积极推动自主创新，促进县域经济发展方式从要素驱动逐步向创新驱动转变是实现县域现代化的关键。晋江市于2006年提出“建设创新型晋江”的战略目标，成为我国第一批“建设创新型城市”的县级市。围绕创新型晋江建设，晋江推动了“二次创业”，加快了产业结构调整升级步伐，出台了一系列鼓励、支持创新的扶持政策，形成了日趋健全、完善的区域技术创新服务体系和开放包容、充满活力的创新文化氛围。创新型晋江建设为县域现代化道路的探索提供了新鲜经验。当然，晋江推动“创新型城市”建设是一个历史的过程，有其特定的基础和条件，比如，足以支持创新型晋江建设的县域经济实力、企业能力、产业基础、城市平台等。他们这些创新发展的成功经验，对于广大正在谋求发展、处于差异化发展条件下的县域是不可简单复制的。晋江在积极转变发展方式，积极培育创新型企业家群体和人才队伍，积极建设锐意改革创新的服务型政府，积极培养充满干事创业激情的干部队伍，积极构建服务企业引导创新发展的“政企互动”机制等方面所创造的经验具有重要的借鉴和启示意义。

晋江模式、晋江经验是与时俱进的。它总是在新的社会实践中不断创新发展。在2007年出版的《晋江模式新发展——中国县域现代化道路探索》一书中，我们曾经以晋江撤县建市为标志，将改革开放初期到1992年之前的14年，概括为晋江成功探索晋江实现乡村工业化道路阶段，即“晋江模式”阶段（这一阶段的晋江模式与苏南模式、温州模式和珠江三角洲模式并称为我国乡村工业化道路的四大模式），而将1992年之后的15年概括为晋江模式新发展阶段，即在解决乡村工业化问题基础上，在工业化、城市化、市场化、国际化的发展进程中，统筹城乡协调发展、统筹经济社会协调发展，全面推进基本实现现代化建设，推动晋江模式的新发展。目前，晋江总体上仍然处于这一阶段。

进入21世纪，中国进入了新的历史转折时期。一方面经济持续快速发展，取得了辉煌成就；另一方面，社会矛盾、社会问题凸显，面临各种挑战，这是经济和社会发展不平衡、不协调的反映，是社会结构滞后于经济结构的表现。2004年中共十六届四中全会，提出了构建社会主义和谐社会与加强社会建设的战略思想和战略任务，2006年中共十六届六中全会明确指出，新阶段、新时期要“在坚持经济建设为中心的条件下，把构建社会主义和谐社会建设摆在更加突出的位置”。国内外的实践表明，现代化建设是一个完整的系统工程，不仅要实现经济现代化，而且还必须要实现社会现代化、政治现代化和文化现代化。在现代化建设系统工程中，经济现代化是最重要的，是基础性的，起决定作用的；但国内外的实践表明，仅仅实现经济现代化还远远不够，还必须加强社会现代化建设，使经济社会协调发展。由于各种原因，我们在社会建设方面晚了一些，以致出现了“经济这条腿长，社会这条腿短”的尴尬局面，这是当前诸多社会矛盾、社会冲突频发的结构性原因，实际也是当前经济发展受到阻滞的一个重要原因。

所谓中国进入了一个新的历史转折时期，就是指经过30年的经济建设，我们解决了短缺经济的问题，成为世界的制造业大国，成为世界第二大经济体，基本实现了经济现代化。这个伟大的成就，是怎么估计都不过分的。但是，目前社会矛盾、社会冲突凸显，经济社会发展不平衡、不协调成为社会的主要矛盾。新的历史转折时期的任务，就是要按照中央关于构建社会主义和谐社会的战略设想，在继续推进经济建设的同时，重点加强社会建设，加快社会建设的步伐，大力推进经济社会协调发展，努力实现社会现代化。这既是“适应国内外形势新变化，顺应各族人民过上更好生活新期待”的需要，也是实现加快转变经济发展方式，促进经济长期平稳较快发展的需要，可说是“一举托两头”的大战略。

进入21世纪以来，晋江的发展又有了新的内涵，把晋江模式、晋江经验提高到了一个新的阶段。我对晋江的新发展满怀希望，充满信心。从20世纪80年代创造晋江模式，到90年代中期创造晋江模式新发展的经验，再到现在正在创造新型晋江，在经济持续快速发展的同时，重点加强社会建设，实现经济社会协调发展，晋江县域现代化之路，必将越来越宽广，创新型晋江必将取得更大的成就，创造更多的新经验！

陆学艺

2012年10月25日

目 录

CONTENTS

主报告

专题报告

主报告

创业乐园·创新晋江[*]

引言：从创造“晋江经验”到建设“创新型晋江”

晋江市（县级市）地处福建东南沿海，濒临台湾海峡；海岸线长达110公里，陆域面积649平方公里。现辖6个街道、13个镇，共389个行政村、居（社区）；常住人口201.25万人，其中当地户籍人口106.97万人；外来人口总量常年保持在110万人左右；旅居境外、海外的晋江籍同胞达200多万人。

改革开放以来，晋江在创造社会财富、创造民生幸福、创造发展经验、创造、创业、创新生态环境和建设创新型城市等方面，始终走在福建省乃至全国县域前列。

2002年，习近平同志深入研究并高度评价晋江经验。[①] 晋江经验成为县域发展的典范。从此，晋江开始了更高起点的又好又快的发展。2002年，在福建省率先实现宽裕型小康。城市化建设大踏步推进，工业化和城市化互动发展，城乡一体化新格局基本形成；产业集群集聚发展，规模效益不断提升，品牌影响日益扩大，资本运营成效显著。目前，晋江已形成较完整的地方生产系统和产业链，“国字号”品牌和上市公司数量均在全国县域中位居前列。

---

* 本文作者：福建江夏学院课题组组长黄陵东；执笔：黄陵东（福建江夏学院人文学院院长、教授）；唐赤华、林凯、陈晓煌、朱婧、李羿琼、黄翠萍等参与了调研、讨论、资料研究和部分初稿的写作。

① 习近平：《研究借鉴晋江经验》，《福建日报》2002年10月4日。

在行政改革、市场创新、社会建设和社会管理创新以及生态建设和民生改善等方面，晋江都在不断地创造新成就、新经验。晋江经验是与时俱进的，它总是不断地自我突破、自我超越，愈益彰显可持续发展的内在生机和活力。这种生机与活力来自于它的独具特色的创业创新生态，与市场经济有着天然的、动态的亲和力，来自于它符合中国特色的县域经济的发展条件和发展规律。发展到今天的晋江经验内在地统一着几个要素：以民营经济为主体，以实体经济为根基，以集群发展为方式，以品牌经济为内涵，以资本内聚运作为手段，以自主创新为动力，以政企互动为保障。

以民营经济为主体，具有产权明晰、机制灵活、自主经营、反应敏捷、风险自担，以及强大的创新动力等优势。同时，企业和企业家是本土的，品牌和技术是本土的，利润和税收是本土的，企业决策、经营、创新是自主的。这种“内发外向”型的发展，既能充分释放本土的强大内能，又能充分利用外部资源和国内外市场促进发展；既有助于县域经济自主发展、自主创新，也有助于创富于民、创富于政、创富于本土。而实体经济、集群发展、品牌经营、资本运作、自主创新等内涵要素，都是参与市场竞争并在竞争中取胜的重要而有效的手段。晋江将这些内涵要素以一定的方式和运行机制集成为一体，可谓是集成创新。比较而言，温州模式同样以民营经济为主体，也擅长资本运作，但它的去实体化的输出型的资本商业运作，既掏空了实体经济，也分流了地方财政收入；东莞模式、苏南模式也重视实体经济，但它们“两头在外”的典型的外源型经济特征，使其在相当程度上受制于外部，缺乏发展的自主性，发展前景具有不确定性；而高密度的外资“挤出效应”也严重制约着民族工业、本土品牌的发展和技术创新。因此，从长远看，晋江经验对于中国特色的县域经济发展具有较高的借鉴价值。这里还要特别指出的是，“政企互动”是晋江经验的内在组成部分。政府本来就是一只看得见的手，在中国特色社会主义市场经济条件下，政府引导和市场发起是企业创新活动的双引擎。政府作为战略引导的格局将长期存在，因此，地方党委和政府与企业建立什么样的互动关系，如何运用非市场化的方式，构建有利于企业经营发展、技术创新的政策环境、社会文化环境、体制机制，以及公共服务体系，高效率地引导、支持和服务企业发展，提高企业家素质，解决企业发展难题，回应企业发展诉求，激活企业创业创新激情，而又绝不干预企业自主决策和自主经营，是企业乃至区域发展创新至关重要的因素。晋江创造的独具特色的“政企互动”方式不仅推进了经济社会发展，也推进了政府创新，更值得重视的是它创新了地方党委领导地方经济工作、联系群众、推动发展的长效机制。

晋江经验本质上是政府引导、支持民营企业创业创新的经验。从开创“晋江模式”、创造“晋江经验”，再到 2006 年以来推动创新型晋江建设，晋江模式给人们最深刻的印象是创新不息，创业不止，永不满足，永不言败。晋江经验说到底就是晋江市广大干部群众奋力拼搏，同心同德地创业创新的经验，是逐步迈向创新型城市的引领经验。正是基于这样的事实与思考，我们拟以创业创新为主线解读晋江模式和晋江经验。

一　晋江经济社会发展成就

改革开放 30 多年来，晋江市委、市政府带领广大干部群众以解放思想为先导，坚定地沿着中国特色社会主义道路奋力拼搏、破浪前行，闯出了一条具有晋江特色的县域发展道路，取得了一系列显著成就，成为福建省乃至全国“经济发展最快、实力最强和最具经济活力”的县域之一。

（一）县域经济实力持续提升，经济发展水平率先达到世界中上等水平

1978 ~ 2010 年，晋江的 GDP 年均增长 19.6%，工业产值年均增长 26.3%，财政收入年均增长 22.1%。这种增长速度意味着平均每 4 年多在已有基础上再造一个晋江。2011 年实现地区生产总值 1095.70 亿元，工业总产值达 2740.15 亿元，财政总收入达 136.06 亿元，人均 GDP 约达 8467 美元（按常住人口计算），约为全省平均水平的 1.5 倍。按照世界银行 2007 年提出的划分世界各国和各地区经济发展水平的标准来看，晋江市经济发展已达到世界中上等水平①。在经济持续快速增长的同时，经济发展的质量

① 即人均国民收入 875 美元以下为低收入水平；876 ~ 3465 美元为下中等收入水平；3466 ~ 10065 美元为中上等收入水平；10066 美元以上为高收入水平。参见 http://century.bit.edu.cn/news/html，2007 年 5 月 18 日。

和效益也明显提高。以2011年的经济发展情况看，晋江市以占全省0.5%的土地和4.4%的常住人口，创造出占全省6.6%的地区生产总值和4.9%的财政收入；平均每平方公里创造出地区生产总值1.4亿元，为全省平均水平的12.6倍；财政总收入占地区生产总值的比重由2002年的7.2%上升到2011年的12.4%。截至2011年，晋江市综合经济实力连续18年位居全省十强县（市）首位，县域经济基本竞争力连续11年保持全国百强第5~7位。

（二）产业转型升级步伐加快，经济发展方式向创新驱动转变

改革开放以来，晋江以传统制造业为主体的产业经济持续高速发展，形成了比较完备和独具特色的产业群、产业区和产业体系，企业发展能力、产业集聚效应和区域比较优势充分显现。这些不同产业和生产环节在空间上的高度集聚，形成了专业化分工协作水平较高的生产网络和组织模式，形成了效果显著的集聚经济、规模经济和范围经济，为构筑区域竞争力打下了坚实基础。“十一五”以来，晋江加快了发展方式转变和产业转型升级步伐，通过强化产业发展引导、产业项目建设、产业载体支撑、产业技术创新以及企业管理创新等战略举措，不断优化提升存量产业，挖掘培育增量产业，加快推进产业结构优化升级，使本地产业在国内外市场分工中的竞争优势进一步增强。目前，晋江6大传统支柱产业的产业链分工越来越紧密，产业协作、原材料配套本地化趋势日益明显；企业发展专业化、功能化、系列化、品牌化和国际化程度越来越高。在传统产业集群支撑作用不断增强的同时，晋江的新兴产业集聚效应也日渐显现，一批战略性新兴产业已崭露头角，显现出良好的发展态势。

（三）“生态立市”战略大力推进，区域生态环境明显改善

晋江市以占全省1/200的土地承载了1/10的工业生产总值，经济社会的发展与资源环境的矛盾相当突出。生态环境建设面临严峻挑战，但晋江以科学发展观统领全局，着眼于可持续发展，充分发挥企业的主体责任和政府的监管职能，充分调动全社会的积极性，使生态环境建设取得显著成效。在大力推进产业转型升级，促进经济发展方式转变的同时，晋江坚持把建设资

源节约型和环境友好型社会确立为国民经济和社会发展中长期规划的一项战略任务来抓，深入持久地推进“生态立市”战略实践。2004年荣获“全国水土保持生态环境建设示范市”。近年来，晋江通过实施清水、造林、保洁“三大行动”和大力度污染整治，开展了卓有成效的生态环境建设工作。一是清水行动，持续加强近海水域环境污染整治和重点流域综合整治，3年来，共投入25亿元，实施176个近海水域综合治理项目，市域水环境明显改善。二是造林行动，2009年以来，开展“全民动员、绿化晋江”植树行动，新增造林3万多亩，市区绿化率提高到40.5%。三是保洁行动，建立市镇村一体化保洁新机制，每年投入1亿元，用于城乡环卫，使城乡环境卫生明显改善。四是深入开展对石材、陶瓷、电镀、涉铅、制革、漂染、造纸、食品8个重污染行业的深度治理，建筑饰面石材业已全部于2012年7月30日前关停。

（四）城市化水平迅猛提高，城乡一体化发展形成新格局

晋江自2001年被福建省政府批准为（规划）中等城市以来，始终坚持把晋江649平方公里的土地当做一个城市来建设。显然，这种战略安排使晋江在起步时就将城市化与城乡一体化内在统一起来，城市建设与城乡一体化发展互促共进，也使晋江的城乡一体化既独具特色，又有更高的标准。

近年来，晋江围绕“提升”和“品质”两个关键词，大力推动新一轮城市建设，城市中心市区建成面积从2006年的42平方公里扩大到60平方公里，物流、商务、行政、文体、居住等功能布局进一步完善，城镇化水平从2006年的44%提高到60%；城市建设基本实现高起点规划、高规格设计、高要求建设、高效能管理。城市的个性化特征初步显现，如品牌之都内涵、商务城市特质、创业城市功能、体育城市属性等。

晋江的城市化建设始终与城乡一体化战略统一在一起，基本实现城乡规划统筹、城乡建设统筹、城乡布局统筹、城乡管理统筹、城乡公共服务统筹。城乡差距进一步缩小。目前，晋江城乡的基础设施已较完善，已初步形成公路（含高速公路）、铁路（含高速铁路）、机场、港口码头及市内公共交通等较齐全完备的交通网络。陆域公路密度约达351公里/百平方

公里，居全国县级市前列，城市“畅通工程”达国家一级管理水平，4D级晋江机场居全国通航机场第37位，成为干线机场。此外，还建成2个万吨级码头及一批配套码头。

与此同时，晋江的“三农”工作成效显著，农业规模发展，农业龙头企业和种粮大户数量均居全省县域首位；“百村示范、村村整治”、“家园清洁行动”、“百企联百村、共建新农村”等活动全面推进，涌现出8种模式和17个典型示范村，为新农村建设创造了新经验。

（五）民生改善成效显著，社会事业全面发展

晋江自2002年率先在全省基本实现宽裕型小康以来，更加注重更全面、更均衡、更高层次的小康社会建设。近年来，晋江市按照“全市统筹、城乡一体”和“保障全覆盖、待遇均等化”的思路，每年都拿出60%以上的新增财力用于民生建设，加快构建就业、教育、医疗、住房、安保、环境整治和社会保障7个民生保障体系。2011年，城镇居民人均可支配收入24731元，农民人均纯收入11965元，为全省平均水平的约1.5倍；城镇居民人均住宅面积79.64平方米，农民人均住宅面积达60.35平方米。城镇居民和农村居民恩格尔系数分别为39.9%和41.4%，分别低于全省平均水平的4.9个和1个百分点。在就业方面，晋江已基本实现充分就业，2011年，城镇登记失业率控制在0.3%以内。在社会保障方面，在全省实现五个率先：一是城乡低保制度于1998年在全省率先实行城乡一体，并实施高标准、广覆盖。二是新型农村合作医疗制度于2006年在全省率先实行城乡一体，覆盖率达100%，参合率稳定在98%以上。三是新农保在全省率先实现城乡全覆盖。四是被征地人员养老保险试点于2006年在全省县级市率先推行，受益面不断扩大。五是社会保障体系率先惠及广大外来务工者（晋江称之为“新晋江人”），先后出台了“服务流动人口十五项优惠措施”、“三不承诺”和“居住证”制度，有效保障外来务工人员各项权益，大大增强他们的城市归属感。此外，保障性住房建设力度持续加大，慈善事业走在全国前列，于2002年成立晋江市慈善总会，荣获“全国慈善事业突出贡献奖”。

在社会事业建设方面，晋江也取得突出成就。一是教育方面加快推进均

衡发展、创新发展：首批通过省“双高普九”验收，2012 年通过省义务教育基本均等发展县验收，荣获“福建省教育先进市”，高等职业教育从无到有（目前已有 2 所）。外来人员子女义务教育实现同城化，并率先开设尝试来晋江务工人员子女高中教学实验班，异地同步会考和高考异地体检。二是文化、体育事业全面发展：获国家级“文化先进县（市）”、“体育先进县（市）”、“武术之乡”、“游泳之乡”等称号，城市文化软实力日益提升。三是医疗卫生服务持续改善，2011 年全市医疗卫生机构达 857 家，社区卫生服务站 80 家，村卫生所 672 家，每万户籍人口拥有卫生技术人员 37.5 人，医院病床数 28.6 张。四是精神文明建设和“双拥”工作扎实推进，以全省县级市总分第一的成绩获评福建省“第三届文明城市”称号，使市民素质不断提升；连续五届蝉联“全国双拥模范城”。五是科技工作持续领先发展，荣膺全国科技进步市“八连冠”，入选首批“全国科技进步示范市”和“全国知识产权强县工程”。

（六）行政管理体制改革持续推进，社会管理创新成效彰显

晋江自 2002 年被中央编制办公室列为全国五个深化行政体制改革试点单位之一以来，持续、深入地推进以政府职能转变、组织结构重组、工作流程再造、管理方式更新为内容目标的行政体制改革。经过十轮的改革，摆正了政府服务社会、企业和群众的职能定位，规范了政府“有所为”和“有所不为”的权责边界，规范了行政自由裁量权和社会中介组织管理，突出了政府对市场和社会的引导、服务、监督功能，提高了政府综合运用经济、法律手段和必要的行政手段实施管理的能力和水平。晋江建立的行政审批服务中心和群众咨询投诉中心，成为服务型政府建设的新载体，既方便了群众，又畅通了群众的咨询、投诉渠道，提升了政府服务效力和执政形象。

近年来，晋江被列为福建省唯一的全国社会管理创新综合试点城市，以此为契机，晋江机构改革与社会管理创新有机地结合起来，运用机构改革的经验成果促进社会管理创新在高起点、高水平上进行，结合社会管理创新的新要求，创新机构改革的内容、形式和方法手段。服务型政府建设从以政府视角为主，转向同时注重社会视角，注重培养社会自我管理和自我服务的能

力，注重创建政府调控、社会组织协同参与的新型社会运行机制。扎实推进社会管理创新的百个项目。积极探索整体推进管理理念、政策体系、体制机制和方法手段创新。构建政企互动体系、社会保障体系、流动人口服务管理体系、矛盾纠纷预防化解体系、公共安全保障体系这“五个体系”，有效加强和创新了社会管理。

（七）党的建设科学化水平显著提高，全社会创业创新活力充分迸发

改革开放以来，晋江地方党委和政府高举中国特色社会主义理论伟大旗帜，坚持党的解放思想、实事求是、与时俱进的思想路线，在不断推动县域经济科学发展的同时，不断强化了自身建设，积累了围绕和服务于县域发展、群众利益和文化导向推进党的建设的经验，形成了解放思想、开拓创新、锐意进取和“一任为一任打基础、一年为一年添后劲”的执政传统。

近年来，晋江市党委以党的十七大和十七届四中全会精神为指导深入开展学习实践科学发展观和创先争优活动，以改革创新精神加强自身建设。2012 年，晋江市委被评为“全国创先争优活动先进县（市、区）党委”。各级党委坚持与时俱进、先行先试、统揽全局、引领发展；不断破除思想观念和体制机制障碍，在优化晋江发展“软环境”、非公党建工作、基层组织建设、机关党建创新，以及人才队伍建设等方面创造了新鲜经验，从而把党的建设科学化的认识和实践提高到了新的水平。晋江突出的一条经验是：始终围绕经济建设和人民群众利益，开展先进性和执政能力建设。通过“政企互动”，创新了党领导经济工作、联系群众、推动发展的长效机制；通过每年拿出一半以上财力改善民生和用于创新型的服务型政府建设，赢得了民心民意，打下了同心同德建设晋江的执政基础；通过解放思想，实事求是，不搞政绩工程和围绕发展作决策、选干部、带队伍、抓干部管理，促进了干部队伍建设，提高了对群众的说服力、感召力和凝聚力；通过学习型组织建设、创先争优活动的开展和弘扬晋江精神，提高了全体党员的思想理论水平和干事创业激情；通过社会管理创新和机关党建创新的互动共进，进一步促进了良性互动的政社关系、干群关系，进一步提升了社会的凝聚力、组织力，激发了全社会的创业创新激情和活力。

建设中的晋阳湖

二　晋江特色的创业创新之路

晋江经验，是晋江人民创业创新历程的概括和总结，其中，民营企业、民营企业家的创业创新实践和地方党委、政府的执政创新实践最具特色，最有代表性。

（一）民营企业及企业家创业创新之路

1. 创业创新历程

晋江县域经济以民营经济为主体。至今，民营企业数量达 15000 多家，占全市企业总量的 91.9%；创造的产值、税收和就业机会所占比重都在全市的 95% 以上。民营企业家被称为“睡不着的晋江人”；闻“机”起舞，逢时“弄潮”；永不满足，从不言败。改革开放 30 多年来，他们从联户集资兴办乡镇企业起步，经历了从为求生存而创业到为争一流而创业，从仿效生产到自主创新，从“一次创业”到“二次创业”的进步历程。与此同时，他们的角色定位也实现了从企业主到企业家，从创业型企业家到创新型企业家的升华。这一提升过程，与我国的改革开放同呼吸共命运。但晋江的特色在于：总是先人一步、快人一拍。改革开放之初，晋江在全国最早突破所有制限制，发展以“联户集资”为主要形式的民营经济；最早突破资源配置“三就地”（原材料就地收购、就地加工、就地销售）政策限制，探索市场经济发展道路。在后来的发展中，他们总是率先冲破发展的障碍，率先遇到别人还没遇到的问题，并率先应对，率先解决。比如，率先在有限的县域空间形成产业链比较完整的特色产业集群，率先成为区域品牌和上市公司最多的县级市，率先成立全国首家运动鞋科学实验室和行业唯一一家国家级企业技术中心，率先成为我国制鞋行业参与制定国际标准单位，率先捐资成立全国第一家县级慈善总会，等等。

从改革开放初期到邓小平南方讲话前的约 14 年间，晋江的民营经济发展受到极大限制。党的十四大之前，全国实行的仍然是计划经济，晋江成为未被正式承认的“民办特区”，在探索市场经济发展等方面受到很大的制约。先是民营企业在夹缝中求生。1981 年，国内股份制之争白热化，晋江企业雇工、分红、供销提成等成为敏感问题；1982 年初，“三来一补”业务被叫停；1985 年“药案”效应被放大；1989 年受到姓“社”姓“资”的讨论的直接非议，以及国内一系列“治理整顿”政策引起的阻碍。但晋江的民营企业从没有停下奋力创业的脚步。据统计，1981 ~ 1985 年，晋江联户集资企业数增长 28 倍，总收入增长近 24 倍。

1992 年是我国市场经济体制改革历程中的一个转折点，也是晋江民营经济发展难得的机遇年。这一年，邓小平南方讲话，排除了姓“社”姓“资”的争论的干扰。随后，党的十四大正式提出建立社会主义市场经济的目标。这一年，又时逢晋江撤县建市，城市化建设使民营经济发展有了更大的平台依托，产生了越来越多的城市化效益，晋江的民营企业和企业家开始脱胎换骨。

“九五”期间，晋江的民营经济开始致力于规范化建设，组建企业集团，建立现代企业制度，建设专业市场，探索和发展品牌经济，筹划和推动资本运作。1995 年，“浔兴拉链”组织了第一家企业集团，次年又新增 5 家；1998 年恒安公司在香港上市，带动了晋江民营企业的上市热潮，发展势头愈益迅猛。与此同时，众多企业不断开拓国内市场，打造市场竞争优势。民营企业先是通过设立专卖店、专卖柜、专卖点，与消费者建立了直接的购销关系，塑造品牌形象，用实力和产品质量占领了国内市场，继而全力拓展国际市场。仅陈埭镇就有20多家企业在东南亚，以及欧洲的许多国家共设立了30多个商务机构。晋江民营经济的发展势头、民营企业家的发展诉求，促使晋江的发展战略由1995年提出的“质量立市”提升为1998年的“品牌立市”，推动了打造“品牌之都”和建造证券市场“晋江板块”的后续发展。

进入21世纪，民营企业创造的财富和工业化指数把晋江带入了工业化中后期发展阶段，使晋江从一个相对落后的农业地区，发展成为全国乃至全球具有影响力的以鞋服生产为代表的制造业基地。晋江的产业已形成显著的区域性比较优势，并朝着转型、优化、提升的方向良性发展。

（1）形成了纺织服装、制鞋、制伞、食品饮料、建材陶瓷、纸制品六大规模产值超百亿元的集群（制鞋超700亿元、纺织服装超600亿元），集聚经济、规模经济、范围经济特征日益彰显。一些支柱性传统产业确立了全国主产区地位，具有完整的产业链和特色产业基地，同时新兴产业的培育取得了突破性进展，形成了“641”现代产业体系（“6”就是纺织服装、制鞋、食品饮料、建陶建材、纸制品、制伞六大传统产业。“4”就是装备制造、光伏电子、高端印刷、航空零部件修造四大新兴产业；“1”就是现代服务业）。

（2）产业链条日臻完善，六大传统产业已形成相当完备的上下游产业链。在各大传统产业上游产业链的各个关键环节中，均已发育形成结构比例相对合理的配套生产企业群体，为终端产品制造企业提供产前、产中、产后专职服务的生产类、营销类服务业也比较发达，尤其是纺织服装、制鞋、制伞等产业已基本形成足不出户即可完成从生产到销售整个生产流程的良好产业生态环境。

（3）营销网络十分健全，自主营销创新步伐不断加大。全市现有上千家企业在全国各地建立6000多个常设专柜，一些大型企业甚至在省外一些中心城市建立仓储物流中心，传统产业领域的产品在全国占据着较大的市场份额，如运动鞋建立了覆盖全国一、二级市场的10万多个销售网点，陶瓷石材业已形成一支以推销陶瓷石材产品为主业、总数达15000多人的营销队伍。这支队伍走南闯北，陶瓷年销售量达8亿立方米，占全国陶瓷总销量的

40%以上。晋江健全发达的营销网络为晋江本土企业实现产销衔接、品牌形象展示和捕捉市场信息提供了强有力的支撑，为晋江产业保持市场竞争优势提供了重要保障。在自主营销创新方面，晋江的企业也迈出了重要的一步。七匹狼公司入选商务部国家电子商务示范企业；安踏、361度、特步等企业则通过网络微博、博客、微电影等新媒体探索“微营销”。

（4）产业创新态势基本形成，新兴产业崭露头角。目前，晋江全社会R&D投入占GDP的比重已达到2.4%，企业近年年均投入技改资金超40亿元；产值超亿元的企业年度研发投入占销售收入的比重均在2%以上，一些龙头企业研发投入占销售收入的比重已达到5%以上。企业的专利申请量和授权量逐年较大幅度递增，2011年全市专利申请量和授权量分别达到2066件和1532件，其中授权发明专利61件，并拥有一批持有知识产权的新技术新产品。全市已拥有企业技术中心172家，其中国家级6家，省级30家，累计有38家企业参与47项国家标准的制定和修订，33家企业参与48项行业标准的制定和修订，有4家企业参与ISO国际标准的制定。在传统产业巩固提升的同时，光伏电子、高端印刷、航空零部件、装备制造四大战略性新兴产业从无到有，导向明晰、日渐壮大。

（5）质量品牌主导发展，产业竞争优势进一步增强。目前，晋江以126枚“国字号”企业品牌，14枚地标性区域品牌，25万家市场终端的绝对优势，成为全国知名的“品牌之都”，产业经济凸显品牌经济内涵，品牌企业已成为区域经济发展的主导力量，2010年85家品牌企业实现产值占全市工业总产值比重达32.9%。

（6）资本运作成效突出，形成证券市场“晋江板块”。目前，晋江的资本运作走在全国县域前列，已有39家企业在境内外上市，累计募集资金205亿元，证券市场总市值超1800亿元。上市企业不仅将所募资金投入到技术、管理、营销、品牌创新和研发设计方面，推动了企业自身的可持续发展，也为区域经济增长作出重大贡献（2011年上市企业及上市后备企业税收入库占财政收入的42%），而且带动了一大批配套企业规范经营，促进了经济秩序的持续稳定。此外，约有100家上市后备企业正在改制，后劲充足。

晋江民营企业和企业家以“联户集资”起步，经过30多年的艰苦创业、开拓创新，实现了一系列的现代化转换：从小手工作坊到现代企业集团，从家族制度到现代企业制度，从仿照贴牌生产到“品牌之都”，从民间小资本联合到社会大资本内聚，从依附创新到自主创新，从小商品市场到全球性市场，从同类小企业仿效竞争到大产业集群集聚发展，从“一次创业”到“二次创业”。我们从晋江民营经济的历史和现实中看到了晋江民营经济可持续发展的无限生机和活力。

2. 民营企业家群体的成长及晋江特色的成长机制

晋江的民营企业家究竟有多少？至今并没有作过统计评估。但从晋江15000多家民营企业，其中规模以上民营企业1500多家，创造产值近1000亿元的数据中，我们可以肯定这是一个相当庞大的群体，尤其对一个县级市而言。然而，晋江民营企业家的成长及其成长机制，则是可清晰评估的。

在以往的关于晋江的研究中，很少有人追问过：为什么在一个有限的县域空间能涌现出如此庞大的企业家群体？为什么晋江的第一代企业家群体仅有小学、初中文化程度，却能在日益激烈的市场竞争中持续保有竞争活力？可以说，除了政府的引导和培育，更值得重视的是它自发形成的内在机制和蕴藏其中的“爱拼会赢”、特别是“个个想当老板”的地域文化精神，以及晋江特色的学习创新能力和学习机遇。需要指出的是，我们讨论的是企业家群体，而不是企业家个体。任何一个区域都可能孕育企业家，但未必能孕育出庞大的企业家群体。在一个有限的县域空间，孕育出如此庞大的企业家群体，需要更特殊的环境条件。

第一，“个个想当老板”是晋江企业家群体涌现的直接动因。“爱拼会赢”作为一种地域文化精神，是区域发展的文化合力，也是企业家群体成长的文化基础，它内化了企业家的基本素质，也促成了企业家成长的社会文化环境。但它未必能成就如此庞大的企业家群体。而“个个想当老板”作为一个地域群体鲜明的价值选择，既决定了该地域社会精英在企业领域的云集，也加强了该地域社会群体“重创造（生产蛋糕），轻分成（分配蛋糕）”的精神文化特质。正是“个个想当老板”才使晋江能够自发地形成“村村点火、户户冒烟”全民创业的景象，而“联户集资”的形式又造成众多而分散的企业春笋般诞生，为“个个想当老板”提供了可能。由此，我们不难发现，“联户集资”的形成，因为准入条件符合当时晋江“闲钱、闲房、闲散劳动力”多，农民文化水平、技术水平、管理水平低的状况，成就了晋江农民“个个想当老板”的梦想；而“个个想当老板”的地域文化精神特质又促进了第一批“联户集资”企业像“细胞分裂”一样分解繁殖出越来越多的企业，越来越多的“老板”。

第二，侨乡优势和对这种优势的创造性发挥，是晋江企业家群体形成和逐步成长的重要条件。首先，华侨为晋江联户办企业提供了大量的启动资金和房产。1976～1983年，晋江侨汇总额达2.3亿元，相当于同期晋江累计财政总收入的约1.4倍，同时，国家又实施了归还华侨及侨属侨眷房屋的政策，晋江侨属拥有了大量房产，从而为联户办企业提供了最紧缺的启动资金和房产。其次，华侨通过“三来一补”和“三资企业”的方式，给晋江民营企业家学习现代经营、管理和技术提供了好机会，激活了晋江民营企业家的学习精神、学习能力。多数华侨外商在签订加工合同后，都亲自或专派技术管理人员进厂。一方面传授生产技术和进行质量监控，另一方面也加强企业管理，培养自己的亲属成为管理人员。企业上路后，往往就交由自己的亲属进行管理[①]。这种附着于血缘、亲缘、乡缘之中的信任资本，也使晋江的企业家群体有机会更多更直接地参与管理、接受技术和文化传承，从而得到了较多方面的学习和积累。在发展“三资企业”阶段，则更加直接地把先进的技术、设备、管理方式和企业文化引入晋江本土。但好的外部条件如果缺乏能动地接受和创造性地发挥，成效必定不高。因此，更可贵的是晋江民营企业家很强的学习创新精神和学习创新能力。他们将市场意识、拼搏进取精神内化于学习上，转化为学习创新精神和学习创新能力，很快掌握了企业生产经营和发展的本领。

第三，仿效性竞争和产业链延伸为晋江民营企业家群体的素质提高和持续扩张提供了重要的实践舞台。在这个过程中，晋江企业家群体的学习创新精神和能力仍然发挥了主导性的作用。晋江企业早期的主要产品被俗称为“国产小洋货”，其实就是根据海外寄回来的“小洋货”仿制出来的。显然，仿制首先需要的就是学习精神和能力。晋江的民营企业家从大办同类企业、群起仿效竞争、引发产业链上下延伸，到产业集群的形成的全过程，伴随着的是一次次升级的仿效竞争和仿效创新，晋江的民营企业家群体每次遇到的

---

① 陆学艺：《晋江模式新发展》，北京：社会科学文献出版社，2007年12月。

多是新事物、新问题、新挑战，都必经重新学习，有所创新，从而，又进一步强化了他们的学习创新精神，提高了学习创新能力。

3. 晋江特色的企业家精神

企业家是什么？众说纷纭。但晋江的企业家对此有自己的基本共识：企业家不是商人，不是有钱就赚，什么钱都赚，什么有钱赚就做什么；不是为赚钱而赚钱，而是志在创业，志在把企业做大、做强、做久，把品牌打响，谋求百年发展。[①] 这种质朴而深刻的认识与创新理论的首创者熊彼特的理解极为相似。熊彼特（1911）虽然把企业家说成是为谋求利润而敢于进行冒险投资的“创新者”，但他同时认为企业家个人致富只是其目的的一部分而不是全部。企业家为创新而进行投资，还有心理上的特征，也就是具有显示个人成功的欲望。企业家为了体现自身的价值，为了显示自己的才华，表现自己是出类拔萃的人物，而去竭力争取事业的成功。熊彼特把这些理解为“战斗的冲动”，这是一种精神力量在支配着企业家的活动，这种精神被称为“企业家精神”。这里，我们无意于概念式地深入探究企业家和企业家精神，也不因为晋江企业家是晋江人的典型代表而简单地以晋江精神图解晋江特色的企业家精神，我们试图从晋江民营企业家 30 多年来的创业创新全过程中去解读独具晋江民营经济特色的晋江企业家精神。当然，晋江特色的企业家精神蕴涵极为丰富，充满张力，期待有更专门、更深入的研究。本报告仅从最具有特色、最具代表性的三个视角作初步解读。

第一，创新不息，创业不止。从晋江发展实践过程中，我们最深刻的印象是：无论是早期的创业者，还是成长后的企业家，从来没有停止过创业创新的脚步。晋江的干部群众说，晋江的企业与众不同，事业再大都还会有更大的追求；晋江的企业家则说，即使给我一座金山，我还要干。而他们的创业创新实践也形成了独具特色的逻辑：因创新而得以创业，因进一步创业而不断推进创新，如此循环往复，螺旋式上升。最初，他们只是因为“强烈要求改变贫穷现状的致富愿望”（费孝通）而无意间以“创造性破坏”（熊彼特），冲破了所有制制度结构，实现了企业组织创新，即创造了“联户集资”的企业组织形式。而为了进一步创业发展，他们又开始通过市场途径

---

① 摘自 2011 年 5 月与晋江企业家许连捷、陈澄清等人的访谈录。

集聚企业发展的资源，即走市场—原材料—技术和原材料—技术—市场之路，突破了资源配置的计划经济体制结构，实现了市场（机制）创新。继而，在早期晋江创业者中，“梦 18”化妆品系列和第一批釉面砖的市场成功实现了最初的产品创新；坦克刹车片和防火涂料的质量突破，实现了最初的技术创新；晋江企业宏大的供销员队伍及当时的供销承包制、包干制、联营制等方式，实现了最初的营销创新。不可否认早期晋江创业者们的创新精神胜于创新能力。但他们凭借初中文化水平，粗糙地将各种生产要素进行新的组合，尽管这些生产要素不一定是新的和从来没有过的，但他们进行的新组合一定是从来没有过的，既赋予资源以新的创造财富的能力，又为创新动力还很不足的经济社会带来了动态的不平衡。进入“九五”以后，市场逐步进入买方经济阶段，外部竞争更加激烈，创新、创业的门槛越来越高，难度越来越大。但晋江的企业家始终保存有企业家应有的“战斗的冲动”（熊彼特），持续大步推进创新创业实践。通过创新，使企业的市场化、规范化、规模化、高新化、国际化、品牌化、证券化等各个环节、各个领域、各个阶段都取得十分显著的成就。最值得一提的是，这一阶段，晋江的民营企业家立足自身的特色和优势，将创新的重点放在市场创新方面，推进了一系列创造性的市场开发活动，以创新的企业品牌形象，创新的营销方式和营销渠道，创新的设计，创新的技术和材料等进一步增强了晋江产品的影响力、美誉度，提高了市场占有率，取得了一定的市场话语权。事实上，市场创新是企业创新的中心环节，其主要目标就是开辟新市场。正如著名管理学家彼得·德鲁克所言“创新的成功不取决于它的新颖度，它的科学内涵和它的灵巧性，而取决于它在市场上的成功”。

第二，爱拼会赢、抱团发展。爱拼会赢是普遍内发于晋江人身上、深嵌于该地域文化心理结构中的意志品格、性格特征。它既是该地域历代创业先驱的文化遗传，也是今日晋江创业者最核心最本真的品格。晋江的“爱拼会赢”精神集中体现在晋江民营企业家身上。“爱拼”突出“敢”字，体现了晋江创业者敢拼、敢闯、敢冒险、敢竞争、敢为天下先、百折不挠、永不言败的精神特质。“会赢”突出“善”字，既有拼的内在自觉、胆略和激情，又有赢的谋略、技巧、方法、本领和实力。在 30 多年的发展实践中，无数开创性的事例和无数“率先”、“第一”的指标、数据，足以充分表达晋江的民营企业家们既敢拼又会赢的企业家精神。“抱团发展”也是颇具晋江特色的企业家精神。一般地说，拼搏竞争必须处理好与竞争者和合作者的关系，做到既有竞争又有合作，实现共赢。否则就可能是恶性竞争，就经不起狂风恶浪，就不可持续。抱团发展是晋江人特有的精神气质，从晋江特定的历史和现实实践来看，爱拼会赢和抱团发展总是联系在一起的。晋江历来重视乡土团结，崇尚风雨同舟，形成了“坐船爱船走”（闽南语）的传统思想观念。晋江华侨身上的乡土情结至今仍很浓厚，而晋江民营企业家讲义气、爱面子、立业争光的心理特征进一步强化了抱团发展的思想观念。在改革开放过程中，晋江民营企业家无论在“联户集资”、开拓市场、发展产业集群、延伸产业链、发挥行业协会作用、构建区域技术创新平台，特别是在应对金融危机以及“政企互动”、“村企合作”慈善互助等方面，都充分体现了抱团发展的精神特质。抱团发展是晋江精神内在要素——“团结”，在晋江企业家身上的个性化表达。

第三，心存社会、造福桑梓。晋江民营企业家创业创新的动力到底是什么？这也许是一个动态的发展完善过程。改革开放之初，它可能是著名社会学家费孝通早年所揭示的“强烈的摆脱贫困现状的致富愿望”；创业初步成功之后，它可能像熊彼特所言，更注重“个人成功”，体现自身价值，显示个人才华，确证自己是出类拔萃的人物；再后来，它有可能像晋江民营企业家自己说的那样，志在创业、志在百年发展，同时担当责任、回报社会。在我们看来，在晋江民营企业家的血脉里，致富、成功、责任是动态统一的，并与时俱进地动态平衡着。当他们从“自然人”蜕变为企业家时，特别是由创业型企业家向创新型企业家转型时，他们不仅如熊彼特所言，是具有远见卓识、具有经营管理才能、敢于冒险的企业家，而且如大家所公认的，是具有国家意识、民众情怀、能够和勇于担当社会责任的企业家。这既是晋江创业先驱者（华侨）传递给他们的文化，也是晋江百万民众和政府的深切感触和期待。因此，我们认为“心存社稷、情系桑梓”也是晋江特色的企业家精神的重要内涵，主要表现在为国家作出越来越多贡献、为社会承担越来越多责任。

近几年来，晋江民营企业每年创造的产值、税收、就业机会都达到全市总量的约95%。而晋江的经济总量约占福建省全省的1/16，这是一方面。

另一方面，在投身公益事业方面，晋江民营企业也作出很大贡献。20 世纪 90 年代，他们捐资建机场、办学校等公益事业，2002 年捐资建立了全国县级市慈善总会。无论在募集善款总量、扶助项目数量，还是受益对象总数上都走在全国县级、市级乃至省级慈善组织的前列。再一方面，在生态环境建设方面，除了出钱、出力，积极参加各项“绿化晋江”活动外，还主动担当了治污、节能、减排的众多责任。目前，建筑饰面、石材加工企业已实行全行业退出，制鞋、漂染等企业花巨资加强了技术改造，实现了环保达标。此外，最突出的还有两方面，一是在企业生产管理和战略决策中体现了企业的社会责任。各大企业加强了质量管理，品牌企业在分派代工时，加强了质量控制、标准控制，对价值链上的各生产环节实施有效监督，为保护消费者权益守住源头，也为晋江产业、晋江品牌、晋江形象的建设做出了努力。二是很多企业做大做强后，或“走出去”后，仍然把根留在本土，把企业的总部和营销中心留在晋江。一些晋江籍异地商会抱团回乡投资，如磁灶 6 个异地商会抱团回乡投资 30 亿元新建海西建材城；一些龙头企业把营销中心迁回到晋江，等等。

（二）不断推动创业创新的党委和政府

晋江民营企业家群体的孕育、成长及其创业创新实践和可持续的发展活力、发展后劲，须臾离不开晋江地方党委和政府与众不同的努力。改革开放 30 多年来，晋江地方党委和政府一任承继一任、一年承继一年地呵护、引导和服务着晋江民营企业家群体，推动创业创新实践取得一次又一次重大发展，并创造出被总结为“政企互动”的独特经验。

“政企互动”，概括地说，就是政府围绕企业发展，在充分尊重企业市场主体地位、创新主体地位，紧贴企业诉求的基础上，通过制定政策、营造环境、构建平台和机制及适宜的宏观调控手段，实现对企业的战略引领和高效优质服务；而企业则积极主动地反映诉求、回应政府的决策咨询，为政府制定政策、改善服务和执政创新提供依据。“政企互动”要求政府必须“把握趋势，理清思路，制定策略，引领发展，既在企业后头推波助澜，更在企业前头因势利导”；必须“以企业的实践作为政府制定政策、改善服务的依据，以政府的作为为企业的发展提供导向、营造环境”。这里需要指出两点，其一，晋江的“政企互动”不仅是政府和企业之间的互动，更准确地说，是企业与地方党委和政府之间的互动，而且，还延伸至政府与社会的互动关系中，它在推动企业及社会发展的同时，推进了服务型政府建设，也促进了党领导经济工作、联系群众、推动发展长效机制的构建。其二，晋江的“政企互动”始于改革开放之初，贯穿于改革开放全过程，是一任接一任，一年接一年与时俱进地发展而来的。

晋江民营企业家的创业创新实践，很多时候是自发的，比如“联户集资”、闯荡市场、发展产业集群，等等。然而，这种“自发”为什么总能发生，总能形成气候？显然，在相当程度上还取决于政府的态度和作为。特别是在实行计划经济或以计划经济为主导的20世纪80年代。

20世纪80年代，中共晋江县委和县政府的作为突出表现在对企业的不干预和保护上。创造了“政府搭台，企业唱戏”的互动经验。改革开放之初，在全国宏观政策层面对农民办企业、农村发展工业、走市场化道路等问题还不明确的时候，晋江县委、县政府冒着一定的政治风险，以极大的政治勇气和魄力支持、鼓励农民“联户集资”办企业。当时，“联户集资”涉及所有制性质等敏感问题，晋江的干部群众心中没底。1980年，县委做出了《关于加快发展多种经营和社队企业的若干问题的决定》，先后出台了“五个允许”、“四个有利于”等一系列扶持政策，率先允许自主经营、允许企业分红、允许企业雇工、允许发展专业市场、允许供销员提成，促成了第一批民营企业破土而出。当民营企业遇到挫折，特别是遇到姓“社”、姓“资”问题的争论的冲击时，县委、县政府审时度势，把联户集资等民营企业纳入集体企业范畴加以保护，及时出台文件强调“扶持乡镇企业发展政策不变”，并通过戴“红帽子”、“洋帽子”的方式把当时的“夫妻厂”、“父子厂”、“兄弟厂”等民营企业都纳入集体企业或“三资”企业范畴，加以保护。在80年代，民营经济发展、民营企业家创业难免“惹事”。而为了更好地保护颇有争议的民营企业和民营企业家的创业激情，晋江县委、县政府悄然从“后台”走向“前台”，从无为、保护转向有为，并开始有目的地对企业经营行为进行规范，引导企业走联合发展、“成片开发”、城市经营的道路，推动将“联户集资”企业改造成股份合作制企业。整个80年代，中共晋江县委、县政府从“无为”到“有为”，从“后台”到“前台”，从“保护”到“引导”的转向，反映了晋江地方党委领导在这一时期与时俱进的执政创新的过程。

20 世纪 90 年代，特别是 1992 年中国市场经济体制确立、晋江撤县建市以后，晋江民营企业出现超常规、跨越式发展，民营经济成为推动晋江县域经济发展的主要力量，民营企业家成为市场极具活力的主体。面对新的发展态势，晋江市委、市政府自觉地从民营企业保护者转变为服务者，加强了服务和引导。在服务方面，努力搭建民营经济创业创新平台，以建市为契机，集中财力进行基础设施建设，实施简政放权，乡镇扩权，解决制约民营经济发展的瓶颈问题；为民营中小企业创业提供宽松的政策环境；推动产权制度改革，实行“公有民营化”，组建“嫁接”式合资企业，并为民营企业戴“红帽子”、“洋帽子”。90 年代，晋江的政企互动集中体现在市委、市政府回应民营经济进一步发展壮大的诉求，实施规模和质量“两大工程”，引导企业做大、做强、做优，促进产业集群形成。1995 年提出“六五”规模工程，同年提出“质量立市”；1996 年提出“四个集中”；1998 年提出“品牌立市”，同年成立“晋江市工业园区”。通过一系列具有战略性的策略措施，为民营企业“松绑”，化解民营企业创业创新中遇到的发展瓶颈问题，引导民营企业提高发展的质量，增强发展后劲，为民营经济发展下了多场“及时雨”。1998 年，恒安公司上市，产业集群初步形成，集群内部企业步入自创品牌阶段，一批龙头企业出现，集群内部创新机制及合理的竞争体制逐步形成。

进入 21 世纪，随着民营经济的进一步成长壮大，民营经济的发展速度、发展需求、发展后劲与资源、空间、素质的矛盾以及经济增长的资源环境代价太大等问题进一步凸显。针对新形势、新要求，晋江市委、市政府全力推行品牌与资本“双翼计划”。2002 年，市委、市政府提出打造“品牌之都”，出台一系列政策措施，重奖创牌企业，对创牌企业实行多项优惠和鼓励政策。经过政府与企业的互动和共同努力，培育出一批知名企业品牌，几大产业在全国甚至世界范围内形成了几个比较大的“品牌”群体，从而确立了在行业中的领先地位，成为全国重要的制造业品牌基地之一。这一时期，市委、市政府的另一项重点工作是引导企业上市，上市公司从 1998 年的 1 家，增多至 2006 年的 9 家，目前则增至 39 家。在晋江资本上市大潮中，市委、市政府发挥了重要的推动作用。除了大会动员，造势鼓劲，制定相关上市战略外，在财政方面设立“晋江市企业上市发展专项基金”，用于扶持企业改制上市，如对成功上市企业每家补助310万元等；在税收方面，通过多种方式、多种渠道对上市企业和上市后备企业实行较大比例补助；此外，在项目落地、保障机制、行政服务等方面都做出了“全力以赴”的安排。这一时期，晋江市委、市政府和民营企业的互动，还突出表现在：出台有力措施帮助企业化解金融危机带来的冲击和影响，引导企业坚守实业、抱团取暖，化危为机；通过“产业提升、城建提速”策略，引导企业加快产业转型升级和企业自主创新步伐，继续把企业做大、做强、做久，并加快城市化速度，致力于把晋江建设成民营经济的创业乐园，为民营创业家进一步的创业创新创设更好的环境和更高平台。

进入“十二五”时期，“十二五”提出的新目标和晋江民营企业发展中累积的困难和问题对晋江民营企业的发展提出了严峻的挑战。市委、市政府充分意识到晋江根在民营、优势在民营，着力为民营经济打造创业乐园，在总结民营企业30多年来创业创新经验基础上，发动了“二次创业”新战役。2012年4月，市委、市政府召开了“二次创业”千人企业家大会，出台了“二次创业三年行动计划”，大力宣传表彰民营企业家创业创新先进经验，鼓励民营企业家在“二次创业”中走在前列，合力打造民营企业“二次创业”的先行区、示范区，合力打造民营经济创业乐园。同时，晋江市委、市政府郑重宣示，坚持政企互动的传统，进一步创新政企互动平台，包括政策、城市、产业集群、公共服务、人才集聚、服务业六大平台。引导民营企业合力把晋江打造成民营经济的政策高地、投资洼地和发展福地。

特别值得指出的是，晋江市委、市政府在注重对企业发展战略的引导的同时，高度重视对企业家队伍素质的培养和对企业技术创新智力支持平台的构建。近十几年来，先后在北京大学、清华大学、厦门大学举办了6期“晋江企业总裁研修班”，组织了300多名企业家或企业高管参加学习研修；开办“晋江大讲堂”、“晋江财智论坛”、“青商才俊论坛”、“博士后”讲坛等，邀请知名专家学者、著名企业家来晋江讲授，或与企业家交流。在搭建企业和区域技术创新平台方面力度更大，比如，设立博士后和院士工作站；创立留学人员创业园；引导产学研结合，建立技术创新战略联盟。同时，通过奖励机制，引导企业创设技术研发中心，等等。

理解具有晋江特色的“政企互动”，是理解晋江民营经济、民营企业家群体发展壮大、活力迸发的一条主线，也是理解晋江地方党委和政府创新执政理念和实践的主线。晋江之所以取得如此卓越的成就，晋江的民营经济、民营企业家以及晋江的党委和政府之所以是这样的而不是那样的，在很大程度上可以从晋江特色的“政企互动”内涵、过程和经验中找到答案。

三　创新型晋江

进入 21 世纪，特别是面对后金融危机时代的世界经济发展和竞争局势，晋江县域经济强大的活力能否得以为继，在很大程度上取决于晋江是否有新的发展观念，取决于晋江能否整合好所有的创新要素，促进晋江的经济增长较快地由要素驱动向创新驱动转换，促进晋江发展模式向创新发展模式的转变。在这一进程中企业家精神和政府的“科学有为”仍然是最能动、最活跃、最积极的因素。

（一）建设创新型晋江已形成的基础和条件

2006 年，中共晋江市第十一届党代会正式提出：“构建创新型晋江”，并做出了战略部署。由此，晋江成为我国第一批提出建设创新型城市的县级市之一①。经过几年的努力，建设创新型晋江已形成较好的基础和态势。以下从多个视角展开描述和分析。

1. 晋江特色的经济能动优势

创新需要一定的经济条件，比如财政水平、市场规模、产业优势、企业竞争力等，这些条件晋江均已具备，这使晋江有能力不断加大创新投入，持续实施创新扶持政策，快速构建并完善区域技术创新公共服务体系和城市平台。然而，我们更看重的是深藏在这些经济事实后面的能动优势。

第一，市场创新能力优势。晋江的企业家具有很强的“寻找机会和开

① 2006 年，我国共有 106 个城市提出建设创新型城市的奋斗目标，其中包括直辖市、省会城市、副省级城市、地级市和县级市。福建省有福州、厦门、泉州、晋江 4 个城市。

拓机会的能力”，而这恰恰是企业家最需要具备的能力。毕竟，企业创新的中心环节是市场创新，主要目标是开发市场。从改革开放之初率先开创市场配置资源之路，到多渠道、多形式的市场创新，再到今日形成巨大的市场规模，众多终端产品市场占有率居全国“霸主”地位，甚至在世界市场也有一定的影响力和控制力。实践证明，晋江企业和企业家的市场创新能力不容置疑，市场创新能力是晋江最大的创新优势。

第二，产业优势。产业集群是区域创新体系的一部分，实践证明，产业发展是技术创新的沃土。但产业集群如果缺乏特色或缺乏持续内生的创新动力，反而容易形成惰性。而晋江的产业集群则明显具有这方面的优势：产业的民生日用产品取向使它只要保持竞争力就有广阔的市场需求；“民资”性质和爱拼会赢的文化传统使它天生具有强大的创新动力；品牌集聚特征和完整的产业链，使它的整体竞争力和外部经济效应更加显著；而通过市场形成的集群内部的创新机制和竞争体系又加强了它的创新路径依赖。晋江产业的“植根性”和本土文化特质使集群内企业在危机面前更愿意同舟共济、抱团发展，从而巩固了产业链；集群内企业以实体经济为根基，始终专注实体和专营实业，使数万计的中小企业在金融危机冲击下没有出现“倒闭潮”。

晋江世纪大道

第三，企业竞争力的可持续性优势。晋江企业能根据自己企业的实际情况，自觉地、分阶段而又不失时机地逐步推进较为全面的创新。这种对创新的自觉，对创新规律和方法的敏感和逐步全面、深刻的把握，是企业保持可持续竞争优势的重要能力。企业创新包括技术创新、产品创新、市场创新、营销创新、管理创新、企业文化创新。这些创新的互动，构成了企业创新的有机整体。对一个企业来说，只有把企业内外部的创新价值链连接起来，把创新建立在系统的全方位的创新平台上，才能始终保持竞争力。从晋江的创业创新历程看，晋江是个善于扬长避短，善于根据本土实际创造“新的组合”的地方。作为一个从农业穷县崛起的县级市，晋江没有像其他大中城市那样具有较强的知识、技术和资本优势。晋江本土科技资源不足，但它善于集聚整合区外科技资源，并以市场创新弥补技术创新的不足；晋江本土可能“新想法”不多，但却善于把本土外的“新想法”在市场上成功运用。在这些方面，晋江企业的创新本领，就像“田忌赛马”，“马”是旧的要素，但通过比赛出场次序的新安排而取得新优势，就像把蒸汽机技术应用到蒸汽船、蒸汽车上一样。在此基础上，晋江企业能自觉地、不失时机地推进更多方面的创新。在制度创新（如从家族企业制度到建立现代企业制度）、管理创新（如“恒安”经验）、技术创新（如“安踏”经验）、企业文化创新（如“风竹”模式）等方面，都是可圈可点的。此外，还应特别指出的是，观念创新是企业创新的先导，也是前提。晋江企业之所以总是先人一步、快人一拍，最重要的原因就是永不停滞的思想解放、观念创新。在不能发展民营经济、不能发展市场经济时，他们率先发展了；在科技创新条件不足时，他们走市场创新之路，走“明星+广告”之路，走资本运作之路。总之，他们总能找到市场机会并成功开拓市场。

2. 晋江特色的社会文化环境优势

人才、技术、资本等创新资源具有很强的流动性。而创新资源的流向在很大程度上取决于哪里有更加适宜的创新环境。目前，晋江以开放性、包容性、宜居性和创业性为主要内涵特征的商务城市、体育城市和品牌之都的城市品格风貌已初步形成，“硬环境”初步具备。但我们认为，晋江更吸引人的是已经基本具备激发、集聚和引领创新资源的区域社会文化环境。

第一，鼓励竞争、崇尚创新、宽容失败的人文环境。晋江独特的历史、地理和人文精神，使晋江地域文化具有开放性、包容性、创新性以及“爱拼会赢”、敢为天下先等特点。这种地域文化特征在改革开放以来创业创新实践中，得到淋漓尽致的发挥，同时又磨砺出新的现代品格，包括世界眼光、全球意识、创新发展等。当下的晋江已形成“人人都想创业创新”、“人人都能创业创新”的环境氛围。同时，在政府的积极导向和企业家群体的示范作用下，进一步内化了全社会“鼓励竞争、崇尚创新、宽容失败”的社会价值认同。这种环境氛围既有利于区域内部创新主体的进一步创新，也能够以更加开放、包容的社会心态和热情，吸引、集聚和引领域外创新资源。这是晋江具有而其他许多城市未必具有的先天优势。

第二，鼓励竞争、崇尚创新、宽容失败的政策环境。晋江是一个高度重视科技进步和城市创新的地方，1990 年第一家民办科技机构破土而出；2001 年出台建设科技强市决定；2006 年提出建设“创新型晋江”，经过持续不断的努力，已连续八届被评为“全国科技进步示范市”。晋江政府从政策制定、财税优惠、金融扶持、中介服务等方面出台了“鼓励竞争、崇尚创新、宽容失败”的政策体系。至今，晋江已在原有基础上重新梳理整合形成 20 种鼓励、扶持创业创新的政策，涉及改制上市、品牌建设、创新人才引进、科技园区建设、技术中心建设、产学研合作、知识产权产出、高新技术产业引进以及文化创意产业、民间资本投资等方方面面。政策针对性强，覆盖面广，含金量高，受益主体广泛，产生了较强的杠杆作用和导向效应。2010 年财政兑现鼓励扶持资金 4.5 亿元，2011 年提高到 7 亿元，并设立专门的服务窗口，为创新企业提供专项服务。

第三，自由创业、自主创新和诚信、透明、高效、分散决策的体制机制。改革开放的 30 多年实践中，晋江政府历来尊重企业的市场主体地位，尊重企业家的企业发展决策地位，全力支持、鼓励社会成员自由创新、自主创新，并积极为企业及创业创新者提供优质、高效服务。在企业决策方面，政府从不对企业指手画脚，直接指挥企业做什么和不做什么，而是全力实施有利于调动企业家创新精神的政策。2002 年以来持续开展的政府机构改革和新近推动的社会管理创新都取得很好的成效。特别是在政府与市场的关系上，作为城市创新体系的特殊主体，政府既不越位，也不缺位，而是将注意力放在市场失灵环节，关注公共研发和服务领域，通过制定创新政策和游戏规则影响创新活动，并以此参与到创新活动中。在政府决策方面，晋江特色的“政企互动”集中体现了政府决策时的企业视角、企业主场和互动决策的内涵。即“以企业的实践作为政府制定政策、改善服务的依据，以政府的作为为企业的发展提供导向”；“既在企业后头推波助澜，更在企业前头因势利导”。所以，晋江制定的企业发展政策，无不建立在企业创业创新的诉求和愿望基础上。

第四，严格的实物产权、知识产权保护的法制环境。在实物产权、特别是知识产权保护方面，我国并不是没有这方面的法规政策，问题往往出在好的制度、好的政策没有得到好的执行，而责任往往在政府，或者是政府“越位”，或者政府执法不严。而在这方面，晋江有看得见的明显优势。一方面，“综合行政执法改革”作为晋江政府机构改革的重要目标和内容，取得了显著成效。经过连续 10 轮的行政审批制度改革，使政府更加诚信、透明、高效，尤其是在执法“越位”或“缺位”方面。另一方面，晋江以民营经济以及华侨网络为主体的社会力量比较强大，能发出自己的声音，也敢发出自己的声音。这就形成了对政府执法的有效监督，而“政企互动”又提供了最直接、最有效的渠道。近几年，晋江出台了《晋江市知识产权强市工作实施方案》，加大了知识产权保护力度和专利执法力度，依法严厉打击各种侵权行为，营造了良好的知识产权保护环境。全市有 300 多家企业的 1000 多件作品进行了版权登记，3 家企业被评为“省级版权保护示范基地”；党政机关软件正版化工作正大力推进。

3. 晋江特色的企业家能动优势

关于晋江企业家、企业家精神，我们已经说了很多。这里我们想从区域创新生态的视角进一步讨论晋江的企业家群体在这一创新生态链中所具有的能动性优势。

企业是创新的主体，企业家是创新过程的灵魂。企业家通过识别市场机会，掌握创新机会，带领企业创新发展，推动创新型区域建设。企业家是区域创新生态链的中心环节。晋江的企业家群体无论在数量、质量和地域性特质方面都具有明显的能动优势。

第一，数量优势。晋江民营企业已有 15000 家，其中规模以上企业 1500 多家。这意味着晋江的企业家少则几千人，多则 1 万多人。一般而言，一个区域的企业家（企业）数量越多，越符合生物多样性的原则，越可以形成一种可持续的内生的创新机制。一旦这种创新从自发的创新实践，提升为自觉的、主动的你追我赶的创新实践，必然产生强大的创新推动力量。相对而言，像晋江这样在一个百万户籍人口县级市聚集了上万名本土企业家，即约每百人中就有一名企业家，在全国县级市并不多见。

第二，质量优势。从前述晋江企业家的成长历程及成长机制看，晋江的企业家是我国最早尝试创新活动的先行者。在不断的、与时俱进的创新探路和创新试“错”实践中，他们最早最深地体会、理解了创新的重要性，以及创新的规律与方法。他们始终能根据自身的条件，充分发挥自己的优势，形成和调整自己的创新之路。从仿制做起，逐步走上自主创新之路，形成切实有效的技术创新战略。在缺乏高校、科研院所，科技资源不足的发展阶段，他们不照搬高新技术企业创新模式，而是注重产品质量、注重市场开拓、注重低成本发展优势，形成了劳动密集+技术密集+品牌密集相结合的生产方式和传统产业的高新技术化+高新技术产业化的发展模式。实践证明，晋江的企业家群体是一支具有强烈的创新精神和竞争意识，有很强市场驾驭能力的优秀企业家队伍。

第三，地域性特质优势。晋江是个有“爱拼会赢”、“敢为天下先”文化传统的地域。而晋江的企业家则是在“个个猛”、“人人想当老板”、“个个敢争第一”的社会群体中脱颖而出的成功者、优胜者，他们身上所具有的竞争意识和能力、创新意识和能力必定是特别突出的，这是其一。其二，晋江又是个“讲信用、讲义气”，能“抱团发展、同舟共济”的地域，这有助于促进地域内企业技术创新活动的紧密的良性互动，在技术供给上相互支持，在技术创新上相互学习，在创新精神上相互鼓励，在技术扩散、成果分享和公共需求等方面共建共享。显然，能“抱团发展”的企业家群体合力，有助于加速区域创新生态的形成。其三，晋江还是个包容开放、善待“新晋江人”的地域，晋江的企业家具有世界眼光、全球意识，善于把市场、车间，甚至研发推向全国乃至全球，也乐于把全国、全球的人才、技术、资本迎回晋江。显然，有这样的宽广胸怀的企业家，有助于采天下之所长，形成更强大的区域创新合力，加快创新型城市建设。

（二）创新型晋江阶段性特征

创新型城市是城市化的高级阶段。它意味着这个城市的科技创新已经成为经济社会发展的驱动力。显然，晋江并未完全进入创新发展的成熟阶段。那么，晋江究竟处于创新型城市的哪一个发展阶段呢？

1. 晋江已处于创新发展活跃—普及阶段

关于创新型城市所处阶段的判断，目前尚未有定量分析标准。所以，晋江所处阶段的准确定位还有待专门的研究。但是晋江处于从工业社会城市向创新型城市转变的动态的活跃期却是毋庸置疑的。国家创新体系战略研究组（2011）的一项研究给我们的研究提供了重要的启示。该项研究认为创新型城市的发展演进大致分为三个阶段：工业社会城市，创新发展城市（或进行创新城市建设过程中的城市），创新型城市。创新发展城市所表现出来的阶段性特征是从工业化城市向创新型城市转变过程中所具有的两类特征的混合体，或者说从工业化社会城市特征向创新型城市特征的转变，这就是创新发展城市的基本特征。此外，英国研究者查尔斯·兰德利（Charles Landry）的一项以创意城市为视角的研究成果（2006），对我们进一步理解晋江所处阶段也提供了重要启示。该项研究认为，创新型城市发展大致经由七个阶段，即停滞阶段、萌芽阶段、起飞阶段、活跃阶段、普及阶段、创意中心形成阶段、创意城市形成阶段，并对各阶段的内涵特质作了分析。参考上述两项研究，结合晋江实际，我们认为，晋江已处于创新发展活跃—普及阶段。

（1）从战略导向看：晋江已确立以创新为主导的城市发展战略。2005年晋江市委提出“增强自主创新，建设创新型晋江”作为第十一届党代会的主题，写入党代会报告。此后跟进了一系列战略部署，实施了比较完备的策略举措。

（2）从发展方式看：发展动力已由要素驱动向效率驱动和创新驱动转变；产业发展方式已向传统产业高新技术化和高新产业产业化转变；品牌、国际化、生态平衡、新型工业化等成为主要引导力量。当然，晋江以第二产业为主的产业结构和体力劳动为主的劳动力结构还有待进一步优化升级。

（3）从发展成果看：区域技术创新体系初步建立，综合创新能力显著加强；企业创新主体地位已经确立；产业转型升级步伐加快，主导产业核心技术逐步成为产业发展引导因素；知识产权产出、运用和保护能力加强；企业国际化经营能力进一步提高；人均 GDP 水平达中上等发展国家水平；城乡人均收入差距约为 1∶2；社会保障体系完善、保障标准高位领先；知识、技术人才比率持续提高；“两型”社会建设成效显著等。

（4）从创新活动活跃—普及程度看：“创新型晋江”发展战略已深入人心，全社会创新意识普遍提高；企业创新活动已从部分企业扩大为多数企业；创新已不是某个领域或某个局部的创新，而是全方位的系统的创新；创新型人才开始涌现、集聚，但高层次创新型人才仍然不足。

2. “创新型晋江”创新发展模式的地域特征及选择

产业基础特征、城市区位特征乃至城市文化生态特征等都在不同程度上制约着城市创新发展模式的选择。晋江市在产业基础、城市区位、城市文化等方面具有独特性。在产业方面，它兼容了传统产业改造和高新技术产业发展，兼具了传统工业经济为主和知识经济快速发展的特征；在城市区位方面，它是新兴沿海城市，却还不是典型的中心城市，但又是县域经济中的引领城市；在地域文化生态方面，它的知识资本不足，却又有独具特色的创新文化生态优势。概而言之，优势和劣势并存。因此，晋江市在探索创新型城市发展模式过程中坚持注重特色，发挥优势，积极探索“晋江模式”、“新组合”，以适应创新型晋江建设的新任务、新要求。

（1）区域创新发展模式：内生持续型 + 开放生态型

长期以来，晋江发展的主要推动力是内生的，即依靠本土强大的内能释放实现内生持续发展。当然，晋江很早就是一个开放包容的地方，比如“原材料、技术、市场”面向全国，面向全球。但这种开放包容并没有全面实现，特别是在高层次人才技术、知识资本方面。晋江城市的县域属性客观上留不住高层次人才，消化不了高新技术，而晋江的人才政策还没有像“磁铁”一样有足够的虹吸力。近几年，晋江选择了内生持续型发展与开放生态型发展相结合的道路，在进一步充分调动、凝聚内生发展积极性，提高内生发展能力的同时，快速推进“滨海宜居型”创新城市建设，努力加大人才培养、引进、合作和扶持、激励力度，努力推进生态文明建设，取得了显著成效。目前晋江“内生持续型 + 开放生态型”的区域创新发展模式已基本确立，晋江“鼓励竞争、崇尚创新、宽容失败”的社会文化环境也已具备，但要在“创新型晋江”建设阶段继续实现跨越式创新发展，特别是实现以创新发展方式取代传统发展方式的现代化生产方式转变，关键还在人才。目前，晋江的人才政策正进一步加大“磁性”。

（2）产业创新发展模式：产业集聚 + 品牌集聚 + 创新资源集聚。

晋江市是一个缺乏丰富的高校和科研院所资源，科技条件较弱的县级市。这种状况基本上确定了“创新型晋江”在我国“创新型城市”分工体系中的定位。因此，晋江城市创新发展的战略安排没有走知识资本创新为主和高新技术创新为主的路。从实践上看，晋江选择的是劳动密集、技术密集与高新技术相结合的产业技术创新战略。在建设创新型晋江的新征途上，晋江正积极探索“产业集聚 + 品牌集聚 + 创新资源集聚”的产业创新发展模式。既发挥已有的产业集聚、品牌集聚优势，又提高集聚质量和效益，同时通过集聚创新资源的努力，进一步提高产业创新能力，提高品牌的技术含金量。事实上，晋江的品牌数量还在快速增长，品牌质量也进一步提升，创国际知名品牌的努力已提上议事日程。同时，在产业集群创新方面也迈出了可喜的一步，部分晋江企业在网络微博、博客、微电影等新媒体上开展“微营销”。如果晋江能像开创市场营销网络那样，开创出新的建立在网络基础上的产业集群“供销网络”，形成产业发展的一种新模式，必将更加适应生产全球化、供销网络化的新形势。同时，晋江正积极化解产业体量大与创新能力小的突出矛盾，努力集聚创新资源，特别是高端技术资源和人才资源，初步形成了以“产业集聚 + 品牌集聚 + 创新资源集聚”的产业发展新模式。

（3）企业创新发展模式：企业家群体 + 技术创新链 + 区域创新生态

晋江的企业家“爱拼会赢”，具有很强的驾驭市场的能力，又务实求真，具有长远的发展眼光和战略思维。宏大的企业家群体和企业家精神是晋江最可宝贵的财富。而以企业家精神为主导的“人人想创业创新”的地域文化和“鼓励竞争、崇尚创新、宽容失败”的社会文化环境则是建设创新型晋江最突出的创新生态优势。目前，在推动企业创新发展中，晋江更加注重发挥企业家、区域文化环境优势，积极推动技术创新链和区域创新生态系统的培育和营造，努力形成“企业家群体 + 技术创新链 + 区域创新生态”的企业创新发展模式。技术创新活动是一个完整的链条，包括孵化器、公共研发平台、风险投资和围绕创新形成的产业链、产权交易、市场中介、法律服务、物流平台等。这一链条在晋江已初步形成，但还不健全、不完善。从区域创新生态看，晋江虽然具有明显的创新文化环境和政策环境优势，但尚未形成具有明显优势的创新生态系统。但晋江已在积极地培育和营造创新生态系统，尤其在培育、集聚创新人才（包括企业家），培育和优化创新“土壤”（如产业基础、社会文化环境），健全和完善创新条件（如市场机制、支持创新的政策环境）等方面动真格、下工夫。

（三）“创新型晋江”发展态势

创新型城市本质上是城市发展模式的创新，核心是科技创新成为城市经济社会发展的主要驱动力。处于创新发展跨越期的晋江，科技创新显然还未成为城市经济社会发展的主要驱动力，但这样的发展态势已基本显现。

1. 企业主体创新能力明显增强，呈持续快速提升态势

城市创新驱动能力如何，主要体现在作为创新主体的企业自主创新能力上。经过多年的努力，晋江企业自主创新能力明显加强，并呈快速提升态势。

第一，科技创新型企业发展迅猛。截至2011年，全市共培育科技创新型企业达194家，比2009年增加34家。其中，国家“火炬计划”重点高新技术企业5家，增加3家；省级高新技术企业66家，国家级创新型企业1家（新增），国家级创新型试点企业23家。2011年高新技术产业完成增加产值460亿元，高新技术产业增加值占全市地区生产总值的比重达17%，战略性新兴产业增加值占全市地区生产总值的比重达12%以上。

第二，企业科技创新能力增强。“十一五”期间全市企业共获科技计划项目840项，其中国家级项目25项，省级项目39项；认定科技新产品53项，获各级科技奖121项，其中国家科技进步奖1项，省科技进步奖11项；全市企业科技开发经费占销售收入比重逐年增加，其中高新技术企业、技术创新示范企业R&D投入占企业销售收入的3%～6%，骨干企业达到3%以上；全市专利授权量累计达8794件，其中发明专利达300多件。全市有4家企业参与ISO国际标准制定，38家企业参加47项国家标准制定。

第三，部分龙头企业走在创新的前列，创造了丰富的经验，成为全省传统产业转型升级的表率。如安踏集团成立了全国首家运动鞋科学实验室和行业唯一的一家国家级企业技术中心，每年科研投入都在销售收入的3%以上，研发出41项国家专利技术，实现了技术密集型企业转型。安踏运动鞋市场占有率已连续11年居全国第一，稳居国内体育品牌“霸主”地位。又如“恒安集团”两次花重金聘请美国汤姆斯集团和博斯公司，实施管理变革，不断推进管理创新和技术创新。自2002年以来，持续变革创新，推行标准化、系统化管理，推行精益管理、精细化管理，经营业绩从11亿元增长到170亿元，营利能力、税前利润率、业绩增长率等主要指标，在全球同行业中名列第一。

2. 产业支撑创新的能力进一步提升，呈内生持续增强态势

产业发展是技术创新的沃土，只有扎根于产业发展的技术创新才可持续，才更有效。经过多年的努力，晋江市的产业基础更加厚实，产业支撑创新的能力进一步提升，并呈内生持续增强态势。

第一，产业链进一步完善并不断创新，新一轮的产业结构战略性调整提上记事日程。晋江的产业规模大、实力强，产业链比较完整。近几年来，围绕创新而构建的产业链（如为高新技术产业配套生产制造的企业）和重大产业技术创新支撑平台（如公共技术创新平台、行业技术创新平台、企业技术创新平台）也在努力打造之中。尤其值得注意的是，晋江对业已成形的“641”现代产业体系仍然保持超前战略重组。积极探索适应中长期发展的新的产业战略架构，包括提升4个优势产业，培育4个新兴产业，做大4个现代服务业，引进1个“灵魂人物或龙头企业”。

第二，传统产业高新化和高新技术产业化的趋势开始显现。在传统产业与高新技术产业关系上，晋江没有走以高新技术取代传统产业的路子，而是以高新技术改造传统产业，以传统产业需求拉动高新技术产业发展，使高新技术产业化与传统产业高新化有机联系起来，相得益彰，进入良性循环，即高新技术的产业化路径，依托于对传统产业的改造、渗透，传统产业的高新化成为高新技术的生长点。在改造传统产业方面，通过对信息技术的推广应用，推动传统产业转型升级；通过利用新材料、新技术，提升产品质量和性能；通过发展生物技术，拓宽产业领域；通过新工艺新技术的采用，促进传统产业的可持续发展。在发展高新技术产业方面，通过引进一批先进技术，开发一批拥有自主核心技术的产品，完善配套、延伸链条，促进高新技术的快速发展和新兴产业的崛起。

3. 区域技术创新服务体系形成特色，呈日臻健全完善的态势

晋江以民营经济为主体，民营企业数以万计，因此，建立面向社会、资源共享的区域技术创新服务体系尤为重要。在政府的主导、支持下，晋江已形成具有共建共享等特色的区域技术创新服务体系，并呈日臻健全完善的发展态势。

第一，初步建立企业为主体、产学研结合的技术创新体系，各类创新主体和相关要素在区域内积聚、交互作用，成为城市重要的创新源。目前，已建成与高校、科研机构共建共享的市级以上行业技术创新（开发、研究）中心 64 家；先后与清华大学、北京大学等 80 多家高校和科研院所建立合作关系，形成 7 种行之有效的产学研合作模式，开展合作项目 80 多项，开发新产品 100 余项，推广应用科研成果 60 多项，申请专利 110 余件；组建了产业技术创新战略联盟 2 家，筹建 2 家。以企业为主体、产学研结合的技术创新体系的建立和完善，必将更加充分发挥大企业在技术创新活动中的引领示范作用，增强以重大产品和新兴产业为中心的集成创新能力，推动科技型中小企业发展，激发更多企业主体的创新动力和活力，促进晋江科技创新合力的进一步集聚和提升。

第二，科技创新公共服务平台初步建立。在科技中介服务体系建设方面，晋江追求“高标准”、“大手笔”，努力打造结构合理、机制灵活、功能完备的社会化、网络化的公共服务平台。目前，全市信息共享工程已完成，科技成果信息平台和科技资源共享平台等均在进一步健全、完善中。各类质量检测机构、博士后和院士工作站、专家活动中心和留学人员创业园已发挥了重要作用。最具晋江特色的“高标准、高起点”的三项科技创新公共服务平台项目，即“生产力促进中心”、“三创园”和洪山文化创意产业园在加快建设之中，计划近年内建成使用。“生产力促进中心”集研发、应用、科研成果中试基地为一体，将成为闽台科技交流与合作的重要基地、研发与应用的合作桥梁、高科技成果中试基地和转化孵化基地、科技型企业和创新型企业家以及高层次人才的培育基地。“三创园”集创业设计、研发孵化、资本运营、电子商务等多种业态为一体，将成为晋江创意产业发展的聚集区和先行区。洪山文化创意产业园已引入广东同天投资公司作为项目运营机构，将建设成一个工业设计城。

第三，科技成果转化平台进一步健全、完善。在科技成果的转化和产业化问题上晋江从市情实际出发，形成了自己的特色。从战略策略上，晋江开始努力探索低成本、高效益的科技项目生成和成果转化的新机制，加快建设以企业为主体、机制创新为基础、转化平台建设为核心、高新技术产业化为目标的科技成果转化体系。在实践中，则以"鞋博会"、"6·18"项目成果交易会和"9·8"投洽会为载体，强化项目推介、成果对接、技术转移、人才集聚，积极引进消化吸收国内外先进技术、科技成果，扶持创建一批科技成果转化企业。

4. 城市创新生态形成优势，呈良性循环、相互加强态势

一个城市能否形成一个足以最大限度激发创新动力、集聚四面八方人才等资源且能取得创新效率、实现创新创业梦想的经济、政治、社会、文化环境——我们称之为创新生态，对建设创新型城市具有决定性意义。经过多年的努力，晋江已经形成了相对优势。晋江的创新主体（企业和政府）、创新政策体系、创新文化氛围、创新支持系统以及创新实践呈良性循环、相互加强态势。这些方面本报告的其他部分均有所涉及。这里侧重择取创新人才、创新政策、创新文化氛围三个视角。

第一，创新型人才培养形成新局面。在人才培养方面，晋江确立了"引进与培养并举，高层次人才与基础性人才并蓄，数量和质量并重"的思路，积极构建与城市、产业发展相适应的人才支撑体系。目前，晋江各类人才队伍已达27万人，占全市总人口比重的16%。其中，科技从业人员5万多人，直接从事科技活动人员约6000人，从事R&D人员不足4000人（2008年数据）。这种人才状况在我省乃至我国县级市中占有相对优势，但高层次人才缺乏的矛盾也很突出。经过几年的努力，晋江在高层次人才培养、引进方面已形成新局面：一是以博士后科研工作站和创业园区为载体，发挥产业、品牌优势，培养和引进一批复合型创新创业人才，加大引进海外高层次创业创新人才的力度。二是实施企业家培养工程。坚持"走出去"与"请进来"相结合的方式，构建培训体系和培养机制，促进企业家转型提升和"创二代"的培养。三是创建人才培养、平台建设、创新型企业培育相结合的培养新模式，促进高层次人才的培养和引进，打造人才高地。

第二，创新扶持政策进一步完善，并加大力度，提高效率。自2006年以来，晋江先后出台了一系列鼓励和支持自主创新，加快建设创新型晋江的政策。这些政策具有明显的特色和优势。一是形成较完善的体系。从目前晋江重新梳理整合形成的20份扶持政策看，内容丰富，涉及科技创新、人才引进、改制上市、商贸服务业、股权投资、文化创意等方面，覆盖面广，使更多的企业主体和创新人才受益。二是力度大、含金量高。近几年来财政科技投入年年攀升，2011年财政科技投入达1.4亿多元，占财政一般预算支出的3%，科技扶持经费同比增长35.2%，高于财政经常性收入增长幅度。三是好的政策，得到好的执行。比如通过政企互动平台为政策的制定和完善提供了保障。通过行政服务大厅"一站式"服务和专门窗口、绿色通道等，提高了落实政策的工作效率。2011年财政兑现扶持资金达4.5亿元，2012年预计达到7亿元。四是政策配套协调、效率高。自主创新既需要科技扶持政策，也需要经济扶持政策，以及各政策之间的配套。晋江的扶持政策，涉及财政奖励扶持、税收优惠、金融支持和中介服务等，如对高新技术企业的税收减免，对创新成果的财税优惠，对中小企业的金融支持等，这些都需要地方政府尽最大能力去构建一个支持自主创新的"政策特区"。总之，晋江已形成的创新政策体系特点鲜明、科学有效。它激发了企业内在的创新动力，调动了全社会资源支持企业自主创新，施惠于最大多数的创新创业主体，形成鼓励他们共同创新创业的政策环境。

第三，创新文化氛围进一步凸显。晋江历来就是一个鼓励敢于冒险、敢于竞争、敢为天下先的地方。中共晋江市委、市政府始终倡导"诚信、谦恭、团结、拼搏"的晋江精神，积极引导、支持和鼓励全社会创业创新，努力培育"鼓励竞争、崇尚创新、宽容失败"的创新文化。这些积极努力与晋江企业家精神及广大干部群众内在的心理特征、行为模式紧密呼应，形成合力，正好适应了科技创新、特别是高科技创新的基本特征，适应了建设创新型城市的要求，为晋江的进一步创新实践提供了重要条件。

总之，晋江已经形成了“鼓励竞争、崇尚创新、宽容失败”的机制和环境。我们完全有理由相信，在晋江，每一个有创新欲望的人都有充分施展才能的条件，每一个成功的创新者都能得到应有的回报，即使是创新失败者，也有东山再起的机会。

四　建设创新型晋江的前瞻性思考

晋江在推进“创新型城市”建设取得显著成效的同时，也存在一些薄弱环节，特别是在科技创新主体能力和支持体系等方面，还不适应创新型城市建设的要求，与先进城市相比还有较大差距。归纳起来，主要有以下五个方面：一是科技创新能力不强，相当部分传统产业的企业管理者对科技创新还不够重视，对科技支撑企业发展的重要性认识不足，产业链上为主要制造企业提供配套生产服务的企业跟不上创新步伐。高新技术企业数量少、规模小，科技发展不均衡，多数企业缺乏自主核心技术。二是科技人才资源明显不足，引导产业发展的科技领军人物较少，科技创新人才队伍亟待加强，重大科技项目如国家级科技项目数量偏少。三是多元化的科技投入体系还不够完善，装备、设备引进费用占比高，而用于研发与开发的资金偏低。四是科技中介服务体系不够完善，中介服务机构不够“稠密”，专业化、市场化程度较低，中介服务机构发展环境有待于进一步优化，科技公共服务平台建设有待于进一步加强。五是多数企业在推行企业标准化、系统化管理方面尚未引起足够的重视，等等。显然，作为一个科技基础薄弱的县级市，在创新发展的起步阶段，存在这些问题是必然的，解决好这些问题需要一个过程。但步进式地推进就抓不住机遇，就可能落后，就不可能率先迈入“创新型城市”阶段。因此，在建设创新型晋江的新进程中，更应大力弘扬“爱拼会赢”的晋江精神，以更大的气魄、更积极的观念、更有力的举措超常规推进创新发展进程。为此，本报告拟从观念转变和方法论视角提出若干值得进一步思考和讨论的问题。

（一）进一步提升创新型晋江建设在晋江全局发展中的战略地位

2006 年，中共晋江市第十一届党代会提出“构建创新型晋江”，随后，先后密集出台了《实施自主创新战略建设创新型晋江的决定》、《若干意见》及《实施意见》、《实施细则》等，重视程度越来越高、政策力度越来越大，推进速度越来越快，成效十分显著。而基于对晋江的更高期待，建议进一步提升创新型晋江建设在晋江发展全局中的战略地位。简言之，创新型晋江建设不仅仅是晋江科技发展问题，也不仅是提升晋江城市综合竞争力的主导战略，而且应该成为统领晋江经济社会发展的主导战略，成为推动和引导晋江科技、教育、经济、文化、政治各方面发展以及与环境协调发展的主导战略。只有从这样的战略高度来认识创新型晋江建设和推进创新型晋江建设，才能更好地统一全市思想和行动，使创新成为城市经济社会发展的重要驱动力，成为教育、科技、社会、文化等各项事业发展的核心要素，成为城市社会普遍的自觉行为，进而聚全市之智，举全市之力，全面推进创新型晋江建设。

创新是由大量相关行为主体的交互作用并形成合力而驱动的，是一个复杂动态的涉及全社会的互动过程。这对政府的“科学有为”提出了更高的要求，因此，创新型晋江建设应该有更系统的、整体的、清晰的战略设计。第一，正式制定统领全局发展的“创新型晋江发展战略”（或规划），包括它在晋江全局发展中的战略地位、目标、任务、过程（是跨越发展、超越发展，还是步进式发展）、政策与策略、时间表，以及它与经济、政治、文化、社会各领域的互动关系，等等。第二，确立发展模式，包括城市创新发展的模式选择，是“晋江模式”的步进式发展，还是“晋江模式”的“新组合”，或者是根本性的转型创新？包括区域创新发展模式和产业、企业创新发展模式，等等。第三，深化重大项目的战略设计，包括传统产业的高新化和高新技术的产业化、城市创新链构建、城市创新资源聚合等一些难度较大又事关全局的深层次问题，使这些问题能有较清晰的事前安排。第四，加快构建正在酝酿和论证的新的产业战略架构，即提升4个优势产业：纺织服装、运动休闲用品、食品饮料、日用纸制品；培育4个新兴产业：装备机械、印刷包装、光电信息、海洋资源利用；做大4个现代服务业：金融服务、现代商业、商贸物流、研发创意；招引1个“灵魂人物或龙头企业”入驻，培育未知新兴领域，形成“4+4+4+1”的产业战略架构。

（二）进一步增强区域创新链构建的自觉性、主动性和紧迫感

一个完整的创新活动通常要经历研发、设计、试制，形成样品和实现产业化几个相互衔接的阶段。因此，创新型晋江建设的效率、前景如何，在很大程度上取决于晋江城市的创新链是否完整、活跃和有效率。所谓创新链，一般认为是指围绕某个创新的核心主体，以满足市场需求为导向，通过知识、技术创新活动将相关的创新参与主体连接起来，以实现知识、技术的经济化过程，与创新系统优化目标的功能链节结构模式，是从创意的产生，到商品化生产销售整个过程的链状结构，也反映了各个创新主体在整个创新过程中的链接、合作和价值传递关系。[①] 具体而言，创新链包括：孵化器、公共研发平台、风险投资、产权交易、市场中介、法律服务、物流平台以及围绕创新形成的产业链（晋江围绕传统产业高新化和高新技术产业化而逐渐生成、延伸的产业链）。显然，这一创新链的各个环节，都离不开政府的科学有为，或主要是政府的责任，或者需要政府的引导、支持和调控。由于创新型晋江建设刚进行几年，也由于我国科技体制改革进程和科技政策与经济社会政策的统一性问题的影响，以及政府财力和市场发育和创新主体发育进程的限制，致使晋江的城市创新链还不健全和完善。有的还比较脆弱，如孵化器、公共研发平台、物流平台正在初步建设之中，市场中介、风险投资等机构还不能满足创新实践的要求，其市场化、专业化、社会化水平还很低，围绕创新形成的产业链还有待时日，等等。因此，应更加强调政府与市场两种力量的交互作用，并在这一过程中，更加注重政府的作用，而不是满足于把一切交还给市场就完事。一是要加强对创新链构建的战略思维，注重对创新链全过程的支持，更多地关注市场失灵环节。二是政府的科技投入和政策设计，应适应建设创新型晋江的需求，有更多的科技投入，并围绕整个创新链的薄弱环节有目的地布置力量。三是进一步健全和完善区域创新资源共享机制，避免区域创新公共服务体系建设各个环节的自我小

① 创新链概念最早源自哈佛大学教授迈克尔波特（Michael Porter）的价值链管理理论（1997），后已为国内外学术界、商界、政界广泛使用。上述解释出自百度百科。

循环造成功能重叠，提高区域创新链的公共性、开放性和社会大循环的功能。

（三）进一步培育和营造充满活力的区域创新生态[①]

美国硅谷成功企业家之一埃斯特·琳在《排除创新的障碍》一书中指出，创新不能在真空中产生，而来自交互作用的研究、开发和应用所驱动的创新生态系统（2008）。这里说的创新生态系统绝不是简单的技术建构（如我们前面所说的“创新链”），而是创新企业及周围组织之间形成的一种互动的合作性的安排，是由企业、政府、科研主体及中介机构、科技产业孵化器等上下游支撑性、配套性的要素组成（余江，2012）。目前，创新生态概念在国内已广泛使用，但理解的视角尚不一致。我们比较重视两个方面：一是各组成要素体系的健全、完善及各要素本身的质量、效率；二是各要素之间的互动关系，如劳资关系、政企关系、政社关系及技术创新主体与中介服务主体的关系。虽然晋江已形成一定的创新生态优势，但还不足以最大限度地激发创新活力，最大限度地积聚四面八方的创新资源，最大限度地实现创新效率，还亟须进一步优化、完善。其中，尤应引起重视的是以下几个环节。

一是遵循创新生态系统的内在规律，重视发挥市场机制作用，促进创新系统的自组织活力，坚持区域个性特色，不简单移植；强调共生共荣，构建共建共赢机制；加强政府“平衡器”作用，及时化解创新系统风险（如遇到强烈的外部干扰或内部失衡状态），促进创新“物种”的均衡协调发展和整个创新生态系统的可持续发展。

二是针对创新生态系统中的薄弱环节，加快培育高素质的中介和载体，如科技服务中介机构、社会化的投融资体系、科技成果转化的孵化器，以及战略性、长期性、高效率、制度化的产学研合作平台、人才市场等。

三是进一步强化政企互动功能，促进要素间密切联系和相互合作。在注重核心企业培育的同时，注重促进创新生态系统中其他成员的成长进度的匹

① 创新生态系统（Innovation Ecosystem）的概念由美国竞争力委员会于2004年12月在《创新美国——在挑战和变革的世界中实现繁荣》的研究报告中提出来。它是指企业、政府、教育家和工人之间的一种新关系。

配，鼓励平台性的创新企业在创新生态系统中扮演好资源整合者的角色，在注重核心技术突破的同时，注重支撑技术、衍生技术和商业模式的共同发展；更加注重新兴产业相关生态系统的培育和营造，促进相关支撑技术、互补创新环节的配套发展；更加注重支持自主创新，注意支持和辅导中间环节，为项目产业化中试阶段提供有力支持，为帮助创新型企业化解实现良性运营之前的资金和市场风险。此外，政府自身也要进一步提高效率，提高决策科学化、民主化水平。

（四）打造更加开放、包容，更诱人的“人才特区”

在美国的创新理念中，区域性经济增长是建立在“3TS”（即技术、人才及包容）基础之上的。就晋江而言，过去的辉煌也是建立在企业家群体、开放包容的人文环境和晋江特色的技术、人才集聚方式的基础之上的。目前，晋江创新生态系统中最具优势的是它的产业集群竞争力，而最令人担忧的则是与创新型晋江相适应的可持续发展的人才队伍。不仅是高层次的创新人才严重不足，基础层次的企业中高技能人才乃至熟练技术工人也严重匮乏。在调研中我们发现，晋江目前的人才政策已很开放，很包容，也比较诱人，成效也比较显著，但尚远不能适应创新型晋江对人才队伍的紧迫的大量的需求。因此，要以开创“民营特区”的胆魄和经验，打造“人才特区”。我们认为，当前应在原有人才培养、引进工程基础上，进一步在以下五个方面下大工夫。

一是进一步完善人才队伍建设的战略设计，制定中长期发展规划，完善人才培养、扶持、激励政策体系。

二是充分考虑晋江在引进高层次人才中的区位、城市环境等方面的吸引力劣势。应进一步提高对急需的、紧缺的高层次人才，特别是引领主导产业发展的科技领军人才、复合型高级人才以及中介服务体系的高层次专业人才的各项待遇标准，加大人才政策及相关配套政策的“磁性”和动态统一性，确保相对优势。

三是针对晋江的产业提升计划，高度重视中高技术、中高级技能人才大军的培养和吸纳，进一步创新“移民”政策，尤其是对户籍制度以及附着其上的市民福利制度的改革，增强“虹吸力”，实现紧缺的中高层次人才大军全方位的城市融入。

四是进一步加大教育投入，完善区域教育体系，加强学习型社会建设，提高现有人才队伍和全体市民素质，培养适应创新型城市建设的后备人才大军。

五是适应企业创新发展的要求，鼓励、引导企业培养人才，留住人才和吸纳更多人才。推动企业内部“三维”创新激励机制的构建，即固定保障、增长激励、创新成果激励和职位升迁或荣誉激励（如首席员工制、创新命名制等）。提高企业人才队伍创新积极性和创新激情。在注重产品研发的同时，同样注重生产过程或方法的改良，引导“蓝领”创新（即一线员工创新），凝聚企业创新合力，提高企业创新可实现程度。同时，进一步优化劳资关系，引导企业建立企业职工工资正常增长机制，企业工资集体谈判机制等，建立以人为本的企业创新文化，壮大包括企业熟练技术工人在内的企业人才队伍。

（五）开创社会管理创新的“晋江模式”

社会管理创新理应有两大重要旨向，一是加强和改善政府对社会的管理，寓管理于服务之中，提高政府社会管理能力和成效，确保社会健康、有序、和谐运行和发展，使人民更加幸福、更加满意；二是培育和引导社会组织健康发展，提高社会自我组织、自我管理、自我服务和自我发展的能力，扩大社会自我管理的范围，使社会更有活力、更加和谐稳定。这两大旨向都有助于调动全社会的创新积极性、创新责任感，凝聚全社会的创新合力。因此，将社会管理创新融入创新型城市建设，将政社互动与政企互动统一起来，进一步深化创新晋江业已率先推进的社会管理创新实践。以开创“晋江模式”的智慧和魄力，开创社会管理创新的“晋江模式”，对于创新型晋江建设具有重大而深远的战略意义。目前，晋江的社会管理创新已取得明显成效，尤其在政府职能转变、政企互动关系、人口管理和服务方式、社会网格化管理、社会矛盾化解和利益诉求表达、城乡一体化管理和服务，以及劳资关系、干群关系、政社关系改善和“新晋江人”城市融入，新经济、社会组织管理等方面，进行了积极的探索，创造了许多新经验，初步构建了政府调控、社会组织协同参与的新型社会运行机制。相对而言，晋江在加强和改善政府对社会的管理和服务方面成效更加显著，经验更多，而在培育和引导社会自我组织、自我管理、自我服务和自主发展能力方面步伐还不够大。这显然不利于创新型晋江建设。创新型晋江需要充分调动包括110万外来人口在内的全社会的积极性，需要实现社会职能社会化，需要自由创业、创新和分散决策的体制机制，因此，晋江社会管理创新的第二个目标的确立和实现尤为重要。我们认为，晋江应重点在以下几个方面实现社会管理创新的突破。

一是努力形成党委领导下的多主体共同参与管理的社会治理结构。进一步转变政府职能，深化政社互动，开通“民心民意民策网”，强化社会矛盾“大调解”机制，健全社情民意科学调查与信息反馈机制，完善公共决策社会公示制度、公众听证制度和专家咨询论证制度，扩大社会组织和公众参与社会管理的范围和参与程度，提高决策的民主化、科学化水平。

二是努力形成“强政府、强市场、强社会”的社会建设和社会管理组织架构。重点是发展壮大民间组织。进一步完善居民自治组织，重视发挥社区在基层社会管理中的作用，推进与社会主义市场经济相适应的社会主义公民社会建设；加快事业单位改革，发挥人民团体作用，进一步大力发展民间非营利社会组织，加强和改进对各类社会组织的管理和监督，完善社会化服务网络，形成以政府干预和协调为条件、以基层社区自治为基础、以非营利社会组织为中介，社会公众广泛参与的社会管理模式。

三是建设“枢纽型”社会组织（北京经验），如行业组织等，逐步将政府部门对一般社会组织的主管权、审批核准权转移给“枢纽型”社会组织，扩大社会自治和自我管理的社会空间，促进社会自治和自我管理能力的提高。

四是努力培育发展职业化、社会化和专业化的社会管理人力资源。加强社会组织，尤其是非营利民间社会组织的职业化建设；积极培育志愿服务精神，大力发展各类志愿者组织和队伍；加强专业社会工作人才队伍建设，提高社会工作人才队伍的专业化水平。

（六）突出文化创意产业融合，实现多元的创新增长

加快文化产业发展，特别是将创意文化、品牌等元素融入其中，把晋江打造成品牌之都、创意之城，是创新型晋江的重要组成部分，也彰显着创新

型晋江的特色内涵。我国“创新型城市”概念对应着两个英文表述，一个是“The Creative City”，即“创意城市”；一个是“The Innovative City”，即“创新城市”。前者强调理念、创意和文化，后者强调技术、知识和制度。在这里，我们再次看到晋江不同寻常的目标选择，它不从原则出发，或者选择“创新城市”，或者选择“创意城市”，而是根据自己的城市资源禀赋、发展阶段和关注点，将创新型城市的通常取向——内涵要素，再次进行“新的组合”，扬长避短，固强补弱，形成了晋江特色的“创新型城市”目标取向。严格地说，文化产业也好，创意设计也好，都不是晋江看得见的优势，但却是晋江实现经济结构优化、产业转型升级，迈向创新型城市的必然要求和必由之路。因此，我们认为，晋江应花大力气做足做好这篇文章。

第一，以产业融合为突破口，实现多元的创新增长。产业融合往往是城市发展创新的突破口，也是产业创新发展的方法途径。主动寻找和发现晋江产业之间的交接点、结合部，激发出新的子产业构想与实践，并实现多元化的创新增长，这是晋江的新经验。我们期待晋江进一步发挥工业制造业优势、本土特色文化资源优势和企业家创新能力优势，进一步将创意文化、品牌融入研发、设计、营销之中，在实现“新的组合”，提高产品附加值的同时，进一步发展壮大文化创意产业，继而推动文化产业大发展；进一步提高研发、设计水平，推进营销创新，继而不断扩大传统产业改造提升的范围，促进传统产业转型升级，增强高新技术产业自身的张力。

第二，更加重视城市形象的创意塑造。在知识经济时代，城市形象是吸引人才和创业者、投资者的关键因素。在这个意义上，有创意的城市创新形象建设策略，如城市主题策划、城市营销、城市标识等，能显著提高城市的声誉和知名度。因此，我们认为，晋江的文化产业特别是文化创意产业发展应纳入创新型晋江建设的顶层设计，做出科学的战略安排，应有更高的起点、更宽的视界，而不宜套用传统的产业发展经验或其他城市的经验。而目前晋江文化创意产业发展散见于平台（园区）项目建设、项目合作、本土文化资源开发、两岸文化交流、产业融合尝试等，重点不突出，特色不鲜明，未来的可能优势也未显现。

因此，我们认为，当前还应注意做好的工作有四点。一是加强政府战略引导，在已确定和实施的文化强市、创意之城、品牌之都、产业方向、现代服务业发展战略、创新型晋江战略等目标取向中，寻找、发现最集中的交接点、结合部，作为晋江文化产业特别是文化创意产业的发展定位，以达到纲举目张。二是加大文化创意产业战略人才、复合型人才以及高层次专业人才的引进力度，纳入晋江“人才特区”优先考虑。三是进一步推进文化管理体制改革创新，建立文化管理决策咨询机制。四是在落实国家、省、市各级政府对文化产业发展的鼓励政策基础上，根据晋江文化创意产业发展对晋江产业结构调整、产业转型升级、推动创新型晋江建设的重要战略作用，加大对文化（创意）产业发展的投入，加大政策扶持力度。

（七）进一步整合提升城市软实力

软实力（Soft Power）概念最早由美国哈佛大学肯尼迪政府学院前院长、全球战略问题专家约瑟夫·奈提出，他认为：“软实力是一种能力，它能通过吸引能力而非威逼和利诱达到目的”（1990）。他把国家软实力概括为“一国的文化、政治价值观和外交政策”。2009 年以后，我国学者才开始对“软实力”进行较集中、深入的本土化研究。一个相对基本的共识是：软实力是可以内化为精神力量的实力。它包括理想信念、思想情操、组织纪律、精神文明、战略策略、作风形象、体制制度等组成要素（张国祚，2011）。当然，这是在国家层面上的理解，而从城市角度则更强调城市软实力的地缘属性和共同体特征。城市千姿百态，各有不同个性。不同的地域文化、价值观念、心理特征、实践经历等会有不同的对内发挥的凝聚力、动员力、精神动力和对外产生的渗透力、吸引力、说服力。从这样的视角理解，晋江的城市软实力是强大的和弥足珍贵的。因此，进一步整合提升晋江城市软实力对于建设创新型晋江具有重大而深远的战略意义。我们认为，除了进一步弘扬晋江精神、晋江企业家精神，加强社会主义文化及社会主义核心价值体系建设之外，还应注意以下几个方面的挖掘、整合和提升。

一是城市危机感。改革开放 30 多年来，晋江一直是始终处于领先发展地位而又保持危机感，永不满足，永不言败。这一点毋庸置疑。在推动城市创新发展的新阶段、新起跑线上，晋江并没有领先优势，因此，进一步强化危机感十分重要。要加强舆论引导和文化建设，使城市危机感不仅仅体现在社会精英群体身上，而且内化于全体市民心里。让更多的人不满足于现状，时刻认识到城市中的不适之处、不满之处，才会激发出全社会的创新激情、创新灵感。城市越能发现更多挑战，创新就越能持久。

二是城市归属感。事实上，晋江人的地域归属感很强，这一点也是毋庸置疑的。但在越来越开放的“地球村”时代，城市归属感也有了新的内涵和方式。应该更加注重倡导和培育关联着参与度的归属感。要让每个市民对城市都有归属感和参与度，都感觉到创新型晋江建设与自己息息相关，自己是城市整体不可分割的一部分，不仅要倡导“晋江人经济”，而且要让全体“新晋江人”逐步增强归属感。要使“参与”不是一句口号，而是全体市民自觉的思想行动，成为城市激发创新思想和利用各种资源的方法和手段。

三是城市组织力。城市组织力是城市保持生机和活力的关键能力，可以使城市资源效率成倍增长。晋江地方党委、政府的社会动员能力很强。这是城市组织力的重要部分，但不是城市组织力的全部。城市组织力要求在城市中，从个人到机构的每一个层面，都需要培养综合集成和实践能力，从而把创新思想付诸实践。亦即把创新元素贯穿到城市决策的每一个过程、每一个环节。不管这些决策机构是公共决策机构、私人决策机构或其他类型的决策机构；包括经济、社会、文化、环境等各领域。这意味着全民素质的普遍提高和全社会综合集成及实践能力的普遍提高。

四是城市文化的多样性。多样性是良好的创新生态系统的内在要求。社会文化的多样性可以促进人与人之间的交流和学习，促进开放和包容，促进城市的竞争和创新活力。从晋江的历史和现实看，外来移民、务工者、外来文化，在晋江的发展过程中发挥了重要作用，他们的技能、智慧和文化价值都可以给城市带来新的想法和机会。因此，在建设创新型晋江中，进一步发展多样性的城市文化，确立多样化文化主体参与创新并获得享受创新成果的平等地位，有十分重要的价值和意义。

五　晋江创业创新经验对我国县域发展道路的启示

2002 年，时任福建省省长的习近平同志在深入调查研究的基础上指出，“晋江经验是福建的一笔宝贵财富，可以给人以深刻启示的东西很多”，“如果福建在近年内能够涌现出 10 个或者更多的晋江这样的县市，全省经济发展必然会实现一个新的跨越”[①]。习近平同志对晋江经验所作的深刻而精辟的阐述，至今仍有普遍性的指导意义。他认为，在晋江经验中，最值得学习借鉴的有六个方面，即：始终坚持以发展社会生产力为改革和发展的根本方向；始终坚持以市场为导向发展经济；始终坚持在顽强拼搏中取胜；始终坚持以诚信促进市场经济的健康发展；始终坚持立足本地优势选择最佳方式加快发展；始终坚持加强政府对市场经济发展的引导和服务[②]。习近平同志强调指出，晋江经验是与时俱进的，需要在新世纪的社会实践中不断创新发展[③]。

10 年后的今天，当我们再次深入研究晋江经验时，我们高兴地看到，晋江没有辜负习近平同志的期望，晋江经验在不断创新和发展。而我们对晋江经验也有了新的认识：晋江经验内涵丰富，具有强大的内在张力，仁者见仁，智者见智；晋江经验总是先人一步，快人一拍，具有强大的影响力和渗透力，先前的晋江经验或者已经融入于“中国经验”，或者正在被仁者仁用，智者智用；晋江经验自身又具有强大的兼容并蓄、试“错”创新能力，它总是与时俱进地融聚“他山之石”，实现自我超越，创造新鲜经验。基于这样的认识，我们试图总结晋江在新时期新实践中的新经验；而从中国县域经济经验交流的角度看，晋江创业创新的经验具有较重要的价值和意义，毕竟，创业创新仍然是中国县域经济相当长一段时期内的实践主题。本报告主要致力于探究晋江创业创新的经验。主要有以下八条经验。

（一）努力弘扬“创新不息，创业不止；永不满足，永不言败”的地域文化精神

从率先开创乡村工业化道路，到率先建立比较完善的市场机制，到率先实现宽裕型小康，到率先基本实现现代化，再到率先建设“创新型城市”，晋江留给我们最深刻的印象是：创新不息，创业不止；永不满足，永不言败。不管有多大的障碍，有多大的困难，遇到什么样的“风险”和“危机”，从没停下创业创新的脚步，从未满足于阶段性的领先优势，从不因一

① 习近平：《研究借鉴晋江经验》，《福建日报》2002 年 10 月 4 日。

② 习近平：《研究借鉴晋江经验》，《福建日报》2002 年 10 月 4 日。

③ 习近平：《研究借鉴晋江经验》，《福建日报》2002 年 10 月 4 日。

时挫折失败丧失斗志。这是我们常说的“爱拼会赢”的晋江精神的具体化，也是晋江经验中最主要最核心的经验。有了这样的精神和目标志向，就能始终自觉坚持党的解放思想、实事求是的思想路线；就能始终立足实际，不断拓展特色发展之路；就能不断转变观念，先行先试，抢抓机遇，争创新优势。学习借鉴晋江经验首先要学习借鉴这种拼搏进取、自强不息、不屈不挠的精神，解放思想、先行先试，善于把握特色，争创优势，推进县域经济不断向前发展，促进弱县变强，强县更强。

（二）努力培育造就一支素质精良的优秀企业家队伍

企业是创业创新的主体，企业家是创业创新实践进程中的“灵魂”。在当今越来越开放和竞争越来越剧烈的环境下，企业要生存和发展，区域竞争力要不断提升，关键是要有一批能识别和把握市场机会，具有强烈的创新精神和竞争意识，并善于开拓市场、驾驭市场，将企业的一切努力在市场上成功运用、成功实现的企业家群体。今日晋江已经有了这样一支素质精良、规模宏大的企业家队伍。它既是在市场竞争中产生，更是晋江地方党委和政府强力扶持、精心培育的结果。晋江的经验是强调市场和政府两种力量的交互作用。一方面不遗余力地健全完善区域市场机制，鼓励、引导企业家闯荡国内外大市场，另一方面则竭尽全力在企业家成长的不同阶段发挥政府的强有力作用，或保护、或扶持、或规范、或引导，并通过“送出去、请进来”的方式和机制，对企业家实施常年的高层次培训和施教，不断开拓企业家的视野，更新企业家的观念，增长企业家的知识，提升企业家的素质。我国企业家的稀缺程度甚至超过了技术专家的稀缺程度，特别在县域农村。企业家数量少、竞争能力不强，形不成群体竞争优势是当前相当部分县域存在的问题。学习借鉴晋江经验，就要像晋江这样将企业家看作“第一竞争力”，在强调市场与政府两种力量交互作用的基础上，把企业家的诉求和愿望放在重要位置，竭力保护企业家的利益，解决企业家的实际困难，营造以企业家为服务目标的政策体系。要乐于并善于与企业家交朋友，不让企业家承担与企业发展创新无关的负担，使企业家能心情舒畅地、全力以赴地投入到企业的创业创新活动。同时，要在全社会营造尊重企业家、支持理解企业家的文化氛围。

（三）努力营造开放包容、充满活力的创业创新环境

县域经济发展的成效在很大程度上取决于是否具备了良好的创业创新环境。在比较完备意义上，这种环境包括软环境和硬环境。晋江经验并不在于它已经具备了这样的较完备的环境，而在于它始终高度重视营造开放包容、鼓励创业创新、宽容失败的人文环境，并随着经济社会的发展不遗余力地完备“硬环境”。在对晋江长期的跟踪研究中，我们始终能深切地体会到，晋江政府鼓励支持本地人创业创新，也鼓励支持四面八方的人来晋江创业创新，形成了鼓励竞争、崇尚创新、宽容失败的人文环境。人们乐于创业创新，能够自主创业创新。在这样的环境下，充满机遇，也有风险，但不会受到人为的干扰。当地环境能为人们创业创新提供合适的条件，又能为成功者经由社会和市场获得合理的回报，对失败者抱以宽容，并力所能及地提供必要的保障，鼓励重新爬起来再干。对于广大发展中的县域而言，完备的创业创新硬环境需要一个建设的过程，但开放包容、公平有序的软环境则全在于地方政府的科学有为。因此，这是晋江经验中值得的学习借鉴的一个方面。

（四）努力健全和完善鼓励支持创业创新的政策体系

政策是经济社会发展的导向标、调控器，是创业创新和县域经济发展的重要保障。晋江在创造性地用足用活政策，最大限度地促进创业创新方面创造了弥足珍贵的经验。在改革开放之初，晋江冒着风险出台“五个允许”、“四个有利于”等政策，保护和促进了第一批民营企业的孕育成长；在后来的执政实践中，通过不断创新政策，搭建越来越完善的政策平台。鼓励、支持和引导企业抓质量、抓管理、创品牌、改制上市，鼓励、支持和引导产业集聚、资源集聚、区域创新要素集聚。近年，为推动企业自主创新、“二次创业”，推进产业转型升级和创新型晋江建设，晋江又梳理整合了20份扶持政策，构筑了一个比较完善的政策体系。学习借鉴晋江经验，关键的一条就是根据区域经济发展实际，不断创新政策、完善政策；善于运用政策杠杆，鼓励、支持和引导企业发展，促进区域经济快速、健康、可持续发展；并注意经济政策、社会政策和科技政策的统一性，形成导向明确、协调配套、力度大、效率高的比较健全、完善的政策体系。

（五）努力构建服务企业引导创新发展的“政企互动”机制

“政企互动”是具有晋江特色的执政经验。改革开放以来，晋江地方党委和政府，始终以“政企互动”为平台，围绕企业发展，积极主动地与企业建立紧密而深入的互动关系，实现政府对企业的高效优质的战略引导和服务。一方面政府尊重企业的市场主体和创新主体地位，紧贴并回应企业的诉求愿望，根据企业的发展实践制定政策、改善服务，为企业的发展提供导向、营造环境；既在企业后头推波助澜，更在企业前头因势利导。而企业的实践、企业的诉求愿望、企业的困难，也为政府制定政策服务和执政创新提供了依据。晋江的“政企互动”经验对于地方党委和政府如何围绕发展执政、推进执政创新具有重要的启示。在市场经济条件下，企业是市场的主体、创业创新的主体。企业家群体是创业创新的主角，因此也是政府服务的主要对象。无论是建设服务型政府、推动地方经济发展，还是提高基层政权执政能力、推进执政创新，“政企互动”都是重要的平台。只有通过“政企互动”平台，才能更好地实现围绕发展执政，提高执政能力，推进执政创新，形成党和政府领导经济、服务群众、推动发展的长效机制。

（六）努力培养充满干事创业激情的干部队伍

晋江的干部人人想干事创业，人人争先恐后，业务熟、效率高、口碑好。从高层领导到一般干部，从市直属机关干部到镇村干部无一例外，几十年一以贯之。由此形成了一种氛围，一种传统，一种群体性特征，一种长效机制。这给我们极深刻的印象。有了这样的一支干部队伍，好的政策就能得到坚决的执行，各项工作就能创造性地开展，就能形成很强的说服力、凝聚力和社会动员能力，就能调动全社会干事创业的激情与活力。这是理解晋江发展的重要视角。晋江在这方面的经验做法主要有四条：一是形成“一任为一任打基础，一年为一年添后劲”的执政传统。各届领导集体保持持续发展创新的思路，绝不为了搞形象工程或其他利益考虑而另起炉灶。二是围绕发展选干部。深化人事制度改革，实行科级干部公开选拔，双向选择，实行股级干部竞岗、后备干部差额推荐、市直属机关干部遴选，实行干部交流和行政问责等制度，形成“实干、为民、竞争”的用人导向和相应的考评、任免机制。真正让想干事的有机会，能干事的有舞台，干成事的有地位。三是通过政企互动锻炼培养干部。实行干部企业包点、基层挂职、参与重点工程建设等制度，形成在工作一线培养干部的经常性机制和企业对干部的评价、监督机制。四是大力推进学习型组织建设，提升干部素质。完善学习型组织结构，健全高层次的学习平台、培训网络、“干部学堂”、“晋江大讲堂”等，开展多种行之有效的学习活动和公务员任职培训。晋江在干部培养方面的经验不仅仅在于它的系统性和创新性，关键是真抓实干，不是走过场，不是做表面文章。

（七）努力建设亲民、高效、锐意改革创新的服务型政府

服务型政府建设是一个艰难的过程。晋江的服务型政府建设之所以成效显著，最重要的还是执政理念创新和真抓实干。一方面晋江市委、市政府具有较强的学习能力和锐意改革创新的精神，将服务型政府建设摆在突出的位置。作为建设主体的政府提高了建设服务型政府的自觉性、主动性和自律精神，建立了相适应的政府考评体系和干部升迁机制，以及开展群众满意率问卷调查等，将区域经济社会发展成效与企业、社会满意度和干部奖惩升迁有机地联系在一起。另一方面政府长期以来着力培育市场主体、社会主体，充分发挥市场的基础性作用和政府监督作用。通过政企互动、政社互动等机制增强企业和民众的独立性、参与度和话语权。经过改革创新和较长时期以来的政企互动与政社互动实践，摆正了政府服务社会、企业和群众的职能定位，规范了政府“有所为”和“有所不为”的权责界限，规范了行政自由裁量权和社会中介组织管理，突出了政府对市场和社会的引导、服务、监督功能，提高了政府综合运用经济、法律手段和必要的行政手段实施管理的能力和水平。在服务理念与服务方法上，突出为民、突出服务、突出创新、突出提升、突出基层等，基本实现了从政府立场和政府视角转向社会立场、社会视角，推进服务型政府建设的转变。政府制定政策、改善服务，不是凭文件、凭主观意愿，而是根据社会发展的需求、企业的诉求和群众的意愿。在政府效率方面，经过改革，审批事项削减 50%，审批时限缩短 70% 以上。建设服务型政府是保持党的先进性，提高执政能力的重要内容。学习借鉴晋江经验，重要的是要努力做到真抓实干，既要提高政府的自觉性、主动性和

自律精神，又要建立相应的考评监督机制，更要重视培育市场和社会的能动作用，逐步形成“强社会、强市场、强政府”的社会结构。

（八）努力建设以人为本、共建共享的和谐社会

努力建设以人为本、共建共享的和谐社会，既是我们的奋斗目标，也是调动全社会积极性，凝聚创新发展合力的有效途径。晋江的经验主要是通过持续的民生改善工程、持续的执政创新实践和始终坚持共建共享发展模式，基本实现以人为本、共建共享的和谐社会目标。一方面，晋江市政府连续多年每年都拿出一半以上的财力用于改善民生事业，努力提供公共服务。在城乡居民人均收入和城乡居民收入差距方面，社会保障标准和覆盖面及城乡一体化方面，外来务工者同城待遇方面以及就业、教育、卫生、文化等方面的各项指标始终位居全省乃至全国先进县（市）行列，让广大人民群众切切实实共享改革开放和创业创新成果。另一方面，晋江党委和政府始终坚持鼓励和引导全面创新创业，不遗余力地扶持民营经济成长壮大、创新发展，走出一条创富于民、普惠大众的县域发展道路，民营经济创造的产值、税收和就业岗位均占95%左右。这种发展经验，奠定了共建共享的社会基础，使广大人民群众无论在直接受益还是政府提供的公共产品方面都能普遍受惠。同时，晋江党委和政府锐意改革创新，不断推进先进性和执政能力建设，在服务型政府建设，政企互动、政社互动、社会管理创新、精神文明和生态文明建设、和谐社会建设以及党风廉政建设等方面，进行了持续的、积极的、有效的探索与创新，取得了显著成效，进一步促进了人民群众与党和政府的信任关系，提高了百姓的满意度和幸福感，促进了社会的安定和谐。

总之，学习借鉴晋江经验要把握好以下三个方面：第一，晋江是我国县域经济成功发展的典型代表之一。具有广泛的普遍性意义。晋江的实践证明，县域经济发展并不主要取决于原有的区位条件和资源状况，而取决于发展主体的创造性，取决于地方党委和政府的执政能力。晋江的实践还证明，勇于解放思想、拼搏进取、先行先试，善于发现机遇、把握机遇、创造机遇，坚持发挥优势、注重特色、走自己的创新发展之路，就能先人一步，快人一拍，形成可持续的竞争优势。这是晋江经验的普遍性意义，也是学习借鉴晋江经验要把握好的重要方面。

第二，晋江经验具有强大的内在张力，因此，即使是晋江特色的个性化经验，也可以仁者见仁，智者见智，仁者仁用，智者智用。“他山之石，可以攻玉”，关键是把握其中的方法论经验，这是学习借鉴晋江经验要把握好的第二个方面。

第三，我国县域幅员广大，发展不平衡。在区位条件、资源禀赋、发展基础、发展阶段、发展模式、发展战略等方面均可能存在差异性或多样性。因此，学习借鉴晋江经验，不能简单复制，应根据各地的差异化发展或多样性诉求，加以有针对性和适应性的选择与创新。这是学习借鉴晋江经验要把握好的第三个方面。

专题报告

晋江市转变经济发展方式的实践与探索*

晋江撤县建市20年来，坚持以科学发展观统领全局，与时俱进，开拓创新，经济总量快速壮大，经济质量不断提升，成为福建发展最快、实力最强和最具活力的地区，已连续11年跻身于全国县域经济十强县，创造出了闻名全国的“晋江经验”，得到了时任福建省省长习近平同志的高度肯定。当前，全球经济步入新一轮产业转型和发展变革期，世界各国纷纷以转型发展抢占经济新的制高点，沿海发达省份也相继加快了经济转型发展步伐。在新的发展形势下，晋江要继续保持先行发展态势，必须顺应世界经济发展大趋势，以更高的站位、更宽的视野，着力加快推进经济发展方式转变和产业结构优化升级，通过转型发展提升经济增长质量，增强综合竞争力，促进经济在转型提升中实现科学发展和新的跨越，构建晋江经济发展新优势，再创晋江县域经济新辉煌。

一 晋江市转变经济发展方式的历程与成效

20年来，晋江市转变经济发展方式大致经历了两个阶段：第一阶段从1992～2002年，晋江市牢牢把握邓小平南方谈话及撤县建市的重要历史机遇，发展“以市场调节为主，以外向型经济为主，以股份合作制为主，多种经济

* 本文作者：中共福建省委政策研究室课题组组长：赵彬（省委政研室副主任），成员：王耀明、徐子青、翁书寿、池志森、陈宇。

成分共同发展”的“三为主一共同”的晋江模式，率先建立市场机制，大力发展民营经济，加快培育传统优势产业，形成了“以民营经济为主体，以制造业现代化为主导，以城市化跨越为主题，以壮大中间阶层为主流趋势，内发外向、城乡互动、和谐共享”的发展格局，有力推动了经济社会的快速发展和民生改善，在全省率先基本实现小康。这个发展阶段得到了时任福建省省长的习近平同志充分肯定，并总结出了“六个始终坚持”的晋江县域经济发展经验。第二阶段从2002年至今，晋江市紧紧围绕党的十六大提出全面建设小康社会的战略决策，坚持以科学发展观为指导，以转变经济发展方式为主线、加快产业提升、城建提速、民生提效，实施产业集群、品牌打造、改制上市、园区建设、生态修复、社会管理创新等一系列发展策略，积极探索和实践新型工业化、城市化、现代化的科学发展之路。经过20年的转型发展，晋江经济社会发展取得了巨大成就，主要体现在以下六个方面的转变。

（一）在综合实力上，由工业城市向经济强市转变。

撤县建市20年来，晋江市经济迅猛发展，综合经济实力显著提升。1991年，晋江县域综合经济实力位居全国百强县市第55位，从2001年以来晋江县域经济基本竞争力连续十一届居全国百强县市的第5～7位，综合实力连续18年位列福建县域之首，获“十大特色经济魅力之都”称誉。2011年全市地区生产总值突破千亿元，达1096亿元，经济总量占比超过泉州市的1/4、全省的1/16，也分别超过莆田、南平、宁德三个设区市；人均地区生产总值由2002年的27209元上升到2011年的54686元（折算为8467美元），是全省平均水平的1.16倍，按照世界银行的划分标准，已经跨入世界中上等收入国家行列；财政总收入136亿元，占地区生产总值比重的12.4%。晋江市以占全省0.5%的土地和4.4%的常住人口，创造出占全省6.3%的地区生产总值、5%的财政收入；平均每平方公里创造出地区生产总值1.69亿元，为全省平均水平的12倍。撤县建市以来20年间，全市地区生产总值年均增长21.6%，财政总收入年均增长24.5%。

（二）在所有制形式上，由股份合作制为主向以民营经济为主体的多种所有制经济共同发展转变

改革开放初期至20世纪90年代初，晋江经济主要以联户集资的股份合作

经营为主，乡办、村办、中外合资办并存。撤县建市之后，民营经济活力迸发，在2011年全市规模以上工业总产值中，国有工业占3%，非国有工业占97%；共有内外资企业1.6万多家，其中民营企业达1.5万多家，占全市总量的91.9%，创造GDP占95%，缴纳税收占93.8%；年产值超亿元工业企业有479家，年零售额超亿元的商业企业有27家，星级酒店有15家，其中五星级有4家。民营经济在企业数量、产值、税收、就业人数上，均已形成“十分天下有其九”格局。晋江民营经济最大的特点在于，其核心企业、领军人物、控股资本及企业文化都具有很强的本土根植性、集群依存性和风险抵抗性。

（三）在产业转型上，由外延扩张向质量并重、内涵提升发展转变

撤县建市20年来，晋江产业发展经历了从特色产业崛起、集聚、提升的转变过程。三次产业结构不断优化，由1992年15.4∶58.4∶26.2调整为2011年的1.6∶67.4∶31.0，制造业在国民经济中占主导地位。具体特点体现在：

一是产业发展向“产业集群”转变。晋江产业由早期的“只见星星，不见月亮”的小、散、低向规模化、集群化、高端化发展。2011年全市规模以上工业企业1478家，占泉州市的28%、福建省的8.3%，其中产值超亿元企业479家、超10亿元39家，恒安连续3年营销收入过百亿元；规模产值超百亿元的产业集群达到7个，其中制鞋业产值达658.96亿元、产量占全国的一半、世界的两成，纺织服装业产值达566.14亿元，建材陶瓷业产值达261.09亿元，食品饮料业、纸制品业、装备制造业、化纤业产值突破100亿元，分别达151.85亿元、145.98亿元、132.68亿元和116.13亿元；2011年六大传统支柱特色产业实现工业产值1847.61亿元，比上年增长32.6%，对全部规模以上工业产值的贡献率达74.3%，其中旅游运动鞋、夹克衫、糖果、外墙砖、琉璃瓦等产品在国内外拥有较高的市场占有率，鞋业和纺织服装业有望在“十二五”期间发展成千亿元产业。与此同时，电子光伏能源、高端印刷、航空零部件、装备制造4个新兴产业正在快速发展壮大之中，2011年实现规模以上工业产值142.80亿元，比上年增长39.7%，增幅高于六大传统产业7.1个百分点，占全部规模以上工业产值的比重为5.8%。

二是商品生产向“自主品牌”升级。早期晋江企业主要从事加工贴牌

生产，靠的是赚取少量的加工费，既无自己的知识产权，也无自己的品牌，成长空间极为有限。自1995年起，晋江全面启动“质量立市”工程，适时推进“品牌立市”和打造“品牌之都”的发展战略，知名品牌竞相崛起。先后获得“世界夹克之都”、“国家体育产业基地”、“中国鞋都”、“中国拉链之都”、“中国伞都”、“中国纺织产业基地市”等“国字号”区域品牌14项；拥有恒安、安踏和361度、七匹狼、利郎等“国字号”企业品牌126个，品牌数量居全省首位、全国县（市）前列；27万家品牌企业营销网络遍及全国大中城市，安踏和361度的专卖店都在6000家以上，品牌营销逐步从生产中心型向品牌经营型转变，并朝着国际化进军，安踏、梅花伞业、三力机车等企业纷纷在海外设立营销网点。2011年“国字号”品牌企业实现产值834亿元、缴纳税收48亿元，分别占规模以上工业产值的33.8%、财政总收入的35.3%，成为晋江经济发展的主导力量。

三是企业运营向“现代企业”变身。早期晋江大都以家庭作坊与小商品专业市场的形式发展非农产业，以离土不离乡的家族工业和离土又离乡的“地毯式”推销完成原始资本积累，实行粗放式家族管理。在政策扶持引导下，企业改制上市步伐不断加快，资本运营势头强劲。目前全市已有39家企业在境内外证券市场成功上市，上市企业数量位居全国县级首位；累计募集资金达205亿元，总市值超1500亿元，初步形成了证券市场上的“晋江板块”，同时还建立了近百家上市后备企业资源库。2011年全市上市企业包括上市后备企业，缴纳税收57亿元，占财政总收入的41.9%，成为家族企业向现代股份制企业进化的“推进器”，整体提升了产业集群的核心竞争力。

四是要素投入向创新驱动转型。早期晋江经济高速增长主要依靠高投入、高消耗、高排放、粗放经营为主，“村村点火、户户冒烟”就是当时经济发展的生动写照。1995年之后，晋江积极探索科技含量高、耗能低、环境污染少、比较优势充分发挥的新型工业化发展路子，资源利用逐步从分散走向集中、从粗放走向集约。特别是近几年，晋江全面推进节能减排，加快发展循环经济，资源环境承载能力提高明显，基本完成泉州市下达的万元工业增加值能耗、化学需氧量等节能减排指标削减任务。注重引进和研发先进技术，努力用高新技术和先进适用技术加速对制造业的现代化改造，加快推进信息化进程，科技含量持续提升。“十一五”期间，全市高新技术产业产值占工业总产值已超过1/5，高新技术企业、技术创新示范企业R&D投入占企业销售收入的3%～6%，2010年全社会R&D投入占GDP的比重为2.36%，自主创新能力不断增强。科技创新平台加快建设，全市共有省级高新技术企业51家，企业技术中心169家，其中省级29家、国家级5家；60家企业成为国家和行业标准起草单位。以安踏、361度、利郎等为代表的一批传统龙头民营企业正在从以生产制造为主，转向抢占创意、研发、营销等产业链高端环节，纷纷投入巨资组建工业设计团队，由“晋江制造”迈向“晋江设计”；安踏近年来每年研发投入都在4亿元以上，创造国家专利技术40多项。1996年晋江进入“全国科技综合实力百强县（市）行列”，1998年被列为“全国科技进步示范区”，1999年以来连续获“全国科技进步先进市”、“全国科普示范市”。

五是空间布局向“园区集聚”拓展。晋江经济开发区2003年经省政府批准为省级开发区，2009年全面进行扩域提升，形成了目前“9+2”的园区发展格局，经济开发区总规划面积达到170平方公里，约占晋江国土面积的1/4。2011年经济开发区规模以上工业实现产值307亿元、完成固定资产

晋江国际陆地港

投资直报项目46.64亿元、实现税收超25亿元，已发展成为产业升级的主平台。2011年国家级出口加工区落户晋江，航空零部件维修制造、精密机械、电子信息、新型材料、生物制药等技术、资金密集型产业积极引进，出口加工区带动产业转型升级的作用日益凸显。经济开发区、出口加工区、滨海新区，已成为晋江经济发展的重要增长极。晋江陆地港正式投入运营，推动海西经济区东出西进综合通道的建设，成为物流供应链横向链接纵向延伸的重要平台和节点。

（四）在增长格局上，由市场消费拉动向三大需求协调拉动转变

撤县建市以来，晋江积极发展各类要素市场，逐步形成多渠道、多成分、多门类、多功能的市场流通网络。特别是通过大力深化投融资体制改革、流通体制改革和外贸体制改革，大力实施“大流通”、“大经贸”战略，不断推动对外开放向全方位、宽领域、纵深化发展，呈现三大需求协调拉动的增长格局，2010年最终消费率、投资率、出口率分别为35.1%、30.3%、34.6%。消费需求在结构升级中稳步攀升，社会消费品零售总额由1991年的9.23亿元扩大到2011年的301.1亿元，年均增长19.6%，一批大型市场建成投入使用，“4·19”“鞋博会”目前已举办14届，成交额突破60亿元，成为“中国十大魅力展会”之一，要素集散枢纽地位进一步凸显。投资需求在调整优化中快速发展，全社会固定资产投资由1991年的2.12亿元扩大到2011年的417.4亿元，年均增长30.0%，基础设施日臻完善，“三纵四横二环二连”主干快速路系统初步形成，公路密度以每百平方公里351公里的通车里程名列全国县级前列。出口需求在政策环境驱动下对经济增长的推动日益增强，出口交货总值由1991年的6.66亿美元扩大到2011年的85.2亿美元，年均增长24.7%，出口依存度达50.2%。实际利用外资由1991年的0.34亿美元扩大到2011年9.56亿美元，年均增长18.2%；累计实际利用外资达75.97亿美元，占泉州市的1/3，占近全省的1/10，对外开放实现新拓展。

（五）在城乡统筹上，由城乡二元结构向城乡一体化转变

晋江城市化基础相对薄弱，发展水平滞后于工业化，城乡二元结构明

显。2001 年晋江获批（规划）中等城市后，全面启动了城市组团开发建设，特别是 2004 年以来，晋江全力推进中心市区和城镇体系建设，确立了“现代产业基地、滨海园林城市”的发展定位和“全市一城”、“一核两翼”的城市布局，加快推进环海湾建设，主动对接融入泉州环海湾发展和厦门、漳州、泉州、大都市区。城乡布局全面拉开，梅岭、滨江、青阳、安海、金井、城北、内坑、磁灶、东石“九个组团”的城市建设渐次展开，道路交通、生态环保“两大体系”建设有序推进，覆盖全市、互为衔接的市域城镇规划和基础设施体系初步形成，城乡一体的交通、通信、信息、能源、管理网格等公共服务系统基本建成，管理水平明显提升。市区建成区面积从 2002 年的 15.4 平方公里扩展到目前的 72 平方公里。城乡建设同步推进，按照“耕地向规模经营集中、企业向工业园区集中、住宅向现代社区集中、人口向市区和集镇集中”的发展要求，以小城镇综合改革为龙头，带动新农村建设，培育出 2 个省级小城镇试点、上百个新农村示范村，城镇化水平由 2005 年的 42% 提高到 2011 年的 59.96%。生态环境进一步改善，主要水系和集中式生活饮用水源地水质状况保持优良，垃圾无害化处理率提高到 99.72%，一批市、镇、村级生态公园建成，绿地率达 36.7%，人均公共绿地扩大到 11.87 平方米，城市环境质量定量考核连续两年位列全省县级市第一。

（六）在民生共享上，从基本实现小康社会向全面建成小康社会转变

随着经济快速崛起，各项社会事业得到协调发展，发展成果惠及广大人民群众。1995 年晋江在福建率先基本实现小康目标，2002 年基本实现宽裕型小康目标，目前正向全面建成小康社会迈进。民生改善成效显著，全市城镇居民人均可支配收入由 2007 年的 15554 元提高到 2011 年 24731 元，农民人均纯收入由 1991 年的 1214 元提高到 2011 年的 11965 元，城乡居民收入差距为 2.07∶1，低于全省平均水平 0.77 个百分点。全社会创业活力显著增强，自 2004 年以来城镇登记失业率始终控制在 0.25% 左右，基本实现充分就业。民生保障走在前列，在全国率先实行对外来务工人员子女教育同城同等待遇，约 18 万名外来务工人员子女从中受益，率先在高中阶段免收学杂

费。在全省率先实现“新农保”城乡全覆盖，率先建立被征地人员养老保险“即征即保”制度，新农保、城乡低保、新农合“提标扩面”，分别提高至100元、380元、310元，构建了较为完善的民生保障体系。创新社会管理，2010年被确定为全国社会管理创新综合试点城市，率先实行居住证制度，并从2011年7月1日起外来人员可享受22项市民待遇，有力推动了社会的和谐发展。慈善事业走在全国前列，2002年率先创立全国首家县级市慈善总会——晋江市慈善总会，募集善款15.48亿元，累计支出6.68亿元，受惠群众达到12.77万人。

二　晋江市推动经济发展方式转变的做法与启示

（一）主要做法

1992年，中共福建省委、省政府确定在晋江开展改革开放综合试验，实行撤县建市，赋予晋江在泉州市领导下的相当于地市级的管理权限。20年来，晋江市紧紧抓住新的重大历史机遇，坚持发展为第一要务，敢于先行先试，勇于探索实践，着力在发展中谋转变、在转变中促跨越，围绕推进新型工业化、城镇化和农业现代化，开展了一系列富有实效性、创造性的工作，有力推动了经济社会转型发展。

1. 加强政策引导，鼓励支持企业创牌、上市，培育壮大市场经济主体

民营企业是晋江县域经济发展的主体。晋江市在不断优化民营经济发展环境的同时，加大政策宣传和扶持力度，促进乡村工业向城市工业、商品生产向品牌经济、家族管理向现代企业转变，推动民营企业由简单的外延扩张转向内涵提升，使民营企业在竞争中不断发展壮大。

一是扶持企业做大做强。通过实行“抓大扶小”策略，在不同的时期采取有针对性的措施，引导企业做大规模、做强实力。出台鼓励扶持政策，引导有一定规模的企业进行股份制改革，推动企业改制上市，使企业实现由家族式管理到现代企业制度管理的转变；引导品牌企业、龙头企业通过兼并、外派订单等方式，加速整合中小企业，建立紧密协作的产业联盟，实现抱团发展。2012年4月份，市委、市政府重新梳理制定出台20份经济发展鼓励扶持政策，对商贸服务业、企业境外运作、股权投资、金融服务、科技创新、现代物流等给予奖励，制定《晋江市推进民营企业“二次创业”三年行动方案》，每年安排3亿元创业引导资金，采取参股、融资担保、跟进投资等方式，支持民营企业“二次创业”。

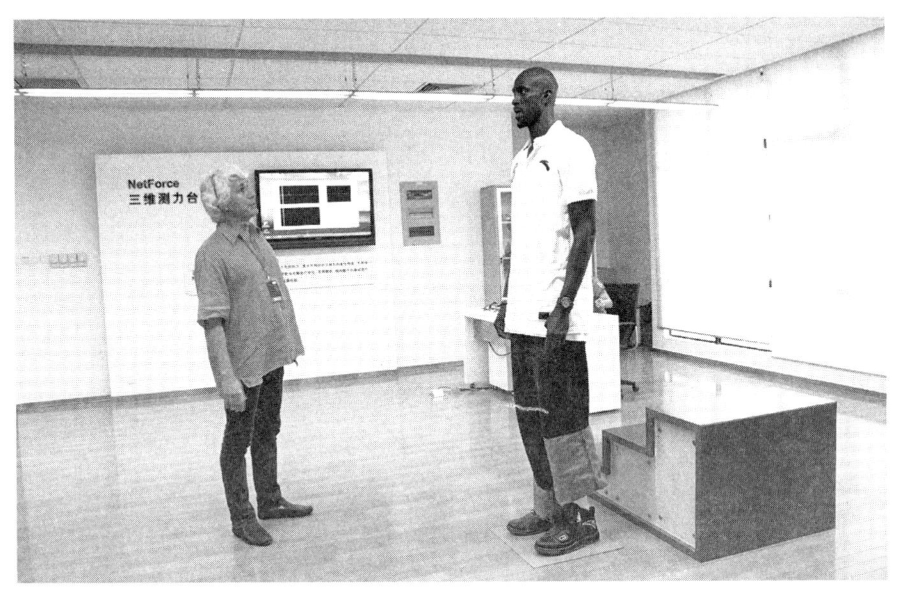

安踏公司运动科学实验室

二是支持企业品牌建设。1995年提出“质量立市”战略，大力推行产品质量体系认证活动，推动了晋江产品质量实现巨大飞跃。在此基础上，1998年正式确立“品牌立市”，2002年又出台了打造“品牌之都”的政策措施，重奖创牌企业，给予品牌企业一定的优惠政策。比如，对获得中国名牌产品、中国驰名商标的企业给予一次性奖励100万元，对获得中国世界名牌产品的企业一次性奖励200万元，对获得福建名牌产品、国家出口免验产品、国家免检产品的企业也给予一定奖励。在政府的引导下，企业的品牌观念迅速形成，龙头企业“造牌”的示范作用也带动了其他企业的品牌建设，企业创牌活动有力地促进了内部管理和产品质量的提升，提高了企业整体素质。如今，晋江制定了新的品牌发展规划，引导企业在更高的起点上塑造“品牌之都”。

三是推动企业上市融资。20 世纪 90 年代后期，晋江利用侨资多，外资企业境外上市便利的特点，引导企业上市融资。特别是进入 21 世纪以来，市委、市政府把引导企业上市作为经济工作的重点，对基础扎实、潜力较大的企业积极做好上市辅导，适时推向资本市场，扩大直接融资规模。2007 年召开首届企业改制上市工作专题会议，并出台了财政、用地、保障等方面的鼓励措施。政府还设立企业上市专项资金，对上市企业从股份制改造到上市期间，分三次给予 330 万元的资金补助，并在上市后 3 年内，政府按新增所得税本级留成 20% ~40% 的额度给予奖励；对上市企业的项目落地实行“一企一议”办法协调解决，等等。这些措施，有力地推动一批企业在境内外上市，成为全国资本市场较为发达的地区之一。

2. 强化平台建设，优化空间布局，推动产业规模化、集群化、高端化发展

进入 20 世纪 90 年代，晋江市按照走新型工业化道路的要求，突出集聚发展和创新驱动，着力建设发展平台，促进企业向园区集中，推进产业结构调整，加快构建现代产业体系，有力地推动了产业向规模化、集群化、高端化发展。

一是提升产业发展层次。坚持用工业的理念发展农业，通过出台扶持农业产业化、加快发展农业现代化等专项政策，促进土地流转改革，推动精细农业、设施农业和高效农业加快发展，提高了农业规模化、产业化水平。通过制定扶持支柱产业和重点产业的优惠政策，引导企业提高装备水平和技术开发能力，推动纺织、建材、鞋服、食品等传统产业调整优化，加快生物医药、新材料、电子信息、新能源等战略性新兴产业发展步伐，培育一批跨地区、跨部门的龙头企业，促进企业集团化、规模化经营，带动了产业整体发展水平和层次的提升。高度重视第三产业招商及配套建设，大力引进物流和商贸配套服务项目，通过把英塘中心地块规划建设成五里园的商业配套服务中心，加快“三创园”建设步伐，加强与麦肯锡咨询公司和晋思公司的沟通衔接，引进一批涉及创意设计、研发孵化、资本运营、电子商务等多种业态的企业，有力推动了第三产业的跃升发展，进一步优化三产结构。

二是着力打造发展平台。在 1998 年就成立了工业园区，2003 年升级为省级开发区。2009 年对经济开发区进行全面扩大区域发展，总规划面积由原来的 30 平方公里拓展到 98.9 平方公里，由原来的“一区两园”拓展到

“一区九园”，对所有园区实行统一规划、统一配套、统一管理，每个园区都有明确的产业发展定位和发展特色，园区之间形成优势互补、错位发展。2011 年，国家体育产业基地正式纳入经济开发区统一管理，并启动规划建设“创意创业创新园”，如今形成了“9 +2”的园区发展格局，成为全市产业拓展和提升的重要平台。

三是促进产业集聚发展。晋江市委、市政府实施了产业发展引导策略，出台了一系列发展产业集群的配套措施，通过抓龙头、铸链条，推动产业链上下延伸，强化大中小企业专业化配套协作和要素整合，促进形成更多具有优势和竞争力的产业集群。按照“引进核心项目—拉长产业链条—培育产业集群—建设产业基地”的思路，积极引进国内外高新技术企业和项目，通过大企业、大项目，特别是与晋江传统产业关联度大、带动力强的企业和项目的引进，吸引了一大批上下游配套企业入驻晋江，迅速带动了高新技术产业集群发展。近年来，晋江市着力破解高新技术产业发展滞后的局面，专门制定高新技术产业发展中长期规划，并在用地、税费、审批等方面给予优先支持。目前，依托经济开发区、出口加工区等载体，金保利、冠科、太古等一批高新技术项目已经落地投产，高新技术产业正在加快形成，推动了产业向高端化发展水平。

3. 优化资源配置，加强环境保护，促进经济社会可持续发展

在加快经济发展的同时，高度重视资源集约利用和环境保护，通过优化资源配置，缓解资源约束、减轻环境压力，促进经济效益、社会效益和生态效益相统一，推进资源节约型和环境友好型社会建设。

一是集约利用资源。20 世纪 90 年代后期，晋江在资源利用上提出了“四个集中”的原则，即耕地向规模经营集中、企业向工业园区集中、住宅向现代社区集中、人口向市区和集镇集中。通过“耕地向规模经营集中”，解决了农村耕地抛荒问题，提高了农业规模化经营水平，促进了农业提效和农民增收；通过“企业向工业园区集中”，有效解决了企业分散布局带来的资源浪费、污染排放严重等问题，提高了产业空间集中度，缓解了资源、环境制约；通过“住宅向现代社区集中”和“人口向市区和集镇集中”，有力促进了城镇化进程，改善了人居环境，提高了城乡统筹发展水平。

二是强化资源环境的保护。坚持经济发展和环境保护并重，努力做到合理开发和有效保护的有机统一。把淘汰落后产能作为解决环境问题、促进结构调整的一项重要举措，依法关闭了“五小”企业和无证开采矿区，对全市重点污染源实行自动在线监控，基本实现了相关污染集中控制、集中处理。在新上项目、增资扩产和企业评价中，严把产业政策关、资源消耗关、环境保护关，确保新上项目符合科学发展要求。推广“节约发展”、“零地增产”等模式，全面加强建设用地预审和批准后监管，大力清理闲置用地，把土地产出率、能源消耗量、“三废”治理度与产业准入、政策扶持、企业奖励挂起钩来，确保新增生产力符合投资强度、环境保护的标准。转变招商引资方式，从引进一般性传统产业项目向引进战略性新兴产业项目转变，从综合性招商“引”资向针对性招商“选”资转变，从依靠优惠政策、人口红利招商引资向依靠产业基础招商选资转变，着力提高引资质量。同时，通过不断完善城乡污水处理设施建设，加强对溪河污染整治和深沪湾岸线保护，降低农村面源污染等措施，促进城乡水资源保护的协作和联动。

4. 推进城建提速、提质，着力改善民生，促进社会和谐发展

撤县建市后，晋江加快推进城市建设，着力改变城镇化滞后于工业化的局面。1995 年编制了撤县建市后第一轮《晋江市城市总体规划修编（1995～2020）》，当时城市规划区仅 38 平方公里；2001 年福建省委、省政府批准晋江为中等城市；2002 年初启动了城市总体规划新一轮修编工作；2005 年，中共晋江市委十届五次全体扩大会议提出了“一城两镇三组团”的建设发展目标，将晋江全市域作为一个城市整体来规划建设，统筹城乡发展，统一配置资源，合理规划市域空间、产业布局和功能组团，做优中心组团，做强产业经济组团，做美滨海宜居组团，打造新的发展平台，城市规划区总用地面积约 147.68 平方公里。2010 年 3 月 15 日，《泉州市城市总体规划（2008～2030）》获福建省人民政府批准实施，为做好与泉州市总体规划的衔接工作，委托上海同济城市规划设计研究院按照“全市一个城”思路对城市总体规划进行修编，把全市 649 平方公里土地、121 公里海岸线进行了整体规划，确立了“现代产业基地、滨海园林城市”的发展定位，对城乡功能布局、产业分工、基础设施、生态环境等方面实行统一规划、统一设计、统一建设，推进城市发展提速、提质。在城市布局上，加快推进中心市区物流、商务、行政、文体、居住等核心区块建设，通过全面推进梅岭、滨江、青阳、城北、金井、东石、安海、磁灶、内坑“九大组团”的建设，完善道路交通、生态环保“两大体系”，建设城乡一体的交通、通信、信息和能源网络，不断完善城市功能，着力构建现代城市发展格局。

在加快城市化进程中，大力推进社会事业发展，着力改善民生，创新社会管理，促进社会公平，努力让广大群众共享发展成果。每年投入大量的资金，用于卫生、文化、教育、慈善、科技、环保等社会事业的建设，构建了较为完善的社会事业体系，打造了较为完备的社会保障网络，基本实现“学有所教，劳有所得，病有所医，老有所养，住有所居”，民生改善与经济发展在更高水平上实现了相互促进、协调发展。在城市拆迁改造建设过程中，树立“以人为本，和谐拆迁”的工作理念，制定了规范征地拆迁操作流程，成功探索出一条和谐拆迁、高效拆迁的新途径。同时，针对外来人口多的特点，积极探索和创新社会管理，推动外来人员就业、社保、子女就学同城化，积极引导企业家投身慈善事业，着力构建社会公平环境，提升群众对综合治理的满意度，促进社会和谐发展。

（二）经验与启示

晋江撤县建市20年来，立足发展实际，不断探索和实践“转方式”、“调结构”的有效路径，推动产业转型提升，增强创新驱动，促进资源集约，统筹城乡发展，走出了一条具有鲜明地域特色的县域转型发展之路。晋江的成功实践，对于福建省县域经济转变发展方式，有着重要启示和借鉴意义。

启示一：始终致力发展实体经济和做强做优产业。把发挥市场作用、发展民营经济与加强政府引导、加快经济转型升级结合起来，把发挥本土企业的支撑力与招商选资结合起来，把改造传统产业与培育新兴产业结合起来，把加快发展速度与提高经济质量结合起来，大力实施“产业做大、企业做强、品牌打响”的策略，使企业规模由小变大，传统产业优化升级，高新产业加快发展，不断壮大实体经济实力。晋江的这一经验表明，县域经济在转型发展中必须坚持打牢实体经济这一发展根基，把政府引导和市场导向结合起来，发挥市场配置资源的基础性作用，根据本地资源禀赋结构和比较优势，科学选择产业发展方向，着力培育自己的特色产业和骨干企业，努力把传统产业做优，把优势产业做出特色，把特色产业做大规模，不断增强产业整体竞争力。

启示二：始终致力创新驱动和创造兴业。发扬“敢拼爱赢”的精神，勇于探索，敢为人先，大胆实践，始终以创新、创造作为抢占发展的制高点，走出了一条“人无我有、人有我优、人优我转”的兴业之道。晋江民营经济发展从数量扩展到注重质量提升再到品牌运作、资本运作的战略转变，靠的是扎实推进技术创新、制度创新、管理创新、经营创新，正是不断突破土地、资源、资金、技术、人才、市场等约束，促使经济发展从量的积累向质的提高转变，培育了一大批知名品牌，壮大了一大批优势企业群体，形成了一大批规模大、辐射广的专业市场和综合市场，走出一条不断转型升级、发展壮大的民营经济发展路子。这一经验表明，县域经济在转型发展中要始终坚持创新驱动，突出企业技术创新的主体地位，强化创新体系建设，通过不断增强自主创新能力，提升经济增长质量和产业竞争力，使县域经济量的扩展和质的提升同步推进。

启示三：始终致力资源集约和环境保护。晋江是一个人多地少、资源匮乏的县域，土地、水等自然资源约束瓶颈突出。晋江通过企业向工业园区集中、人口向市区和集镇集中，推广“节约发展”、“零地增产”等模式，最大限度地提高了土地、水等资源的利用率；通过严把产业政策关、资源消耗关、环境保护关，努力实现经济发展与环境保护的有机统一，促进资源节约型和环境友好型社会的发展。这一经验表明，县域经济在转型发展中必须把资源集约利用和环境保护摆在全局工作的突出位置，正确处理好利用资源与保护资源、开发资源、保护环境的矛盾，正确处理长远利益和短期利益的关系，在满足当代人物质需求的同时，更要着力为后代人的发展打基础、留空间。

启示四：始终致力于“统筹城乡、一体推进”。晋江在加快推进工业化、城镇化进程中，高度重视统筹城乡和经济社会发展，提出了“全市统筹、全市一体”的发展思路，把城市和农村、工业和农业、市民和农民作为一个整体，统筹考虑、统一谋划，通过体制和制度创新，促进了工业反哺农业、城市支持农村，加快了农村经济社会发展步伐，形成了城乡经济社会发展一体化新格局；坚持经济发展和社会发展的统筹协调，不断加大社会事业投入和改革力度，促进社会服务向农村、向基层倾斜，逐步缩小了城乡、区域、群体间的公共服务差距，促进经济社会协调发展和社会和谐。这一经验表明，县域经济在转型发展中必须进一步加大统筹城乡发展力度，加快建立以工促农、以城带乡长效机制，积极引导城市公共资源向农村延伸，促进公共资源在城乡之间均衡配置，努力形成工业与农业相互促进、城市与农村共同繁荣的新局面，全面提升城乡一体化发展水平。

三　比较分析晋江市转型发展面临的挑战和问题

2010 年，晋江市生产总值达 908.88 亿元，是南安市的 1.88 倍，福清市的 1.90 倍，惠安县的 2.28 倍，石狮市的 2.45 倍，在全省经济强县中“一枝独秀”。但与周边沿海省份经济发达的县、市、区相比，仍有不小差距，特别是从发展趋势看，周边沿海省份经济发达的县（市）你追我赶、竞相发展，县域经济竞争日趋激烈，必须进一步增强加快发展的紧迫感和使命感。

1. 区域竞争压力不断加大

与苏、浙两省经济强县比较来看，晋江市经济发展差距主要表现在：一是经济总量上的差距。从表 1 和图 1 看，江苏省的经济强县昆山、江阴、张家港、常熟、吴江等县市地区生产总值纷纷跻身千亿元“俱乐部”，其中昆山、江阴两市的经济总量都超过了 2000 亿元大关，这些经济强县通过县域合作、连片发展，构筑起了“环太湖”经济繁荣带，呈现出进一步加快发展态势。二是县域经济发展不平衡。从表 1 看，苏、浙两省排名前几位强县的经济实力都比较接近，形成相互支撑、抱团发展。而晋江市在福建省县域经济中处于“一枝独秀”，排名第二的南安市经济总量也只有晋江的一半左右，使晋江在省际县域经济竞争中面临“单打独斗”的处境。三是发展质量上的差距。从图 2 看，2010 年，晋江市财政总收入达到 100.23 亿元，不仅远远低于经济总量排名在前的江苏省昆山市的 480.42 亿元、江阴市的 382.02 亿元和张家港市的 336.42 亿元，也大大低于经济总量相近的江苏省吴江市的 291.63 亿元，甚至经济总量只有晋江 4/5 的浙江慈溪市财政总收入也达到 104.88 亿元，超过晋江。四是发展趋势上的差距。2010 年苏、闽、浙三省有 9 个县市进入全国县域经济 10 强县，其中江苏省有 5 个，浙江省有 3 个，福建省只有晋江市。从图 3 看，2004 ~ 2010 年间，经济总量排在晋江市前面的昆山、江阴、张家港、常熟四市发展速度明显快于晋江，进一步拉大了与晋江市的差距，原来经济总量排在晋江市之后的吴江市也已超越了晋江市，宜兴、慈溪、绍兴三市呈现加快发展势头，缩小了与晋江市经济总量的差距。上述数据表明，当前晋江市发展面临标兵渐远、追兵抱团逼近的局面，形势不容乐观。

表 1　2010 年苏、闽、浙三省主要经济强县经济总量比较

县市名称	地区生产总值（百万人民币）	所属地级市
江苏省		
昆山市	210028	苏州市
江阴市	200092	无锡市
张家港市	160351	苏州市
常熟市	145361	苏州市
吴江市	100339	苏州市
宜兴市	80582	无锡市
太仓市	73032	苏州市
丹阳市	60767	镇江市
福建省		
晋江市	90888	泉州市
南安市	48228	泉州市
福清市	47739	福州市
惠安县	39937	泉州市
石狮市	37024	泉州市
龙海市	36550	漳州市
安溪县	30599	泉州市
长乐市	30313	福州市
浙江省		
绍兴县	77611	绍兴市
慈溪市	75742	宁波市
诸暨市	62154	绍兴市
义乌市	61991	金华市
温岭市	58146	台州市
余姚市	56788	宁波市
乐清市	49584	温州市
瑞安市	45722	温州市

资料来源：中华人民共和国国家统计局，http：//www. stats. gov. cn/。

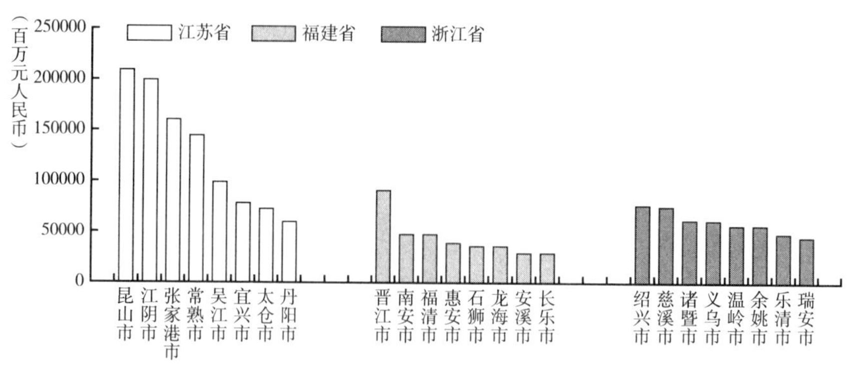

图 1　2010 年苏、闽、浙三省主要经济强县 GDP 对比

资料来源：中国经济数据库（CEIC）。

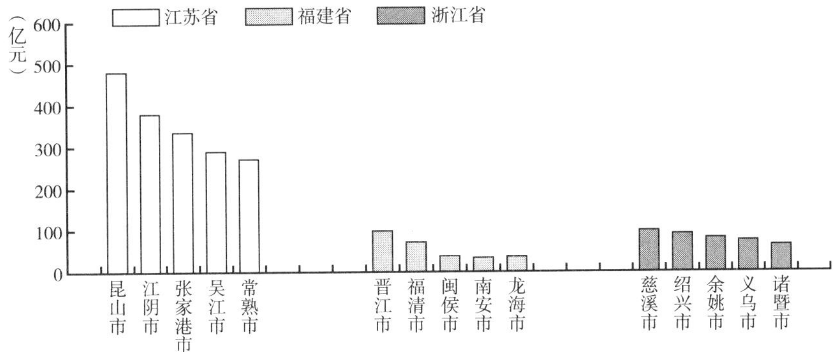

图 2　2010 年苏、闽、浙三省主要经济强县财政总收入对比

资料来源：中国经济数据库（CEIC）。

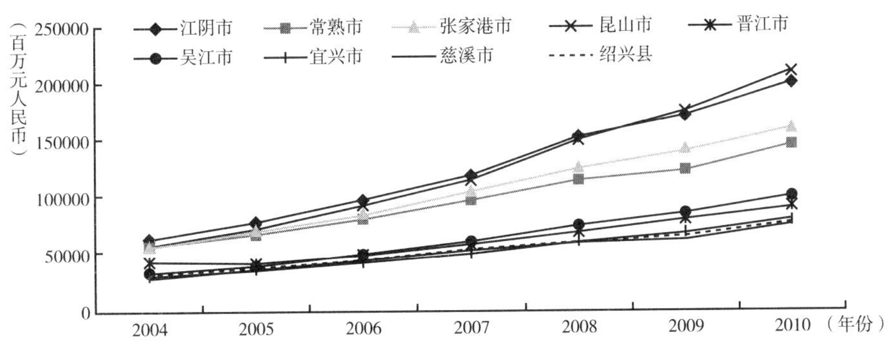

图 3　苏、闽、浙三省主要经济强县地区生产总值变化趋势（2004～2010 年）

2. 企业规模仍需做大做强

与沿海省份的经济强县相比，晋江中小企业居多，规模不大，实力不强，多为劳动密集型企业，核心技术匮乏。2010 年，晋江市规模以上工业企业完成产值 1856.19 亿元，年营业收入 10 亿元以下的企业有 348 家，10 亿～20 亿元的企业有 18 家，20 亿～30 亿元的企业有 4 家，30 亿～50 亿元的企业有 3 家。从表 2 可以看出，江苏排名第二的江阴市，2010 年规模以上工业企业完成产值 5123.05 亿元，是晋江的 2.76 倍；江阴市营业收入超 200 亿元企业有 8 家，100 亿～200 亿元的企业有 5 家，50 亿～100 亿元的企业有 5 家，30 亿～50 亿元的企业有 8 家，20 亿～30 亿元的企业有 14 家，10 亿～20 亿元的企业有 25 家；有 60 家工业企业利税总额超亿元，其中超10亿元的有8家，超20亿元有1家。经济总量与晋江市相近的吴江市，2010年规模以上工业企业完成产值2596.48亿元，是晋江的1.40倍；年营业收入10亿元以下的企业有338家，10亿~20亿元的企业有40家，50亿~100亿元的企业有8家，100亿~200亿元的企业有2家。从表3可以看出，在全国民营经济500强企业中，江阴市有12家，吴江市有7家，而晋江市只有恒安集团与361度2家，且名次不高，仅位列175名与488名。通过上述比较，晋江企业规模小、实力弱就可见一斑了。

表2　晋江、江阴、吴江三市的企业规模主要指标对比

指标	单位	晋江市	江苏省	
			江阴市	吴江市
营业收入超200亿元企业	企业数	—	8	—
营业收入100亿~200亿元企业	企业数	—	5	2
营业收入50亿~100亿元企业	企业数	—	5	8
营业收入30亿~50亿元企业	企业数	3	8	—
营业收入20亿~30亿元企业	企业数	7	14	—
营业收入10亿~20亿元企业	企业数	25	25	40
营业收入10亿元以下企业	企业数	373	—	338
规模工业企业完成现价工业总产值	亿元	1856.19	5123.05	2596.48

资料来源：中国统计信息网 http：//www.tjcn.org。

表3　江阴、吴江、晋江三市民营经济龙头企业实力概览

公司名称	所属行业	民营经济500强排名	属地
江苏新长江实业集团有限公司	黑色金属冶炼及压延加工业	23	江阴
恒力集团	化学纤维制造业	30	吴江
江阴兴澄特种钢铁有限公司	黑色金属冶炼及压延加工业	31	江阴
江苏三房巷集团有限公司	化学原料及化学制品制造业	32	江阴
江苏西城三联控股集团	黑色金属冶炼及压延加工业	38	江阴
江苏阳光集团有限公司	纺织业	39	江阴
海澜集团有限公司	纺织业	54	江阴
江阴澄星实业集团有限公司	化学原料及化学制品制造业	59	江阴
江苏扬子江船业集团公司	交通运输设备制造业	64	江阴
盛虹集团有限公司	化学纤维制造业	102	吴江
江苏法尔胜鸿升集团有限公司	金属制品业	104	江阴

续表

公司名称	所属行业	民营经济500强排名	属地
亨通集团有限公司	电气机械器材、线缆制造、仪器仪表	108	吴江
江苏双良集团有限公司	化学原料及化学制品制造业	134	江阴
福建恒安集团有限公司	造纸及纸制品、印刷业、文教体育、办公用品制造业	175	晋江
永鼎集团有限公司	电气机械器材、线缆制造、仪器仪表	184	吴江
通鼎集团有限公司	电器机械器材、线缆制造、仪器仪表	232	吴江
江苏恒达城建开发集团有限公司	房地产业	292	吴江
江阴市双达钢业有限公司	黑色金属冶炼及压延加工业	316	江阴
江阴江东集团公司	建筑业	355	江阴
江苏鹰翔化纤股份有限公司	化学纤维制造业	417	吴江
361度(中国)有限公司	服装、鞋帽、皮革制造业	488	晋江

3. 产业转型升级刻不容缓

晋江市产业以制鞋制革、纺织服装、建材陶瓷、食品饮料、纸制品业、电子机械制造等传统产业为主，高新技术产业发展相对还比较滞后。2010年，全市制鞋制革产业产值达522.8亿元，纺织服装产业产值达444.6亿元，高新技术产业产值达492.29亿元，高新技术产业增加值84.52亿元，高新技术产业工业增加值占规模以上工业增加值比重为23.5%，高新技术产业增加值占GDP比重仅为9.3%。与同处全国十强县的江苏省江阴市产业发展比较看，2010年，江阴市高新技术产业实现产值超1650亿元，高新技术产业增加值328.22亿元，高新产业工业增加值占规模以上工业增加值比重高达42%，高新技术产业增加值占GDP比重达到16.4%。广东省原来不少县市跻身全国十强县、百强县，这几年随着这些经济强县实行县市改区后，已退出全国经济强县排名，比如原来的全国经济十强县的广东顺德区，2010年高新技术产业产值达1490亿元，高新技术产业增加值387.58亿元，高新产业工业增加值占规模以上工业增加值比重高达43.19%，高新技术产业增加值占GDP比重达到20.02%。从表4可以看出，顺德区在主导产业中已形成了高端家电、光机电一体化、电子信息、精细化工和医药制药等规模产业集群，其中家用电器制造业产值达到2094.89亿元，机械装备制造业产值达到1056.67亿元，电子通信制造业产值达到196.80亿元，精细化工制造业产值达到145.74亿元。通过上述比较，晋江的产业形态与江苏江阴市、广东顺德区相比还有不小差距，产业层次和水平还比较低，加快高新技术产业发展，推进产业结构优化和提升已刻不容缓。

表4　2010年晋江与顺德支柱产业对比

县市名称	行业	产值（亿元）	县市名称	行业	产值（亿元）
晋江	纺织服装业	444.6	顺德	家用电器制造业	2094.89
	制鞋制革业	522.8		机械装备制造业	1056.67
	建材陶瓷业	200.45		电子通信制造业	196.80
	食品饮料业	115.42		纺织服装制造业	273.31
	制伞	55.29		精细化工制造业	145.74
	纸制品业	107.84		家具制造业	99.72
	化纤业	73.47		印刷包装业	110.25
	电子机械制造业	86.48		医药保健制造业	12.87

资料来源：中国统计信息网 http：//www.tjcn.org。

4. 人才、技术等要素保障需进一步强化

从总体上看，晋江市无论是产业熟练技术工人还是产业高技术人才的储备，与产业发展要求都存在很大差距，人才、技术等要素不足，给产业转型升级带来困难，这也是晋江产业结构、层次与沿海省份经济发达县、市、区相比明显偏低的一个重要原因。从全国经济十强县的江苏省江阴市来看，目前有3个国家级、4个省级创业园区，形成了国家高新技术创业服务中心、科技企业孵化器、大学生创业见习基地、百桥生物医药孵化园、物联网产业园、软件园、软件及服务外包产业园、总部经济园、文化创意园九大特色创业园区，建成“三创”载体210万平方米，入驻企业超过800家；全市共引进海外高层次人才650余人，建立1080人的江阴产学研合作专家库，建成生物医药、新材料、物联网、文化创意等新兴产业公共技术服务平台，建立了七大产业技术联盟，聘请技术顾问188人；建立博士后科研工作站18家、省级以上研发机构80多家，建成国家级和省级“引智”示范单位（基地）9家，省级留学人员创业园1家；全市522家重点企业与203个国内外著名高校、科研院所实施产学研合作项目1443个，带动全市研发经费投入超165亿元，项目后续产出对工业经济总量的贡献率超过60%。从原来全

国经济十强县的广东顺德区来看，目前拥有3家国家企业技术中心，41家省级企业技术中心，省、市、区三级工程中心161家，为广东省工程中心最多的地区之一，各级工程中心年研发投入超30亿元，承担企业开发项目近3000项，当年科研成果投入生产数3000多项，每年可为企业创造新增产值350多亿元；有174家企业评为国家级高新技术企业，专利申请和授权连续14年位居全国同级区域首位；全市有研发人员1万多人，超过400名院士专家在当地开展活动，100多家企业与清华大学、中山大学等国内50多所高校以及中国工程院、中国科学院等40多所科研院所建立长期的产学研合作关系，开展产学研合作项目600多项，合作项目转化新增产值累计超过300亿元。与江阴和顺德比较，晋江在支撑产业发展特别是高技术产业发展的人才与技术储备上存在明显差距，这也是晋江今后推动经济发展方式转变和调整、优化产业结构必须着力破解的瓶颈问题。

5. 城市功能有待健全完善

长期以来，晋江城市化滞后于工业化，城市总体水平不高，城市聚集力、辐射力、带动力相对不足。在全国县域经济十强县中除晋江外，城镇化率均超过55%，其中义乌市和昆山市超过了70%。晋江城市化进程的相对滞后已影响到产业优势、区位优势的提升，削弱了经济整体发展的后劲。城市化滞后于工业化，使本地的现代生产性服务业发展缺乏依托，同为城市圈（或城市群）的厦门市和泉州市替代了本地部分城市功能，分流了本地现代生产性服务业需求，从而挤压了本土服务业发展空间。目前晋江第三产业增加值占GDP比重在30%左右，不仅在全国县域十强县中最低，而且还远远低于全省平均水平。服务业发展滞后，直接导致制造业生产成本的提高，而且也使企业以高薪吸引来的高级技术人员和高级管理人员需要到泉州、厦门等地寻求城市功能服务，这不仅对企业引进人才形成制约，也增加了企业经营成本。近年来，晋江在城市建设方面下了很大工夫，城市面貌取得了很大改观，但应当看到，城市化是一个涵盖经济社会全面发展的内涵式的动态变迁过程，城市改建可以在短期内完成，但城市功能的完善、人文素质的提升、服务环境的优化等软环境建设，则需要经历较长一段发展时期。在加快城市化进程中，实现城市功能的完善、城市集聚能力的提升，促进城市化与工业化的良性互动，这对晋江来说难度更大、挑战更多。

四　推进晋江市经济转型提升的几点建议

晋江人均 GDP 已经突破 8000 美元，经济社会进入全面优化提升的发展阶段和深刻的转型期，对发展模式、产业结构、城市功能和社会形态都提出了新的更高要求。在更高起点上推进晋江经济转型提升，就必须以更高的站位、更宽的视野，紧紧抓住海西建设和厦门、漳州、泉州、大都市区和泉州环湾发展战略机遇，充分把握经济社会发展新的阶段性特征，与时俱进创新发展“晋江经验”，把经济发展方式转变作为突破口，坚持好中求快、又好又快，努力走出县域经济转型发展的新路子；进一步明确转变发展方式的总体目标，把加快转变经济发展方式贯穿于经济社会发展的全过程和各领域，坚持在发展中促转变，在转变中谋发展，从“增长速度、转型方式、人民生活、生态环境”等方面整体推进，着力提升产业竞争力、城市承载力、发展持续力、改革创新推动力和社会凝聚力，努力促进晋江经济发展步入增长速度快、经济结构优、人民实惠多、生态环境好的科学发展轨道，在转型创新中实现新发展、新跨越。

1. 提升产业竞争力，构建现代产业体系

要按照“传统产业提升、新兴产业做强、现代服务业提速”的发展要求，以发展先进制造业和现代服务业为重点，以培育发展战略性新兴产业为先导，以大型企业集团为龙头，以产业园区为载体，推动产业规模化、集群化、高端化发展，促进产业在更高水平上协调发展、融合发展，构建具有较强竞争优势的现代产业体系。

一要着力推动传统产业优化提升。对制鞋制革、纺织服装、建材陶瓷、食品饮料、纸制品、电子机械制造等传统产业，要致力于推动其转型升级，向创新型产业集群转变。强化技术改造和技术创新，鼓励企业加大科技投入，发挥政策引导优势，支持龙头骨干企业建设研发中心，加快产品、技术的升级换代，提升产品的科技含量和增加高附加值产品比重，实现“晋江制造”向“晋江创造”转变。进一步完善各个园区的环境设施和功能配套，着力打造特色专业园区，完善产业链条，为产业集聚、集群发展提供平台支撑。支持上市公司开展再融资和资本运作，引导优质资源向优质企业集聚，促进上市公司做大规模、做强实力。发挥晋江中国驰名商标和中国名牌产品数量优势，持续加强品牌创建、品牌运营和品牌提升，全力打造世界品牌，培养一批企业巨星和优秀中小企业。鼓励和支持企业开展产学研合作，加快建设一批高水平的公共创新平台，促进传统产业链的整体创新。

二要着力推动战略性新兴产业做大做强。与全国县域经济十强县相比，晋江新兴产业规模偏小、实力偏弱，是产业转型提升的重点。要根据国家和省“十二五”战略性新兴产业规划，结合晋江现有产业基础和优势，发挥现有工业园区的产业集聚辐射和带动效应，重点推进电子信息、新能源、新材料、高端装备制造等产业的发展，壮大一批高成长性企业，打造具有国际竞争力的战略性新兴产业基地。实施战略主攻计划，集中力量引进和培育一批关联性大、带动性强的大企业大集团。新兴产业的核心是新技术，只有科技创新的成果产业化才能催生和发展新兴产业，要加强核心关键技术的研发和产业化进程，推进新兴产业走上创新驱动、内生增长的轨道。加快推进“三创”园区基地建设。

三要着力推进现代服务业发展提速。服务业是晋江产业的短板，要强化政策举措，从规划、政策、项目、体制入手，优先发展以金融保险、现代物流、商务会展、旅游服务、科技信息、文化创意为重点的现代服务业，打造若干个在全省乃至全国有影响力的现代服务业集聚区。鼓励和引导制造业企业分离研发、物流、采购、营销及其他专业配套服务环节，促进生产性服务业发展壮大。用好出口加工区、陆地港、保税物流中心等优惠政策，加快推进区域物联网建设，提高商品流通的信息化、标准化、组织化、国际化，打造区域性大宗货物资源配置中心和集散中心，加快培育以第三方物流为主体，以第四方物流市场为平台的现代物流体系，打造海西重要物流的节点城市。积极发展电子商务、总部经济、楼宇经济、会展经济的服务外包，打造中央商务区，建设现代服务业集中区。大力引进和发展银行业、保险业、证券业、基金公司、创投公司、担保公司等多种金融业态，构建金融服务支撑体系。引进广交会、世博会的先进经营理念，扩大鞋业制革、纺织服装、建材陶瓷等传统产品专业会展的辐射范围，打造国际贸易展览中心。引导社会资本投资文化产业，加快培育一批有实力的骨干文化企业，打造一批知名文化产品、特色文化产业园区和基地。大力整合、挖掘文化旅游资源，做足

“海”、“山”文章，保护、开发好岸线资源和山区生态资源，形成一批休闲旅游度假项目，建设海西一流旅游目的地。

2. 提升城市承载力，打造宜居宜业的滨海城市

城市化和工业化互动并进、协调发展，是现代化建设的“双引擎”。当前晋江按照“提升中心城区、拓展南北两翼、推进组团建设”的思路，构建大城市发展框架，掀起了新一轮城市大建设。当前，在拓展城市空间的同时，要着力完善城市功能，提升城市品位，主动融入“大泉州”环湾发展和厦门、漳州、泉州大都市区建设，打造宜居宜业的滨海城市，真正实现“城市让生活更美好、让工作更舒心”。

一要坚持高起点规划、高标准建设。规划是城市建设的龙头，事关城市整体建设的成败。按照滨海园林城市发展定位，遵循“全市一城、宜居宜业、品位至上”的发展原则，对中心市区和九个组团实行统一规划，统一建设，统一管理，实现规划对晋江全域的全覆盖。新一轮城市的规划，要按照现代城市的发展要求来谋划，对未来发展要有足够的预期，避免规划不如变化快，使规划跟得上时代发展，经得起历史检验，体现规划的前瞻性。对每个组团的功能、定位、规模和发展方向，要进行充分科学的论证，做到既符合本地经济发展实际，又符合城市发展规律，体现规划的科学性；要突出当地文化和自然等特点，着力形成鲜明的地方特色，做到既提升城市品位，又塑造独特的风格，体现规划的个性。长期以来，城乡建设出现乱局，不只是规划起点低和不完善的问题，更重要的是规划执行的问题。一个高水平的城市规划首先体现在规划的权威性，遵循先规划后建设、无规划不建设，做到建设必须服从规划，而不是规划迁就建设，即使需要调整规划，也要严格按法定程序进行，防止出现“一任市长一张图”。城市建设标准高低，直接关系到城市的发展层次和水平。当前，晋江九个组团全面推进建设，在拓展规模和加快建设速度的同时，要更加注重建设的标准。高水平的城市建设，不仅需要大手笔的杰作，更需要“细节”上的匠心，要精心构筑城市的立体轮廓，精心研究城市的色调，注重建筑的整体效果，对每一个项目都要力求按精品打造，体现高标准、高水平、精细化的建设要求，做到为当代人留精品，为后人留文物。

二要坚持高品位打造。成功的城市建设，是创造文化、塑造历史。城市的建筑风格、景观布局、风土人情等，无不展示当地历史的传承和发展，无不体现当地文化的品位和活力。晋江是福建省著名的侨乡，传承闽南的建筑风格，在快速推进城市建设中，要更加注重把历史文化、地域文化融入到城市建设中，存留在现代城市和建筑中，延续城市的文脉、留住城市的记忆，塑造城市的精神，体现当地历史文化的厚重感、体现历史和现代交融的时代感。城市的品位体现城市的特色，被人们口诛笔伐的“千城一面”，就是缺乏城市特色，忽视了城市的历史文化、自然景观、产业特点、布局结构和建筑风格。晋江作为全国体育产业基地，在城市特色塑造上，在凸显闽南侨乡的城市个性的同时，依托当地体育用品制造的产业优势，打造中国体育名城，构筑滨海运动休闲、度假旅游胜地。

三要完善城市功能。完善的功能和优美的环境，才能使城市安居和乐业相互促进、和谐发展。晋江在推进城市组团建设中，要根据每个组团的功能定位，同步推进基础设施建设、公共配套设施和生态设施建设。特别是要统筹城市地下空间的规划和建设，避免重蹈如今众多城市一遇强降雨就出现“城中看海”的覆辙，切实提升城市应对自然灾害能力。在做好城市配套建设的同时，要更加重视城市自然环境和社会环境的建设和提升，只有良好的宜居宜业环境，才能吸引和留住高层次人才，才能吸引更多高端投资者来晋江落户。要发挥晋江拥有海、河、山等亲近自然、亲近山水的优势，着力打造山、水、城相融的城市自然环境，创造良好的生存条件和活动空间；要完善城市网格化管理，提升城市公共服务水平，提高市民文明素质和城市文明程度，着力打造更加安全、更加和谐的社会环境。

3. 提升发展持续力，推进生态文明建设

晋江地域狭小，以占全省 1/200 的土地承载着约 1/10 的工业产值，资源环境承受巨大压力，特别是制鞋制革、纺织服装、建材陶瓷等主导产业，能耗大、污染重，进一步加剧了环境污染。要发挥生态建设和环境保护对产业优化升级的倒逼作用，把环境容量作为经济建设的依据，把环境准入作为经济调节的手段，把环境管理作为经济发展方式转变的措施，加强生态建设和环境保护，提升生态文明水平，加快推进资源节约型和环境友好型社会建设。

一要大力推进生态城市建设。要以创建生态城市为载体，加强生态文化建设，培养善待生命、善待自然的观念，倡导节约资源、文明健康的生活方式，形成全社会关心、支持生态城市建设的文化氛围。全面推进重点江河流域生态修复，沿海防护林体系、城乡绿化一体化、湿地、森林灾害防控等生态工程建设，加强城市绿道网、城乡绿地系统、生态廊道和森林生态保护体系建设；实施水生态保护工程，推进重点流域水环境综合治理，确保饮用水源安全；强化岸线资源保护和管理，加大近海水域环境污染综合治理力度，改善滨海生态环境；加大制革、建陶、漂染等重点污染行业及工业污染集控区整治，依法取缔污染严重企业；加大对工业园区污染设施的建设和管理，实行排放浓度和排放量“双重控制”，确保工业园区排放达标。深入开展“全民动员、绿化晋江”的活动，推进“绿色社区”、“绿色学校”创建工作，强化对社区和学校环境质量专项治理，提高社区和学校绿化、美化、净化水平，努力争创省级森林城市、国家级园林城市。

二要加快发展循环经济。树立绿色低碳发展理念，推进生产、流通、消费各环节循环经济的发展。对现有工业园区进行集约化、集聚化和专业化改造提升，实施一批资源循环综合利用项目，形成资源循环利用的产业链和企业共生发展的产业群。引导企业清洁生产，支持陶瓷、纺织印染、制革等高能耗行业进行节能减排技术改造。支持一批节能环保科技成果应用示范工程，推广应用节约资源的新技术、新工艺、新设备和新材料，积极发展节能、节水、低耗、环保型设备，促进创新成果产业化进程。深入推进再生资源回收工作，加快建设循环经济示范园区、示范企业，建立资源循环利用体系。坚持“宁可少一点，也要好一点”的要求，严把项目产业政策关、资源消耗关、环境保护关，确保新上项目达到环境保护标准，符合科学发展要求。树立以自然规律为准则、以资源环境承载力为前提的开发理念，严格落实主体功能区定位，切实做到合理开发和有效保护的统一。

三要统筹城乡环境建设和综合治理。加强城乡环境综合治理，统筹城乡生态文明建设是城乡发展一体化的重要内容。要统筹城乡生活污水处理厂的“新、改、扩”建工程，完善污水处理配套管网建设，提高生活污水收集处理率。建立和完善生态补偿制度，完善城乡间、区域间的生态协同保护机制，调动利益相关地域和条块分属单位共同保护生态环境的积极性。在提高城市生态环境质量的同时，更加注重农村环境改善，推进生态环境基础设施建设向农村延伸、环境监管向农村覆盖、环保投入向农村倾斜，加强城乡环境保护的联动与协作。严格执行污染物排放标准、环境影响评价等环保法律法规，强化执法监督，健全重大环境事件和污染事故责任追究制度。加快建立覆盖城乡各个领域、各个环节的环境监测预警体系、防治体系、应急体系，增强环境安全突发事件处置和应对能力。严格落实环境保护“一岗双责”制度，强化责任考核，确保节能减排工作得到有效落实。

4. 提升改革创新推动力，强化体制机制保障

晋江的发展得益于持续推进改革创新，晋江经济社会的转型提升，同样离不开“敢拼会赢”的改革创新精神。要以改革创新为动力，率先推进重点领域和关键环节的改革攻坚，建立充满活力、富有效率、更加先进的体制机制，为晋江经济社会转型提升提供强有力的制度保障。

一要深化行政管理体制改革。积极探索大部制改革，转变政府职能，进一步强化社会管理和公共服务，加快构建责任政府和服务政府。改革城乡二元体制，以主体功能区统筹城乡一体发展。健全科学的导向机制，探索和建立体现科学发展观与正确政绩观要求的干部考核评价体系，强化对转变发展方式工作成效的考核。深化行政审批制度改革，围绕与国际办事规则接轨，积极探索简化政府办事和行政审批程序、降低行政成本、提高办事效率等问题，努力营造亲商、安商、富商的环境。进一步放宽市场准入门槛，鼓励和支持民营资本进入公共基础设施领域，引导民营企业参与科技、文化、教育、医疗体制改革。加快发展产权、资本、土地等各类生产要素市场，规范发展行业协会和市场中介组织，促进形成统一开放、竞争有序的现代市场体系。

二要着力提升自主创新能力。依托支柱产业、专业园区及骨干企业，进一步加大企业与高校、科研院所之间的技术合作的力度和规模，构建以市场为导向、以企业为主体、以科研院校为支撑、以产业化为目标的产学研合作体系。强化创新要素集聚支撑，完善产业公共服务体系，积极引进技术、人才等外部智力资源，建设生产力促进中心、行业技术研发服务中心和高科技企业孵化器；会聚各种智力资源，建设集研发、孵化、中试、成果转化、人才培养、检测、新技术和新产品应用试验、信息服务于一体的产业研发基地。强化自主创新的内生性，更加注重激发本地科研机构和生产企业的创新力，激发科研人员和生产人员的创造力。加强创新融资服务平台建设，引进发展各类风险投资，支持更多科技型企业上市，拓宽企业创新融资渠道。强化自主创新的协同性，对文化、制度、技术、产业等创新要素进行全过程的推动和管理，使各种要素相互配合、相互支撑，形成整体合力。

三要强化创新型人才队伍建设。成立领导小组，统筹协调全市科技与人才工作，将其纳入各级党政主要负责同志及党政领导班子考核的重要内容。完善引进高层次创业创新人才的政策体系，吸引更多海内外高层次人才服务于晋江的经济发展。发挥院士专家工作站、博士后工作站作用，鼓励和支持国内知名高校、科研机构来晋江创业，打造一批产业人才高地和“人才特区”。加大高层次人才培养力度，结合创新平台和重大产业技术开发项目建设，培养造就一批科技领军人才和高层次专业技术人才。加强紧缺人才培养，发展壮大产业实用技能型人才队伍。坚持唯才是举的理念，在全社会进一步形成公开平等、竞争择优的人才选用氛围。强化舆论引导，利用各类现代媒体资源大力宣传智力人才的引进、培养、使用等各方面的政策措施，积极宣传各类优秀人才的先进事迹和突出业绩，努力在全社会营造“尊重知识、重视人才、敢于创新、勇于创业”的良好社会文化氛围。

5. 提升社会凝聚力，进一步改善民生

保障和改善民生是加快经济发展方式转变的根本目的和重要动力。大力推进改善民生，既有利于广大人民群众共享发展成果，增强社会认同感和凝聚力，也有利于促进经济社会发展的协调性和可持续性。要突出民生重点，加强基本公共服务体系建设，增加城乡居民收入，保障社会公平正义，构建安全、稳定的社会环境，不断提升人民群众的满意度和幸福感。

一要着力提高城乡居民收入水平。中共福建省委、省政府提出，“在‘十二五’时期，全省要大幅度提高城乡居民收入水平，努力实现居民收入增长与经济发展同步、劳动报酬增长与劳动生产率提高同步”。晋江作为福建经济社会发展先行县域，要树立“富民优先”的发展理念，把增加居民收入作为推动经济社会协调发展、建设和谐社会的重要任务，把城乡居民收入的提高和缩小城乡差距作为衡量工作的基本尺度，强化城乡居民增收目标考核，探索和建立政府促进职工工资增长责任制。探索制定和发布重点行业工资指导线，引导企业合理确定职工的工资水平和增长幅度。大力推进企业工资集体协商，促进企业合理公平分配，形成正常工资增长机制，确保劳动者分享企业发展成果。要逐步加大对人力资本投资，加强劳动者技能培训，提高劳动者就业能力，培养和造就一支高素质的产业工人队伍。不断完善创业服务，加强创业指导，优化创业环境，帮助自主创业人员用足用好优惠政策，提高创业成功率。

二要着力完善社会保障体系。坚持经济发展和社会发展的统筹协调，建立公共服务投入的稳定增长机制，确保民生投入增长高于财政经常性收入增长，确保新增财力更多用于社会事业和民生改善。进一步扩大民生领域覆盖范围，提高公共服务水平，逐步缩小城乡间、区域间、群体间公共服务差距，促进公共服务均等化，努力构建公正公平的社会环境。构建覆盖城乡、功能完善、分布合理的基本公共服务体系，重点加强农村和社区公共服务网络建设与完善的城乡社会保障体系，保障人民群众公平享受基本医疗和社会保障的机会。调整教育网点布局，优化公共教育资源配置，重点提高农村教育办学水平，保障农村孩子和外来务工人员子女接受公平教育的机会和权利。健全城市低保标准与最低工资标准挂钩的自然增长机制、农村低保标准动态调整机制、与物价上涨挂钩的联动机制，完善临时救助、伤残补助等救灾救助体系，积极发展慈善事业和社会福利机构，不断提升社会救助保障水平。完善文化基础设施网络，加强文化队伍建设，充分挖掘地方特色文化资源，全面提升公共文化服务水平。积极推进保障性安居工程建设，大力发展公共租赁住房，努力实现城乡住房保障全覆盖。

三要着力构建安全稳定的社会环境。晋江作为全国社会管理创新综合试点单位，社会管理创新工作得到过中央综合治理办公室领导的肯定。当前，要不断总结经验，进一步完善社会管理格局，加强体制机制建设，维护人民群众利益，促进社会公平正义，构建安全稳定的社会环境，提高社会管理的科学化水平。要创新群众工作，大力开展领导下访、约访活动，深入基层了解群众的诉求，促进问题在基层解决、矛盾在萌芽状态解决。强化公共安全保障，健全社会利益协调机制，拓宽和畅通信访渠道，及时化解社会矛盾。完善实有人口管理举措，建立流动人口综合信息服务平台，健全流动人口服务管理组织网络。加强网络舆情分析研判工作，提高对敏感问题、重大案件和突发事件舆论引导的及时性、权威性和公信力、影响力，掌握舆论引导主动权。深化“平安建设”，完善社会治安防控体系和公共安全体系，强化安全生产管理，保障食品药品安全，增强群众生产生活的安全感。

城乡一体化：晋江现代化建设的内在要求*

与30年前相比，晋江的变化和发展是前所未有的。那么，在这30多年中，晋江的发展是怎样走过来的？为什么会是这样走过来的呢？我们认为，有三个节点非常重要：一个节点显然是中国的改革开放开启年——1978年，另一个节点是1992年撤县建市，第三个节点则是2006年开始的“一个晋江一座城市”建设。第一个节点标志着晋江开始了从传统的农业县向工业县转变的进程，农村工业化成为这一个转变的主角。第二个节点意味着晋江在农村工业化带动下出现城镇化变迁，当时提出的“珠链式”城镇化规划就体现了这一点。在第三个节点，晋江开始了更高层次的发展——城乡一体化进程。我们曾在2007年对晋江模式新发展做了这样的经验概括：“三化促两协调”——工业化、城市化和社会事业现代化，促进经济与社会协调、城市与农村协调，其中工业化是晋江现代化的动力，城市化是晋江现代化的重要载体，城乡及经济社会协调发展是晋江现代化的保证①。2007年时城乡协调发展和城乡一体化才刚开始，那么现在可以说这个进程已经取得了明显的进展。对这个进程做进一步的回顾和分析，有助于加深对晋江模式新发展的认识，更有助于为晋江未来的发展找到更有力的基点和发展路径，也可以为其他县市的现代化提供有益的借鉴和启示。

---

* 本文作者：中国社会科学院社会学研究所课题组组长：王春光（中国社会科学院社会学研究所社会政策研究室主任，研究员），成员：梁晨、单丽卿、孙文中。

① 陆学艺主编、王春光副主编：《晋江模式新发展》，北京：社会科学文献出版社，2007。

一 农村工业化与城镇化

改革开放后，沿海地区的工业化大多是从农村地区开始的。苏南工业化由社队企业、乡镇企业带动，珠三角的工业起始于落户当地农村的大批“三来一补”企业；温州农村的纽扣、编织、电器、阀门等企业带动其工业化，而晋江的工业化更是从农村中滋生、发展并且壮大的。尽管如此，晋江农村工业化的具体发生机制却与其他地方有所不同：苏南工业化依托的是集体资产积累、地方政府投入以及地处上海的区域性市场、人才优势。珠三角依托的是香港、澳门以及由此连接的更大的外部世界。温州则全靠温州人的“穷则思变”、“千辛万苦的闯荡世界”以及本土的社会关系网络。而晋江则兼有温州和珠三角的一些资源和优势，但与苏南有明显的不同。海外的晋江人口几乎两倍于留在晋江的人口，他们在改革前就不断向晋江寄钱，用于盖房子、修路等，由于那时国家限制农民从事非农活动，因此，晋江一度出现“三闲”：闲钱、闲人、闲房，仅 1976 年到 1983 年晋江的侨汇总额达 2.3 亿元。改革开放后这些“三闲”就有了用武之地，成为晋江农村工业化的坚实的经济条件，当然这也需要有晋江人的“敢为人先”的“打拼”精神、海外市场信息以及地方政府的支持。

刚开始，晋江人“利用‘三闲’（闲钱、闲人、闲房）办厂生产自己的‘洋货’，从而推动区域经济快速发展，创造了令人艳羡的晋江模式。晋江人利用海外汇来接济的闲钱，利用华侨回乡盖的闲房子，招集村里的闲散劳动力，开始办起家庭作坊式的小工厂，做‘三来一补’（来料加工、来样加工、来件装配和补偿贸易）业务，走上了一条乡村工业化的发展路子。”晋江发展得益于政府政策的支持，由于很多政府领导都是本地人，晋江的中层干部大多是“一家两制”，一边是公务员，一边做企业老板或厂长、或经商。在改革开放初期，中共晋江县委便出台相关政策明确提出社员可以集资办企业，可以股金分红，可以雇工，价格可以随行就市等。晋江人凭借着“强烈的赚钱意识；从外围入手，敢于承接项目，容易筹集资金，找人，买设备，相信‘敢拼才会赢’，具有很强的冒险意识，灵活，善于变通。”[1] 晋江人创办了各种联户集资企业，采取挂靠社队企业的办法，以社队企业的名义对外经营。早期他们实际上都是“三来一补”企业，与珠三角早期的企业是同样的属性。1984 年该县陈埭镇成为福建省第一个亿元镇。在作为制鞋业基地的陈埭，鞋厂的分工非常精细，有专门的厂家生产单一的塑料鞋、凉鞋或旅游鞋等；制鞋部件也独立建厂，专门生产鞋楦、鞋扣、鞋底、鞋带、鞋衬、鞋跟、鞋盒等；还有的厂家专门提供制鞋用的原料、辅料。其他产品，如服装、雨伞、陶瓷等商品的生产也是如此。在这种示范效应下，全县各乡镇纷起仿效，先后建立了 100 多个专业生产村、10 多个工业小区，建立了鞋帽、建筑陶瓷、服装、五金、食品五大专业生产基地以及建筑陶瓷、鞋帽两个全国性的专业市场，形成了区域社会生产力。由此可见，20 世纪 80 年代的晋江农村，村村有开发区，处处有企业，出现“村村点火、处处冒烟”的壮观景象，在很短的时间内，将一个农业县发展成工业县，尽管当时的工业大多属于家庭作坊式，没有多少技术含量。1984 年底，晋江的乡镇企业总数增加到 3968 家，其中联户集资企业 2795 家，联户集资企业的就业人数达到 8 万人，占全部乡镇企业就业人数的一半。从 80 年代中期到 90 年代中期，晋江的工业已经成为主要产业。1986 年，三次产业的比例为 23.1∶57.3∶19.6；到 1995 年，三次产业的比例为 7.1∶53.9∶39。第一产业的比重大幅度下降，第三产业的比重迅速上升。由联户集资企业起步的民营企业是第二产业的主要创造者，也从而成为晋江工业化的主导者。总而言之，改革开放以来，借助于联户集资企业的异军突起，晋江农村工业迅速发展，逐步走出了一条有晋江特色的工业化道路。80 年代开始，那种“仿造生产”的方式风靡一时，“满天星”似的家庭作坊遍布晋江，他们生产形似神不似的“国产小洋货”。某一成功者的示范带动了乡里乡亲的仿效和亲朋好友的入伙，这种由亲缘、地缘关系带来的经济辐射一波一波地扩散开来，逐渐形成了“一村一品”、“一镇一业”的经济格局：磁灶的陶瓷、英林的服装、罗山的食品、永和的石材、东石的雨伞、深沪的内衣。

---

① 我们跟晋江市住房建设局副局长的交谈记录。后文那些引文没有注脚的，都是我们调查中的访谈记录内容。这里对此特作说明，后文不再特别说明。

在农村工业大规模发展之前，晋江是一个以农村为主体的农业县，也存在一定的城乡二元结构和体制：县城、小城镇（一些公社所在地）与村庄之间有着农业户口与非农户口差别、单位与生产队的差别、基础设施建设的差别、社会福利的差别、公共服务上的差别等。进入20世纪80年代，农村工业纷纷发展，反过来带动城镇工业发展。如果我们用城乡一体化的视角看这种现象，也会发现这是一种与现在不同的甚至可以说方向完全相反的城乡一体化——“用农村的方式发展城镇”，具体表现为当时晋江城镇的工业发展方式与农村没有任何差别：城镇居民与农村居民一样用闲置的房子、闲置的钱（向亲戚朋友借）纷纷开办家庭作坊和中小企业。他们也是在自己的房子搞起了企业，楼下是工厂，楼上是住家，或者在自己的房前屋后盖一些简易的房子当做厂房。因此，城镇跟农村一样，住宅与厂房混杂，根本分辨不出哪是住宅，哪是厂房，厂房便是住宅，住宅便是厂房，不少厂房是以住宅的名义兴建的，以至于出现许多城镇不像城镇而更像农村。

晋江建设美丽乡村

西方国家的工业化与城市化基本上是同步的，也就是说，城市是工业化的载体，在许多后发国家，工业化也在城市进行，但是，中国由于独有的城乡二元体制的影响，农民曾被禁止进城参与工业化，所以在那些有条件而且也有强烈欲望参与工业化的农村地区，农民采用就地发展工业的方式以满足工业化要求。但是，农村工业化的快速发展，势必会对城市化（或城镇化）提出同样强烈的要求。因为农村就地工业化缺乏城镇的许多优势条件：基础设施和公共服务差，交通不方便，信息不灵通，市场条件差，服务业不发达等，从而制约了企业的发展。在80年代短缺经济的情况下，晋江农村家庭作坊式的企业还有一定的竞争力，但是，当其他地方也开始发展工业，特别是国有企业改革激发出来的生产能力，就会很大程度上对晋江的中小微企业构成挑战。企业必须向规模化、专业化、高科技方向发展，村庄已经容纳不下工业化的发展要求，城镇化、城市化由此被提到了晋江发展的议程上来。

外来流动人口的增多，进一步催生了晋江的城市化进程。20世纪80年代以来，晋江外来流动人口逐渐增多，1992～1993年，外来流动人口由76488人增加至135684人，增加了0.77倍。在民营企业中，外来流动人口基本上占企业员工总数的50%以上，部分企业高达80%～90%。在恒安集团1.8万多名员工中，外来流动人口占90%以上。80年代和90年代初，晋江工业的快速发展，加速了人流、物流、信息流，使原来的村、街道显得狭小，难以适应，表现为基础设施落后、配套设施不足、城镇功能布局不合理、公共服务能力较弱等问题。在这个阶段，城镇建设跟不上经济发展速度以及生产的需求，即使做了许多努力和规划，也很快不能满足工业化、市场化对城镇发展的要求，表现为规划不断调整、更改，没有一个长远的建设目标。老百姓在城镇建设和发展中的许多行为呈现无序性和自发性，乃至自发地将乡村往城镇方向建设，整个晋江缺乏明确的、带有长远意义的总体城镇建设和城市化发展规划和布局。

针对这些问题，晋江首先对县城进行改造建设。青阳镇于1980～1983年第一次制定了全镇总体规划。1985年6月，福建省政府批复了《关于晋江县城总体规划》，同意将县城定位于“省重点侨乡、晋江县的政治、文化中心，并以发展食品加工为主的轻型工业城镇”。与此同时，晋江的一些农村也展开了村镇建设的进程。在港口建设的推动下，东石乡于1982年开始规划，1983年开始镇区街道建设，并形成了繁华的商品市场。陈埭镇于1983年聘请土建系专家进行规划，把陈埭建成全镇的政治、经济、文化中心，同时还建设了鞋类和制鞋原辅料的专业大市场，将过去“陈埭跑全国”（购买原材料，推销商品）的情形转变为“全国跑陈埭”（购买原辅材料，推销商品）的新局面。磁灶将旧街向两端延伸，形成了长达 3000 米的“陶瓷专业街”，全国各地的建筑陶瓷产品汇集于此。1988 年以后，晋江以实施沿海地区发展战略为契机，开始围绕投资环境、促进外向型经济发展为中心的城镇建设，提高了城镇建设标准，并且突出了县城、开发区和工业园区的建设，对城市进行规划调整，扩大规划面积，并着手市政工程建设。实施园林、供水、排水、道路、体育设施、垃圾处理等工程。开始建设福埔工业综合开发区、安平工业综合开发区和东海安工业综合开发区等。引导乡镇企业适当集中，一些乡镇开始规划建设工业区和工业小区，如安海镇建设港口、公园，拓宽道路，兴建桥头工业区、西垵工业区和安平桥旅游区，完成了小商品市场、停车场、游泳场、体育场和垃圾场等项目，提高了城镇化水平。但是，城镇化依然跟不上工业化的要求和速度。

二　城镇化与城乡一体化

面对工业化导致的城镇化及其带来的问题，晋江市将核心村或原来的乡镇所在地进行城镇规划和建设，同时申请县改市，着手加强城市总体规划建设，以解决快速工业化和城镇化带来的问题。经过三次总体规划，晋江市经历了从“珠链式”城镇化体系到“一核两翼”城镇化体系，再到“城乡统筹，共同发展”的城市化体系的城市规划变迁。

“城乡统筹，共同发展”是解决上文提到的城镇化带来的问题的必然途径，也是符合晋江市实际的。晋江市区的所在地青阳镇，其城市化的历程并不长，在建市以前并未显现出明显的城市特征；另一方面，晋江市经历了工业化带动全面城镇化阶段，在工业化的过程中，人民的生产、生活方式完成了城镇化的转变，从“大农村”变成了“大城镇”。原本就不明显的城市区域与“全面开花”的工业化一起，使得城乡间的差别更加模糊，造就出晋江“城市不像城市，农村不像农村”的特殊景象。这也使得晋江市“城乡统筹，共同发展”战略有广泛的现实基础，得以顺理成章地进行。目前，晋江市在稳定市区发展的基础上，将整个“大城镇”变为“大城市”，照顾城镇的发展，兼顾村庄的发展。这种“全市一城”的战略是一种整体性的眼光和策略，可以表现在基础设施、公共服务和社会管理三个方面的城乡一体化上。

（一）基础设施城乡一体化

1. 农村基础设施获得空前改善

总的来说，晋江市在农村基础设施的投入是相当大的，尤其是卫生、教育、环保、文体等各个部门纷纷加大对本部门负责的基础设施建设。仅“十一五”期间，全市“百村示范、村村整治”工程累计完成投资14.51亿元（其中市级以上财政投入2.21亿元，镇级投入1.07亿元），拆除旧房4274座109.65万平方米、整理土地190.9万平方米、新建房屋2173套82.61万平方米、铺设自来水管665.55公里、硬化道路614.59公里、修筑排水沟414.64公里、架设路灯13873支。一批环卫、文体公共设施相继建成并投入使用，农村基础设施建设和公共服务事业实现长足发展。累计完成104个村规划编制和会审，其中42个村规划获得市政府批复，44个示范村（社区）开展区域改造，87%的行政村通客运班车，266个村（社区）通自来水，普及率达68.7%。农村地区基础设施建设取得了丰硕成果。

2. 基础设施的城乡一体化依然有待改进

基础设施的城乡一体化不仅包括政府对农村投入，还包括诸如筹资方式、标准执行等方面的城乡一体化。换言之，基础设施的城乡一体化不仅包括加大对农村地区基础设施建设的投入，还应包括对改变农村地区基础设施维护的筹资模式，以及在建设过程中让农村地区与城市地区使用相同标准。要从设施的一体化走向管理的一体化，从硬件的一体化走向软件的一体化。以基础设施中的道路和自来水、污水处理为例，分析城乡地区的基础设施在筹资方式、执行方面的异同，可以从中窥视晋江市基础设施方面的城乡一体化进程。

（1）以道路为例

道路交通是公共基础设施的关键，从民众的出行到产业发展，个人生产、生活的各个方面都离不开道路交通的发展。根据《中共晋江市委、晋江市人民政府关于进一步推进农村公路铺设水泥路面工程建设意见》（晋委［2006］90号）要求，①在道路的规划设计方面，“农村公路铺设水泥路面工程按属地界限，由所在镇负责道路的规划、设计、征拆、安置等前期工作，并具体负责道路硬化工程的组织实施；各街道社区道路的铺设水泥路面工程按市政府部署，由市政园林局牵头组织实施。”②在建设标准方面，农村公路和街道社区道路的建设标准是一致的。③在财政投入方面，“市财政扶持补助每个未通硬化公路自然村铺设一条水泥路面公路。该公路建设资金（含测设、监理费用）由市财政、镇村各承担50%。市财政扶持补助村与村之间未通硬化公路铺设一条主要公路水泥路面。该公路建设资金（含测设、监理费用）由市财政承担40%，镇村承担60%。”一年后的“晋委［2007］34号文件”按照“晋委［2006］90号文件”的要求，将验收标准和补助标准具体化，这里不再赘述。

从以上文件我们可以看出，在公路建设过程中，城乡地区的道路规划设计和财政投入是不均等的：城区道路都是由公共财政投入，而农村修一条路却需要政府投入、村民集资、企业捐赠、集体筹资的几方面共同努力。因此，那些集体收入少、农民收入不高，也没有企业支持的农村地区就负担较重，甚至因此负债。这加大了城乡之间以及农村地区之间的不平衡，对农村地区是不公平的。但为何形成现在这样的投入体制呢？这是因为农村有集体资产，有集体收入，修路涉及的土地是农村集体所有，所以需要村庄来承担协调、补偿和安置工作；同时，“政府的财力也不够”，所以，对省道、县道、村道要分别由不同级别的政府和集体来承担。在这样的体制制度之下，财力投入上很难做到城乡一体化。但是，即使村庄有集体收入，甚至集体收入较多，也不能成为政府减少投入的理由。因为道路是基本的公共设施，而基本的公共设施应该由政府统一规划、统一修建，而不应区分农村与城市，对不同地区不同对待。

虽然晋江市对农村建设有财政上的倾斜，如仅农业部门就下发每年5000万元到1亿元的新农村建设经费，但在基本公共设施方面的投入，我们建议实行城乡统筹，整体规划、整体筹资和分配。这不仅能减轻农村的负担，避免城乡和地区之间发展越来越不均衡，更能明晰政府与集体、企业、个人之间的责任，减少重复投入，达到事半功倍的效果。

（2）以自来水与污水处理为例

通过相关文件和访谈，我们了解到，晋江市的自来水设施与污水处理设施是按照城乡一体标准来建设和实施的。根据《晋江人民政府关于印发晋江市普及自来水工程实施方案（修订稿）的通知》（晋政文［2009］240号），在自来水供水网络建设方面，“供水主、次干管，由各自来水公司（厂）按照各自的服务范围分片建设，具体的建设规划和实施计划上报市普及自来水工程领导小组办公室统筹协调。村（社区）区域内支干官网，由各村（社区）具体负责，具体的建设规划和实施计划应上报镇人民政府（街道办事处）统筹协调并报市市政园林局备案。”

在资金筹措方面，也是城乡一体统筹和对待的。“主次干管网由各自来水公司（厂）负责组织施工建设；村（社区）区域内管网建设资金，按比例由市、镇（街道）、村（社区）三级分摊出资，如在2011年12月31日之前完成施工的，按市、镇（街道）、村（社区）6∶3∶1分摊比例出资，不发达村、革命基点村分摊比例为7∶3∶0；在2011年12月31日以后完成施工的，将减少市级财政补贴比例，市、镇（街道）、村（社区）分摊比例为3∶5∶2。”可见，在自来水管线规划和筹资方面，晋江市对于城市地区和农村地区没有区别对待，是统筹进行的。在污水处理方面也是如此。

但事实上，由于农村居住格局比城市分散，铺设管道的成本比城市大，因此，虽然农村地区都可以被污水处理厂辐射到，但是管道却没有完全铺设到每村每户，甚至有些开发区的企业都没有铺设，由此产生了环保排放方面的问题。我们可以看出，在二水工程方面，虽然城市地区和农村地区在建设标准与筹资标准方面没有差别，但农村地区在执行中却遇到了一些困难，由于居住格局分散，加上资金的限制，在管道等基础设施建设中还没有达到适合环保的需求。一方面，这与建设方面的“重地上，轻地下”的做法分不开。许多乡镇对地上公用设施投入较多，对地下的基础设施投入略显不足；另一方面，由于市区、镇区与农村地区铺设管道的成本不同，筹资标准又相同，这就加大了镇、村的投入成本，使得镇、村在铺设管道方面心有余而力不足。在这种情况下，城乡同等对待的“一体化”显然是不够的，需要对农村在基础设施建设方面加以倾斜，以“区别化”的方式达到“一体化”的目的。

总的来说，晋江市对农村地区的基础设施投入是比较重视的，投入规模也比较大。但是城乡一体化需要对筹资体制加以调整，需要城乡筹资模式一体，也需要因地制宜，根据城乡不同情况区别对待。城乡一体化的方向需要从硬件走向软件，从建设走向管理。当然我们也应看到，在全市一城的框架下，政策在逐渐调整，在某些方面逐渐做到了城乡一体化管理；但在道路和其他公共基础设施建设方面，政府也应该承担起责任，这样既有利于保持城乡均衡，同时也有利于协调乃至缩小经济强村与弱村之间在公共基础设施建设上的差距。

（二）公共服务城乡一体化

公共服务的供给向来是政府工作的重点，是民生工程的重中之重，晋江市对公共服务非常重视，将65%财政支出用于民生建设，安排31亿元投入就业、教育、医疗、公共安全、环境治理、社会保障等领域。但由于长期形成的体制壁垒，公共服务又成为城乡财政投入差距较大的领域。我们将以教育、卫生、公共安全、社会救助、社会保障和文体事业为切入点，深入分析这几部分的城乡异同，借以寻找公共服务城乡一体化的路径。

1. 教育

（1）晋江市在教育城乡一体化方面取得的进展

①在教育的投入方面，晋江市无论是财政预算内投入教育的金额和增长率，还是生均公用经费均高于省定标准，同时，实现中小学生均公用经费城乡同等标准。近3年来，农村税改转移支付资金8919万元全部用于补助农村义务教育，教育附加费3.01亿元及时全额拨付；教育经费还向农村薄弱学校倾斜，投入资金3900万元；农村寄宿制学校配套资金1484万元，并对150人以下较小规模小学给予适当经费补助。此外，还按岗位和薪级工资总额25%的标准，倾斜补助特殊教育教师，紫帽镇等镇（街道）还为边远学校教师每月补贴200元。以上措施在教育总体投入和城乡教育均衡投入方面都起到了较好的作用。

②在师资配备方面，教育部门一方面培训农村教师，举办农村教师教育教学能力提升培训、教师岗位远程培训等多个培训班，使农村专任教师年培训率达60%以上。同时加强城乡交流，教育部门出台了《关于开展教师队

伍建设对口交流与帮扶工作的意见（试行）》，执行城镇中高级教师职务评聘必须到农村学校或薄弱学校任教制度。近3年来，共选派157名城镇教师到农村学校支教，轮岗交流2120名教师，交流率占38%，养正中学、市第二实验小学等优质学校均与多所基层学校结对共建，通过挂职锻炼、课题实验、教研联动、问题诊断等形式，携手同行、共同进步。同时，还以“合同教师”的方式来解决农村教师短缺的问题，合同老师也由晋江市统一招聘，要求必须为师范院校毕业，有教师资质，同时给合同教师解决社保、医保，但没有正式的编制，工资也相对低一些。他们的工资由市、镇、村三级分别承担，有些村镇会给特殊的补助。合同教师也有向正式教师流动的渠道，每年的教师招考中，对合同教师的要求会比对其他社会人员条件放宽一些。这一系列措施较为成功地调配了晋江市的师资，使得师资在一定程度上均衡分布于城市和乡村。

③晋江市在外来子女入学方面的政策是非常优厚的。晋江市确定了275所公办学校为“外来工子女入学定点校”，并鼓励支持创办外来民工子弟学校，在校舍、土地、办事程序等方面给予支持。近两年来，市镇两级共投入100多万元支持12所外来工子弟学校建设，在全国首创“川渝皖赣湘鄂黔六省一市高中教学实验班”，满足外来工子女初中毕业后就地接受与户口所属省份一样的高中教育教学，并于2010年、2011年连续两年在全国率先实现四川、重庆籍考生异地高中同步会考，2012年在全国率先实现四川和重庆籍考生在我市异地高考体检，为外来工子女就读普通高中提供便利。2002年在全省率先取消外来农民工子女借读费后，晋江市又于2006年取消外来农民工子女学杂费，分别比全国、全省提前了2.5年、2年。2012年春季起，晋江市实施公办高中免学费，2.3万多名高中生受益，比全省提前了5年。2012年秋季起，又将在全省率先实现公办中等职业学校三年免学费。2010年起，与公办学校同标准，补助外来工子弟学校的学生免杂费，共计355.55万元。此外，开展生源地信用助学贷款，共177人次获得贷款371.92万元，做好1805名农村留守儿童的建档、结对帮扶、关爱应急等各项工作，确保其健康成长。目前，在义务教育学校就读的外来农民子女有12.91万人，占全市在校生总数的61.5%，占全市外来农民工子女的92.65%。

如此优厚的政策对稳定晋江市劳动力、稳定晋江工业发展起到了很好的作用。城乡统筹不仅包括晋江市的城镇和农村的统筹，还包括在晋江市域范围内的本地人口与外来人口的统筹，教育部门在这方面走在了前面，在资源投入和机会供给两方面都基本达到了本地人口与外来人口的一体化。

（2）教育城乡一体化方面的不足、原因及建议

晋江市的教育城乡一体化方面仍然存在着一些不足，城乡之间的差异依然存在。

在教育资源的投入上，在晋江市的小学中，市直属小学（只有两所，分别为实验一小和实验二小）的生均公用经费外的投入由市里负责，其他小学都是镇属学校，生均经费之外的投入需要镇、村两级承担，总体上市、镇、村分别占 3∶3∶4 的比例，镇、村两级的负担不小，而且容易造成村庄之间的不平等。据金井镇某村主任介绍，他们村里的小学建校是华侨捐款 800 万元建成的，2004 年校庆，他去海外“化缘”募捐，获得捐款 60 多万元，现在要翻修建设，“又要去澳门、东南亚走一圈了”。如果没有华侨、没有企业的村庄小学就只能靠生均公用经费生存，会比较艰难。用某镇干部的话说“能保证有衣服穿，但（贫困的地方）想穿花裙子就难了”，甚至还会面临被合并的危险。

教育资金投入的城乡差异是有历史原因的。新中国成立的初期，我国的农村教育实行的是“人民教育人民办”的政策，农村小学是由村庄来承办，无论教室用地、用房还是教师聘用和工资都由村集体解决；但在人民公社体制结束之后，农村学校的教育都收归教育局统一规划和调配，经费保障也应由教育部门统一划拨，而不是由各个镇、村自己筹得。同时，在县教育局的规划中，许多学校是要被合并掉的，但大多数村民不同意，希望保留本村学校，因此政府部门就减少了对学校的投入，建设经费也就要依靠村里的投入。教育作为基本的公共服务，首先应实现城乡统一政策和统一管理，由政府统一承担，否则会产生城乡之间、地区之间越来越明显的不平衡。

在师资力量方面，农村教师的师资显得比较紧缺，这是因为学校是按照师生比配备教师的，而农村学校学生少，但班级并不少，“麻雀虽小，五脏俱全”，起码每个年级要有一个班，每个班也许只有二三十名学生，因此若要所有科目都开课的话，需求的教师数量要比班级大、学生多的学校多。农

村学校配备老师少，所以需要聘用合同教师来解决，这又加重了学校的负担，贫富差距进一步显现。因此，在配备教师时，除了考虑师生比，还需要考虑“班师比”，即按照每个班级需要教师数目来配备教师。其次，对于农村教师紧缺问题，不是仅仅通过教育能够解决的。好的教师在农村留不住与农村的大环境相关，与农村地区的交通便捷程度、生活设施、休闲娱乐设施、生源水平、子女上升流动机会等息息相关。因此，要提高农村地区教师水平、将好教师留在农村，除已经进行的工作外，还需要做许多配套工作，只有切实全面完成“全市一城”的规划战略，才能将好的师资留在农村，才能真正实现教育城乡一体化。

在整合教育资源方面，晋江市政府、教育局高度重视，已出台了相关的工作方案，按“全市一城”的思路进行规划建设。每年相对集中财力，在中心城区建设2～3所市直小学和幼儿园，新建和改扩建10所布局均衡、高规格的学校。但是，在主打中心城区优化资源的同时，农村地区的学校面临着撤并的前景，城乡地区教育规划显示出不均衡、不平等的局面。据介绍，教育部门已经在着手整合教学资源，将人数较少的学校合并。但这样的做法引起了村庄的抗拒，大多数村庄不愿撤掉本村的学校，村民也希望学生能就近读书。因此，我们建议教育部门，在优化资源配置的过程中，在追求效率的基础上也要从实际出发，考虑村庄和村民的意愿，考虑学生的实际情况，放缓并校的脚步，同时对规模较小、甚至建议合并的学校更要给予特殊的补贴。均衡发展的意义是让所有学生都享受优质的教育，但并不意味着将农村、偏远地区的学生合并到城市里来接受优质教育，而是让所有地区的学校都全面发展，偏远地区的学生在本地学校也能接受优质的教育。

2. 卫生

（1）医疗卫生城乡一体化情况

①卫生资源

首先，在基础设施建设方面，2011年底，晋江市投入114万元对114家村级卫生所进行标准化建设（省里下达任务104家），除镇卫生院所在地行政村外，争取至2012年底，每个行政村至少建设一家标准化卫生所，通过加强村卫生所建设，实现全市医疗卫生服务全覆盖，基本医疗与公共卫生服务能力进一步增强。目前全市实施卫生基础建设项目18个（包括建成、在建和启动前期项目），累计完成投资 1.13 亿元，新增业务用房 5.53 万平方米。其中，基层医疗机构中，市医院晋南分院病房综合大楼，英墩华侨医院、深沪卫生院、西滨卫生院综合楼，梅岭街道社区卫生服务中心、安海镇卫生院迁建工程，东石卫生院逸民分院等分布在乡镇的一批卫生项目工程相继建成投用。

其次，在卫生人才方面，一方面加大引进人才的力度，同时培训现有人才，促进基层卫生院与上级医院建立联系和培训机制，如紫帽卫生院与泉州市中医院、西滨卫生院与厦门长庚医院、英墩华侨医院与泉州市第二医院、东石中心卫生院与泉州市第一医院均已建立协作关系。另外，安海卫生院与福建省中医药大学附属第二人民医院已达成协作意向，并选派人员前往进修，近期将进入实质合作阶段。

第三方面是结对帮扶，晋江市建立了市直医院结对帮扶基层医疗机构的制度，如市医院结对帮扶梅岭、罗山社区卫生服务中心，帮扶永和、紫帽、深沪卫生院；安海医院结对帮扶灵源、新塘社区卫生服务中心，内坑、安海卫生院；市中医院结对帮扶青阳、西园社区卫生服务中心和池店、西滨卫生院。在“十二五”卫生规划中，市医院晋南分院，东石、陈埭、磁灶卫生院，英墩华侨医院都将建设成为二级综合医院。

②公共卫生服务

2011 年晋江市共建立居民健康档案 100 多万份，电子建档近 100 万份；为全市 65 岁及以上老年人建档 9 万多份，预防接种、传染病防治、儿童保健、孕产妇保健、高血压、糖尿病、重性精神疾病的管理率均顺利完成上级下达的指标任务，基本实现城乡全覆盖。除实现公共卫生服务城乡一体化外，对来晋务工人员也提供均等化的公共卫生服务。

（2）卫生城乡一体化的不足

首先，虽然对镇村地区有基础设施投入的倾斜和人才培养制度，但目前的卫生优质资源大部分集中在城区，乡镇相对较弱；基层医疗机构的医疗服务水平参差不齐，新农合群众转外就医比例较高。

其次，虽然对于卫生公共服务的要求很高，也基本实现了城乡全覆盖，但公共服务完成的质量难以保证，因为公共服务的补贴不高，如完成一份档案只能拿到 1～3 元的补贴，这微小的补贴不能对村医起到实质的激励作用，村医的积极性不高，健康档案的质量也就难以保证。我们帮磁灶镇某村村医算了一笔账，他每月收入大概5000～6000元，2011年一年完成了全村60%人口的健康档案，全村人口不到5000人，按照每份健康档案2元算，他去年完成健康档案获得的收入最多6000元，基本与他一个月看病的收入持平。其他的公共服务也是如此，由于上级部门的投入不够，激励不够，提供公共服务获得的收入只占村医收入的很小部分，村医的主要精力依然放在看病治疗上，卫生公共服务的推行将更加艰难。

再次，基层医疗机构的公共卫生任务繁重，而公共卫生服务经费仅仅对本地户籍人口投入，严重制约市域范围内包括外来人口的公共卫生设施建设的实施。

3. 社会保障

晋江市的社会保障体系已基本完成全覆盖，并且我们发现城乡之间的差别已经被逐渐淡化，并非完全按照城市和农村予以区分。我们将以医疗保险和养老保险为例，说明晋江市的社会保障制度的城乡一体化进程。

（1）社会保障制度的城乡一体化进程

①医疗保险：晋江市的新型农村合作医疗开始于2007年，按照本地区“全市一座城”的发展理念和城乡差别不大的实际情况，晋江市通过新农合制度与城镇居民医保制度的认真比较、权衡利弊、深入研究，认为本市新农合个人低缴费、高受益的特点符合当前绝大多数群众的医疗需求，因此，决定继续实行全面覆盖、均等享受的基本医疗保障有机结合的城乡一体化管理模式。目前新农合托管给保险公司，并且进行了再保险，能够有效针对农民的医疗需求，解决了相对低端的需求。目前医疗保险大体可以分成四部分：职工医疗保险；新农合；职工医疗互助；全额拨款事业单位、公务员补助。此外还有城乡居民医疗救助、慈善援助等。

②养老保险：晋江市的农村养老保险也经历了从无到有的过程，不断完善新型农村养老保险（简称“新农保”）、被征地人员养老保险等，初步建立城乡一体的社会保障体系。其中被征地人员养老保障标准每月280元，覆盖140个村（社区），4.4万人参保，累计发放养老金2.23亿元。新型农村社会养老保险情况是这样：2011年基础养老金每月80元，参保人60万人，10.8万老年人领取养老金，累计发放养老金1.75亿元。2012年基础养老金

标准提高到100元。

（2）社会保障制度的城乡差距及原因

虽然农业人口在医疗保险和养老保险方面经历了从无到有的过程，但这不等于缩小了城乡之间的差距，城乡之间在社会保障方面的差距依然存在，并且有不断扩大的趋势。

①医疗保险的城乡差距

医疗保险的城乡差距在不同的医疗保险的筹资、报销比例上得以体现。

职工医疗保险，包括机关事业单位、国有企事业单位以及社会就业人口。目前参保人数17万人，去年收缴3亿元，支出2.95亿元，平均报销比例为70%。

新型农村合作医疗（简称“新农合”），主要针对非就业居民。筹资中个人出50元，省地市三级一共出260元。新农合去年结报40%~50%，结余8000万元。

职工医疗互助，在职参加工会的员工可以参加，能够适当补助大病的费用。

全额拨款事业单位、公务员补助。加上这一部分，公务员报销比例可以达到90%左右。

在农村地区，由于新型农村合作医疗制度的推行，解决了民众医疗保障从无到有的问题，为广大没有任何医疗保障的农民和城市非就业人口解决了就医保险的问题，能够有效地缓解这部分人口的看病难与看病贵的问题。但同时从以上四类医疗保险的比较中我们也能够看出，“新农合”的保障标准还是不高，与职工医疗保险、全额拨款事业单位和公务员补助是不能相提并论的。这一方面反映了城乡之间的不平衡，更反映了体制内和体制外的不平衡。

②养老保险的城乡差距

新农保和被征地人员养老保险，加上城市中原有的机关事业单位养老保险和企业职工养老保险，构成了现在养老保险的四大部分，目前参保人数全市共达87.43万人，基本覆盖了全部人口，是社会保障制度的进步。但是通过表2-1可以看出，不同类别的保障标准差距十分明显。虽然城市和农村的生活成本不同，不同养老保险的缴费标准也不同，但城乡之间、不同身份之间保障标准差距过大，会限制城乡一体化的进程，扩大城乡之间的差距。

表 2-1 四类养老保险比较

	新农保	被征地人员养老保险	企业职工养老保险	机关事业单位养老保险
参保人数(万人)	60	4.35	21.83	2.6
每月获得的养老金额(元/人)	100	280	1580	4000

总体来说，社会保障的不平衡，与其说是城乡之间的差距，不如说是体制内外的不平等。虽然农村的社会保障在城镇化过程中经历了从无到有的过程，同时也在城乡一体化的理念下逐渐向城市保障方式靠拢，但不同类型的保障制度之间的差距确实存在，而且差距相当大。这导致城乡之间不同身份的居民所享受的市民待遇的差距，不但限制了“全市一城”规划的实现，更会扩大城乡的差距。

4. 社会救助

晋江市社会救助的城乡一体化标准已经实行了一定时间，并早于全国其他地区，城市和农村在最低生活保障、五保供养、医疗救助方面并无差别。

晋江市的最低生活保障从1998年开始实施，已经完全实现城乡一体化。2011年保障标准每月320元，2011年发放2.15万人，低保金5100万元。2012年低保标准提高到380元，目前低保户有9160户20126人，占全市人口总数的2%左右。不断提高民政优抚对象抚恤和生活补助标准，实施社会救助和保障标准与物价挂钩联动机制，有力地促进了社会和谐稳定。

五保供养金在城市和农村也是一致的，由2006年的按低保金全额发放调整到目前的按农民人均纯收入60%发放，五保供养标准由每月人均280元提高至600元。

医疗救助与以上两方面相同，也是城乡一体化的。晋江市自2005年8月实施城乡医疗救助试点工作，目前，晋江市医疗救助采取分类救助，对低保、“五保”、“优抚”、“五老”等对象采取不限病种救助，最高救助标准2万元；对因大病陷入困境的低收入困难家庭采取19种大病救助，最高救助标准5000元。2005~2011年，全市共救助1948人次，发放救助金700多万元。2012年开始实行医疗救助“一站式”结算，医疗救助与新农合结合，受助对象直接去新农合报销的时候就可以享受医疗救助，之后民政局再统一与卫生局结账，方便了群众。这项工作开展两个月，已经发放救助金 16 万元。

除此之外，在慈善救助（晋江慈善总共筹资 15 亿多元，目前已经累计支付 7 亿元）、低保（五保）爱心安居工程、救灾救济等方面也是城市和农村的标准和方式完全一致，真正实现了城乡一体化，用民政部门干部的话说："我们在工作中从来就没有想到过有城市和农村的区别。"这与晋江市城乡经济发展关系紧密，城乡之间在消费水平和生活水平差距很小的地区，才可以在实际上达到低保、五保、医疗救助等标准的城乡一体化，这也说明晋江市的"城乡统筹，全市一城"的路径是符合实际的，是有深厚的现实基础的，也是应该在其他方面继续加强的。

5. 文体事业

（1）文体事业城乡一体化进程

对于农村文体事业的投入主要集中在基础设施建设方面。第一，镇（街道）的文化活动中心建设得到大力推进，目前 19 个镇（街道）中已有 10 个镇（街道）完成文化活动中心建设，建有配备齐全的功能室。第二，自 2007 年实施"农家书屋"试点以来，每个农家书屋建设采取市级补助 1 万元，镇级配套 0.5 万～1 万元不等的办法，同时吸引社会资金投入达 700 多万元，仅用 4 年时间，实现全市 389 个村（社区）农家书屋全覆盖。第三，在信息资源共享工程建设方面，晋江市已实现 19 个镇（街道）及 389 个村（社区）基层服务的全覆盖，晋江市各基层点均达到国家一类标准，其中已建成青阳街道阳光社区、东石镇第二社区等 23 个文化信息资源共享工程基层示范点。第四，农村体育健身路径得到了大力推广，为充分调动基层积极性，晋江市制定出台了《加快普及晋江市农村体育健身路径试行方案》和《晋江市农村体育设施精品工程（门球场）试行方案》，由市财政核拨支持 50% 以上建设资金，投入 400 多万元，安装健身路径 409 套、精品门球场 8 个，有效保障了农村体育健身路径建设。第五，积极引导基层参与各级农民健身工程创建。现有全国乡镇农民健身工程示范单位 1 个，省乡镇农民健身活动中心 1 个，省农民体育健身服务点 25 个。

除了基础设施的建设，文体事业部门还开展了文体建设示范村（社区）创建活动，制订出台《创建文体建设示范村（社区）工作实施方案》，市、镇分别补助 8 万元和 4 万元，创建、命名 35 个文体建设示范村（社区）。

（2）文体事业城乡一体化不足

首先，基层文体设施建设仍不平衡。虽然基层文化建设涌现了不少先进典型，但由于地区的自然条件、经济水平和文化状况的差异，不同村落，不同镇（街道）文化建设发展出现不平衡，比如一些村（社区）暂时没有活动场所，或是活动场所被占用；拥有的场地等设施功能相对单一；在城市建设大环境中，一些村（社区）活动场所建设未留足空间等。这些因素在一定程度上制约了广大基层群众文化活动的开展。

其次，基础设施建设已经基本完成，但是基层文体专业人才队伍不足的问题比较突出。农家书屋、信息资源共享工程已实现全覆盖，体育健身路径建设已全面铺开，但文化信息资源共享工程所需要的既懂技术又懂业务的人才，以及农家书屋及健身路径科学高效运用所需要的专业人才，都还比较短缺。同时，农家书屋所提供的图书和信息资源共享工程提供的信息，以及体育健身路径提供的健身器材仍需要加以调整，以满足广大农民的需要。

总而言之，就公共服务来说，晋江市已经完成了全覆盖，城乡差别只是体现在服务质量的差别，优质的教育和医疗资源相对集中于城区。在社会保障和社会救助体系方面，实际上已经淡化了城乡差别，尤其是社会救助体系完全实现了城乡一体化。虽然目前各种社会保险的保障标准差别仍然比较大，但是毕竟已经建立起了一套广泛覆盖的体系，只是需要在标准上进一步统一。

（三）社会管理城乡一体化

当前对于社会管理有各种各样的界定。有的学者认为，社会和国家范畴基本一致，社会管理的主体是“国家”和“政府”，社会管理等同于国家管理，或者过于突出国家力量，忽视社会力量的参与；同时，也有学者将社会管理的范围仅限于狭小的社会生活领域中，将国家和政府排除在外；除此之外，还有“规制说”、“协调说”、“服务说”和“规制和服务兼有说”等对于社会管理的理解①。而大部分政府工作人员的观点基本一致，可以概括为“秩序说”，即以管控思维为主，强调社会管理的主体以国家和政府为主。

---

① 郑杭生、王思斌、丁元竹、孙炳耀、何增科等。

将社会管理局限于国家或政府的管理或完全由社会本身完成的认识都是不完整的，社会管理应该是整个社会联动的产物，尤其要区分政府和社会组织各自的任务和功能。综合上述各类观点，我们认为，社会管理主要是指"政府和社会组织部门为促进社会系统的和谐运行与良性发展，对社会生活、社会结构、社会制度、社会事业和社会观念等环节进行组织、协调、服务、监督和控制的过程"①。社会管理一般包括两大类：一是政府对有关事务进行的规范与管理，即政府社会管理；二是社会自我自治管理。这两大类不是截然分开的，而是你中有我，我中有你，在社会这个大系统内互相协调，互相促进，共同完成对社会的管理、约束和建设任务。现代社会管理是以政府干预与协调、非政府组织为中介、基层自治为基础以及公众广泛参与的互动过程。

社会管理的参与主体包括政府、非政府组织、基层自治组织，更离不开各界群众的参与。对于晋江市来说，政府对于城市和农村的管理方式基本一致，这里着重分析政府工作人员的城乡分布，以及城乡社区组织和民间组织的社会管理特点。

1. 政府主导的社会管理

政府主导的社会管理是个大概念，包括政府为社会管理提供资源、政策、法律法规保障；提供社会公共服务；还包括孵化社会组织、引导公民参与等方面。其中由政府主导的社会管理是最重要的，也是整个社会管理的基础。由于篇幅有限，我们仅论述政府主导的社会管理，从中选取"政府工作人员的编制分布"和"公共安全"两方面来说明政府主导的社会管理的城乡一体化过程。其中，"政府工作人员的编制分布"可以看做政府为社会管理提供人力资源的代表，政府工作人员编制的城乡差别可以反映政府提供社会管理的城乡差别；"公共安全"是政府为社会管理提供法律法规保障和安全保障的体现，公共安全的城乡差别同样可以体现政府主导社会管理的城乡差别。

（1）政府工作人员的编制分布及其问题

由于晋江市当初的编制规划是按照农业县市来配置，因此整个市的编制

---

① 邓伟忠主编：《创新社会管理体制》，上海：上海社会科学院出版社，2008，第6页。

比较少，共有公务员 2500 多人，其中公检法司的工作人员占了一多半，党政公务员中，市直属机关占有 500 多个编制，乡镇街道一共只有 480 人左右编制，实有人员比编制内人员还少。市直属机关的工作人员严重紧缺，有的科室只有 1 个人，因此只能借用事业单位的人；街道乡镇的工作人员比市直机关更加紧张，比如陈埭镇，去年财政 24.3 亿元，常住人口 40 多万，其中本地人口 7.3 万，相当于中等县级市，而在编工作人员不到 100 个人，要管理一个中等县级市的经济、社会，就完全不够，只能自己雇人。有限的人力资源多数集中在市直属机关，街道乡镇的人力资源严重不足。这说明市级与乡镇街道两级政府的公共人力资源均等化不足，与其说这是城乡不均等，毋宁说是人力资源在政府层级之间的分配不均等，人力多集中在上层，也是导致政府在提供社会管理和公共服务的城乡不均等的因素之一。

公务人员编制问题反映了晋江市城乡一体化进程中面临的另一个主要问题，即体制落后于现实，这也是全国社会管理方面的难题。体制的城乡不均等在一定程度上阻碍了晋江市城乡一体化的发展。因此，晋江市需要城乡一体地通盘规划和分配社会管理的资源。

（2）公共安全的社会管理

公共安全关乎人民生命财产和生活质量，是政府为社会管理提供法律法规保障和安全保障的体现。长期以来，由于工业化、城镇化的发展，市区和镇区的人口密度都较大，全市域范围无论城乡都面临着较为严峻的社会问题，对公共安全的需求日益增多。由于篇幅原因不能全面介绍，这里从警力分布、构建安全网络和案件的调解与赔偿这三个方面来分析晋江市公共安全提供方面存在的城乡异同问题。

第一，在警力分布方面，晋江市公安局下设 3 个综合管理机构、9 个执法勤务机构、2 个监所、20 个派出所、6 个边防派出所，1 个警务辅助服务中心；现有公安专项行政编制 1362 名，实有警力 1079 人，其中，综合管理机构警力 29 人，执法勤务机构、监所、派出所警力 1050 人，其中派出所警力数 427 人（不含刑侦中队），文职人员 48 名，民警数约占实有人口的 5.2‰。虽然警力按照人口的分配，大部分集中在镇区的派出所，但这些警力依然是远远不够的。晋江市目前有户籍人口 106 万余人，流动人口约 100 万人，庞大的人口数量使得警力严重短缺，尤其是流动人口集中的镇（街道）。因此，虽然警力分布上没有显示出城乡之间的不平衡，但由于需求有差异，流动人口集中的地区警力明显不足，事实上还是出现了警力不平衡的问题。面对这个问题，全市范围内共聘请数百名协警，他们主要分布在基层派出所，各街道共有200多名，乡镇中以陈埭最多，聘有协警90多名。他们协助编制内警力完成公共安全服务的各项工作，工作内容与编制内警察工作类似，但保障、待遇相距甚远。在这种体制下，由于工作的稳定性不强，难以招到优秀人才，协警的素质参差不齐，执法水平难以保证。同时，由于协警与正式警察同工不同酬会造成协警群体心理的不平衡。

第二，在安全网络构建方面，晋江市农村地区构建安全网络无论从规划设计还是经费投入都以村为主，上级会给一部分补贴，但大部分投入是靠村级集体筹集。比如部分村落已经健全了防控网络，有的村配备了巡逻员，安装了全球眼，还组织了村级的老人巡逻队；有的村整合警务室与派出所的治安岗亭，构建村级“维稳”新平台，通过建立网格化管理，电信局也设立了维稳平台。磁灶镇某村注重民事调解，建设无讼社区，设立模拟法庭来调解纠纷，近年来实现了零越级上访，零刑事案件等。这种投入模式增加了村集体的负担，同时产生了村与村、地区与地区之间的不平衡，那些集体资产相对较少的村落难以负担公共安全网络所需的人员、设施的费用。2010年，全市平均村财政收入仅34.04万元，村财政收入在10万元以下的村落占村（居）总数的33.59%，村财政收入10万~50万元的占54.78%，村财政收入50万元以上的仅占11.63%。这些集体经济薄弱村中，有的村还有债务。反观城市社区，虽然大部分社区也没有集体资产，但是公共安全方面的投入都由政府承担。在公共安全网络构建方面也反映了城市和农村的待遇不平等。因此，我们提倡在基本公共服务方面实行城乡一体投入、一体规划，以减少农村集体的负担，同时缩小城乡之间、地区之间的差距。

第三，在案件的调解与赔偿方面，晋江市的城乡区别不大，城乡一体化进程较好。比如设立围头物流配送中心等30个法律服务点，独立设计全国首辆社区巡回法庭专用车，集收案、调解、开庭、宣传于一身，把服务做到社区，把庭审开到当事人家门口。自2009年9月巡回法庭专用车正式启用以来，共开展巡回审理1058件次，调解案件896件，开展法制宣传252次，被群众称为“移动的法庭”。巡回审理打破了地域界限，类似当年的“送法下乡”，让上下级单位之间、城乡之间有效融合。在事故赔偿方面，赔偿标准城乡差异很大，比如在晋江市，交通事故死亡赔偿标准为农村居民死亡赔偿18万元，城市居民赔偿49万元。这是很不合理的，因为按照街道算作城区、镇算作乡村的话，晋江市的城乡人口收入、生产生活方式差异很小，城乡差异不大，赔偿标准也应该尽量靠近。对此，晋江市法院在具体执行过程中尽量采取统一标准，比如如果能证明农村户口（包括外来人口）的死亡人员在城市居住一年以上（凭居住证、房产证、暂住证、用工合同、工资单等），就按照城市居民的赔偿标准来赔偿；同一起事故中有城市居民也有农村居民，全部按照城市居民的标准赔偿。这种做法降低了政策上的城乡壁垒，有效缓解因为政策带来的城乡差距和社会矛盾。

2. 社区组织的社会管理

正如前文所述，农村社区由于拥有集体资产，承担了各方面的责任。农村地区从经济发展到民生建设，都要以村庄社区为主体，村民对集体的依赖性也较强，这让农村社区的相对自主性比较强（比如村庄因为有能力支持本地学校的建设，可以阻止教育部门合并农村学校）。晋江地区与其他地方相比，其特殊性在于，晋江的民间力量较为强大，村庄组织和其他民间组织力量较强，社区自我组织、自我管理、自我服务的能力也较强，甚至可以提供教育、公共安全、保洁、绿化等公共服务。这为村庄社区组织提供社会管理打下了坚实的基础。相比之下，城市社区组织由于原则上没有集体资产（某些村改居社区尚未完成股份制改造的城市社区也有集体资产），自主性显得稍弱一些，对政府的依赖性也相对较强。在社区组织的社会管理方面，城乡之间、地区之间的差异较为明显，经济实力较强的农村社区的管理能力较强，而经济实力较弱的农村社区和没有集体资产的城市社区对政府的依赖性较强，自我管理能力较弱。

按照目前的制度设计，村庄社区和城市社区的管理体制存在差别，可比性不大。但无论城市还是农村社区都应拥有自主性，保障社区的自治权力，让社区自我管理，才能强化居民的社区归属感，促进居民在社区事务上的广泛参与，吸纳各方力量共同建设社区。因此，需要处理好社区与政府的关系，政府对社区的工作起到指导作用，但不能包办代替，而应当尊重社区的自治。

3. 民间组织的社会管理

民间组织的社会管理与社区组织的社会管理比较类似，也难以绝对区分，因为社区组织也是基层自治组织，是广义上的民间组织，而且在实际工作中社区组织与民间组织经常结合起来，共同参与社会管理和服务。

晋江有非常好的民间自治传统，这从晋江繁荣的民间慈善行为可以看出。村（社区）“爱心慈善援助站”在2005年一经民政部门推出，就得到社区和社会各界的广泛响应和支持，民间资金对慈善的投入非常踊跃。晋江市已有386个村（社区）建立了“爱心慈善援助站”，这些“爱心慈善援助站”运作至今，累计募集捐助资金5000多万元，按月向困难群众提供柴米油盐等生活补助，累计发放援助物资价值1000多万元，受益困难群众达20多万人次。“爱心慈善援助站”的建立，不仅为保障社会弱势群体的基本生活权益作出了积极贡献，而且夯实了基层慈善救助网络的组织基础，在搭建社会互助体系中发挥了重要作用，在群众中获得了良好的口碑，促进了村（社区）的内部团结。目前“爱心慈善援助站”的援助对象已经扩大到外来人口，更加促进了晋江市域范围内社会和谐和社会团结。“爱心慈善援助站”是政府与民间组织合作参与社会管理的成功案例。晋江市如此良好的民间土壤如果得到政府的正确引导，必将开出更美的花朵。

总的来说，在社会管理方面，城乡之间的差别是存在的，主要包括政府的管理资源分布不均衡，而且由于城乡体制方面的差异，城乡社区的功能、能力也有所不同。这需要在深化城乡一体化过程中进行体制探索和创新。同时我们更应注意到，社会管理需要全社会的参与，因此政府与社区、民间组织的关系需要进一步理顺，给社区、民间组织更大的空间，让其能够自我管理，分担政府管理的职能，补充政府管理的不足，减轻政府的负担。

（四）小结

近年来，面对城镇化带来的弊端，晋江市在“全市一城”的战略布局中迈开城乡一体化的脚步，在基础设施建设、公共服务和社会管理等方面分别取得了显著的进展。但是，在基础设施建设方面取得巨大进展的同时，如何更加健全资源配置和人才培养的管理模式，使得全市城乡从硬件到软件、从设施到管理完全实现一体化，是晋江市下一步需要考虑的问题，也是彻底实现“全市一城”战略的必然要求。

三　从城乡一体化到全面现代化

（一）城乡一体化内涵与目标

陆学艺教授（2011）认为城乡一体化应该包括四个方面内容：第一，就城乡关系而言，在一个国家或一个地区，城乡是一个整体，整个社会是一个活的有机体，城和乡都是相互依存的。第二，就城乡发展的目标来说，统筹城乡经济社会协调发展的目标，就是要实现城乡一体化。第三，实现城乡一体化是一个历史过程。第四，要实现城乡一体化，必须对城乡体制进行改革。[①] 因此，我们认为城乡一体化是对城乡经济社会协调发展这一过程的描述，同时又是一个目标指向，它要求把城市和农村作为一个整体来考虑，实现两者之间的分工与合作，服务于整体的社会发展进程。前文已经从实践的角度探讨了晋江的城乡一体化过程，下面将围绕理想意义上的城乡一体化展开讨论。因此，需要明确几个问题：如何看待农村与城市之间的关系？城乡一体化体现在哪些方面，又指向什么样的目标？

我们认为城乡一体化的关键在于合理定位，理顺城乡关系。在具体实践层面要做到资源和机会的城乡均衡配置，也就是说在政府层面要建立起合理的城乡机制来均衡资源配置，相应地对城乡居民来说，城乡一体化应该有助于实现城乡居民享有同等的发展机会。

1. 农村与城市的关系

党的十七届三中全会通过的《关于推进农村改革发展若干重大问题的决定》（以下简称《决定》）提出统筹城乡经济社会发展，并把城乡一体化作为破除计划经济时期形成的城乡二元结构以及解决“三农”问题的战略

---

① 陆学艺：《城乡一体化的社会结构分析与实现路径》，《南京农业大学学报》（社会科学版）2011 年第 2 期。

方针。计划经济时期，我国实行重工业优先发展的战略，通过工农业产品“剪刀差”完成发展的积累，国家的工业化和城市化发展实际上是以农村为代价的。改革开放尤其是市场化改革以来，我们国家的工业化程度不断提升，再加上“三农”问题的日益凸显，使得协调城乡关系变得更为紧迫。正是在这样的背景下，《决定》指出：“加快建立健全以工促农、以城带乡长效机制，调整国民收入格局，巩固和完善强农惠农政策，把国家基础设施建设和社会事业发展重点放在农村，推进城乡基本公共服务均等化，实现城乡、区域协调发展，使广大农民平等参与现代化进程，共享改革发展成果。”在现阶段，推动城乡一体化的重要前提是重新理解和定位城乡关系。

从传统的观点来看，城市和农村之间最明显的差别体现在产业上，农村以农业为主，城市则依靠非农产业来支撑。那么，城乡之间的关系首先在于产品的交换，农业生产是人类生存和发展的根本保证，并且也为工业生产提供原料，相应的工业产品进一步满足了社会的其他需求，同时也生产出各种产品促进农业生产。农村居民和城市居民的差别就体现在居住地点以及就业领域上，并且农业与非农业就业各自不同的特点又进一步型塑了这两大群体的不同生活方式。中国长期计划经济形成的城乡二元体制，实际上就是扭曲了城乡物品交换的价格，集中资源把城市建设成高地，同时又限制城乡之间人口的自由流动。在旧体制下，城乡之间构成了一个相互联系的体系，但两者之间的关系并不平衡，政府通过行政手段维持了这种失衡的关系。改革开放之后，政府放松了对于人口流动的限制，大量劳动力开始从农村流向城市。但是政府在城乡投入方面的调整缓慢，从而进一步加大了城乡差距。霍华德在《明日的田园城市》中描写了19世纪末、20世纪初英国的城市病，人口向大城市集中导致了各种城市病，与此同时乡村则处于凋敝状态。他倡导了一种社会改革的思想，认为“城市和乡村都各有其优点和相应缺点，事实并不像通常所说的那样只有两种选择——城市生活和乡村生活，而有第三种选择城市—乡村生活，那就是部分吸取二者特色的新的生活方式，城市—乡村生活方式避免了二者的缺点”。

霍华德的田园城市构想综合考虑产业分工、土地以及劳动力等各种要素。中国目前已经进入了工业化发展的中后期，因此在思考城乡关系的时候，不仅涉及城乡产业分工，劳动力的城乡流动也构成我们讨论的重要维度。随着发展的不断推进，人口在城乡之间流动或许只是基于生活方式的选择。

我们在讨论晋江的城乡关系的时候必须考虑它的经济社会发展状况以及特殊的背景。首先从产业构成看，2011 年晋江的三大产业比例为 1.6∶67.4∶31.0，农业增加值仅占 GDP 的 1.6%。从劳动力的结构看，农村劳动力真正搞第一产业的比较少了，在农村从事第二、第三产业的占 90%。2011 年，晋江的城镇化率达到 60%，经户籍统计，农业人口比重占 46%。总的来看，晋江的城市化落后于工业化进程。由于晋江的工业化从农村开始起步，现在仍然有大量的中小企业分布在农村，因此产业分工不能构成区别农村与城市的因素[①]。通过 30 多年的工业化进程，大量的农村劳动力已经转向非农就业，实际上大部分晋江的农民早已不从事农业，在就业转变的过程中他们初步完成了农民市民化的过程。同时，我们也应该考虑到，晋江地处东部沿海发达地区，本地经济以劳动密集型的制造业为主，因此吸纳了大量的外来人口，其总数已经接近本地户籍人口。外来人口问题实际上涉及更为宏观的城乡关系问题，东部地区的工业化进程快于中西部地区，从中西部到东部的大规模劳动力转移是城乡关系的表现之一。晋江已经在户籍方面尝试改革，试图消除针对外来人口的制度性歧视，外来人口的融入是一个正在推进的过程。那么，具体讨论晋江的城乡关系从地域上看涉及农村和城市，从人群上看实际上涉及三类人，本地农村居民、本地城市居民以及外来人口，在后文的讨论中我们不区分本地和外地人口，只讨论城市居民和农村居民。

实际上，推进城乡一体化的关键在于统筹考虑城乡发展，尤其是重新发现和确认农村的价值，这就涉及三个问题：第一，农业的地位与作用。对于晋江来说，尽管农业和纯粹的农业劳动者比重已经很小，但是仍然应该重视农业的作用。增加农业生产的效益，通过现代化的科学手段提升农业发展水平，重视农业技术的推广与服务。第二，把农村纳入城市整体布局中去，根据不同的村庄类型去规划其未来发展。晋江早期农村工业化过程中，大量中

---

① 〔英〕埃比尼泽·霍华德著：《明日的田园城市》，北京：商务印书馆，2000。

小企业布局在农村，需要根据产业发展的客观规律进行适时调整，完善和优化农村的生活生产条件。第三，发掘农村的文化和历史价值。这也就是说，在城市化进程或者新农村建设的过程中，更加注重保留不同村庄的特色。在访谈的过程中，农业局的官员也强调了保留农村风貌对于保持晋江侨乡特色以及建立与华侨联系的重要性，“一个华侨出去之前，村子留在他印象中的就是一棵大树、一座桥或者一座庙，如果它全部毁掉，他回来之后找不到儿时的记忆，他对这个地方就没有感情了。城市化建设当中，大家都公认农村的一棵大树、一口井、一座庙都要保护，这就是民间信仰。”

2. 城乡一体化的理想状态

有关城乡一体化实践中的晋江经验，已经有不少学者作了总结。比如，庄毅（2009）认为晋江在城乡规划、城乡产业、城乡公共服务、城乡基础设施、城乡劳动力就业、城乡管理体制六个方面，探索建立了一系列适应城乡经济社会一体化发展的体制机制[①]。吴肇光（2011）指出晋江把重点放在“构建和完善城乡一体化的社会保障体系，使城乡居民逐步享有更加平等的公共服务、发展机会和社会保障，并力所能及地把工作领域从本地居民拓展到外来人口。”[②] 在访谈的过程中，晋江的许多干部也谈到对于城乡一体化的认识。农业局的干部强调“城乡一体化还是要根据经济社会发展的规律，不能拔苗助长，可以去促进，但是不能强迫”，并认为需要正确认识城乡一体化：“城乡一体化到基层很容易理解为把农村城市化，这是误解。我们觉得城乡一体化的第一个目的是整合资源，实现功能的布局，不然单纯把房子拆了建，建了拆也没有意义，而要服务于产业。第二个目的是政府比较容易忽视的，就是要做到以人为本、以农民为本，加强民生保障。现在环境有提升，但是生活水平没提高”。也有一些干部从财政实际状况出发，认为“现阶段完全依靠政府财政去推进城乡一体化是不可能做到的。因为市财力也不够，村里面的设施还要以村民为主体，总不能每件事情都由政府来做”。据此，我们认为城乡一体化的重要前提就是尊重城乡经济社会发展的客观规

① 庄毅：《关于创建城乡一体化新格局的调查与思考——以晋江市为例》，《中国集体经济》2009 年第 30 期。

② 吴肇光：《晋江加快推进城乡统筹发展的实践经验》，《福建论坛》（人文社科版）2011 年第 6 期。

律，统筹考虑城乡发展。城乡一体化的关键是要做到资源和机会的城乡均衡配置，也就是说在政府层面要建立起合理的城乡机制来均衡资源配置，相应地对城乡居民来说，城乡一体化应该有助于实现城乡居民享有同等的发展机会。

实现城乡资源的均衡配置要求改革现有的城乡投入体制，统筹考虑城乡建设，尤其是加大对于农村地区的投入，在基础设施建设方面政府承担起自己应负的责任，为农村营造一个良好的生活和生产条件。同时，在公共服务提供方面应该淡化户籍因素，在提高服务覆盖面的基础上努力提升服务质量。要做到城乡公共服务质量的均等化，不仅要求财政的城乡均衡投入，还需要强化制度建设，使农村地区能够吸引和留住人才，从而实现自身的可持续发展。相应的，我们可以把实现城乡居民发展权力均等看做是均衡城乡资源配置的结果，也是城乡一体化的最终目标。因为一切发展的最终目的都是为了人本身。城乡一体化就是保障城乡居民享有同等的生存和发展的权力。对于晋江这样的工业发达市，就业领域已经不再是城乡居民之间的主要差别，真正的城乡一体化就是使居民能够根据自己喜欢的生活方式，自由地在城乡之间进行选择。城乡之间基础设施和公共服务的均等化则是这种自由选择实现的根本保证。

（二）晋江的城乡关系与晋江特色的城乡一体化实践

1992 年撤县建市以来的 20 年时间里，晋江走出了一条城乡互动、功能优化的发展道路，政府在公共服务、基础设施建设以及社会管理方面进行了城乡统筹，并且在外来人口融入方面也进行了重要的努力。实际上，相比于中国的其他地方，晋江的城乡差距并不大，以城乡收入为例，2012 年晋江城镇居民人均可支配收入与农村居民纯收入之比仅为 2∶1，低于全国平均水平（3.13∶1）。我们首先从工业化和城市化的历程来看晋江的城乡关系，然后在此背景下评价和讨论晋江的城乡一体化实践。

1. 从晋江的城市化进程看城乡关系

我们从晋江的发展历程来看，在 20 世纪 90 年代之前，晋江的城市化进程是由乡村工业化推动的，有学者把这一阶段概括成“内生自发型城镇化阶段”（宋国恺，2007）。与中国的其他地方一样，晋江的工业化经历了

“村村点火、户户冒烟”的初期阶段。在访谈的过程中，晋江的干部认为工业化对农村形态影响不是很大。此外，在早期工业化的过程中，很多农民在自家的房子里办企业，等赚到一些钱之后再把旁边的土地买下来盖厂房。等企业发展到一定的规模再在村子外面找块地，盖了工厂之后，把家搬到工厂里面去。有的干部反映晋江很多企业上市的时候要将很多宅基地转成工业用地，他们的十几亩地都是通过将宅基地集中起来再转变为工业用地的结果。民宅集中为工业用地，青阳、陈埭、池店都很多。所占几亩的工业用地来自于个人建房指标，都是一家家的加总起来，集中形成的。从权属来看是居住，实际使用的却是工业用地。由于工厂就在农村，所以在大量的土地转为工业用地的同时，农民也就近实现了职业的非农化。早期工业发展的布局也是型塑晋江城乡关系的重要因素。所以说，晋江的最初发展就是自发的乡村工业化，在这个过程中逐步完成了晋江人就业的非农化，进而推动了整个晋江的城市化进程。

随着 1992 年撤县建市，晋江市委、市政府提出了建设“珠链式”侨乡新型城市的构想。当时的主要做法，是把镇（包括青阳镇）当做“珠”，以连接各镇的高等级公路，把这些乡镇串起来。这些 20 世纪 90 年代建设的乡镇公路，很多由镇延伸到村。主要以道路建设为主，重点是基础设施建设，包括建设码头和机场。这一思路实际上是走了一条多中心的城镇化发展道路。而在 2011 年总规划修编的时候进一步提出“全市一城，城乡统筹”的发展思路，城市化和城镇化同时展开。在此前城市基础设施建设的基础上，成片推进城市化建设，重点放在“九大组团”建设上。在晋江的发展过程中，城市和农村一直处于相对均衡的状态，并且由于大量工业企业以及工业园区分布在农村，在客观上促进了农村基础设施的建设，同时工业化的过程中农民逐渐市民化。但是，在访谈的过程中，晋江的干部也谈到这种自发发展的潜在问题：对于一些落后地区来说，政府推动工业化进程的时候有大量土地可以统一规划集约使用，而对晋江来说，可使用的土地已十分有限，如果要搬迁调整成本就比较大。以陈埭为例，它既不像一个市区，也不像一个乡镇，既不像一个工业区，更不像一个市场，这就是农村工业化水平快于城市化进程的结果。在晋江的其他区域，拆迁一亩地的成本在 600 万 ~800 万元，而陈埭这个地方要拆迁改造，其成本会非常高。但是，这种城不像城、乡不像乡的状况成为晋江进一步发展的障碍。所以，我们可以把“全市一城，城乡统筹”这一提法看做是晋江整个城市化战略的规划，即从多中心的城镇化过渡到高质量的城市化。这种变化的关键在于实现城市的合理定位与功能分区，实现“人们的社会交往、居住、生活和工作是相互分离的，这样人们才能有改善工作和生活环境的机会”。

正如晋江的干部所认识到的那样，晋江面临的是一个从工业化到城镇化再到城市化的发展问题。也可以说，晋江需要思考的是如何从早期完全自发的发展，过渡到在尊重客观的经济社会规律的基础上实现科学规划、合理发展。晋江很早就提出了“四集中”，即耕地向规模经营集中，企业向工业园区集中，住宅向现代社区集中，人口向市区和城镇集中。就是把晋江“作为一座城市”来统筹思考其各个不同区域的功能划分，最终实现资源的优化配置。

2. 晋江城乡一体化的实践

晋江的城市化经历了三个阶段，但是在发展过程中，始终坚持城乡统筹发展，而不是像其他地方重点只是发展县城或市区。在上文中，我们已经从基础设施建设、公共服务供给以及城乡社会管理这三个方面讨论了晋江城乡一体化的实践。总的来说，晋江走出了一条城乡均衡的发展道路。

首先，从公共服务供给方面来看，已经做到了服务的广覆盖，城乡差别主要只是体现在服务质量的差别，因为优质的教育和医疗资源相对集中于城区。在社会保障体系建设方面，实际上已经突破了“城乡”这一概念，现有的新农合以及养老保险制度主要按照“就业人口”与“非就业人口”来划定参保类型。虽然目前各种社会保险的保障标准差别仍然比较大，但是毕竟已经建立起了一套广覆盖的体系，在提高标准在操作上难度并不大。同时，晋江也开始探索户籍改革，推行“居住证”制度，努力把外来人口纳入整个社会保障体系当中。同时，在医疗、教育等公共服务当中，放松对外来人口的限制，使他们能够享受市民待遇。

其次，基础设施建设投入方面还没有做到真正的城乡一体。城市社区道路、自来水都统一纳入市政规划，而农村的基础设施建设投入仍然按照市、镇、村各级分担的方式进行。对于集体经济实力比较强的村来说，他们有能力靠自己以比较高的标准进行建设，并且还能获得市里百村示范的资金奖励。相对而言，经济实力比较薄弱的村的发展就受到了限制。当然，我们也看到，在全市一城的框架下，政策也在逐渐进行调整，在污水处理、环卫垃圾清运方面逐渐做到城乡一体。我们认为在道路和其他公共基础设施建设方面政府应该承担起责任，这样既有利于保持城乡均衡，同时也有利于缩小强村与弱村之间的差距。

最后，在社会管理方面，按照目前的制度设计，村庄和社区的管理体制上仍存在差别。城乡一体化是中国消除长期的城乡二元结构的有效路径，同时要深化城乡一体化也必然涉及制度改革。在社会管理方面，最为关键的问题是，如何防止村庄以及城市社区的行政化倾向，真正实现社区自治。只有保障了社区自治的权力，才能强化居民的社区归属感，从而促进居民在社区事务上的广泛参与，吸纳各方力量共同建设社区。目前大量社会管理资源还是集中在城市和城镇，而对农村的覆盖还是比较弱。

晋江的城乡一体化实践，首先表现在公共服务提供以及基础设施建设，并进而探索社会管理方面的城乡一体化，实现晋江本地城乡居民之间的同等待遇，然后进一步使外来人口平等地享受各项权力，促进他们与晋江社会相融合。当然，讨论外来人口的问题必然会涉及户籍制度。在目前的制度条件下，本地人口户籍的变动是单向的，从农业户口到城镇户口。户口实际上还是一种身份的体现，尤其是晋江农业产值仅占 GDP 的 1.7%，但是农业户籍人口仍然占到总数的近 50%。现有的户籍实际上不能反映居民的就业类型，也同样不反映其居住方式，而更多的是一种先赋性的身份。晋江大力推行城乡一体化，使城乡居民之间的社会福利差别在缩小。通过消除附着在户籍上的福利，并进一步对外来人口开放，使得晋江的外来人口能够较好地融入到当地社会。但是，要深化城乡一体化还是要求制度上进行改革，变户籍管理为常住人口管理，从而真正实现人口自由流动。当然，要真正做到城乡一体化还涉及其他层面的改革，比如财税体制，以及土地制度的改革等。正如陆学艺教授所说，城乡一体化是一个漫长的历史过程，它的最终实现有赖于全面而深度的制度改革。

（三）晋江全面现代化的实现

有一位晋江干部这样告诉我们“晋江走过的 30 年不容易，晋江的经济是内生型的。我们的发展跟“珠三角”还是有比较大的差别，他们那里台资港资进来，整个起点比较高，发展比较规范。晋江就是从乡村工业起步，农民洗脚离田，发展没有什么门槛，就依样画葫芦，用家里的房子办企业。这种模式造就了晋江的现状。人家是一张白纸，要画出好看的图案很简单，晋江一直在涂涂画画，整张纸差不多都涂满了，要画得更好看就只有擦掉重新画了。整个产业布局、优化提升，相比于经济比较落后的地区也要难很多。”

上述这段话很形象地展示了晋江发展所走过的历程，同时也指出这种内生和自发的发展对晋江下一步的产业结构转型、城市的提升所带来的困难。在文章的最后，我们就从这幅画面出发，讨论晋江下一步发展面临的机遇与挑战。其中，最大的困难来自于整个城市的布局调整，2011 年晋江提出“全市一城，城乡统筹”的发展思路，在前阶段城市基础设施建设的基础上，成片推进城市化建设，主要以“九大组团”建设为主。也就是说在原来画满了的，画布上擦掉一些，再重新规划，拆迁和建设任务都很艰巨。住建局干部大致计算了一下拆迁的成本，“在拆迁中，经济投入涉及征地和基础设施建设，如果从拆迁的角度，大概成本控制在每平方米 3200 元，如果是 1100 万平方米，乘以这个 3200 元的价格，大概在 400 多亿元，这是光拆迁房子的成本。从综合建设方面来看，肯定不止这个数。除了货币补偿，还要建安置房。整个安置房建设，每平方米要 4000 多元。光拆迁，投入 400 亿元，总的投资得 1260 亿元。”不仅是经济投入，拆迁必然会影响到大量居民的生活状态，仅梅岭组团就涉及拆迁人口 2 万余人。当然，我们也看到这种大手笔调整的必要性，晋江的工业布局相对分散，不少村庄整个被工业区包围，组团建设就是试图解决这些问题。实际上，晋江目前的拆建与组团建设的核心问题就是重新调整城市的功能布局，合理布局工业、农业以及其他城市功能区。在这个过程中涉及大量农转非居民生活状态的改变以及利益调整，这也是一个阵痛的过程。如果换个角度来看，我们会发现晋江所经历的发展历程也带来一些积极的影响。主要是由于初始的工业布局状况，使得村庄和企业之间建立起比较紧密的联系，在村庄建设以及其他民间慈善事业方面，企业起到了积极的作用。大量的晋江本土企业构成了一股强大的社会力量，政府、百姓以及以企业家、华侨为代表的社会力量之间的制衡和协作支持了晋江的可持续发展。在晋江的发展过程中，城乡之间一直保持着良性的互动关系，我们把晋江下一步的发展阶段定义为从城乡一体化到全面现代化的过程。如何实现晋江的全面现代化？我们认为这当中有三个关键的问题：一是如何统筹考虑城市和农村的定位与布局？二是在城市化进程中，反思我们要建设一个什么样的农村？三是城市的经济社会发展给城市居民带来什么？我们将围绕这三个问题给出三点建议。

第一，规划先行，统筹城乡发展，也就是说把城市和农村作为一个整体来考虑。在访谈中，晋江各个部门的干部都充分强调了规划的重要性，目前的实践中街道规划由市规划局来做，村规划由镇来做。在新农村建设的过程中坚持规划先行，包括村庄总体规划、近期建设性详细规划、村庄整治规划。示范村按照三个类型划分，城中村、郊外村和城郊村。“城中村一般不再进行旧村改造，因为要融入市区。安海、陈埭等四个镇六个街道，按照市镇建设区规划就不再进行旧村改造（晋江农业局访谈）。”目前政府已经充分认识到规划的重要性，并且在实际上中也强调规划的执行，“一张图纸管到底”，同时也在规划的制定过程中考虑与镇区的衔接。晋江市政府在农村规划的推行以及执行方面的举措对农村的发展起到了积极的作用。我们认为一方面应该继续扩大村级规划的范围，比如从试点村推广到所有的村庄。更为重要的是在规划和建设方面真正做到城乡一体化，也就是说，道路、自来水、污水处理、垃圾处理等方面在市级层面统一规划，实现村庄与街道社区统一管理。另一个值得重视的方面是，注重规划的科学性、前瞻性和合理性，符合群众未来发展的需求。因此，在把村庄纳入整个市域发展统筹考虑的同时，也应该充分考虑和保障村庄自身的利益，尤其要让老百姓有更多的机会去表达对规划的看法和需求，以形成以人为本的村庄和社区规划。

第二，重新反思新农村建设实践。正如城乡一体化不该是一个农村城市化的过程，新农村建设同样不是要把农村变成城市，或者把所有的农村建成一个样子。村容整治和旧村改造是晋江当前推行的“百村示范、村村整治”工程的重点，目的在于“梳理整合并高效利用农村闲置土地，加快农村基础设施建设，促进农村人口向居民小区、向城镇聚集”。城市化滞后于工业化是晋江所面临的现实，因此加快城市化是符合经济社会的客观发展规律的。但是在实际操作中应该充分考虑农村的不同特点，比如城中村和城郊村需要纳入城市规划，在旧村改造的时候要适当保留特色民居，探索用多样化的方式去保存村庄文化和历史记忆。农业局的干部在谈到其他类型农村的建设时指出："农村建设应该依村就势，不要做大的改变，搞环境整治，弄得漂亮一点。把绿化、环卫保洁搞好就行了。每个村都有本来的特点，不能全部按照城市的标准处理。"我们在理解农村的时候，不仅仅把它作为农业的生产场所，它同时代表了一种生活方式，对生活在村庄里的农民来说，那是一个包含着丰富的文化和历史元素的具有归属感的"社区和家园"。

第三，从城乡一体化到全面现代化代表了经济社会相协调的发展模式，发展的最根本意义在于改善人类的生存状况。中国共产党十六届三中全会《决定》中提出的"坚持以人为本"也正是这个意思。把人放在核心位置，就是说在整个工业化和城市化进程中不仅关心物质的发展，更要重视和理解人的适应过程。对于晋江来说，经历了几十年的工业化进程，大部分农民已经转移到非农就业，在这个过程中他们的生活方式也在发生着转变。但毕竟人的城市化是一个相对漫长的过程。访谈过程中，磁灶镇的干部给我们讲了一个生动的例子："我们去拆迁的时候做工作，跟他们说，你们住的房子那么差，还人畜共居，我们这次拆迁建高楼大厦给你住，你要感谢党感谢政府。他说好，大势所趋我配合政府，但是电梯要建得大一点，不然我那头牛牵不上去。所以你改变了环境，也要让人能生活下去。"农村居民对于城市的看法存在着明显的代际差异，"现在农村的年青一代对城市生活很向往，但是老年人就不习惯，他要养点鸡，上楼之后怎么样，农机具放在哪里?"所以，问题的关键在于在城市化的过程中要充分尊重居民的个体选择，或者尽量为他们适应新的生活创造条件。当然，我们要再次重申从城乡一体化到全面现代化的基本前提是均衡城乡资源配置，只有在这个基础上个人才有可能实现在城市和农村之间的自由选择。

总之，经历了30多年的发展，特别是1992年建市以来的20多年，晋江社会经济发生了前所未有的变化，工业化和城市化水平有了很大的提高，在经济上进入了工业化中后期，基本上实现了城市化。但是，目前的工业化还是以劳动密集型的制造业为主，需要一个全面的产业升级需要一批熟练的劳动力队伍，与此同时，晋江的城市化还是处于不平衡、质量不高的初始阶段，外来人口的市民化还有很长的路要走，本地户籍农村人口市民化也需要一个不断学习和提升过程。晋江正在推进的城市一体化，从资源和机会配置以及制度改革和创新上，为晋江经济全面升级以及社会生活质量的提高，提供重要的保障条件。因此，晋江正处在从城乡一体化迈向全面现代化的进程之中，这是今后30年或更长时间晋江经历的又一次脱胎换骨的发展新阶段。

晋江市加强党的建设科学化的实践与启示*

“晋江经验”是中共晋江市委、市政府领导全市人民在改革开放中积极推动科学发展、促进社会和谐的实践经验总结，其中包含加强党的建设科学化的宝贵经验。认真总结这方面的经验，对于在新的起点上继续推进党的建设科学化，实现晋江市“二次创业”再创辉煌，具有重要意义。

一 晋江市加强党的建设科学化的主要做法和经验

（一）立足地方发展实践，坚持改革创新，构建“大党建”格局，提升非公党建科学化水平

改革开放以来，晋江非公有制经济发展迅速，目前占晋江经济“十分天下有其九”的重要地位。晋江自建市以来努力探索市场经济发展和加强党的建设的结合点，坚持把加强非公企业党建工作作为夯实党的执政基础、提高党的执政能力、推动科学发展、促进社会和谐的重要工作来抓，并且在实践中不断改革创新。

1. 找准抓手，完善开展非公企业党建工作的组织体系和制度平台

如何加强非公有制经济（简称非公经济）组织党的建设，保障非公经

* 本文作者：中共中央党校课题组组长：严书翰（中共中央党校教授、博士生导师，中国科学社会主义学会常务副会长，中共中央实施马克思主义理论研究和建设工程课题组首席专家），成员：蔡志强、游九如。

济健康发展，是晋江市在工业化城市化进程中必须首先解决的重要课题。在实践探索中，晋江市找准抓手，不断完善组织体系和制度平台，围绕“党建强、发展强”目标，以“三五”非公有制企业党建工作机制为抓手，实现了非公企业党的建设从组织全覆盖到工作全覆盖。全面实行以“五引、五双、五化”为主要内容的“三五”非公有制企业党建工作机制。“五引”即引领企业政治发展方向、引领构建和谐企业、引领先进企业文化、引领企业人才队伍建设、引领企业党建共建；“五双”，即班子建设双进入、党务干部双选聘、党员队伍双培养、党群活动双联动、党建经费双保障；“五化”，即领导管理层级化、工作覆盖网格化、工作推动系统化、资源整合区域化、责任落实常态化。推广“五引四联六作用”工作法，围绕“引领企业政治发展方向、引领构建和谐企业、引领先进企业文化、引领企业人才队伍建设、引领企业党群共建”，实行党企“联席会议议事、分类征求意见，联名公开承诺、分工负责落实，联合开展活动、分步组织实施，联动实施考评、分别兑现奖惩”，发挥“企业党组织政治核心和政治引领作用、决策管理层支撑保障作用、群团组织协作推动作用、党员队伍示范带头作用、人才队伍引领作用、职工群众主人翁作用”六个方面作用。通过“三五”工作机制建设，构建了转型时期晋江市非公企业党的建设的网络体系，确保了非公经济党的建设运行有平台，工作能开展，活动有经费。

晋江市以建立健全工作机制为抓手，大胆探索实践，非公企业党建工作水平得到迅速提升，为全市经济社会科学发展、跨越发展提供了坚强的组织保证。目前，全市共有非公企业党组织 1262 个，其中党委 31 个，党总支 22 个，党支部 1209 个，1031 家规模企业全部单独建立党组织，党员 5800 多名。2004 年、2008 年分别被确定为福建省非公企业党建工作联系点和全省非公企业发展党员工作联系点。

2. 围绕三个层面，打造开展非公企业党建工作的立体网络

一是实现从“建联挂靠”到“大党建”，再到“支部建在规模企业上”的提升。早在 1986 年，晋江就开始重视要适应当时非公企业发展数量多、规模小、分布散的特点，率先在全国探索按单独组建、区域联合、行业挂靠等方式设置党的基层组织。1990 年总结推广“建、联、挂、靠”等组建方式，后逐渐形成“企业独建、村企合建、区域联建、行业统建、临时组建、

目前，晋江共有非公企业党组织 1262 个，党员 5800 多名

异地驻建”六种主要组建形式。1996 年提出“工建铺路、团建搭桥、党建通车”的大党建思路。以抓群团建设促进党的建设，解决了党员少的企业如何设置党组织的问题。2004 年结合非公企业规模化、品牌化、集群化的发展趋势，提出“支部建在规模企业上”的工作思路。2006 年，随着品牌企业跨地区、集团化发展，开始成立企业党委、纪委，一方面将企业党组织建设与党风廉政建设有机结合起来，为市场经济条件下企业跨越式发展提供了制度与组织基础，另一方面理顺了跨地区企业党组织属地化管理和垂直运行的内在关系。

二是实现从管理党内业务到促进企业发展，再到落实政府事务的拓展。非公企业党建起步之初，党组织职能作用主要局限在完成“三会一课”、发展党员等基本党务工作。1996 年，以凤竹公司党委被评为全国先进基层党组织为契机，中共晋江市委在全市开展了“学凤竹、争先进”活动，推广“双向列席制度、党员先锋岗、技术攻关、技能竞赛、总裁信箱、三必访三慰问”等做法和经验，党组织的职能作用伴随着市场经济体制的建立而健全。逐步拓展到促进生产经营、推动文化建设、构建和谐企业等领域。后来通过评选非公企业党群组织的活动，鼓励企业党组织大胆探索发挥作用的途径，创设企业“党建品牌”。如百宏党委成立“十大社团”、优兰发党委建立“党工团联合接待日”制度等。2009 年以来，注重发挥非公企业党组织覆盖广泛、网络健全的优势，逐步把政策宣传、优秀人才举荐、流动人口管理、安全生产检查等工作交给党组织执行，逐渐实化党组织的职能，现已成立企业人才工作联络站 198 个、企业流动人口服务中心 59 家。

三是实现从市级直接抓到镇级为主抓，再到“市镇村企”四级联动抓的提升。非公企业党建起步阶段，企业主党建意识不浓，党建基础薄弱，市委组织部门直接参与党组织组建、制度建设等工作。1990 年，根据企业党组织数量快速增加并且广泛分布在农村的实际，晋江把非公企业党建工作纳入农村党建范畴，依靠镇党委来推动工作。2004 年，成立市非公企业党工委、镇（街道）企业党委和村企党建联席会，形成“市镇村企”四级联动和部门齐抓共管的工作机构和责任机制。2012 年以来，在非公企业推广和提升“168”机制，全面推行“三五”工作机制和“五引四联六作用”工作法的经验，不断提升非公企业党建工作科学化水平。同时，根据中央“提倡优秀年轻党员干部到企业挂职从事党建工作和推进基层党建区域化”的要求，选派一批批优秀干部到非公企业挂职，围绕“六共”（共建机制、共抓组织、共办活动、共塑文化、共创品牌、共享资源）的工作，依托 20 家典型单位，辐射带动了周边 100 家企业党组织，形成 10 个“二带十”的党建工作典型示范圈。

3. 创新三种办法，完善非公企业党员教育管理服务职能

（1）创新党务干部选拔培养办法。一是“选派”。晋江市委统一选派非领导职务科级干部和优秀年轻干部到市产业集群重点品牌企业挂职，分别担任党建指导员和党建专职干部，实现培育党建典型与培养年轻干部的互动双赢。2007 年至今已选派 3 批 63 人次干部到 52 家企业挂实职，指导非公企业党建工作。这种做法得到上级党组织部门的充分肯定。二是“聘用”。推行重点企业党务干部聘用制度，每年由市委组织部聘用 150 名左右的重点企业党务干部，实行“基本补贴 + 绩效考核”的奖金制度，分别给予每月 100 ~ 300 元和 300 ~ 900 元数额不等的经济补贴。2010 年，这种做法获得“全国非公有制经济组织党建工作创新成果奖”。三是“推荐”。定期了解企业需求，从退休教师、退伍军人、优秀党员毕业生中引荐合适人选到企业担任党务干部。同时，在侨乡人才网设党员专区，组织企业随同政府人才招聘团外出招聘党务干部。四是“培训”。建立分级分类培训制度，将非公企业党务干部培训纳入全市干部培训计划，市级负责培训选派干部、市聘党务干部和年产值超亿元企业党务干部，以镇级为主培训其他党务干部和党员。每年定期组织学习培训和参观交流，如组织党务干部参加“晋江大讲堂”、赴江浙、四川等地学习考察等。五是“激励”。邀请重点企业党务干部列席市镇两级党代会，在推荐各级党代表、人大代表、政协委员时划出一定比例名额给非公企业党务干部。如晋江市委研究决定，市十二届党代会代表构成中非公经济组织代表比例不少于5%；凤竹公司党委副书记常向真、浔兴公司党委副书记余培分别被推荐为省第八届党代表和十一届人大代表。

(2) 创新党员教育管理办法。实行《晋江市非公有制经济组织党员证》制度，持证党员可在全市非公企业党组织间自由流动。实行接转手续代理制度，由镇（街道）企业党委办公室统一代办党员组织关系接转手续。出台了鼓励接转手续的奖励措施。如安踏公司补贴1000元，劲霸等公司设立每月100元的党员岗位津贴。

在加强党员教育方面，晋江市委利用农村党员现代远程教育频道、党员手机信息网和晋江党建网，搭建党员学习培训的“三大平台”。如恒安公司党委设立“网上党校”、浔兴公司党委设立“网上党建论坛”等。此外，晋江市还成立党员互助协会，共筹集了党员互助资金1310万元。发动党员关心、帮助身边的困难党员。建立非公企业困难党员救济补助、慰问帮扶等制度，使困难党员能够得到党组织的关心帮助。

(3) 创新发展党员队伍办法。实施“万千百十”工程，实行入党申请人、入党积极分子、重点发展对象常态化管理。制定《关于加强和改进非公有制经济组织党员发展、管理和教育工作的若干意见》等文件，把发展党员的重点放在企业中高层管理人员、专业技术人员和生产一线骨干上。下放发展党员权限，赋予企业党委入党积极分子培训、重点发展对象个别谈话等权限。制定《关于加强和规范非公有制企业开展入党积极分子集中培训工作的意见》，强化企业党校、流动党校、网上党校培训入党积极分子的功能。实行“村企联审”、“群团推优”等制度，规范发展党员程序，确保发展党员质量，2008 年以来，全市共发展非公企业党员 1200 多名。

4. 把握“三个关键”，深入开展“创先争优”活动

（1）科学设立争创项目。晋江市以“争创十佳党群组织、十佳党员标兵”为目标，引导非公企业党群组织结合企业发展目标和党组织作用发挥，制订实施一批活动项目，按征求意见广泛化、制定承诺具体化、落实承诺限时化、承诺公开透明化的“四化”标准，组织党员立足岗位做出公开承诺、推进项目实施。两年多来，先后评选“好活动”400 余项。比如，恒安集团党委创设的“党员标杆生产线”被编入《创先争优实用案例》向全国推介，浔兴集团党委“方维灿党员车间”被全国总工会授予“全国工人先锋号”。

恒安公司党员标杆线

（2）建立健全创先争优活动机制。在推进基层党组织建设的过程中，晋江市在延伸提升“168”机制的过程中，逐一对全市非公企业党组织进行分类定级，确定先进党组织 152 个、一般党组织 740 个、后进党组织 310 个，在此基础上逐一确定晋位升级目标、项目、时限和责任人，形成压力系统和组织自我创新的动力源，着力提升党员队伍的凝聚力、创造力和战斗力。在这个过程中，各基层党组织的创造性和积极性得到有效发挥。比如，德尔惠公司党委以争创学习型党组织为目标，实施行为锚定等级评价制度（BARS），每年评选党员学习标杆100名。劲霸公司党委设立“党员爱心基金”。鑫华公司党支部发放困难党员联系卡。风竹公司党委立足推动企业科学发展，开展党员岗位练兵、技术比武活动，涌现出以享受国务院特殊津贴专家常向真为代表的150多位岗位能手、技术标兵。

（3）树立多样类型各具特色的创先争优典型。根据中央关于创先争优的目标和原则，晋江市提出“十个一”的典型培育标准，遴选10家重点非公有制企业党组织作为培育对象，从领导挂钩、资金帮扶、宣传扩面等方面，给予重点支持、重点宣传，涌现出一批在全省，乃至全国叫得响的活动典型。恒安集团党委、德尔惠公司党委、安踏公司党委的经验先后被中共中央《创先争优活动简报》刊介，恒安集团党委被授予全国非公有制企业“百佳双强”党组织；361度公司党委着力打造和谐用工环境，投入近亿元建成集14个功能为一体的员工休闲娱乐中心，得到中共福建省委主要领导高度肯定；福马公司党支部形成了拥军优属和有党建特色的典型，荣获“全国爱国拥军模范单位”。这些典型的涌现，是晋江市委重视抓非公企业党建和党组织勇于实践的结果。

5. 构建“三项机制”，强化非公企业党建工作的保障体系

（1）构建工作力量保障机制。建立中共晋江市委统一领导、工委综合协调、部门齐抓共管、党群联动共建的领导体系，实行市、镇领导挂钩联系非公企业制度，形成“市镇村企”四级工作网络。市级设立非公企业党工委，建立由发改、工商、税务等16个涉企部门组成的协调小组；镇（街道）统一设立企业党委，规模企业超50家的17个镇（街道）各配备1名副科级专职副书记；村（社区）建立村企党建联席会，由村（社区）党组织书记牵头协调共建工作；设立非公党建片区工作站，开展非公有制企业“二带十”区域化党建工作；在企业推行党企班子“双进入”和党群组织班子成员交叉任职，用“大党建”工作模式带动群众团体组织建设，并在12家重点品牌企业成立党委、纪委和党校，构建了上下协调、部门联动的工作格局。

（2）构建工作经费保障机制。落实党的建设活动经费保障，是当前非公企业党的建设取得实效的重要条件。晋江市委在落实党组织功能的过程中，制定出台了《非公企业党组织活动经费补助办法》，建立“市级拨助、镇级补助、企业资助、党组织自助”的经费保障体系，以此保障企业党组织活动有人干事，有钱办事，有制度保障。一是市级拨助。市级每年投入200多万元，其中市财政按照每名党员每年80元的标准纳入预算，对正式党员数在15名以上的企业党组织，分档给予3000～20000元不等的年度基本工作经费补助；每年安排40万元专项经费用于市聘党务干部基本补贴和绩效奖金。每年从市管留成党费中安排80万元，用于补助企业党组织开展活动。二是镇级补助。各镇（街道）配套出台非公企业党建经费补助、使用办法，安排专项经费用于鼓励党员转来组织关系、镇聘党务干部工资、镇级示范单位培育和开展全镇性企业党组织活动。三是企业资助。全市85%以上的企业党组织活动经费可在企业实报实销，不少公司将党建经费纳入年度预算，每年投入近100万元。大部分企业对外来党员转接组织关系给予一定补贴和奖励。四是党组织自助。鼓励企业党组织立足公司实际，自主筹集活动经费。从而促进了非公企业党建工作正常开展。

（3）构建社会舆论保障机制。通过电视、报纸、网络、手机信息及工作简报、宣传栏等途径，借助商会、行业协会等平台，宣传企业主重视企业党建的先进事迹和企业党组织及党员开展活动、发挥作用的做法和经验。采取召开业主座谈会、邀请业主参加市委、市政府重大会议、邀请市领导为重点非公企业党工团成立授牌授印等形式，扩大党建工作的社会影响。将评选“党建之友”列入市委、市政府“三个文明”建设表彰活动范畴，把业主支持党建工作的政治态度作为其评先评优，推荐或提名党代表、人大代表、政协委员以及其他社会公职的重要条件，积极营造良好的社会舆论氛围。

（二）加强基层党组织建设，为晋江“二次创业”创造和谐的社会环境

1. 重视并加强机关党组织建设

作为福建省唯一的全国社会管理创新综合试点城市，晋江市委、市政府高度重视社会管理和服务工作。以党建创新促社会管理创新，不断完善党委

领导、政府负责、社会协同、公众参与的社会管理格局。积累了推进各级机关党组织充分发挥社会服务功能，大力引导广大党员参与社会管理和服务的重要经验。逐步形成了加强党的建设与晋江非公经济蓬勃发展和社会成员主体性较强相适应的社会管理体系。在实践中较好地处理了城市化与新农村建设、本地人口与外来人口、市民与村民之间的关系，为把晋江打造成“现代产业基地”、“滨海园林城市”创造了稳定和谐的社会环境。

（1）立足学习型党组织建设，强化对社会管理和创新的认知。晋江市在经济发展方式转型的关键时期，为了加强党的领导和确保“二次创业”的成功，积极开展“创建学习型党组织、学习型领导班子”、“争当学习型党员、学习型干部”等活动，并以此作为提升领导干部和党员素质与能力的重点。及时把学习成效转化为解决社会管理和服务问题的能力。一是组织理论学习，加强理论武装。搭建“晋江大讲堂”、“干部学堂”、“机关党员学习日”、“青年论坛”等学习平台，通过邀请专家授课、编发《中心组学习参考资料》、寄送有关学习书目等形式，把“社会管理和服务”这一课题作为各级党委（党组）中心组的学习重点，提高各级党员干部对加强社会管理和创新的认知水平。二是策划政策解读，提升服务能力。加强对“社会管理和服务”的背景、目的、意义等教育，增强业务学习和培训的针对性。比如，市公安局党支部举办了15期警务技能培训班，把社会管理和创新列为主要授课内容，有力提升了全体民警的认识水平和创新能力。邀请《人民日报》、新华社等主流媒体和福建省委党校课题组，开展社会管理和服务、管理体制创新等专题调研，并将调研成果发表于各级党报党刊。

（2）充分发挥服务功能，推进社会管理创新。如何在服务群众的过程中实现对社会组织的引导，这是新时期基层党组织建设需要解决的重要问题。晋江市委着眼于实现地方科学发展，在转变政府职能的过程中，突出基层党组织服务功能即服务市场经济、服务民生改善、服务人民当家做主、促进社会稳定和谐。强调发挥党的群众工作的优势，要求各级党组织立足本系统本单位，找准党建工作与社会管理和服务的结合点，主动融入，努力打造“一系统一特色，一支部一品牌”的工作创新机制。一是抓优质服务。如市图书馆党支部积极开展优质服务活动，通过设立基层图书流通点，成为福建省首家免费办证、无证阅读、开设视障阅读室的公共图书馆。市行政执法局党支部把“和谐城管”理念贯穿到具体社会管理行为之中，建立“首违不罚”机制，召开“流动商贩座谈会”等专题会议，开门纳谏，突出“城管为民”的服务主题。二是抓保障提升。市行政审批服务中心党支部设立“晋江市经济发展鼓励扶持政策咨询服务”专窗，为企业、群众提供农业、服务业、人才引进、科技创新能力等方面的咨询服务。市卫生局党支部牵头将新农合人均筹资标准提高至230元，创新来晋江务工人员参加新农合管理办法。三是抓监督管理。市卫生局党支部、市卫生监督行政执法大队党支部结合“3·15”国际消费者权益日、《食品安全法》宣传周等，严厉打击滥用食品添加剂等违法行为，严格抓好餐饮服务监督管理。

（3）注重效率提升，推进社会管理和创新。晋江市要求各级党组织结合行政职能，积极推进行政审批制度改革，精简行政审批，提高行政效率，推进社会管理和服务“提速”。全市相继进行10轮行政审批制度改革，党委、政府审批事项削减合并400多项，平均审批时限缩短70%以上。一是创新“五大平台”，服务“五大战役”。设立重点项目“特别通道”、城建项目“一楼式”报批、“企业之家”、小城镇先行先试、民生工程“保姆式”服务这“五大平台”，全程优质服务“五大战役”项目报批，项目审批明显提速。二是抓好“三个突出”，推进“三大工程”：突出“快”字，推进重点项目提速工程。突出“简”字，推进审批流程再造工程。突出“便”字，推进靠前服务延伸工程。在工作效率上创造了“晋江速度”。

（4）围绕功能落实，推进社会管理和创新。要求市各级党组织围绕“加强社会建设，创新社会管理”的主题，着重推进“五个创新”、构建“五个体系”。一是创新利益分配机制，构建民生保障体系。如市人力资源和社会保障局党支部组织业务科室实施七轮提标扩面，将城乡低保标准提高到每人每月320元，受益对象超2万人；实行被征地人员养老保险，每人每月补偿280元。二是创新流动人口管理，构建均等化服务体系。如市政法系统党委在调研基础上提出建议：在流动人口集中的43个村（社区）和65个企业试点开展“村企自管”，并在全市广泛推行。在市直属机关各级党组织的指导带动下，大大改善了用工环境。三是创新政企互动模式，构建企业服务体系。在全国县级市率先建立博士后工作站，设立专家活动中心、留学人员创业园，举办企业家管理培训等活动，提升企业管理水平，着力打造人才高地。四是创新矛盾化解办法，构建大调解体系。开通书记和市长信箱、市长专线、网上信访等民意通道。政法系统党委构建“市镇村（企）”三级四方情报信息网络，成立“大调解”工作体系，从而有效地把矛盾化解在基层。

（5）着眼责任到位，推进社会管理和创新。一是形成了要彻底治理社会管理和服务中的庸、懒、散思想的共识。在晋江经济高速发展的同时，不少领导干部产生了懈怠、庸懒的心理。晋江市制定出台了《关于在全市机关加大治理庸、懒、散力度服务晋江跨越发展的意见》，把治理庸、懒、散工作列入重要议事日程。各级机关党组织结合“文明窗口”、“先进岗位”等创先争优活动载体，组织开展形式多样的岗位练兵与治理庸、懒、散主题活动。二是着力治理社会管理和服务庸、懒、散现象。对30个市直部门服务进行重点治理，开展“城市建设管理年”和“作风建设年”活动。督促市直属机关各级党组织解决“回避矛盾，推诿扯皮”等七大问题，严厉惩治16种庸、懒、散行为。在全市营造了奖勤罚懒、鼓励干事创业的氛围。三是着力提升社会管理和服务的精气神。认真落实“日考勤、季评议、年述职、定期考核”四项制度，逐步形成一套简明、有效的机关效能建设制度体系。如市行政执法局党支部深入开展“身份一亮、做出榜样”主题活动。市公安局机关党委依托“晋江公安”新浪微博开设“大走访”，通过“在线访谈”、“视频约访”、“网络问卷调查”等搭建警民互动平台。

2. 构建新型村级组织运行机制，创新农村基层党建工作模式

随着城镇化进程的加速，晋江市和全国广大农村情况相似，青壮年人口大量向城市转移。农村发展面临的空壳化、空巢化、空心化等问题，这也是晋江市农村党的建设躲不开、绕不过的问题。这些问题对晋江科学发展、社会和谐提出了很现实的挑战。面对这些问题，晋江市委把探索创新基层党建工作模式，构建新型村级组织运行机制，以推动经济发展、加强社会管理、服务基层群众、加强农村基层党组织建设等作为重要课题，下决心予以解决。

（1）当前晋江市农村基层组织建设面临的新形势和新挑战

一是城镇化快速发展既提供了新机遇，也提出了新挑战。近年来，晋江市城乡一体化进程不断加快，中心城区建成区面积不断拓展，2010年底中心城区建成区面积拓展到60平方公里，小城镇从4个增加到9个，预计“十二五”末全市城镇化率将达65%。随着城镇化的快速推进，农村变社区，村民变居民，产业向园区集中，农民向城镇集聚，客观上改变了村民生活状态，改善了村级工作条件，也加速了农村社会利益关系的调整，群众思想观念和生活需求日益多元化，迫切要求村级组织及时转变工作职能和调整工作方法，创新服务内容和方式。

二是社会管理和创新试点既提供了新内涵，也提出了新任务。2010年，晋江市被中央综合治理委员会确定为福建省唯一的“全国社会管理创新综合试点单位”，这为晋江市加强和创新社会管理工作，特别是强化村级组织管理服务功能，提供了很好的契机。同时也对加强和创新社会管理提出了新的任务。试点工作要求晋江用好用活各级赋予的政策优势，强化人员统筹，优化资源整合，探索构建社区综合管理服务平台和长效机制，不断提高村级组织社会管理能力和公共服务水平。

三是“168”党建工作模式既提供了新思路，也提出了新要求。2009年以来，中共福建省委全面推广“168”基层党建工作模式，这对晋江市在新形势下创新和规范村级组织运作方式、加强和改进村级干部队伍建设、有效发挥村级各类组织和各支队伍职责作用，进一步完善村级党组织领导下的群众自治机制，既提供了新思路，也提出了新要求。特别是要求尽快解决全市村级目前存在的“占了位置不理事”和“领了补贴不干事”的“两不”现象。

（2）晋江市加强农村基层组织建设的主要做法

一是整合村级协管人员，统一招聘专职精干的工作队伍。晋江市在发挥基层党组织功能的过程中做到科学核定队伍职数，强化基层组织功能，从而保障党组织作用的发挥和村级自治的有效落实。以2009年底各行政村（社区）辖区服务人口（常住人口和外来人口总和）为基数，按照5000人及以下、5001~10000人、10000人以上3个区段，分别配备3~5个村务（社区）专职工作者名额，分批配齐专职人员。2005年以来，参照事业单位招考工作人员做法，按照“统考择优、合同聘用”原则，采取社会公开招聘和定向本村招聘相结合的办法，先后招聘6批大学生到村（社区）担任村务（社区）专职工作者。目前，全市实有村务（社区）专职工作者996名，保证每个村（社区）至少已配备2名（其中1名为定向招聘人员），缺额的将在今后两年逐步招聘配齐。一次解聘协管人员。以2010年12月31日为节点，各镇（街道）按照管理权限，与3569名兼职农村“六大员”一次性解除聘用关系。在此基础上，按照“一人兼任几员、几人担任一员”的办法，由村务（社区）专职工作者履行“六大员”岗位职责，原则上不再聘任其他村（居）务人员。

二是建设社区服务中心，设置统一行权、精简规范的工作机构。规范建设标准。依托村级综合办公活动场所，按照综合用房面积不少于100平方米，要有便民服务大厅，公开栏、宣传栏，工作室、接待室、档案室和统一名称、标牌、上墙、簿册等标准，在全市389个村（社区）各建成一个社区公共服务中心。整合机构职能。按照“几块牌子、一套人马”架构，将市镇两级在村级设立的综合治理服务站、民政服务管理站、劳动保障工作站、流动人口服务管理站、租赁房屋旅馆式服务管理站、科普活动站的职责，统一整合纳入社区公共服务中心，同时明确今后市镇两级一般不在村级另设办事机构。科学设置岗位。按照全面承接“市镇延伸的政务性工作、村级组织的事务性工作和服务群众的便民性工作”功能定位，在社区公共服务中心统一设立柜台“一站式”服务窗口，科学设置党群社团等8个服务岗位，积极构建以公益性服务为主、集多种功能于一体的村级综合服务平台。

三是强化工作运行保障，配置统一管理、集约共享的工作资源。重视做好人财物的保障工作。强化人员保障。建立驻村上班制度，村务（社区）专职工作者按照“一周五天、节假轮值、朝九晚五”制度，在社区服务中心常驻办公服务。建立人员储备制度。每次村务（社区）专职工作者公开招聘时，每个镇、街可在核定总职数基础上多招聘3~5名作为储备人员，供平时缺额调剂使用。建立定期培训制度。要求市直属各业务主管部门每年、各镇（街道）每半年至少组织一次工作业务培训。强化经费保障。市直属职能部门列支的协管员工作专项经费，统一划归市财政统筹管理，社区公共服务中心日常办公经费纳入村（居）财务开支和管理，并由市镇两级财政统筹补助。市财政按照常住人口每人每年20元标准拨补村（社区）运转经费；市镇两级财政共同承担村务（社区）专职工作者每人每月2000元工资和“五险一金”待遇。强化办公保障。全力推进村级组织工作信息化，市财政投入300多万元为各村（社区）统一配备电脑、打印机、考勤机等现代办公设备。同时，出台村址建设资金补助、简化审批、税费减免等配套政策，近年来市财政共拨1255万元补助新建村址89幢，实现了村村社社均有一处健全村址。

四是探索决策科学、制度完善、运转协调、管理高效的工作机制。规范议事决策制度。制定《关于开展村务决策听证工作的实施意见》，规范重大事项“两委”联席会议、党员大会和村民代表大会集体讨论决定等制度，鼓励各村（社区）探索务实管用的民主决策机制。健全岗位责任制度。村级事务议定后交由社区公共服务中心分解落实，中心实行“主任负责、两委分管、岗位落实”工作机制。主任由村级党组织书记兼任，负责中心管理、队伍建设和任务分解。建立流程管理制度。编制《便民手册》和《服务指南》等资料，明确服务项目的办理流程、材料准备和注意事项等内容，同时建立项目办理“首问告知、调查核实、限时办结、事后反馈”制度。推行绩效考评制度。出台《晋江市村级干部管理暂行规定》、《晋江市村务（社区）专职工作者管理暂行规定》等文件，通过考勤、出勤抽查、电子日记等办法，进行细化管理，量化考评指标，增强绩效考评管理的操作性和实效性。

3. 晋江市加强农村基层组织建设的成效

一是推进了村务人员队伍的职业化。通过全面整合村务工作人员，全市农村“六大员”和村务（社区）专职工作者从3979名下降到1312个职数，降幅达67%；全市取消了村级兼职协管人员，统一招聘的996名村务（社区）专职工作者中，专职驻村（社区）的村（居）务工作人员从10.5%上升到100%，较好地解决了村（居）务队伍人浮于事、多头管理、素质参差不齐、作用发挥不一等问题。

二是实现了社会公共服务的便捷化。通过统一建设社区公共服务中心，有效承接村级组织社会管理和公共服务职能，搭建了村级综合办公服务平台，初步形成市镇村三级“一体联动”的公共服务网络，实现村（居）民足不出村（社区）就至少可享受39项基本服务。

三是促进了村级组织建设的规范化。通过建立岗位责任制、推行绩效考评办法、构建议行分设的工作模式，从机制上理顺了村级事务的决策、管理、执行、监督程序和权限，在制度上明确了各环节的责任分工和任务要求，使村“两委”能有更多的时间精力进行深入思考，解决重点问题。提高了解决村级重要事务的决策水平和落实上级中心工作的执行能力，促进了村级组织工作的制度化、规范化。

四是提高了党员教育管理服务的科学化。村级工作人员、机构、资源、机制的调整优化，推动建立了农村党员教育培训常态机制，全面开通远程教育网、实行党员学习日制度；完善党组织领导的村民自治机制，全面实行村级决策听证制度，组织目标管理，干部设岗定责得到落实；健全了市镇村三级联创的工作机制。

（三）创新人才政策体系，加强人才队伍建设，为晋江市“二次创业”提供智力支持和队伍保障

产业集聚人才，人才支撑发展。晋江县域经济之所以稳居全国十强、福建首位，关键在于始终把“人才强市”作为经济社会发展的主战略，持续增强区域人才核心竞争力，为县域经济发展提供了强有力的人才支撑。目前晋江的各类人才队伍已经达到27万人，占全市总人口比重的16%，已经成为晋江市最活跃、最具竞争力的生产要素，初步探索出一条具有晋江县域特色的人才发展道路。

1. 始终坚持政产联动，让人才“引得进”

一是以实绩评判人才。按照“突出业绩、体现能力”的原则，出台全国县级市首份《优秀人才认定标准》，破除“文凭+职称”的传统思维，使用多元要素评价人才，既重视高层次创业创新人才，也把企业的“金蓝领”纳入优秀人才范畴，建立高端与实用并蓄的六大类优秀人才认定体系。比如，对取得国家一、二级职业资格的技术人员，分别认定为第四、五类人才；对晋江年纳税额100万元以上的企业的高级管理人员和优秀技术骨干，认定为第六类人才。目前首批认定的401名第一至五类优秀人才，熟练技工占87名。这一做法得到福建省委的充分肯定。二是以待遇招揽人才。制定《关于加快引进优秀人才的若干意见》以及人才创新资助、人才创业扶持、人才户籍管理、人才子女就学、人才家属就业、人才贡献奖励等专项政策。

引进人才可享受每月 500 ~ 10000 元的津贴，一次性 2000 ~ 10000 元的交通补贴，免租入住人才公寓或申请享受 5 万 ~ 80 万元的购房补贴，申购竞购面积不少于 80 平方米、参照经济适用房售价的人才保障住房，申请 50 万 ~ 200 万元的创业启动资金、科技创新贷款贴息，奖励缴纳个人所得税的 20% 额度等，引才政策的吸引力和竞争力在全国县级市位居前列。其中住房保障方面，今年从市区主要地段拿出 461 套住房，参照经济适用房定价，供六大类优秀人才申购竞购，预计 8 月份进入选房程序。三是以产业吸引人才。结合实施产业集群、品牌经营、资本运营、自主创新战略，在各个阶段的产业发展指导性文件中，适时加入引进人才的条款，并依托雄厚的产业实力，形成揽“才”“引”“智”的强大引力。目前，全市形成了 6 个年产值超百亿元的产业集群、400 多家年产值超亿元企业，培育了 126 项“国字号”企业品牌、39 家上市公司、近百家上市后备企业，设立了近 23 万家品牌专卖店，有效提高了晋江“品牌之都”、资本市场“晋江板块”的知名度和美誉度，大大提升了对人才的吸引力。四是以平台聚集人才。通过成立科技强市专家顾问团、产业发展专家引导小组、城市产业规划战略课题组，设立全省首家县级中心人才市场、省级鞋服专业人才市场、网上人才家园、全国首家县级博士后科研工作站、企业院士专家工作站等引才平台，以及组织“北京大学博士后晋江行”、“百家名企组团招聘”等活动，着力引进各类急需紧缺人才。比如，市博士后科研工作站实行“博士后 + 科研中心 + 项目”的模式，先后引进 62 名博士后，主持或承担省级以上项目 46 个，获发明专利 12 项；金保利科技公司、国辉鞋业公司、锦兴皮业公司，分别柔性引进姚建年、石碧、任南琪院士，另有风竹纺织、盼盼食品、麦都食品 3 家企业准备与姚穆、庞国芳、陈和生、金鉴明 4 位院士开展技术项目合作。

2. 始终立足发展实际，让人才“用得好”

一是提供良好的培训机会。把提升素质作为优化人才使用的重要内容，精心打造“晋江大讲堂”、总裁研修班、青商才俊班、精益管理培训、财智论坛、商会论坛、经济发展高层论坛、博士后讲坛、企业文化沙龙等高端培训平台，邀请了诺贝尔经济学奖得主费尔普斯，经济名家樊纲、龙永图、郎咸平、魏杰、巴曙松，管理名家曾仕强、傅佩荣等 50 余位国内知名学者来晋江为各类人才讲学。启动晋江民企“111”人才培养计划（即在 5 年内，对100名领军企业家、1000名企业高管、10000名企业管理技术人才进行现代企业管理知识培训），组织近千名企业家和高管分期到香港大学、北京大学、新加坡国立大学等一流学府进行研修培训。引导216家企业与83所高校长期开展人才委托培养，鼓励本地6所职业院校为企业开设订单式的培训班次。恒安、安踏、361度、七匹狼、利郎、浔兴等企业还创办了自己的企业大学，中央电视台、《人民日报》等主流媒体均作大篇幅报道。

二是提供优越的创新条件。扶持企业设立研发中心、重点实验室等创新平台，鼓励行业推行产业创新战略联盟，为集聚人才开展创新活动创造条件。全市现有省级以上技术中心、重点实验室32个，省级以上高新技术企业、创新型试点企业、知识产权试点企业、星火行业技术创新中心133家，国家或行业标准起草单位76家，产业技术创新战略联盟2家，聚集各类中高级创新人才2000余名，年创造经济效益近百亿元。优兰发公司总工程师帅亮明主持开发的12克/平方米超薄薄页包装纸项目，每年为企业创造利润上亿元。浔兴公司研发总监张田先后主持开发了隐形拉头、“双骨拉链”等100余种新产品，帮助企业迅速成长为全球拉链行业巨头。福马集团引进的申建为、余明阳两位博士后主持策划了企业集团营销网络和品牌战略改革，使公司营销网络覆盖由原先的9个省增加到25个省，产品由单一品种朝多样化发展，企业营销额三年间增长7倍。三是提供广阔的创业舞台。抓好国家级出口加工区、企业总部区、品牌工业区、国家体育产业基地和经济开发区“一区九园”建设，筹建晋江市创意创新创业园，鼓励各类人才来晋江创业。留美归国博士许俊峰创办的神骑航空科技项目落户出口加工区，从事多功能飞行汽车项目研究。该团队获评福建省首批引进高层次创新团队、国务院侨办重点华人华侨创业团队，其飞车项目获评中国留学生回国创业重点项目。许俊峰博士后创办的芙莱茵信息公司、纳金网，已在中国北京、中国厦门、美国设立研发中心和营销中心，拥有30多项应互式3D自主知识产权，为泉州地区的300多家企业提供产品开发服务，成为国内软件研发领域颇具影响力的企业之一，并计划2013～2014年进入美国NASDAQ资本市场。旅港华侨实业家洪祖杭，世界500强太古集团创办人陈炳杰等一批海内外晋江籍精英更是先后回归创办了金保利太阳能、太古复合材料等新兴高新技术项目，有力带动晋江产业加快转型升级。

晋江市企业文化沙龙

3. 始终致力优化环境，让人才“留得住”

一是优化城市环境。深入实施快速城市化战略，策划生成总投资 1836 亿元的 910 个城建项目，大手笔、高标准、快节奏推进“九大组团”、“两大体系”建设和市区立面改造工程，全力加快晋江“城建提速”步伐，形成滨江商务区、人工湖片区、晋南水城、万达广场、宝龙城市广场等一批功能齐全、配套完善、宜居宜商的“城市样板”，为留住各类优秀人才，营造高品质的人居环境。二是优化人文环境。发扬晋江海纳百川的海洋性格和开放包容的人文特质，营造“尊重知识、尊重人才、尊重创造”的浓厚氛围，让各类人才政治上有荣誉、经济上得实惠、社会上受尊重，提升人才对晋江的认同感和归属感。几年来，先后推荐 400 多名优秀人才入选各级“两代表一委员”和劳动模范、荣誉市民、“美丽晋江人”。比如，凤竹公司引进的国务院特殊津贴专家常向真总工程师就被推荐为中共福建省党代表。率先在全省推出《流动人口居住证管理制度》和“流动人口服务管理 15 条”，给予来晋江务工人员完全相同的子女教育、医疗卫生、住房保障等市民待遇。树立以业绩为取向的人才价值观，鼓励企业实行股权激励等薪酬机制，确保一流人才享受一流待遇、一流贡献得到一流报酬。三是优化服务环境。

成立市镇企三级人才工作服务网络，建立领导干部挂钩联系重点人才制度，实行“四个一”服务机制（每月一次沟通联系、每季度一次沙龙交流、每半年一次走访服务、每年一次健康体检）。设立市人事人才公共服务中心和专家活动中心，确定198家企业（行业协会）人才联系点、40家重点人才工作服务单位，为各类人才申报政策待遇、委托人事代理、联系仲裁咨询、开展学术交流、参加学习培训、组织联谊联络等提供完善服务。

二 晋江市加强党的建设科学化经验的几点启示

近20年来，晋江市委、市政府带领广大干部群众以中国特色社会主义理论为指导，锐意改革、开拓进取，在创造“晋江经验”的过程中形成并提炼了加强党的建设科学化的宝贵经验。其中包含的重要的规律性启示，具有学习借鉴和加以推广的意义。

（一）党的建设必须始终围绕和服务于县域发展

坚持党的基本路线不动摇也就是坚持以经济建设为中心不动摇。党的建设必须紧紧围绕和服务于党领导的伟大事业，这是我们党执政60多年的重要历史经验，也是“晋江经验”的根本特点。它在晋江市就体现为党建工作必须始终服从和服务于县域发展，这也是提高党的建设科学化水平的内在要求。

改革开放30多年来，中共晋江市历届党委和政府始终坚持把加强党建工作同推进县域发展紧密结合起来，坚持“围绕发展抓党建、抓好党建促发展”，充分发挥党建工作服从和服务于县域发展的作用。从而成功地闯出了一条具有鲜明晋江特色的县域发展道路，创造了提高党的建设科学化水平的新鲜经验。被习近平同志肯定为“晋江经验”，在2011年底召开的中共福建省第九次党代会上，“晋江经验”被写进党代会工作报告。这既是福建省委对晋江市多年奋斗实践的充分肯定，又对晋江市党建工作提出了新的更高的要求。

（二）做好非公经济的党建工作既是晋江市党建工作的重要内容，又是加强党的建设科学化的必然要求

以公有制为主体多种经济成分共同发展是我国社会主义初级阶段的基本

经济制度。这就决定了以围绕和服务于“以经济建设为中心”的党建工作必须覆盖非公有制经济领域。同样，随着我国市场经济的发展和工业化、城镇化进程的加快，越来越多农民将加入到工业生产的各个环节中。大量活跃于非公企业中的农民工，也是工人阶级。工人阶级是中国共产党最为重要的阶级基础。因此，实现两新组织中党的组织覆盖和工作覆盖，是党领导经济和社会的必然要求，也是党实现好、维护好、发展好人民群众根本利益的必然要求。

非公经济在晋江市经济中占据“十分天下有其九”的重要位置。对于晋江市而言，社会转型的重要内涵就是鼓励、支持、引导非公经济发展。阶级结构的最大变动是非公企业的工人阶级队伍在不断壮大。晋江市的这种市情决定了做好非公党建工作是加强晋江市党的建设的重中之重。提高非公企业党的建设科学化水平是进一步加强晋江市党的建设科学化的重点。晋江市创造的加强非公经济党建的创新实践尤其是加强非公企业党的建设的科学化的经验，为我国在改革开放和现代化进程中如何加强新经济组织和新社会组织的党的建设，提供了可资借鉴的宝贵范本。

（三）实现“五个转变”是提高党的建设科学化水平的必由路径

晋江市在总结党的建设新鲜经验基础上提出了“五个转变”，从而把党的建设科学化的认识和实践提高到了新的水平，值得借鉴推广。

1. 努力推动党建从封闭型向开放型转变，增强党组织的凝聚力和战斗力

开放性是党的建设科学化一个重要特征。这个特征决定了党的建设必须而且能够吸收和借鉴人类社会文明尤其是政治文明的优秀成果。这也是我们党提出建设学习型政党的重要立论依据。

“晋江经验”中包含着建设学习型党组织的好做法，尤其是用人理念，党员培训、干部教育和培养上的开放性。如晋江市树立新的用人理念，强调“实干、为民、竞争”的用人导向；在干部选拔任用中实行公开选拔科级干部、股级干部竞岗，市直属机关干部遴选、干部交流轮岗等制度；推行成建制工作方法等。比较好地解决了“我是谁”、“为了谁”和“依靠谁”的问题，从而增强了党组织尤其是基层党组织的活力、凝聚力和战斗力。

2. 努力推动党建从经验型向创新型转变，使党建工作充满生机活力

党的建设科学化的一个重要内容，就是党组织要遵循执政规律、领导规律和民主政治的基本原则，结合时代特征和实践要求，与时俱进地推进自身建设和功能发挥。实现从传统的经验型建设向深刻领会和全面把握社会主义市场经济规律，执政党建设规律基础上的创新型党的建设转变。晋江市在推进市场经济发展过程中，充分尊重经济发展规律和党的建设规律，将党建工作融入到经济社会发展的各个环节，在解决发展面临的各种问题中，实现了党建工作的创新与发展。晋江市在飞速发展带来的社会变迁中，始终坚持党建创新引领经济发展和社会管理创新。通过转变政府职能和确立党组织服务理念，通过完善党组织领导经济社会发展的制度体系建设，通过改进党的领导方式和活动方式，通过积极做好群众工作引领群众适应市场经济发展需要，实现了基层党建工作创新与经济发展和社会管理创新的统一。尤其是在改善民生方面，晋江市积极构建“市镇村企”四级工作体系，探索完善镇街、村居党组织公共服务模式，整合党建资源和政策资源，完善干部考核评价体系和党员激励机制，选派优秀年轻干部到企业抓党务。激发机关党建活力，下沉党建服务功能，塑造机关文化品牌等创新机制和做法，这就为晋江市在新的历史条件下实现转型与跨越提供了坚强有力的领导、组织和制度保障。

3. 努力推动党建从事务型向事业型转变，把党的优势转化为推动科学发展，促进社会和谐的强大动力

晋江市在推动基层党建工作过程中能够跳出具体做法即事务型，主动与晋江改革发展大局即事业型紧密结合起来。一方面，扎实推广“168”基层党建工作机制，成立社区便民服务中心、村级综合服务场所，推动村务工作人员队伍职业化等。另一方面，结合晋江市发展的新目标新任务，着力提升基层党员干部素质。在非公党建工作中，进一步建立健全非公企业内部党的组织结构和管理体系，通过下派干部到非公企业挂职等做法使党员干部提高了适应和驾驭市场经济的能力；在机关党建上，组织实施“一岗双责”制度，开展“五好党支部”创建、特色机关党建评选活动等；在基层党建上，通过组织化、系统化和网络化的党建工作模式，充分调动了农村基层党员干部的积极性、创造性，引导党组织和党员从应对事务型活动向推动晋江市科学发展、社会和谐的事业型方向转变。

4. 努力推动党建从管理型向学习型转变，精心打造高素质的党员干部和人才队伍

在推动科学发展、促进社会和谐过程中，晋江市需要面对新时期社会转型和体制机制不完善等提出的挑战，需要解决面临的各种风险和发展的压力，需要应对干部能力恐慌和人才不足的挑战。为此，晋江市以把基层党组织建设成为学习型党组织为抓手，不断提高党员干部队伍的素质。这是应对上述种种挑战的治本之策。因为在高素质的党员干部队伍中就有不少各种类型的人才。晋江市在打造学习型党组织和培养人才方面，一是重视完善学习型党组织建设的组织结构。如成立学习型党组织工作协调小组。二是积极开展各种行之有效的学习活动。既有根据当前形势和中央大政方针安排的理论学习，又有联系本省本市实际的“全省大跨越、晋江怎么办”的大讨论活动。三是努力采用多种形式并利用各种载体培养人才。鼓励在岗成才，鼓励成为能工巧匠。抓好公务员任职培训，采用“走出去、请进来”办法提高党员干部自身水平。在建立学习平台方面，成立全国首家县级市青商学院、搭建“晋江大讲堂”、“晋江干部学堂”平台，并以新建晋江市委党校为载体，提高党员干部队伍的素质，扎扎实实做好各类人才的经常性“充电”和再培训。

5. 努力推动党建从评价型向绩效型转变，形成严格的约束机制和充满活力的激励机制

要把党建工作抓好抓实，需要有一套完备的评价机制。评价机制就是约束机制、激励机制，也就是导向机制。近年来，晋江市在改革发展的过程中通过媒体等形式，向社会公开市委、市政府的发展目标，公开职能部门的责任指标，公开党的建设的目标和任务，公开党员干部的承诺事项。这些目标和责任一经确定并公布，实际上就成为老百姓考核评价党领导发展、党的自身建设和考核领导干部的重要标准。这就形成了评价机制，这是一种硬约束。对各级领导起着严格的约束和激励作用。

此外，形成这样的约束机制和激励机制的意义还在于，体现了人民群众的主人翁地位。因为通过评价机制来约束权力，通过发挥人民当家做主的作用来保证和完善权力在民主和法治框架内运行，这是确保地方经济健康发展和干部廉洁从政的根本。晋江市通过“五共四联六作用”等机制，创造了以党内民主带动社会民主，使得党内民主建设与社会民主发育相互促进。从而使得党建工作从评价型向党建绩效型转变。便党建工作基本上做到了服务现代化、布局合理化、载体多样化、任务项目化、制度体系化。

三 晋江市党的建设科学化面临的新挑战和继续推进的思路

晋江市在实现“二次创业”目标过程中，提出了“产业提升、城建提速”的发展思路。当前晋江市经济发展方式转变和社会管理创新呈现出新形势、新特征，从而对党的建设科学化提出了新挑战。这就要求晋江市要进一步解放思想、实事求是、与时俱进，要形成继续推进党的建设科学化的新思路。

（一）党的建设科学化面临的新挑战新要求

产业提升加速提出的新挑战新要求。晋江市“产业提升”新战略推动了经济格局变化，对党建工作尤其是党员干部的能力素质提出了新要求。比如，随着产业层次提升、产业结构优化、产业布局集中等变化，对党的基层组织结构、工作任务、运行模式和工作机制都提出新的要求。如何适应晋江市经济发展战略调整，加强党的建设，创新党建工作模式，就成为促进党的建设科学化必须解决的重要问题。

城市建设加速提出的新挑战新要求。晋江市按照“全市一城”理念，主动融入泉州环湾城市建设布局，同步推进主城区、功能区、小城镇、新农村建设，城镇化建设步伐提速等，也要求以改革创新精神加强基层党组织建设。比如，发展区域化、城乡一体化、居住社区化等，必然对进一步完善城乡统筹的基层党建工作新格局，对探索以社会管理和公共服务职能为重点的社区党建新路子等提出了新要求。

社会转型加速提出的新挑战新要求。晋江市正处在新一轮经济大发展城市大建设从而引起社会转型提速的时期，与其他地区相比，晋江市更能体会经济体制深刻变革、社会结构深刻变动、利益格局深刻调整、思想观念深刻变化所带来的压力。因此，如何更好地发挥党委领导核心作用、基层党组织战斗堡垒作用、共产党员的先锋模范作用，从而推动经济社会又好又快发展，就成为新时期晋江市党的建设需要加以解决的重要问题。

党要管党，从严治党提出的新挑战新要求。在当前晋江市面临经济社会发展新形势面前，各级领导还不同程度地存在认识不到位、职责不到位等问题。不断提高党的建设科学化水平，是新形势下党要管党，从严治党对晋江市党的建设提出的根本要求。进一步加强党的建设科学化，也是提升晋江市各级党组织领导水平和执政水平的根本途径。

（二）继续推进党的建设科学化的基本思路

党建工作更好地服务晋江县域发展，必须紧紧围绕“建设经济强市，打造幸福晋江”的新一轮发展战略，坚持以改革创新精神不断加强党的执政能力建设和先进性纯洁性建设，进一步明确继续推进晋江市党的建设的基本思路，切实把党的建设科学化提高到新的水平。

1. 进一步加强领导班子建设

办好中国的事情，关键在党。实现地方科学发展、和谐发展，关键在领导班子。因此要把各级各部门党组织领导班子建设成为政治坚定、作风过硬、锐意进取、奋发有为的领导集体。

要加强思想政治建设。把思想政治建设放在领导班子建设的首位。引导各级各部门领导班子充分认识晋江市在福建省发展大局中的地位和责任，始终同党中央和上级党委保持高度一致，确保政令畅通。按照建设学习型党组织要求，落实完善党委（党组）中心组学习等制度。尤其是开展好新一轮解放思想的学习和大讨论活动，既要打破条条框框，又要在继承中创新。在改革发展实践中拜人民为师，从群众中吸收智慧，以先行先试的大气魄大思路促进晋江市发展的新跨越。

要加强执政能力建设。建立领导班子定期调研制度，用好福建省委政研室（晋江）调研基地、福建省全面建设小康社会（晋江）调研基地等平台，深入研究并准确抓住晋江市发展的重大问题，不断深化和拓展“晋江经验”的理论研究和实践创新。完善党内民主决策机制，拓宽社情民意反映渠道，建立决策咨询、失误纠错和责任追究制度，深化“政企互动”，让民营经济活力进一步持续迸发，不断增强党的执政能力和创造活力。

要加强领导制度建设。以党章为根本、以健全和落实民主集中制为核心，着眼于有效约束权力，不断完善制度，健全各级党委领导班子的工作机制和班子内部沟通协调机制。保障党员主体地位和民主权利，做好市党代会常任制和镇街党代表任期制的试点工作。充分发挥各级党代表作用，科学界定党代会、全委会、常委会的职责和权限，不断提高各级党委应对复杂局面和解决发展难题的能力。坚持党委总揽全局、协调各方的原则，支持同级各套班子依法履职，引导群团组织在社会管理创新上先行先试，用“晋江精神”教育人民、引领发展，使海内外晋江人、新老晋江人精诚团结，形成推动晋江市发展的强大思想动力。

2. 进一步加强干部队伍建设

正确路线确定之后，干部就是决定的因素。党的执政能力是通过各级干部的执政能力体现出来的。提高领导干部的执政能力，既是新时期党建的重要内容，也是实现晋江“二次创业”的关键。

要通过教育培训提升干部素质。坚持以中国特色社会主义理论为指导，以产业经济、财经金融、城市规划、社会管理和舆情应对等知识为学习重点，加大干部教育培训力度。探索建立“小规模、多班次、短期限”的培训机制和“高频率、分散型、选学式”教育培训模式。整合全市各级各类干部教育培训机构，依托著名高校、发达地区党校和国内外高端培训平台，构建“立体式、开放式”培训网络。

要立足产业发展要求配备干部。选派熟悉产业、科技、金融、城建和善于做群众工作的干部，到拆迁征地、招商引资、重点项目等一线挂职任职，并在实践中发现、培养、考察、使用干部。把做好本土人才培养和大力引进高层次、高技能和创新型人才有机结合起来，在培育企业家群体、打造高素质干部队伍上下工夫，从而提升晋江市产业整体竞争力和发展后劲。

要明确责任制抓好工作落实。健全领导干部挂钩联系制度，建立责任包干机制，把“成建制工作法”拓展到项目建设各领域、各环节，形成“一级抓一级、层层抓落实”的工作体系和“全党抓发展、全体抓项目、四套班子一起上、各级干部一起干”的工作格局。

要健全激励机制增强发展动力。通过绩效考核评价工具和标准，实现对干部的正向激励。党组织的功能和党员先锋模范作用的发挥，都需要建构科学的绩效评价体系。要让那些能有效推动地方经济发展，能以优秀的政绩满足群众对幸福生活期盼的真正有作为的领导干部得到组织上的肯定和重用。为此，需要进一步深化公开选拔等竞争性选拔干部工作，探索建立符合干部使用规律的干部调整机制，及时提拔使用表现优秀的干部，适时调整不胜任的现职干部。大力推行公开遴选干部、科级以下干部交流轮岗、“双向选择”和股级干部竞争上岗。搭建“退二线”干部发挥作用的平台，为一贯表现好的“临退休”干部解决政治待遇，调动各年龄段干部积极性，增强事业发展的动力。

3. 进一步做好人才强市工作

人才是第一资源。做好人才工作既是“晋江经验”的亮点，又是实现晋江市“二次创业”的重要支点。晋江市已列入福建省“人才强县”试点，这对晋江来说，是一个难得的机遇。在人才建设方面，晋江市要重点实施“五大计划”。

（1）“智岭慧谷”计划。以晋江市创意创业创新园为载体支撑，着力打造人才智慧乐园。主要做好三方面工作：一是建设全省首屈一指的小微企业“创业孵化器”，聚集一批自带项目和技术的创业人才。二是建立国家级的纺织服装、食品行业等几大产业政产学研平台，延伸产业上下游链条。三是探索设立并购整合、股权交易、创业融资等投融资平台，引进各类天使基金、风险投资、私募股权，为各种人才创业创新提供宽阔舞台。

（2）“领袖精英”计划。以推进民企人才培养计划为抓手，锻造一支高素质的企业家群体和优秀经营管理技术人才。企业家培养主要抓三项工作：一是拓展总裁班办班形式；二是抓紧培养“创二代”；三是大力实施“回归工程”。企业经营管理技术人才培养主要抓三项工作：一是整合“晋江大讲堂”、博士后讲坛等高端培训平台；二是筹建晋江商学院；三是鼓励推动企业缔结产业发展联盟等。

（3）“金蓝领”计划。按照行业分布和紧缺技能人才需求，建立以企业为主体、职业院校为基础，政府、企业、学校三方紧密联系、系统推动的高技能人才培养培训体系。一是联系东华大学等一批与晋江市产业契合度比较强的高校，来晋设立培训基地；二是按产业选择 20 家重点企业，建设一批省级以上的高技能人才公共实训基地；三是建设 10 个技能大师工作室，形成层次分明、结构合理的技能人才队伍。

（4）“金梧桐”计划。立足人才安家立业、联谊交流、休闲娱乐等需求，在市区繁华地段规划建设占地面积100亩的“人才村”。人才村配套完善的教育、医疗、卫生、健身等生活和休闲娱乐设施，设立“一站式”的人才公共服务中心，为人才提供细致便捷的服务。

（5）“市场综合体”计划。一方面，按照人才市场、劳动力市场、毕业生就业市场贯通的思路，建设配套齐全、功能完善、布局合理、集约高效的大人才市场；另一方面，吸引培育“人力银行”、猎头服务等高端人才中介服务机构，形成网络化、立体式的异地融才。

4. 进一步加强基层党组织建设

党的基层组织是党的全部工作和战斗力的基础。抓好抓实党的基层组织建设是“晋江经验”又一亮点。要坚持抓基层打基础不放松，不断夯实“二次创业”的组织基础。

要不断推进区域党建，形成党建合力。整合城市基层党建工作资源，建立以镇（街道）党（工）委为核心、村（社区）党支部为基础、结对单位党组织共同参与的联建共建协调机制。突破单位、行业和组织隶属界限，建立发挥党员在居住社区作用的机制。探索设立非公党建片区工作站、按区域组建异地商会党组织。理顺经济开发区党建工作体制，构建适应开发区特点的园区党建格局。

要完善党建一体平台，实现资源共享。构建机关单位、城乡社区、非公企业联建联创机制，加大财政转移支付补助党建经费力度，探索推进各个领域基层党建网络融合，建立全市一体的信息化平台。依托“百村示范、村村整治”载体，实施“领头雁”示范工程，采取特殊政策、特殊支持、特殊待遇，重点培育百名村级党组织书记并实行动态管理。建立非公企业“大党建”体系，依托产业链条和行业协会建立党组织，推进党企共建、联体发展。实现党建城乡一体发展。

要着眼基层基础，落实服务职能。整合市级行政审批服务中心、镇级政务便民服务中心、村级社区公共服务中心，推行为民办事全程代理制度，构建市镇村三级服务联动网络。完善党内帮扶机制，推行党组织慰问党员制度，进一步强化全市党员互助的功能和作用。完善流动党员教育管理服务工作制度，构建流入和流出党员服务中心。

要构建党建品牌，形成党建特色。基层党建没有固定模式，不同镇街和村居要结合区域实际，积极拓展党建创新思路，提升党建质量。要在推进发展过程中进一步提升能力，以优势党建资源和区域党建格局辐射带动全市基层党组织创先争优。

要强化党建责任制，完善目标管理。落实基层党组织书记抓党建工作述职制度，建立基层党建工作考核综合评价体系，定期开展基层党建工作调研督查，充分发挥基层党建工作领导小组的职能和作用，形成党委统一领导、部门齐抓共管、一级抓一级、层层抓落实的工作格局。严格村级发展党员“销号管理”，重视党员结构优化，探讨无职党员设岗定责办法，充分发挥党组织职能和党员先锋模范作用。

5. 进一步加强作风建设，提高党建效能

执政党的党风关系党的生死存亡，关系社会主义事业的兴衰成败。要着力增强和巩固党同人民群众的血肉联系，不断推进党的作风建设和反腐倡廉建设。一是坚持标本兼治、综合治理、齐抓共管，加大治理庸懒散力度。二是形成激励党员干部深入一线去发现问题、破解难题、化解矛盾，切实为群众排忧解难的动力机制。三是以实行一岗双责、落实责任分解、严格责任考核和强化责任追究这“四个环节”为抓手，落实党风廉政建设责任制，促进领导干部廉洁从政。四是在民主评议干部履职绩效方面增加公开性和透明度。将服务对象、媒体、普通群众纳入评议主体，着力推进三资监管、村官保廉、便民服务、阳光公开、民生保障、民主管理、和谐稳定、素质提升等“八大工程”，全方位构建农村基层“保廉”防控体系，全面深化农村基层党风廉政建设。

在推进晋江市“二次创业”过程中，当前尤其需要进一步在管理上放权、改革上放手、政策上放活，支持改革、支持创造。逐步推行基层党委和部门党组绩效评估，进一步规范行政自由裁量权，健全行政权力的行使程序和运行流程，建立全市公共资源交易统一平台，拓展公共资源市场化配置领域。

要强化群众工作，密切党群关系。建立党政机关和党员干部“深入基层一线服务”机制，以接待信访、现场办公、调查研究、宣传政策为重点，推动并形成领导干部下基层制度。创新群众工作方式方法，重点突出挂钩联系薄弱村和困难户，推动各级党员干部主动与群众交朋友、结对子。着力构建“为民服务创先争优”长效机制。健全维护群众利益的决策机制，真心实意问计寻策于民、问政纳谏于民、问需服务于民。诚心诚意为群众解难事、办实事、做好事，不断扩大和夯实推动晋江市科学发展、促进社会和谐的群众基础。

以社会发展为导向的政企互动：基于晋江经验的研究[*]

政府与企业的良性互动，是晋江发展取得巨大成就的重要原因之一。在各地政府都在积极动员各种资源，发挥本地优势，相互竞争不断升级的条件下，晋江抓住了不同发展阶段的主要矛盾，有针对性地有效应对，既不断提升了发展水平，也保持了发展的良好势头，并且在与同时期形成的“苏南模式”、“温州模式”、“珠三角模式”等的对比中，保持了发展特点，显示出独特的竞争优势。

晋江的民营企业在晋江经济份额中超过了95%。这些企业之所以能够不断发展壮大，与当地政府的支持、引导乃至推动有着直接的关系。而企业的发展，也对政府不断提出新的更高要求，推动着政府自身的改革。由于这些企业绝大多数是从本地成长起来的，与当地社会有着各种形式的紧密联系，政府与企业的互动过程中就增加了社会的内容。这是晋江政企互动经验中最鲜明的特点和优势。

一方面，由于地缘、血缘、亲源、业源等多种类型的“社会资本”的存在，晋江的企业有着强烈的家乡意识，愿意以本地为发展的基地，并且回报当地社会；另一方面，企业与当地民众的密切关系，尤其是这些企业带来了上百万外来劳动力，也推动着当地政府较早地全面考虑发展问题，不仅追求经济的快速稳定增长，也关注增长的包容性，避免了一些地方政府为了吸引外来资本而忽视社会利益的倾向。这样，晋江的政企互动的双层关系就丰

---

* 本文作者：中央编译局世界发展战略研究部课题组杨雪冬。

富为政府—社会—企业的三元关系，对社会利益的考虑，成为了政企互动的坚实基础。

一　政企关系与地方发展：一个分析框架

政府与企业是现代市场经济中两个最为活跃的主体，二者之间的关系是复杂而多样，远非古典自由主义所描绘的那么简单，而是根据各国的具体情况呈现出不同模式，比如“盎格鲁—萨克森模式”、“莱茵模式”与“东亚模式”；“发展型国家”、“掠夺型国家”与“捕获型国家”；“华盛顿共识”与“北京共识”的讨论。更为重要的是，由于国内各个区域的社会文化、历史传统、制度环境、资本结构等条件的不同，各地也会形成不同的政企关系。比如20世纪80年代我国出现的“苏南模式”、“温州模式”、“晋江模式”、“珠三角模式”等。

这些理论以及实践充分说明了：政府的职能范围远远超出了“守夜人”，它会利用各种政策手段来影响、支持乃至干预企业的运行，解决企业发展的外部经济问题；而企业也不单单是企业主，还承担着社会责任，需要通过服务所在地社会来获得更好的经营环境，并且获得政府更为有力的支持。

但是，政府与企业要实现良性互动，成为经济发展的双引擎，需要一定的条件。尤其对于后发现代化社会来说，良性互动关系的形成常常是可望而不可即的目标，很容易产生政府过度干预市场，破坏经济发展规律或者部分企业利用其经济实力“绑架”政府，滥用公共权力的两个极端。因此，限制政府权力，实现政府权力的“最小化”一直在经济理论中处于主流地位，其极端就是“华盛顿共识”。

但是，许多国家的发展经验表明，要实现成功的经济发展，必须构建政企互动的良性关系，发挥两个市场经济主体各自的优势。东亚经济奇迹是这个方面的典型。有学者归纳了解释东亚经济奇迹的三种解释框架：“亲善市场论”（market-friendly）认为民间部门的制度能解决绝大多数市场缺陷，政府要发挥促进市场效率和发展的作用；“发展型国家论”（developmental state），为了弥补发展过程中的存在的市场失灵，政府是必须进行干预的，因此能够成为市场协调的重要替代；“市场增进论”（market-enhancing）认为应该抛弃前两种观点把政府和市场看作相互排斥的替代物的前提，政府的职能在于促进或补充民间部门的协调功能。因此，政府的重点是培养市场机制和民间部门[①]。

近年来，随着国家间竞争的日益激烈，特别是中国的快速发展，“发展型国家”的解释范式受到了更广泛的关注，政府推动经济发展的一些具体做法也在被更多的发展中国家所借鉴。“发展型国家”有三个突出特征：一是政府有着强烈的发展意愿，并且把发展作为获得合法性的重要手段；二是政府与企业有着密切的关系，能够通过政策手段来支持战略性产业的发展，提高企业的竞争力；三是政府有着较高的自主性，能够相对于社会和企业独立地制定和执行政策，但是又与社会、企业有着良好的合作关系[②]。

一些研究者认为，中国在改革开放后逐渐形成了一种新形态的发展型国家，具有“发展主义”、“经济国家主义”、“地方政商合作”以及“合作主义”等特征[③]。这些研究的基本思路都是把政府及其官员自然人化，用市场主体的逻辑来解释政府的行为和选择。比如，依据苏南地区地方政府推动集体企业发展的经验，Andrew Walder 提出了“厂商型地方政府”的概念。他强调，在那些政府产权清晰和易于执行的地区，大量的中国政府官员就像管理市场化取向的企业一样管理公有产业[④]。与 Walder 的观点相近，Jean Oi 应用“公司化组织”描述了改革开放后地方政府在经济发展中的作用[⑤]。她指出，从形式上说，地方政府对待辖区内的企业就像对待自己的分支部门，其中，县政府是公司总部，乡镇可被视为区域中心，村就是分布在更小区域的分公司。每个层级政府都有促进利润最大化的强烈意愿；官员们如同董事

① 关于这三种观点的讨论，请参考青木昌彦、金滢基和奥野－藤原正宽主编：《政府在东亚经济发展中的作用——比较制度分析》，北京：中国经济出版社，1998。

② 关于“发展型国家”理论的梳理总结，请参考朱天飚：《比较政治经济学》，北京：北京大学出版社，2005；郁建兴、石德金：《发展型国家：一种理论范式的批评性考察》，《文史哲》2008 年第 4 期，第 157～168 页。

③ 郁建兴、石德金：《超越发展型国家和中国的国家转型》，《学术月刊》2008 年第 4 期，第 5～12 页。

④ Andrew G. Walder, “Local Governments as Industrial Firms: An Organizational Analysis of China's Transitional Economy”, *American Journal of Sociology*, Vol. 101, No. 2 (Sep. 1995): 263－301.

⑤ Jean Oi. 1999. *Rural China Takes Off: Institutional Foundations of Economic Reform*, University of California Press.

会成员一样关注工厂的运作，有的时候甚至扮演了首席执行官的角色，而党委书记无疑就是这种“公司式”组织的核心。当然，出售集体企业、推进私有化进程也被 Jean Oi 视为地方政府的理性选择。

晋江市行政审批中心

针对政府与企业的复杂关系，一些学者对地方政府做了进一步的类型学研究。Marc Blecher 区分了发展型政府与企业家政府，认为企业家型政府并不一定要直接干预企业的经营行为，而是可以通过提供良好的硬件环境、资金以及与外部市场或重要机构的联系等方式，促进地方经济的发展。这就是说，尽管促进经济发展仍然是地方政府的重要目标，但从政府与市场、社会的关系来看，地方政府可以避免对企业的直接干预，而是通过创造良好的外部环境来实现发展经济的目标①。其他学者也发现，地方政府直接“经营企业”的行为正在朝着“经营城市”发生转变②，表明地方政府在市场化改革

① Marc Blecher, "Developmental State, Entrepreneurial State, the Political Economy of Socialist Reform in Xinju Municipality and Guanghan County", in *The Chinese State in the Era of Economic Reform*: *The Road to Crisis*, edited by Gordon White (M. E. Sharpe, 1991), 265 - 291.

② 周飞舟：《大兴土木：土地财政与地方政府行为》，《经济社会体制比较》2010 年第 3 期，第 77 ~ 89 页。

的趋势中正在减少（虽然没有完全取消）对微观经济的干预，而是更注重通过完善外部环境来促进经济发展。

另外一些学者强调了政府对经济发展的破坏性。他们认为地方政府已经具有了自我利益，会为了部门或个别官员利益的最大化，对企业发展设置租金，甚至对企业进行过度的盘剥。在这种情况下，一些地方政府或者蜕化为“掠夺型政府”，为了眼前的、部门的或者个人的利益，破坏企业经营环境，最终导致经济增长动力的枯竭；或者只扶持某些企业，既破坏了市场的公平环境，也滋生了权钱交易的腐败，甚至导致政府被个别企业或者资本“绑架”①。

上述研究都把政企关系视为经济发展过程中的一对重要关系，并且讨论了政企关系良性运行的具体条件，但是基本都是从政府与企业二元关系来讨论问题，没有对社会这个重要一元在政企互动中的作用给予充分考虑。在市场经济条件下，企业是最为活跃的主体，企业家、资本以及技术这些经济要素不仅是经济运行必需的稀缺资源，而且具有高度的流动性。相比之下，政府尽管掌握着公共权力，但是是地域性的，有边界的。在这个意义上，政府与企业的关系是不平衡的，政府为了获得持续的财政收入，完成基本的公共职能，必须争取获得企业的投资和再投资。正是由于这种不平衡性，才导致了一些地方政府会为了短期经济利益，而牺牲本地社会的长远利益，甚至会出现权钱交易的腐败问题。

而社会的存在起到了平衡政府与企业关系，规范政府和企业行为的作用。社会既是政企互动的中介，也是互动的背景和条件，更是互动的目的。因此，良性的政企互动关系在实质上是政府—社会—企业的三元互动关系（见图1）。

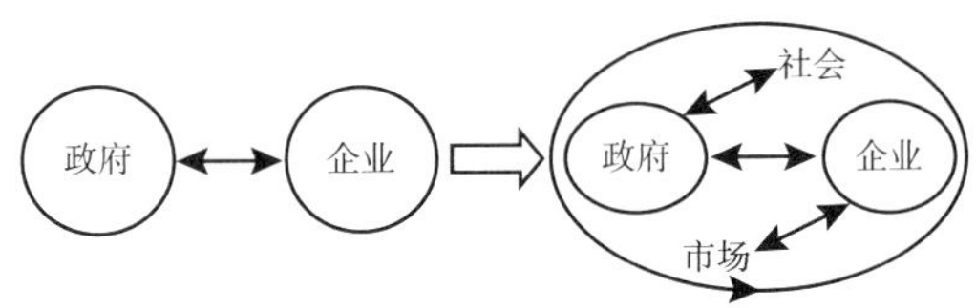

图1　从政企互动到政—社—企互动

---

① 关于这方面研究的综述，请参考丘海雄、徐建牛：《市场转型过程中地方政府角色研究述评》，《社会学研究》2004年第4期，第24～30页。

这三者的互动关系具体体现为：第一，政府作为公共权力的代表，要以维护和增加公共利益为出发点来推动经济发展，在为企业提供有利条件和有力支持的同时，也要充分考虑社会公众的利益，实现二者的平衡；第二，企业是在具体社会中运行的经济主体，也承担着相应的社会责任，因此，政企互动内容不仅有经济方面的，也有社会方面的，企业可以成为政府履行公共服务职能的支持者和合作者；第三，社会是政府与企业运行的环境和条件，既支撑着二者的互动，也对二者不断提出要求和规范。在市场经济条件下，社会的发展水平与市场的发育程度有着密切的联系，不能割裂开来。

那么，在怎样的条件下政企的良性互动关系才能形成呢？本文提出三个假设：

1. 要有一个健康规范的市场经济，这是政企互动的基本前提；

2. 社会与企业、政府有着密切的联系，能够把自己的要求传达给对方，并获得有效回应；

3. 政府与企业在发展问题上达成了基本共识，建立了通畅的互动渠道，并且可以积极呼应对方的要求。

二　培育良好的市场经济

良好市场经济是逐步形成，不断改进的。作为市场经济主体的企业的健康成长、良好的信用制度以及经济的开放性是实现良好市场经济的基本要素。

由于自然环境条件，晋江形成了悠久的商业文化和开拓冒险精神。大量的海外移民形成了侨乡经济，商品流通业发达，市场调节机制比较完备，1936 年晋江就成为了全国首富县。晋江的经济结构与许多其他地区的自然经济传统形成了鲜明的对照①。

新中国成立后，虽然国家采取计划经济模式，各类私人经济活动受到了压制，但是晋江人的商业精神依然保存了下来，并且以“村以下企业”的形式体现出来。这类企业实际上是个体、私营的。② 改革开放后，敏锐

---

① 阎浩：《晋江农业劳动力转移五十年历史考察：1936 ~ 1986》，《中国社会经济研究史》1992 年第 1 期。

② 贺东航：《地方社会、政府与经济发展》，北京：中国社会科学出版社，2011。

的市场意识、丰富的华侨资本、来自海外的商品以及通畅的生产信息，成为晋江经济腾飞的要素，“三资企业”如雨后春笋般建立起来，“三来一补”成为主要的生产方式，由此形成了富有特色的“晋江模式”。1984年，当时的县委、县政府把发挥侨乡优势作为发展晋江经济的一个战略重点，积极落实侨务政策，介绍投资环境，吸引外商投资晋江。1985 年，全县参加联户集资办企业的群众达 3.46 万户，占全县总户数的 16% 以上。全县联户企业的总收入比 1981 年增长近 24 倍，占乡镇企业总收入的64.05%。

1986 年，费孝通等人将晋江经济“最生动、最活跃、最本质”的东西概括为“内涵于广大晋江侨属中的蕴蓄深厚的拓外传统和强烈要求改变贫困现状的致富愿望”。[①] 1989 年，晋江财政收入首次突破 1 个亿，1991 年成为福建省第一个全国百强县。

当然，1985 年闻名全国的“假药案”以及各种假货也曾经使刚刚起步的晋江经济受到严重打击。但是这场危机也使晋江政府与企业充分认识到产品质量的重要意义，并且形成了强烈的危机意识。危机意识此后一直蕴藏在晋江发展的重大决策之中，并且催生了更为积极主动的敢为人先、敢争一流的晋江精神。

1992 年，晋江撤县建市后，市场经济进一步发展完善。侨乡的优势使得外资企业成为晋江经济快速发展的主要动力。1984 ~ 1992 年，累计批准“三资企业”903 家，合同外资 7.19 亿美元，实际利用外资 3.93 亿美元；1992 年，“三资企业”总产值达到 18.11 亿元，出口值 2.15 亿美元，上缴税收 3696 万元，营利 7648 万元，外向型经济格局基本形成（见表 4 - 1）。当然，其中的许多“三资企业”实际上主要是由本地人投资的，戴的是“洋帽子”。这也从另一个侧面反映了当地政府在政策应用上的灵活性。经福建省政府批准，1991 年晋江引进外资开发福埔、安平、深沪东海三大土地成片综合开发区，总面积达 4000 多亩，同时启动建设了一批镇村工业小区，晋江经济开始进入快速发展的新阶段。1992 年晋江市财政收入突破 2 个亿，在全国百强县中排名第 24 位。“晋江模式”进入了发展的新阶段。

---

① 费孝通、罗涵先：《乡镇经济比较模式》，重庆：重庆出版社，1988。

表 1　晋江三资企业情况*

项目＼年份	1982	1985	1988	1991	1995
累计批准“三资企业”（家）	1	68	241	518	1987
合同利用外资（万元）	30	4164.17	35322	115700	23.34 亿美元
当年投产企业（家）	1	44	95	262	
实际利用外资（万元）	30	1548.88	12451	8755 万美元	
已投产实际产值	1/40	44/1698.29	95/17059.50	234/86819	1108800

* 转引自李一平、潘舰萍：《1978 年以来晋江海外移民于晋江社会经济的发展》，《华侨华人历史研究》1999 年第 2 期。

1994 年 12 月在中国农村发展道路（晋江）研讨会上，“晋江模式”被概括为：“以市场经济为主、外向型经济为主、股份合作制为主，多种经济成分共同发展”的经济发展道路。这个概括说明了晋江的经济发展遵循了《中共中央关于建立社会主义市场经济体制若干问题的决定》（1993）的精神，走出了一条具有地方特色的市场经济构建之路，充分体现了“及时总结群众创造出来的实践经验，尊重群众意愿，把群众的积极性引导好、保护好、发挥好”这个基本原则。

在构建良好市场经济方面，晋江有以下几个基本做法。

（1）始终把企业作为市场的主体，加以培育、支持。高质量的企业，是建设好的市场经济的前提条件。为了扶持当地民营企业的发展，晋江曾经在 20 世纪 80 年代采用给企业戴“红帽子”（即冠以集体企业的名称）、“洋帽子”（即冠以外资企业的名称）的方法，所谓的“政府搭台、帮助企业化妆唱戏”，以争取更为有利的政策环境。尽管这些灵活举措对于企业的初期发展起到了重要的保护作用，但是随着企业规模的扩大和实力的提高，这种做法造成的产权模糊不清的问题也日益明显，成为企业发展的重大障碍。为了推动现代企业的建立，中共晋江市委、市政府在 1998 年召开了企业制度创新会议，对企业经济性质进行全面甄别，进行“摘帽子”行动，并在此基础上大力倡导企业制度创新，不仅提高了企业的内部管理水平，也为一些重要企业的上市打下了坚实的制度基础。1998 年，恒安公司率先在香港联交所上市，开启了晋江企业上市的序幕。

晋江现有规模以上工业企业 1478 家，占全部工业企业总量的 1/5，企业集团 55 家。其中产值超亿元企业 480 家、超 10 亿元企业 16 家、超 20 亿元企业 5 家，年产值超 40 亿元的企业取得零的突破，总数达到 3 家，纳税超千万元企业 41 家、全国大中型工业企业 337 家（其中 15 家大型工业企业），规模以上产值占工业总产值比例为 90.2%。晋江纺织服装业现有企业 3552 家，是国内纺织服装产品生产加工基地和主要聚散地。制鞋业有企业 3016 家，年产鞋 10 多亿双，约占全国运动鞋、旅游鞋总产量的 40%，占世界运动鞋、旅游鞋的 20%。食品、陶瓷建材等产品在全国的市场占有率均名列前茅。

2008 年，晋江市党代会在总结晋江改革开放 30 年的经验时，把经济发展的“鲜明特点”定位为：大力发展内发外向的民营经济，使之成为经济发展的主推器、创业就业的主渠道、财政增长的主力军，成为开创和发展“晋江模式”的重要推进力量。

（2）通过支持产业集群的发展，为企业提供发展壮大的基础。产业集群既可以深化生产分工，提高规模效应，也可以提高本地的投资吸引力和经济影响力。从 20 世纪 90 年代中期开始（有学者称之为“第二次创业时期”），晋江市委、市政府把工作的重点放在了如何运用本地发展规划来引导和支持企业发展上。鉴于“家家点火、户户冒烟”式的粗放式发展的不可持续性，1996 年晋江提出要把工业化与城市化紧密地联系在一起，提出了“耕地向规模经营集中，企业向工业园区集中，人口向城市和集镇集中，住宅向现代社区集中”的原则，大力推动“四个创新”（制度创新、技术创新、管理创新、市场创新），以实现“三个提高”（提高经济质量、提高全民素质、提高城市品位）。

习近平在总结“晋江模式”时指出，这个战略转变导致了：“从产业载体的角度来说，晋江民营企业实现了从‘满天星星’到工业园区再到产业组团的转变，实现了生产要素向规模企业、工业园区的集中，并在园区外形成众多与之配套的中小企业，形成规模聚集效应。在微观上推动企业制度、技术、管理、市场、组织创新。在产业上培育主体、营造载体、注入动力，把产业做大、企业做强、品牌打响。”①

① 习近平：《研究借鉴晋江经验》，《福建日报》2002 年 10 月 4 日。

晋江已形成晋南纺织服装、晋东鞋业、晋西陶瓷、中心城区食品和永和石材、东石伞业、安海玩具等一批专业生产区，这些专业生产区集聚了大批同类企业，造就了“一村一品、一镇一业、一镇数业”的集约化产业发展布局。同时，依托各大产业龙头企业扩大规模和实施产业链招商，现已相继出现了一大批投资起点较高的产业集群专业园区，实现了由办企业到做产业再到发展产业集群的转变。随着各大产业总量的逐步做大，晋江产业链条不断向纵深延伸，同时产业集聚产生的虹吸效应，吸引了大量商贸企业进驻晋江原辅材料市场，派生出专门为生产性企业提供产前、产中、产后服务的服务型企业，提高了生产服务社会化程度。

（3）始终坚持信用是市场经济的灵魂，品牌是企业的生命。有着“假药案”惨痛教训的晋江人深深地理解这点。晋江市委、市政府积极引导企业增强品牌意识，通过各种政策措施推动品牌的塑造、培育、保护、发展和输出，以提高企业的竞争力和本地的知名度。先后在 1995 年、1998 年和 2002 年提出“质量立市”、“品牌立市”和打造“品牌之都”战略，先后投入 7400 多元资金建立品牌、质量激励机制。2005 年市党代会提出“引导实施品牌经营战略”，“充分发挥企业主体作用和政府推动作用，争创名牌产品和驰名商标，推动采标认证，注册国际商标，提高品牌价值和以品牌资本整合资源的能力；加强对知识产权和商标权益的司法与行政保护，加大打假维权力度，维护市场经济秩序，提高应对国际贸易争端的能力，为企业争创名牌、开拓市场营造良好环境；落实打造“品牌之都”优惠政策，鼓励品牌企业在市区营建总部，把区域品牌打造与企业品牌经营有机结合起来，扩大“晋江制造”的整体影响，放大“品牌之都”的外溢效应。

目前全市先后获“国字号”品牌 119 项，国家免检产品 88 项，福建省著名商标、省名牌产品 278 项，有 3 家企业荣获中国服装行业“百强企业”称誉、9 个品牌入选“中国 500 个最具价值品牌”、5 个品牌入选“亚洲品牌 500 强”、6 个品牌入选“中国行业标志性品牌”、4 个品牌成功入围首批 300 家“全国重点保护品牌”。晋江连续两次被评为“全国质量兴市先进市”，七个镇（街道）先后被授予“中国伞都”、“中国陶瓷重镇”、“中国石材之乡”、“中国休闲服装名镇”、“中国内衣名镇”、“中国织造名镇”、“中国运动服装名镇”等称誉。“十一五”期间，晋江市的中国驰名商标

（国家工商总局认定）从9件增至24件，增长166.7%，约占全省驰名商标总数的15%；福建省著名商标从106件增至225件，增长112.2%，约占全省著名商标总数的10%；注册商标从1.5万多件增至4.9万多件，增长226.7%，约占全省商标总数的20%。马德里商标国际注册166件，约占全省总数的22%。各项指标均居全国县域首位。还有6家企业运用驰（著）名商标专用权办理质押贷款融资1.08亿元[①]。

表2　2008～2010年驰名商标企业和全市规模以上企业的经济指标对比

年份	销售额（万元）			出口额（万元）			税收（万元）		
	全市规模以上企业（家）	驰名商标企业（家）	比重（%）	全市规模以上企业（家）	驰名商标企业（家）	比重（%）	全市规模以上企业（家）	驰名商标企业（家）	比重（%）
2008	13159930	1590694	12.08	2303126	33776	1.46	636357	131700	20.7
2009	14606886	1900656	13.0	2347404	50163	2.13	654777	188300	28.76
2010	17782060	2866589	16.12	2681191	36756	1.37	624017	266700	42.74

资料来源：晋江市工商局课题组：《实施商标战略与晋江县域经济发展》，《晋江调研》2011年第1期。

（4）始终坚持市场的开放性。开放性是市场经济的根本属性。晋江经济从开始就具有高度的开放性，不仅面对国内市场，而且面向国际市场。从改革开放初期发展“三来一补”，到后来的推动“以民引外、民外合璧”，都体现了晋江在有意识地发挥着自己处于国内经济与全球经济交接面上的独特优势。中国加入世界贸易组织后，尤其是海峡西岸经济区建设以来，晋江更加重视国内与国际两个市场的良性互动。通过提高企业的国际竞争力，开拓国际市场。鞋、纺织服装、玩具、伞、建筑陶瓷等产品已远销欧美、东南亚、中东、南非等地市场，与50多个国家和地区建立了长期经贸合作关系。充分利用国际上的资本、技术，以及参与生产标准的制定来赢得竞争的新优势，占据竞争的新高地。2006年，晋江市党代会报告提出，要“着力提升外向经济”，扩大对台（湾）合作，努力在更宽领域、更高层次参与国际国内竞争合作。

① 晋江市工商局课题组：《实施商标战略与晋江县域经济发展》，《晋江调研》2011年第1期。

“十一五”期间，晋江经济的开放程度大幅度提升。上市企业从9家增加到31家。国家级企业技术中心从无到有，增加到5家；国家、行业标准起草或修订单位从13家增加到59家。产值超亿元企业从156家增加到373家。2010年，实际利用外资6.28亿美元，比上一年度增长10.2%。

为了进一步提高经济的开放度和市场的规范化，从2009年开始，晋江开展了“破解熟人经济，提升服务水平”的活动，在行政审批、执法执纪、绩效管理、公共管理、社会服务以及投资环境建设等方面进行检查整治，提高政府服务的公平性，加速招商引资进程。

三　培养团结的社会精神

市场经济不等于市场社会。如果市场经济导致的是市场社会，即狭隘的个人主义，是只关心个人利益的极端理性行为，那么经济就失去了可持续发展的动力和基础。晋江的发展经验不仅印证了社会团结是经济起飞的有力支撑，也是推动经济发展成果在全体社会成员之间共享的重要原因。正是深厚的社会团结，使得晋江的企业主动回报社会，以推动晋江包容性发展。

2008年，晋江党代会在总结晋江改革开放30年以来发展经验的时候，深刻地指明了这点。晋江发展的“最核心的理念”是始终坚持以人为本，切实做到发展为了人民、发展依靠人民、发展成果由人民共享，不断把经济成果转化为民生福祉，促进共同富裕。最宝贵的财富是形成了“一届为一届打基础、一年为一年添后劲”的优良传统，紧紧依靠海内外晋江人和广大“新晋江人”，凝聚各方面力量，营造风正气顺、人和业兴的良好局面，推动经济社会持续发展。

晋江在经济发展过程中，主要是通过以下方式来发挥社会纽带和团结作用的。

第一，家族、家乡成为了晋江企业发展的重要支撑。在企业创办时期，家族在筹集资本、减少管理成本、相互合作支持，实现规模经济等方面发挥了积极作用。贺东航的研究发现，改革开放初期的“联户办企业”主要是通过家族关系，把资金、房屋、劳动力等生产要素结合起来。而由于这些企业的主要投资者、管理人员、工作人员一般都是本家族成员，也减少了交易过程的费用。家族企业之间的“订单生产”为小型的关联企业提供了发展的机会①。

尽管晋江县政府从20世纪90年代末期开始大力推动家族企业向现代企业转变，但是家族企业依然是晋江企业的主体。据调查，晋江企业中99%是家族企业，许多以股份合作企业、有限责任公司和股份有限公司形式存在的企业实质也是家族企业。

强烈的家族和家乡观念，使得晋江的许多企业虽然在形式上成为外资企业，但是依然愿意留在本地发展，形成了“根脉在晋江，总部在晋江，决策在晋江，市场在全国，车间在全国，研发在全国；市场在全球，车间在全球，研发在全球”的独特经营模式。

在经济危机过程中，家族和家乡观念升华为团结协作、共同“取暖”、抱团发展的意识。在2008年全球金融危机爆发后，晋江经济之所以能够将冲击降低到最低程度，一个重要原因就是这些企业之间的相互支持。而晋江市委、市政府也利用晋江企业崇尚团结、崇尚协作，风雨同舟、同舟共济的观念，推动中小企业与品牌大企业对接，通过代工的形式来共担风险②。

近年来，晋江市大力推动“回归”工程，利用家乡情来吸引晋江企业的回归。市委书记陈荣法在2012年4月举行的晋江市民营企业“二次创业”大会上说，“市场无地界，企业有根脉，企业家有家乡。希望大家在走出去做大做强的同时，一定要把根脉留在家乡，把企业的总部和营销中心留在晋江。”在家乡情的吸引下，在各项有利政策措施的支持下，出现了企业总部回归、资金返程回归、税源回归、抱团回归等形式，壮大了晋江的经济。比如，恒安、七匹狼、安踏、361度等一批企业将资本市场上募集的资金，用作企业管理创新、技术改造、品牌推广等，加快了发展方式的转变；恒安集团全国的销售税收结算中心回归晋江，走出了一条税源回归的新路；开辟异地商会抱团回归新举措，由磁灶6个异地商会抱团回乡投资30亿元，建设了“福建海西建材家居装饰交易中心”项目。

第二，海外华侨成为晋江发展的独特资源。海外华侨是中国改革开放事

① 贺东航：《地方社会、政府与经济发展》，中国社会科学出版社，2011，第77～83页。

② 陈荣法：《在晋江市民营企业“二次创业”大会上的讲话》，2012年4月27日。

业取得巨大成就的重要因素。对于晋江来说，100 多万海外华侨除了在改革开放初期带来大量投资、技术以及市场信息外，更重要的是，他们身居海外，心系家乡、胸怀祖国，对祖国的兴衰、家乡的安危、人民的祸福非常关心[①]，因此成为了当地社会事业发展的活跃力量。改革开放后，海外华侨定期回乡探亲，续家谱、修祠堂，为当地教育、医疗、基础设施建设捐献资金，既弘扬了乡土观念和传统美德，挖掘了传统文化资源，也支持了当地社会公益事业的发展。据统计，1991～2003 年，晋江籍海外华侨、港澳同胞在家乡创建学校、医院，设立教育基金，建设桥、路、自来水、电厂等公益事业捐资达 127053.76 万元，而且捐资没有任何附加条件[②]。

早在 2002 年，习近平在总结晋江经验时指出，“晋江模式”内容之一就是，“它千方百计地凝聚海内外晋江人的智慧和力量，共同在激烈的市场竞争中奋力拼搏，拼出了发展新天地，为改革开放和现代化建设源源不断地输入新动力。”随着经济社会的发展，晋江的海外华侨资源正在被更有效地动员起来。

晋江市搭建了多个平台为华侨支持、参与家乡建设提供便利。比如 2002 年成立的慈善总会，海外理事占 14%。2007 年成立的“世界晋江青年联谊会”，成员来自我国的香港、澳门和台湾；来自菲律宾、新加坡、马来西亚、印度尼西亚、泰国、加拿大、澳大利亚、缅甸、罗马尼亚、英国等 13 个国家和地区近 300 人。借助各种产品博览会，既为海外华侨回乡发展提供了信息，也加深了相互的情感。据统计，1978～2008 年，晋江市侨捐公益事业已超 20 亿元人民币。2009 年，海外华侨和中国港澳同胞捐资总额达 8500 万元，2010 年侨捐公益事业超过 1.2 亿元人民币。2011 年侨捐兴办公益事业总额超过 2 亿元。

第三，利用企业的家乡情结，推动社会公益事业的发展。参与家乡的各类公益事业，是中国文化背景下的一种企业社会责任。晋江市慈善总会就是民营企业参与本地公益事业的重要平台。慈善总会 2002 年 12 月 18 日成立，

---

① 龚维斌：《“从晋江模式”看地方文化在经济发展中的作用》，《南京师范大学学报》2000 年第 6 期。

② 粘占良：《晋江慈善事业发展历史及其文化特点》，载于杨团、葛道顺主编：《和谐社会与慈善事业》，北京：社会科学文献出版社，2007，第 84 页。

到2012年5月31日已经募集善款15.5亿多元，累计投入6.82亿元开展“解困、助学、助行、助听、复明、慈善安居、扶助被征地低保人员养老保险、扶助低保人员参与新型农村合作医疗工程、关爱母亲工程”等慈善活动和公益项目建设①。

民营企业家是慈善总会的核心力量。在理事会成员中，85.5%是民营企业家，400多名永久名誉会长、荣誉会长、会长、副会长、常务理事、理事全都是民营企业家，并在13个镇，6个街道办事处设立慈善联络组，组长也是民营企业家。

慈善总会利用各种形式来提升民营企业家的社会责任意识。最成功的做法之一就是，呼吁他们做社会道德的楷模。2003年12月，晋江慈善总会向全体理事会成员发出移风易俗，婚丧喜庆节约简办，礼金捐作善款的倡议。如今，红白喜事献爱心，被越来越多晋江人接受。截至2012年2月，晋江慈善总会收到捐献的礼金已达6亿元。

这些民营企业家热心公益事业的行动得到了社会的充分肯定。比如多位企业家获得了“全国爱人捐助奖”、“中华慈善事业突出贡献先进个人奖”、“中华慈善奖最具爱心慈善捐赠个人提名奖”、“八闽慈善奖”等称号，成为其继续做好慈善工作的激励机制。社会的褒奖则在民营企业家中间营造了慈善竞争氛围，大家争相利用各种机会来表示自己对慈善事业的热心。近年，一些企业家在给父母做寿、子女办婚礼的时候相继捐出巨额款项，既表达了爱心，也宣传和提升了企业的社会形象。

第四，通过工业化、城市化来解决城乡协调发展。城乡差距的扩大往往是工业化、城市化的结果，根本原因在于农村成为了被剥夺的对象，而企业往往在这个过程中获得了劳动力和土地等重要资源要素，侵犯或者损害了农民的权益，其中，政府往往是企业的帮手或者支持者，从而使得农民与企业的矛盾扩展为农民与政府的矛盾。晋江在工业化和城市化过程中，努力将发展收益转向更多民众，以提高城乡发展的协调性②。

晋江的工业化具有鲜明的“内发外向”特征，即本土企业是工业化的

① 晋江市慈善总会：《发展慈善事业，构建和谐社会》，2012年5月31日。

② 陆学艺、王春光、胡建国：《县域现代化：破解中国城乡二元格局的关键——福建省晋江市调查》。

基本力量，本地民众是工业化的主要得益者。从 1978 ~ 2010 年，晋江农民人均收入增加了 110.8 倍，超过了万元，98% 的农村劳动力已转移到第二、第三产业，极大地缩小了城乡差距。1992 年撤县建市后，将整个县域作为城市来规划、建设，在公共设施建设、公共服务提供方面打破城乡界限，推动区域协调。1998 年晋江市在福建省率先实行城乡一体的低保。2006 年，在全省率先建立“凡征必保、即征即保”的被征地人员养老保险制度，在福建省率先实行城乡一体的新型合作医疗制度，覆盖率达 100%。在开展社会保障工作方面，晋江市高标准制定社会保障政策。在出台的《农村居民最低生活保障制度实施办法》中，对保障范围、保障标准的确定与调整、家庭收入的计算、低保资金的管理等都作了明确具体的规定，除低保资金全部政府自筹外，低保人员年均保障水平达到 3000 元，比福建省平均水平高出 1800 元。2009 年，在全国率先推行城乡一体普惠型养老保险制度。

民营企业在实现城乡协调发展中起到了积极作用。一方面，这些民营企业多是从乡镇企业发展而来的，有效地解决了当地农民的劳动力转移问题。晋江的营销大军主体都是本地农民。而外来投资和劳动力的增加，也给当地农民带来了土地租让、房屋出租等新的收入来源。另一方面，这些民营企业也通过多种形式来支持当地农村发展。比如在新农村建设中，开展“百企联百村、共建新农村”活动，以企带村、以村促企，支援新农村建设。2011 年，新培育村企“共建对子”10 个，成立村级投资公司 10 家，筹集建设资金 1.02 亿元，建设公共服务和基础设施项目 32 个。全市累计有 56 个村与 101 家企业结对共建，合作意向资金 6.01 亿元，已投入建设资金 1.81 亿元。开展“心手相连 · 未来无限”结对助学活动，引导民营企业家参与助学活动，资助学生 667 名，扶助金额 183.5 万元①。

2011 年 7 月，晋江市委进一步提出了“两坚持、两推进”的发展构想，即坚持两个发展方向——建设经济强市和打造幸福晋江，推进两个基本策略——产业提升和城市建设提速。晋江市的民生建设基本实现了“学有所教，劳有所得，病有所医，老有所养，住有所居”。

第五，保障外来工权益，塑造“新晋江人”。对于沿海发达地区来说，

---

① 晋江市委统战部：《凝聚力量发挥优势创新服务社会管理》。

大量外来工的涌入不仅带来了企业发展所需要的劳动力，而且也产生了一系列社会问题，尤其是公共服务的扩展问题。现有的财政体制决定了公共服务的支出主要是由当地政府承担，而享受公共服务的对象又是以户籍人口为主体。因此，要给大量的外来工及其家庭提供更多的公共服务，地方政府的财政支出结构就必须改变，支出水平也应提高。对于许多地方政府来说，这会是很大的财政负担，因此并不愿意主动承担。

晋江有着悠久的移民传统，有着包容的文化基因。早在改革开放初期，晋江就开始接纳外来务工人员。有研究表明，1978 年仅在陈埭、池店、青阳、磁灶、石狮、安海和英林等乡镇就有来自省内近 20 个县市及江西、湖南、四川、河南、山东、广西、浙江等地的约 4 万多名劳动力[①]。随着经济的发展，晋江的外来务工人员不断增加，外来人口达到了 100 万人，占福建省外来人口的 1/4。如此大规模的人口，既是当地经济建设的主力，也产生了一系列社会问题。当地政府认识到，要保持本地的经济活力和企业竞争力，就必须让这些外来人口融入本地社会，成为晋江城市文明的享有者。因此，当地政府提出，不仅要完善来晋江务工人员的各种社会保险和户口、子女教育、医疗、人居等公共服务保障措施，而且要积极倡导一种真正公平公正的社会氛围，引导社会各界克服地方保护主义，摒弃狭隘地方主义意识，消除排外思想，学会吸纳各种优秀外来文化，与本土文化进行充分交流、融合，形成具有晋江特色的现代城市文化[②]。

近年来，晋江社会各界，尤其是政府和企业更加非常重视外来工融入本地社会，成为“新晋江人”。2002 年在全省率先取消外来工子女借读费，2006 年又取消所有学生学杂费，分别比全国、全省提前两年半和 2 年实现。外来工子女在评优评先、入队入团、社会实践、升学等方面，享受同城待遇。2006 年，晋江开始全面推动“和谐劳动关系创建”活动，通过全面贯彻《劳动法》、《工会法》、《公司法》等法律法规，促使全市工业园区和产业集聚区的企业普遍建立“自我调节、平等协商、劳动保障制度落实、劳

① 阎浩：《晋江农业劳动力转移五十年历史考察：1936～1986》，《中国社会经济研究史》1992 年第 1 期。

② “贯彻实施《劳动合同法》构建和谐劳动关系”市总工会课题组，《晋江调研》2009 年第 11 期。

动关系双方实现双赢”的协调劳动关系长效机制。2007 年，新增 20 所外来工子女定点校和 2 所外来工子弟学校，解决 12.14 万名外来工子女就学问题。2008 年，实行 13.9 万名来晋江务工人员子女教育同城同等待遇，制定 20 条调解劳动争议措施以保障来晋江务工人员的合法权益。2009 年，晋江市委、市政府对外来工提出了“三不”承诺（即绝不让一名务工人员子女失去接受义务教育的机会，绝不让一名务工人员因恶意欠薪领不到工资，绝不让一名务工人员无法维权）。后来又提出了“流动人口服务管理 15 条”，加强对外来人口的服务和管理。[①] 据统计，2011 年，晋江市中小学及幼儿园学生 30.29 万人，外来工子女就达 15.72 万人，约占 51.90%。在整个“十一五”期间，外来工子女的入学人数从 5.6 万人增加到 15.72 万人，增长 180.07%。

许多企业在促进劳动关系和谐，保障工人权益方面也进行了积极探索。比如风竹集团党委牵头成立了“和谐企业创建领导小组”，建立职工健康与安全体系 OHSAS 18001 和社会责任管理体系 SA 8000，实施“关爱员工、培育人才”项目；安踏集团党委积极推动成立安踏红十字会，开通“518”（我要帮）热线电话；七匹狼集团党委联合工会成立“福委会”，公司员工的福利金人均达 7500 元/年；优兰发集团党委建立“党工团联合接待制度”，设立“总裁信箱”，实行“茶桌谈心法”，帮助维护员工合法权益；百宏集团党委提出“百宏要做员工的‘贴心棉袄’”，牵头筹集 300 余万资金修建了员工文化娱乐设施。

在经济增长过程中对社会的重视，使得晋江的发展具有了鲜明的包容性特点，即让经济增长的成果能够被更多的民众分享，保障社会弱势群体的基

① 即：在晋江务工、经商、创业的流动人口持有本市《暂住证》、符合相应条件的，可享受以下待遇：（1）劳动就业，申领工商营业执照等有关证照；（2）子女享有免费义务教育服务；（3）依法参加各项社会保险；（4）依照本市户口政策申请登记为常住户口；（5）享有劳动就业、租房信息、联系家政咨询服务；（6）享有纠纷调处、法律咨询和法律援助服务；（7）享有国家规定的计划生育生殖保健基本项目服务；（8）享有本市组织劳动就业培训服务；（9）按规定申办机动车驾驶证、行驶证；（10）按规定购买经济适用房、限价房；（11）享有儿童免费预防接种一类疫苗，到公立医疗机构分娩减免费用 300 元、手术费减免 20%；（12）享有参加职工医疗互助活动；（13）对贫困流动人口住院费用实行减免；（14）对有特殊困难的流动人口，根据实际情况给予适当临时困难救助；（15）对劳务纠纷案件，优先立案，优先审理、优先执行，并依照规定对诉讼费用实行减、免、缓交。

本权益。政府充分发挥了公共权力代表的作用，增强公共服务职能，引导和培育包容文化；企业则通过承担更多的社会责任，赢得了良好的社会声誉，得到了本地社会的尊重。因此，在经济发展过程中保障社会权益这个目标上，政府与企业达成了共识。

四 构建政企良性互动机制

“始终坚持加强政府对市场经济发展的引导和服务”是晋江发展经验的重要启示之一[①]。2008 年，中共晋江市委在总结改革开放 30 年经验的时候，提出“最深刻的感受是把政府引导、扶持和服务经济发展的作用与市场配置资源的基础性作用紧密结合起来，不断完善政府与社会、政府与企业各尽其责、互动联动的体制机制，促进企业做大、做强、做优、做活、做久，促进经济持续、健康、较快发展。”

晋江政企良性互动关系是逐步形成的，在这个过程中，政府、企业在发生着变化，它们对对方的期待和要求也进行着调整，因此互动的领域、方式以及内容也在不断地扩展和丰富。

政府的变化集中体现在政府，一直根据当地社会经济的发展进行着自我改革，并且追求改革的连续性和增量性，不因为领导人的变化而发生重大的调整。晋江市委在总结改革开放 30 年的发展经验时提出，“最宝贵的财富”之一是形成了“一届为一届打基础、一年为一年添后劲”的优良传统。过去多年来，许多地方的发展深受领导调整之累，不仅造成了发展连续性的中断，发展政策的反复变动，也形成了一些为了实现个人升迁需要的“政绩工程”、“面子工程”，浪费了资源，挫伤了当地党委政府的公信力。晋江历届领导人能够做到相互支持，不断发展，一方面说明了他们对于晋江发展过程中形成的基本经验和做法有着高度的共识；另一方面也说明了他们在决策过程中对于企业、社会的要求给予了充分的考虑和尊重。

企业的变化集中体现在随着企业对于市场认识的加深，自身管理水平的提高，他们对于政府有了更高的要求。企业是可以“用脚投票”的，他们

---

① 习近平：《研究借鉴晋江经验》，《福建日报》2002 年 10 月 4 日。

的投资选择往往会直接影响到当地政府的决策。在晋江，企业的两大变化尤其值得重视：一是企业实力的提升，经营范围的扩大，对当地政府不断提出新的要求。进行21世纪以来，晋江的企业实力发生了质的改变，不仅涌现了许多知名的规模企业，而且有30多家上市企业，在“晋江制造”的基础上实现向“晋江创造”的转变。据统计，晋江现有规模以上工业企业1478家，占全部工业企业总量的1/5，企业集团55家。其中产值超亿元企业480家、超10亿元企业37家、超20亿元企业14家，年产值超40亿元的企业取得零的突破，总数达到了3家，纳税超千万元企业41家、全国大中型工业企业337家（其中15家大型工业企业），规模以上产值占工业总产值比例为90.2%。二是企业对政府的“示范”效应初显，即企业思维和行为方式对政府产生了影响，并推动了后者的改变。这种变化是非常深刻的。晋江政府对于企业的发展一直发挥着思维超前，引导推动的作用。但是随着企业实力的增强，管理水平的提高，国际化程度的提升，企业的行为也开始影响政府。比如安踏集团对于“名人广告”效应的成功利用，为晋江市的“品牌立市”战略提供了重要案例；恒安集团的上市举措，推动了晋江市加强资本运作，打造“晋江板块”战略的形成。这样，在政企互动中，企业对于政府形成了“推—拉”作用。

而随着企业的发展，晋江的政企关系也由早期的政府强力主导向影响均衡转变。对于政府来说，企业既是本地经济社会发展的支撑，也是政府改革调整的推动者，更是政府学习的对象；对于企业来说，本地政府既能够提供良好的经营环境，也是自己克服困难的有力支持，更是自己与本土社会保持密切联系的中间纽带。因此，政企良性互动主要是在五个层次上进行的。

第一，共识互促。对于整个中国来说，发展已经成为了政府与社会的基本共识，因为只有“发展仍然是解决我国所有问题的关键”①。尽管如此，对于各个地方来说，由于所处阶段、掌握的资源以及面临的问题的差异，使得各地选择的发展重点、发展路径、发展方式也有很大的不同。在晋江，改革开放以来，经过30多年的发展，通过大力发展民营企业带动社会经济的发展已经成为了政府、企业和社会的基本共识。这种认识的达成既得益于民

① 胡锦涛：《在庆祝中国共产党成立90周年庆祝大会上的讲话》。

营经济自身的不断发展壮大，也得益于当地政府对本地发展条件的客观分析、对国家宏观政策的理性判断以及重要阶段发展中自身富有勇气的决策。政府积极为企业发展创造良好环境，引导企业的升级转型，比如在20世纪80年代对企业产权的保护，90年代以来对企业管理水平的提升、产业聚集的支持，产品质量的重视，21世纪以来对品牌意识的打造，对企业转型的推动等。晋江的几万家企业，绝大多数都是生于斯长于斯的企业，对于家乡有着浓厚的感情，与当地政府建立了融洽的关系。即使那些已经实现了集团化乃至国际化的大型企业，也对家乡有着割舍不断的情怀，愿意回应当地政府提出的要求。

共识的基础是相互的信任。信任也是政企互动的深厚基础。政府对民营企业的信任，首先来自其对民营企业在本地发展中作用的确认，其次来自民营企业自身发展对本地社会经济发展的巨大贡献。而民营企业对政府的信任，则源于政府比较合理地界定了政府与企业之间的关系，并且能够及时地解决企业发展面临的“外部性”问题，比如信息问题，产业的配套问题，市场体系尤其是资金市场建设问题，工业园区建设问题，城镇化和城镇发展规划问题，资源配置整合的问题、中小企业投融资保障体系和社会化支持服务体系问题。

共识是在政企双方有效沟通的过程中形成。除了利用人民代表大会、政治协商会议、工商联、个私协会等正式制度化渠道来为企业提供表达诉求的渠道外，晋江市党委、政府还采取干部挂钩企业、提供个性化服务等方式，了解企业需求，将各项政策措施传递给企业。在沟通的过程中，除了重视规模以上企业外，也重视中小型企业，并通过提供融资渠道、搭建与大企业的生产联系等措施为这些企业服务。

第二，功能互补。政府和企业是市场经济的两个基本主体，促使政企分离也是中国改革的重要内容。在晋江，大部分企业是民营企业，因此政企关系改革的重点不是职能分离，而是功能互补，即政府要充分发挥创造良好发展环境、提供优质公共服务、维护社会公平正义的职能，通过建设服务政府、责任政府、法治政府和廉洁政府，为企业的发展创造条件。

在改革开放初期，晋江政府通过允许企业戴“红帽子”、“洋帽子”，起到了保护的作用。1989年后，当时的县委县政府冒着的极大风险，制定了保护刚刚起步的民营经济发展的“非常”措施：为民营经济企业戴上集体企业、外资企业、三资企业的“红帽子”、“洋帽子”，巧妙地为企业“化妆”，继续“搭台”，帮助企业“登台唱戏”，以争得民营企业生存与发展的权利。在此期间，晋江先后有4800多家民营企业戴上了“红帽子”、“洋帽子”，躲过了一劫。后来，又通过大张旗鼓地宣传乡镇企业、经济能人，培养了发展经济，善待企业家的风气。

晋江建市后，政府的职权得到了扩充，职能的发挥更加主动，实现了从“无为而治”到“有为而治”的转变①。当地政府是这样理解市场经济条件下政府权责作用的发挥的：政府不直接管理和干预经济并不等于“无为而治”，而在于该“到位”的必须“守土有责”、该“退位”的必须简政放权，该“有为”的必须全力以赴、该“无为”的必须顺其自然②。晋江市委、市政府提出，政府要主动发挥三个方面的职能：在正确引导产业上“到位”，在合理配置资源上“有为”；在营造产业环境上“到位”，在推动企业创新上“有为”；在转变政府职能上“到位”，在改革行政许可上“有为”。

在这三种职能中，第三种职能的实现是最基础的，也是最艰巨的，一方面转变职能意味着要理清政府与市场、企业的边界，这是市场经济良性运行的前提和保障；另一方面要转变职能，就要对政府自身进行改革，约束政府的权力。中共晋江市委、市政府一直在积极推动行政体制改革。2002年5月，晋江被确定为全国5个深化行政体制改革和机构改革试点单位之一。2004年，福建省委、省政府又批准了晋江市创建公共行政体制改革的试点方案。晋江的政府改革获得了更高权威的支持，并且具有了全国样板的效果。

2002年，晋江成立了市行政审批服务中心，入驻中心的部门及事项由成立伊始的16个部门180个审批事项发展到如今的30个部门354个审批事项。截至2012年，共进行了10轮改革，压缩审批时限2501个工作日、精简材料357份、合并削减事项334项，削减率达49%。相关审批部门的审批职能向专职部门、行政中心集中。住建、国土、环保、经贸、卫生、发展

① 贺东航：《地方社会、政府与经济发展》，中国社会科学出版社，2011，第179页。
② 龚清概：《政企互动推动区域产业集群发展》，《发展研究》2004年第5期。

改革、工商、民政、农业、质监、安监11个部门，按审批、监管、服务重新划分科室和职能分工，将原分散于内设各科室的审批职能、权力集中专设审批科，从原单位剥离进入中心运作，即审批人员进中心到位、审批链条进中心到位、审批权限下放窗口到位，推动后续部门科室把工作职能重心转移到监管、执法服务等政府职能的薄弱环节上。审批事权向乡镇下放。2011年以来，为了调动基层积极性和提高效率，中心与各进驻部门深入探讨、反复论证，选择6个部门40个审批事权下放或服务前移到镇级，充实镇级审批权限和服务职能，进一步方便企业、群众办事。此外，近年来，为了配合市委、市政府的中心工作，行政服务采取了多项举措，主动为企业发展服务。比如，开展全员挂钩服务企业、服务项目活动。设立政策咨询9号窗口，指定专人，为企业、群众提供农业、工业、服务业、人才引进、科技创新能力建设等相关鼓励扶持政策的咨询服务，帮助企业对接优惠政策，架设企业与部门沟通桥梁，促进政策落实兑现。成立“企业之家”，为企业提供预约办理、政策信息和沟通协调服务。开通“企业服务专线”，倾听企业呼声、方便企业咨询、解决企业难题、畅通企业诉求渠道。

第三，决策互动。通过有效的渠道将利益相关者纳入政府决策过程之中，有助于提高决策的科学化和民主化。企业作为重要利益相关者，既是政府决策的参与者，也是执行者。在晋江，由于大部分企业都是从本地生长起来的，而当地党委政府的主要领导也多是来自泉州地区，所以政企之间有着天然的密切联系。这样就使得企业既是党政决策的重要相关者，也是决策的执行者。

除了安排企业家进入当地人大、政协参政议政外，政府与企业在决策过程中还有诸多正式和非正式的机制。比如，通过组织对企业家的培训，将政府重大决策的想法传递给对方，通过举办企业家论坛，将企业家的诉求传达给政府。2004年，晋江实施“500名优秀企业家培养工程”和“3000名专业技术人员再学习工程”，与北京大学管理学院联合开办“总裁进修班”。通过这些培训，政府将推动企业产权明晰的重大决策设想有效地传达给企业，企业也在学习的过程中更好地理解了这些重大决策的意义。近些年来，晋江市委、市政府坚持定期召开异地商会会长联谊会议。每年围绕一个主题，召开全市工商界千人大会，规划年度产业经济发展方向，并出台相应的政策。仅2009年，晋江市政府就出台了9个系列，19份经济发展扶持政策，包括《关于加快工业经济转型升级的若干意见》、《关于深化品牌之都创建工作的若干意见》、《加快晋江总部经济区发展的实施意见》等，这些政策的出台积极推进了产业结构调整，提高了产业内部专业化生产和社会化协作的密集度，促进了集群内企业创新互动和竞争协同。

晋江市的企业上市战略是政企决策互动的典型案例。恒安集团在香港的上市成功，以及江苏省江阴市"江阴板块"的建立给晋江市很大的启发。2001年初，借着国家推进国企股份制改革之机，晋江在福建率先成立企业上市工作领导小组办公室，推出"双翼计划"（品牌经营、资本运营）培训班，时任晋江市市长的龚清概给企业家逐一打电话动员，随后企业上市工作领导小组办公室上门跟进"做工作"。晋江市政府专门出台《关于进一步推进企业改制上市工作的意见》，对晋江企业改制上市制定了一系列的扶持措施。晋江市政府将设立专项扶持资金，拨出1000万元设立"晋江市企业上市发展专项资金"，之后按每个纳税年度全市股份公司新增税收的一定比例增拨，专项用于扶持企业改制上市。实施财政资金补助、设立晋江企业上市专家顾问组、开通行政审批"绿色通道"，可随时召开党政联席会议"一企一议"。晋江市还连续三年完善《关于进一步推进企业改制上市工作的意见及其实施细则》，加大上市补助与奖励力度，扶持资金累计达5000多万元。随着上市企业综合效应的显现①，越来越多的企业加入到上市筹备工作中。据介绍，晋江上市后备企业已由2006年的40家增至目前的80多家。目前，4家企业的上市申请材料已报送中国证监会审核，2家企业将于近期在境外上市，20多家企业启动改制上市实质工作，30多家企业正谋划上市。后备企业除了集中在纺织服装、鞋业、食品、伞业等晋江传统优势产业外，也呈

---

① 晋江市政府企业上市工作领导小组办公室副主任刘向阳说："晋江民营企业的上市后劲足，首先得益于已上市企业产生的示范作用带来的驱动力。一批在2000年前后较早上市的企业案例表明，他们不仅成功募集了巨额资金，更重要的是规范了管理，率先引入了职业经理人制度，业绩大幅增长，企业迅速做大做强了。目前，晋江老板越来越认同上市会给企业带来较大的正面作用。另外，上市公司的规范经营会给整个行业的参与者带来'倒逼机制'，随着龙头企业的上市，一大批产业链上下游中小企业也从中受益，进而推动整个产业的转型与升级。"引自《资本市场形成"晋江板块"　上市公司县级市最多》，《海峡导报》2011年1月6日。

现出向电子、机械、光伏等新兴行业延伸的态势。

截至2011年12月，晋江已成功培育36家上市公司，其中4家公司在国内A股上市、11家公司在香港上市、6家公司在新加坡上市、5家公司在马来西亚上市、4家公司在韩国上市、4家在美国上市、1家在我国台湾上市、1家在德国上市，初步形成区域特色鲜明的资本市场板块。晋江36家上市公司通过资本市场募集资金折合人民币约200亿元，总市值超1800亿元。2011年上半年晋江34家上市企业累计实现规模以上工业产值255.29亿元，同比增长44.9%，占全市规模以上工业产值的比重达25.6%；90多家上市后备企业实现规模以上工业产值202.15亿元，同比增长20.6%，占全市规模以上工业产值的比重达20.28%；晋江上市和上市后备企业的工业产值占全市比重达到45%。在上市和上市后备企业的推动下晋江经济多年保持两位数的快速增长，在全国百强县市综合排名中已连续十年名列第5至第7名。

第四，平台共建。共同的事业和共同的项目是政企良性互动所依赖的平台。通过参与这些事业、项目，政府与企业可以利用各自优势，弥补相互不足。在晋江，政企互动的平台有多种形式，除了经济建设方面的平台外（比如工业园区共建），最突出的一个平台是晋江市慈善总会。慈善总会于2002年12月18日成立。经晋江市人大常委会批准，每年的12月18日被定为“晋江慈善日”。

慈善总会作为政企互动平台，有三个方面的突出特点：一是组织结构上政企共治，企业为主。慈善总会实行理事会制度，共有453个单位和个人，其中市委、市政府领导及有关部门占理事会总人数的14.5%，民营企业家占85.5%。内设监事会，由市政府分管领导兼监事长、检查局长为副监事长，宣传、审计、财政、民政、退休老同志及民营企业家为监事。二是政企合作共同支持平台发展。慈善总会除了接受来自企业的大量捐赠外，还获得了市委、市政府的支持。在慈善总会2004年的收入中，包括晋江市政府专门拨款作为慈善总会基金的1000万元，还包括了晋江市直属单位及个人的慈善捐款，数目也相当可观，共614.62万元，占5.64%[①]。政府还通过其

① 张禹东等：《晋江慈善总会发展现状分析》，《福建省社会主义学院学报》2009年第3期。

他方式来支持慈善总会。比如，市政府支持慈善总会负责的公墓区建设、殡仪馆建设。三是利用救助活动配合和支持政府工作。虽然晋江市政府每年投入大量资金建设社会保障体系、最低生活保障制度以及救灾救济制度，但是依然有许多困难群体得不到救助。慈善总会成立后，积极开展“解困、助学、助行、助听、复明、慈善安居、荧屏文化、扶助被征地低保人员养老保险、扶助低保人员参与新型农村合作医疗、关爱母亲工程”等活动，共投入 6.82 亿元，解决了 13645 人生活难、就医难问题，扶助 9772 名学生圆了上学梦，为 593 名特困残疾人配了轮椅，装了假肢，为 1295 名特困白内障患者进行了手术，为 299 名无房特困户和 100 名五保户建了房。

第五，困难共克。市场经济是风险经济，如何应对风险是政府和企业共同面对的问题。尽管要遵循市场规律，但是没有一个政府愿意看到本地企业的经营受挫，甚至倒闭，因为这不仅会影响地方财政收入，也会造成失业问题，从而可能引发连锁的社会政治后果。晋江政府在企业发展过程中，长期发挥着保护和引导的作用，并且通过给企业“戴帽子”、“摘帽子”等一系列重大政策形成了相互信任、团结协作的精神。随着企业实力的增强，其活动范围和影响力远远超出了晋江，但是市场波动对晋江经济的影响也更大更复杂，这给政企合作共同应对风险提出了新的挑战。

2008 年全球金融危机的爆发，对已经高度国际化的晋江经济产生了巨大冲击。这时，晋江政府和企业的合作精神也充分展现出来。一方面，政府及时出台各种政策措施，帮助企业应对危机，走出困境。2008 年，晋江市委、市政府先后出台 9 个系列 19 份经济发展扶持政策，兑现奖励资金 3.1 亿元。加强财政扶持出口政策，提高企业赴国外参展展位补贴标准和重点出口企业出口奖励标准，对企业购买出口信用保险保费给予 20% 补贴（省级补贴 40%，泉州市级补贴 20%，合计补贴 80%），对参加商务部国际电子商务平台且符合规定条件的每家企业给予一次性补贴 1 万元。推进中小企业集合发债，发挥小额贷款公司、担保公司、创业投资公司的作用，鼓励金融机构扩大信贷规模。加快标准厂房建设，制定政策引导中小企业入驻。建设行业研发中心、科技咨询服务等科技公共服务平台，满足企业特别是中小企业技术创新需求。加快技能人才队伍建设，实施劳动力技能提升工程，组织用工服务“双挂”活动，鼓励企业重点面向“珠三角”、“长三角”等地区招聘人才。

另一方面，充分发挥晋江企业本土化、实体化优势，鼓励团结协作、抱团发展。在2008年金融危机中，晋江市品牌企业表现出了“草根经济”抗风险能力的韧性，绝大部分驰（著）名商标品牌企业逆境成长，2008年的销售额平均增长在30%左右。同时，100多家内销型品牌企业，调拨贴牌生产业务给出口型中小企业，支持和带动这些企业“出口转内销”渡过金融危机的冲击。相比较来看，在国际金融危机持续影响的2009年，广东东莞GDP增幅5.3%，财政总收入增幅4.5%；而晋江GDP增长了12.5%，财政总收入增长了13.8%。[①] 福建省省长苏树林在晋江调研的时候，高度赞扬了晋江企业家的精神。他说，这些民营企业家会识“天象”，具有敏锐的市场洞察力和长远眼光；会看“风水”，能看到和发挥自身优势，做成做大自己的产业；赶走“夜路”，胆大艺高，敢冒风险，勇于担当，善于探索，能够立于不败之地；敢闯“激流”，在关键时候敢于亮剑，爱拼善赢[②]。

2009年以来，晋江市大力推动“回归”工程，创造有利的环境吸引已经走向全国和国际的本地企业回归家乡，实现“产能回归、税源回归、资金回归、总部回归、人气回归”，并且依靠他们来实现“第二次”创业，推动本地“产业提升，城建提速”。

2011年启动民营企业的“111”人才工程，计划在5年内，系统培训100名企业家、1000名高管、10000名管理和技术骨干。2012年，为推动企业的“二次创业”，更有效地提高能力，晋江市委开始在全市范围推广“恒安经验”和“安踏经验”。“恒安经验”的核心是持续创新、精益管理、提升效益，增强企业核心竞争力；“安踏经验”的核心则是资源整合、品牌提升、人才培育。管理意识和品牌意识是晋江企业最为缺乏的要素，但也是应对市场竞争和市场风险的重要依仗。

五 讨论：以社会发展为导向的政企互动

改革开放以来，中国各地先后涌现出不同的发展经验或者发展模式，有

---

① 晋江市工商局课题组：《实施商标战略与晋江县域经济发展》，《晋江调研》2011年第1期。

② 周琳：《苏树林赴晋江调研强调认真学习和推广晋江经验》，《福建日报》2011年4月14日。

兴有衰，但是晋江模式能够坚持下来，并且不断升级转型，充分说明了晋江的发展符合社会主义市场经济的基本规律，适合当地的具体条件，适应了不断变化的国内国际环境。坚持社会发展导向的政企互动是晋江模式实现可持续的重要因素。

晋江市党代会在2008年总结晋江30年改革开放经验的时候，提出“最核心的理念是始终坚持以人为本，切实做到发展为了人民、发展依靠人民、发展成果由人民共享，不断把经济成果转化为民生福祉，促进共同富裕。”对于晋江来说，这个核心理念不仅是响亮的号召，更是切实的实践。这既是晋江政企互动的目标，也是保障互动的可持续性的条件。

固然，晋江的政企良性互动尤具独特性，集中体现为企业的高度本土化和政府发展策略的连续性。晋江的民营企业从小到大，从少到多，从弱到强，从国内经营到跨国发展，大部分从事制造业，尤其是与日常生活密切相关的产品，深深扎根在本地，依赖本地发达的产业集群。再加上传统文化的深刻影响，这些企业愿意参与家乡的发展建设。对他们来说，与家乡保持密切联系，既是对家乡的情感眷恋，也为了获得家乡人的尊重，实现荣耀个人和家族。晋江的决策者在改革开放以来，一直把服务企业、发展企业作为当地发展战略的核心内容，既没有因为国内政策的变化而改变对民营企业的态度，也没有因为民营企业的做大做强，而心生恐惧，甚至进行干扰阻挠，反而会根据经济条件的变化，主动调整自己，改革自己，以更好地服务企业。因此，有着社会责任意识的企业与充满公共精神的政府才能够形成良性互动，相互支撑，形成发展的合力。

尽管如此，晋江的发展经验验证了本文第一部分提出的三个假设。晋江的成功充分证明了政企良性互动既是现代市场经济有效运行的必要因素，也是一个地方实现经济社会协调发展的重要条件。

对于晋江来说，要继续保持政企的良性互动，需要重点做好三个方面的工作：

首先，要维护良好的市场经济。市场经济不是天然形成的，而是通过制度构建起来的。良好的市场经济是公平、竞争、开放的，以企业为活动主体的。这也决定了政企互动过程中，既要发挥政府的应有职能，也要充分尊重企业的权利。对于晋江来说，如何处理好本地企业与外来资本，尤其是其他类型投资之间的关系，是一个新的难题。

其次，要培育团结的社会精神。以社会为代价换来的经济高速增长，是不可持续的。要尽可能地使经济增长带来的收益扩散到更多的人群中，减小社会差距，保护脆弱群体。只有这样，才能使政企互动不堕落为政企合谋，并且培育出社会对政府和企业的信任。在人口高度流动的条件下，保护外来劳工的利益，使外来人口融入本地社会，并且提高社会的组织化水平，是一项非常艰巨而重要的任务。

最后，要提高政企互动的制度化。政企互动是需要渠道和机制的。本地企业与本地政府之间有着天然的沟通渠道。但随着企业的发展，尤其是本地政府官员构成的变化，原来以地缘、情缘为基础的天然沟通渠道的效力就会逐渐弱化，因此要建立制度化的互动渠道和机制，既要保持政企互动的畅通，又要保证不同类型企业都能与政府进行有效的沟通，维护不同企业表达诉求的平等权利。在晋江，要根据社会经济发展的要求，进一步调整政企关系，转变政府职能；要在商会、慈善总会这些政企互动平台的基础上，继续推动不同类型企业建立协会，增强企业的社会责任，推动中小企业利益的表达。

福建省委书记孙春兰在谈到晋江在新时期的发展时指出，“要善于凝聚强大发展合力，以人为本、共建共享，促进政企良性互动，形成推动发展的强大合力。”因此，要提高政企互动的可持续性，就必须从整个社会的利益出发，用社会利益来引导和约束政府与企业，实现政府、社会、企业的和谐共存，共同发展。

为民建城　和谐征迁*

征地拆迁（以下简称征迁），人称“基层工作第一难”，但是敢于拼搏的晋江人民，在“第一难”面前进行了一场颇为成功的“攻坚克难大会战”。自2009年下半年以来，晋江在城建提速、拆迁安置过程中，“梅岭组团”198万平方米，仅用51天就完成拆迁；“滨江组团”37.5万平方米，仅用50天；磁灶延泽街片区14.5万平方米，仅用28天；“城北组团”119.6万平方米，用70天左右便完成签约937栋，签约率99.79%……三年来，晋江全市共完成拆迁800多万平方米。晋江这么大规模的拆迁工作，在全国少见。更让人难以想象的是，这么大规模的拆迁，晋江实现了“零强拆迁、零上访、零事故”。这就是晋江人民创造的“和谐征迁”所展示出来的巨大力量。福建省委书记孙春兰、省长苏树林为此专门批示。福建省政府办公厅下发通知，在全省全面推行“和谐征迁”工作法，要求做到主要领导“五亲自”、工作班子“五尽心”、组织实施“五到位”、安置补偿“五严格”和征迁安置“五满意”，不断提升和谐征迁工作法的实效，最大限度地维护社会和谐稳定，促进福建在更高起点上科学发展、跨越发展。

那么，晋江市委、市政府又是如何为民建城的？晋江“和谐征迁工作法”又是如何创造的？其精神实质是什么？其对晋江的未来发展乃至对全省各级各部门开创工作新局面、谋划科学发展、跨越发展新态势又有什么启迪意义？为此，调研组一行走进晋江，就晋江“为民建城、和谐征迁”课题进行深入解剖、透析，力求解开这些谜团。

---

* 本文作者：福建省政府发展研究中心课题组卓祖航、蒋淞卿、赵智杰、朱毅蓉。

一　为民建城

1. 转型升级呼唤新城

晋江，一个享誉世界的名字。连续 18 年领跑福建县域经济的晋江，一直是福建经济发展最快、实力最强、最具活力的地区之一。资源禀赋、经济基础等条件并不算优越的晋江，能够在改革开放中率先走出一条符合实际的乡村工业化道路，并造出享誉海内外的“晋江模式”，这无疑为福建乃至中国其他地方经济发展提供了宝贵借鉴。在城市建设方面，晋江市委、市政府也是长年累月，不断加快城市改造更新步伐，一个改革开放之初的农村小镇已经发展成为初具规模的现代化都市区。但晋江毕竟是靠“草根”起家的农业县，城市建设基础薄弱，和中国大多数小城镇的工业化道路相似，即以乡镇企业和开发区作为承载工业化的主要平台，形成了被动的粗放式的“城镇化”，导致城市化滞后于工业化。晋江的百姓也深深感到：虽然“腰包鼓了，穿着靓了”，但“城不像城、村不像村”的城市面貌急需改变，这和作为 39 家上市公司以及 126 个国字号品牌企业总部所在地的形象很不相称，不仅影响人居环境质量，而且阻碍产业转型升级和经济发展方式转变，直接影响着企业吸引人才、留住人才，影响着高新企业进驻，面对晋江旧城市格局和基础配套所带来的不便，一些企业不得不把运营总部搬出了晋江。城市化相对滞后，城市功能、市政设施、市容环境、公共服务等已很难适应晋江转型升级、科学发展的要求。

2. 顺势而上，城建提速

晋江的领导们意识到，在泉州环海湾中，晋江占据重要位置。只有找准站位，主动作为，才能在新一轮区域发展竞争中抢占先机，赢得主动。破解城市化滞后这一难题，长痛不如短痛，小打小闹、修修补补不如顺势而上、提速突破，晋江下定决心，把推进城市化作为加快转变经济发展方式的重要切入点，快速掀起新一轮的城建高潮。2009 年，借着国务院支持海峡西岸经济区建设的东风，晋江市委、市政府针对城市化滞后的实际，确定了“产业提升，城建提速”的发展思路，决定开展新一轮的城市建设，将通过高密度、快节奏、组团式的城市更新与建设，把晋江建成一个宜居的滨海园林城市，晋江城建提速的大幕由此拉开。

自 2009 年开始，按照中等城市的标准和“全市一城”的理念，晋江的城市建设高起点、高标准地进行综合规划。围绕建设“现代产业基地，滨海园林城市”，晋江将全市划分为三大主体功能区：中心城区主体功能区，突出商贸宜居功能；晋西北主体功能区，突出产业功能；晋南主体功能区，突出旅游休闲功能，打造滨海运动休闲产业带。

规划还将全市分为以“梅岭组团”为首的“九个组团”和道路交通、生态环境“两大体系”，策划生成 302 个城建项目，总投资 1836 亿元，总用地 6 万亩。九个组团用于承载不同的城市功能，以成建制组团式运作推进城建。比如梅岭组团就是以商贸服务及楼宇经济等第三产业为主，同时腾出 126 亩的城市中心地段，筹建“五店市传统街区”，引入商业开发，总投资约 4 亿元。最具地标性的是滨江组团，这里旨在打造泉州“陆家嘴”，同时也将成为泉州及晋江地标性建筑最多的地方，楼高均在 100 米以上，其中泉商大厦，双子连体塔设计，高达 130 米；世贸中心大楼建成后，可达 180 多米。与此同时，还有以商贸、楼宇经济及文化创意产业为主的青阳组团；以池店为中心的城北组团；晋江南翼城市次中心的金井组团；千年古镇的安海组团、磁灶组团和东石组团；物流集散中心的内坑组团。

除了九个组团，在城市建设上，晋江还将围绕“一核两翼”布局，组团式推进城市更新。“一核”，即做大做强中心城区，围绕“一核”，晋江的晋阳湖、八仙山、罗裳山、竹树下公园、泉安北路、风池路改造等 69 个项目建设正在推进。“两翼”，就是南翼和西翼，涉及以金井组团为中心的晋南区域和以安海组团为中心，包含磁灶组团和东石组团的晋西北区域，这其中，涉及 141 个项目建设。未来将按照精品小区、示范小区的标准建设 30 个安置区。

3. 以人为本，为民建城

建城就需要拆迁。晋江以一核两翼、九个组团和“两大体系”（即道路交通和生态环境）为主体的城建，总投资达到 1000 亿元，总用地约 6 万亩，需要拆迁 700 万平方米，涉及 4 个镇、街道，15 个村、社区，4100 多幢房屋、5800 多户人家、2 万多人口，160 家企业。如此大规模的征迁，真可谓是任重道远。

众所周知，城市进化过程中面临的拆迁问题往往是所有地方政府感觉最为头疼的事情。晋江面对如此繁重的征迁任务？怎么办？晋江市委、市政府认为，欲攻坚克难，首先必须树立全新的理念，这就是——以人为本、为民建城！

事实证明，这一理念是晋江城建提速得以顺利展开、迅速取得成效的最重要因素。

首先，晋江从具体片区的规划上，让群众真正感受到政府是为民建城、公益至上。在具体项目的规划上坚持“三个先行”，即：坚持安置房建设先行、大型基础设施先行、公建项目建设先行。按照这一理念，晋江拿出最好的地块建设安置房，拿出黄金地块建设文教卫和公园绿地等公共服务配套设施。比如位于市中心区的梅岭组团，真正用于商住房开发的用地只有1600多亩，仅约占22%，目的在于为征地拆迁安置改建筹措资金，走“以城养城”的路子，而绝大部分土地都用作了学校扩建、医疗卫生、市政公用设施、城市景观、文化保护等公共用途。

其次，科学的征迁补偿方案是征迁工作顺利推进的又一关键点。在正式征迁之前，各组团指挥部、征迁工作组、征迁业务人员和法律专家就对方案进行充分讨论，确保方案科学合理。改变了以往“政府单方制定，群众被动接受”的传统模式，通过民意访查使拆迁户真正成为平等对话的对象。晋江这几年出台的每一份征迁方案，都是经过近百次不同规模的大小会议、数十次修改完善形成的，最大限度地尊重民意，吸纳群众提出的合理意见。记者在一份厚达30多页的方案中看到，大到产权确认，小到电话移机，都有详细规定。在拆迁过程中，如果标准前后不一，先搬迁的“老实人”往往吃亏，后搬迁的“钉子户”反而得利，将导致政府公信力受损，群众迟疑、观望，拆迁工作举步维艰。因此，在各个项目的征迁工作中，晋江市都确保补偿标准一以贯之。晋江市在征迁工作中坚持“一把尺子量到底”；全面公示奖励办法、选房顺序号、困难户申请名单等征迁信息，接受拆迁户监督；对征迁过程中遇到的重大事项，特别是涉及群众利益的敏感事项都由集体研究决定；对征迁环节全程监督，保证征迁过程中的公正、廉洁。干部工作“一碗水端平”，没人搞特殊，群众心里也就平衡了。

现在，晋江市区建成区面积已从44平方公里拓展到72平方公里，人均公共绿地面积从8.55平方米提高到11.87平方米。城镇化又反过来促进产业转型和人才集聚。361度等晋江本土品牌企业纷纷在家乡巨额增资扩产；

征迁工作人员耐心为群众解说

征迁工作选房公开透明

早就闻名全国的晋江磁灶“万人供销大军”，不久前也抱团返乡，投资30亿元，在晋江兴建“福建海西建材家居装饰交易中心”。“可以说，晋江城市环境和居住品质已得到明显的提升，城市靓了、品位高了、人气足了，”泉州市委常委、常务副市长、前任晋江市委书记尤猛军说，“城建提速的胜利曙光已经显露”。

二　领导挂帅

“政治路线确定之后，干部就是决定的因素”。晋江市委、市政府在征迁工作中切实发挥了主体作用，主要领导带头抓，把征迁工作摆在重要位置。

1.“五亲自”实现征迁工作有力领导

晋江和谐征迁的一条重要经验是征迁工作中的主要领导“五亲自”。主要领导亲自调研征迁现场，通过召开座谈会、走访被征迁户等多种形式，听取征迁工作情况，了解被征迁群众的建议和诉求，引导群众、发动群众，为顺利开展征迁工作打好基础。主要领导亲自研究征迁方案，组织深入调查，制订科学合理的征迁方案，明确工作计划、工作要求、职责分工和保障措施，确保有计划、有步骤地推进征迁工作。主要领导亲自协调重大问题，对涉及征迁补偿具体标准、企业和集体资产补偿、征迁补偿费用的分配和使用等重大事项，要召集相关部门统筹协调、逐一解决。主要领导亲自督促征迁进度，动态掌握征迁工作进展情况，狠抓工作计划和措施的落实。对征迁关键节点，深入一线指挥调度，加强指导，增强合力，综合运用各种手段，依法高效地加大推进力度。主要领导关怀工作人员，经常亲自过问征迁工作人员的工作和生活，注重在征迁工作一线中发现、培养和考察干部。对群众观念强、善于做群众工作、化解矛盾的工作骨干，在评先评优、提拔交流等方面予以优先考虑。

领导挂帅一线，实行指挥部党委书记负责制。市四套班子党员领导挂帅“十大组团”，带头协调重大问题、做好群众工作、执行征迁制度，在一线创设出“七个同步”工作法，同步推进策划项目、规划设计、推介招商、手续报批、征地拆迁、配套建设、安置建设，保证城市建设整体速度。

注重力量整合，突出责任包干落实。一是“一把手”亲自抓、各套班子一起上。前期项目策划生成、启动实施以来，市委书记多次亲临一线关心、指导工作，听取工作汇报，及时协调解决问题，并亲自参与征迁补偿方案、改建规划方案研究。各位副总指挥始终坚持一线指挥、一线研究解决重点难点问题。二是成建制责任包干到底。各成建制单位都集中抽调精干力量，脱产专职投入动迁工作。所有成建制单位主要领导（镇长、书记、局长）作为安征迁工作的第一责任人，到动迁工作后期，都亲临一线，亲自指挥，全力推进征迁工作。

2. 领导带队实现征迁责任包干到底

晋江市“和谐征迁”一个具有创新意义的做法是在征迁过程中，以“组团”形式成建制包干。2009 年，晋江市成立了“城市建设管理领导小组”，由市委书记亲自任组长，统筹解决全市城建过程中经营运作、人力资源配备等问题。下面分成九个组团，十个片区，均成立指挥部，每一个指挥部的总指挥、副总指挥均由市领导担任，并且从全市抽调大量精兵强将、业务骨干直接参与动迁工作。抽调的干部全部深入一线，全员参与征迁工作、参与项目落实。

以成建制落实单位责任包干。采取“打大战役”的办法，组团式布局、兵团式作战，先后从各镇街道和市直属机关等成建制单位抽调党员干部 2500 人次，分赴十大城建组团，并将征地拆迁、项目建设任务逐级分解，成建制单位全面承担、包干到底，在规定时间保质保量完成所承担的任务。

三　得力团队

古人云：国之兴，在于政；政之得，在于人，只要“人心齐”就能“泰山移”。要完成一项繁重而艰巨的任务，需要有强有力的队伍来组织、落实。

1. 科学设置征迁机构

面对晋江有史以来最大规模的城市建设浪潮，晋江市委、市政府把创新组织工作与城市中心建设紧密结合起来，对全市资源进行科学统筹、合理分配，形成一个由各部门组成的得力团队投入到城市建设一线。

（1）构建层次明晰的组织机构。在市委、市政府的统一领导下，创造性地建立“城建领导组—组团指挥部—安置征迁工作组—动迁小组”成建制工作格局。城市建设领导组组长由市委书记直接挂帅，统筹解决全市城建过程中经营运作、人力资源配备等问题；组团指挥部配置一个总指挥、若干个副总指挥，由市四套班子成员担任；组团指挥部相应设置监督组，聘请退休的市领导出任监督组长，负责全程监管把关；指挥部总部内设指挥部办公室，下设各职能部门，有综合协调组、宣传组、征迁业务组、征地协调组、规划策划招商组、安置过渡组、财务核算组、社会稳定组、执法检查组、基站管线拆迁组、成建制安置征迁工作组，组团区域内划分不同责任片区，分别设置安置征迁工作组，由担任副总指挥的市领导直接挂钩，承担责任片区内的安置征迁任务；安置征迁工作组下设动迁小组，动迁小组以成建制单位为元素，明确职责范围，细化到个人。

（2）建立坚强有力的组织领导。一是建立“全党抓经济，全体抓项目，四套班子领导一起上”工作机制。市四套班子领导全部亲自挂帅各重点项目指挥部正副总指挥，同时还下沉一线，兼任安置征迁工作组组长，包干负责一片，切实增强对项目建设的组织领导。二是成建制抽调干部。由市委组织部全面统筹全市干部资源，抽调各镇（街道）、市直属各单位政治素质好、工作责任心强的精兵强将、业务骨干组成动迁队伍，成建制进驻项目一线，先后共抽调1000多名干部、2500人次，以组团为单位奔赴各片区开展工作。通过发资料、培训会途径培训征迁工作人员。同时，安排全市城市规划、土地管理、财会管理等相关部门的业务骨干支援各重点项目，增强项目建设的技术力量。

2. 创造实行“成建制工作法”

围绕实施“产业提升，城建提速”发展战略，晋江市委、市政府创造性地推行“成建制工作法”，“成建制工作法”突破了由项目所在的镇（街道）独自推进项目建设的模式，通过建立层次明晰的组织架构，科学统筹全市干部资源，真正实现了“全市一盘棋”的资源配置。

（1）成建制落实单位责任包干。实行责任“三包”。即包管理，包进度，包质量。在动迁力量成建制抽调的基础上，以成建制单位为基本要素，实行动迁责任层层包干。市委、市政府负责统揽全局，科学安排各个组团的人员配置和资源调剂，对组团建设提出原则性的指导意见；区域组团指挥部总指挥负责组团全局，统筹部署各项工作，承担直接责任；成建制单位主要领导为第一责任人，对所承包任务负责到底；成建制单位挂钩市领导亲自督阵，狠抓任务的落实。通过细化动迁责任，将动迁任务合理分解包干至各成建制单位，包干到底，在规定时间保质保量完成所承担的任务，就从根本上消除了相互推诿、推卸责任的空间，逐步形成领导在一线指挥、干部在一线动迁、责任在一线落实、问题在一线解决、经验在一线的工作格局。推行干部“三合”。即新老干部合力，双线干部合拍，全体干部合智。抽调干部时，充分考虑年富力强的干部和经验丰富的干部合理搭配，建立工作“传帮带”机制，提升机关干部服务项目建设素质。单位成建时，一线干部全脱产日夜奋战在一线，二线干部不仅“留守”后方，主动承担一线干部在单位所负责的工作，而且还在业务之余组织开展“一线服务”活动。两年多的时间中累计前往项目一线慰问群众近万人次，结对帮困难群众1178户，为群众解决5700多个实际困难。破解难题时，全体干部集思广益，合力研究想办法，主动调动各方面资源参与项目建设，实现项目建设的快速推进。践行领导“三同”。即市镇两级领导干部和其他干部一同进村入户，一同做群众工作，一同在一线解决问题。2010年以来，市委先后任命市四套班子成员党员领导52人次担任组团正副总指挥，抽调成建制单位领导56人次担任安置征迁工作组正副组长。所有在项目一线的领导，坚持带头进村入户，带头做群众工作，带头解决疑难问题，切实做到亲自带、亲自促、亲自抓。

（2）成建制营造比学赶超氛围。比进度，激发单位创先动力。在各组团指挥部公开设立征迁进度表，每天滚动更新各成建制单位项目进度工作进展情况。建立项目小组早晚会制度，总指挥点评各组工作情况。每月通报各组团动迁进展情况、项目引进建设情况、任务指标完成情况，综合各指标进行排名。每年底在全市开展拉练检查活动，到各组团项目一线拉清单、对账单，定调“成绩单”。比作为，点燃干部争先激情。将项目建设任务层层分解，细化责任到个人，通过任务包干，激发出干部不甘人后的争先激情，引导机关干部发挥“五加二”、“白加黑”、“晴加雨”、“冷加热”、“睡加醒”的“精气神”，保持“坐不住、等不了、吃不下、睡不着”的拼劲，全身心投入项目建设，全市上下形成“全党抓项目、四套班子一起上、党员干部一起干”的竞相赶超氛围，得到了上级领导和社会各界的高度评价。比为民，增强和谐创建力度。将群众是不是满意、社会是不是稳定，作为检验项目落实成效的重要指标，在各组团间形成比安置住房建设、比和谐拆迁力度的氛围。两年多来累计建成、在建安置住房 496 万平方米，帮扶征迁困难群众 2314 人次，十大城建组团总拆迁量超 840 万平方米，却创造了“零强拆、零上访、零事故”的奇迹，创造全省和谐拆迁的“晋江样本”。

（3）成建制深化干部培养激励体系。坚持“一线”考察提拔。改变以往单纯以干部所在单位为考核单位的传统模式，切出单列后备干部名额，在重点项目中组织专场民主推荐、专项考核、单独分析站队。2011 年换届中，各重点项目共推荐产生副科级后备干部人选 50 名，占全市副科级后备干部人选总数的 16.5%。在“九大组团”中共提拔 77 名干部，占提拔总数的 40.7%，并重用 69 名表现突出的干部，实现“干部促项目、项目出干部”的良性互动。坚持“一线”关心慰问。市委主要领导亲自带头，经常到一线关心慰问，鼓舞士气，各级党政机关主要领导主动深入征迁一线慰问，倾听了解一线干部工作和生活困难，尽心尽力帮助他们解决因动迁过程出现的工作和家庭实际困难，对抽调参与动迁及回迁安置的正式在编干部职工、村干部每月给予一定的经济补贴。活动开展以来，共组织慰问活动 170 多场次，慰问征迁一线干部 853 人次，帮助解决了 350 余件实际困难。坚持“一线”树立标兵。在各城建组团和重点项目一线广泛开展阶段性评比和表彰活动，定期不定期组织督促考评，评选“五大战役”功勋个人、“十佳”城建党员标兵、党员红旗岗，充分挖掘项目建设一线涌现出的典型人物和先进事迹，通过晋江电视台、《晋江经济报》、晋江新闻网、《创先争优简报》等多种渠道，进行全方位大规模宣传，为全市干部树立学习榜样。据统计，有 8 个镇（街道）、9 个市直属单位、55 人获得晋江市 2010 年度“大干 150 天，全力实施‘五大战役’”功勋乡镇（街道）、功勋集体和功臣个人荣誉称号。

（4）成建制调动各方资源。“成建制工作法”不仅抽调干部到一线参与项目建设，更直接的是促使成建制单位党政“一把手”深入一线，靠前指挥，推动本系统本单位最大限度地调动行政、人脉、人力、物力等一切可以调动的资源，向项目一线聚集。在处理拆迁户实际问题、解决征地拆迁历史遗留难题、关心帮助一线工作中遇到的实际困难、促进“和谐拆迁”等方面，发挥了组团指挥部不可替代的作用。从各大组团征迁工作中发现，各成建单位通过动员、发挥自身资源等优势，在集结力量攻坚克难、助推项目建设中发挥了关键性作用。此外，各组团还善于借力，发动各界力量一起做好拆迁安置工作。在《晋江经济报》开展城建口号征集活动，短时间内就收到成千上万的来稿，以此营造城建提速氛围。村级干部是村里的“百事通”、社区的“土地爷”，对村里情况最清楚。在动迁中，他们不仅成为动迁的模范和带头人，而且是推进城建工作的“向导”，在宣传说服群众、调解产权纠纷、监督公产处置、推行阳光操作等方面，发挥了重要作用。

3. 组织工作做到“五尽心”

征迁工作说到底是做人的工作，除了强有力的团队、有效的工作方法，更要有坚持以人为本的理念，要做深、做细群众工作。市委、市政府要求工作班子在征迁过程中要做到“五尽心”：组建强有力的工作班子，选调熟悉政策、责任心强、作风正派、群众信得过的干部以及法律、财务等各类专业人才，注重工作方法，以人为本、以理服人、以情感人。接待群众要热心、调查情况要细心、思想工作要耐心、沟通交流要真心、核实标准要公心。

尽到“热心”。征迁工作是基层工作的一大难事，做好征迁工作必须常怀一颗热心。自征迁工作启动以来，市委、市政府一是在镇、村就地就近设置咨询点分发政策汇篇等相关资料，选派熟悉政策的工作人员接待群众咨询，坚持有问必答，对无法现场回答的问题要一一记录，及时予以反馈。二是征迁人员直接入户答疑，直接与村民面对面，讲政策，讲意义，帮助分包户消除政策不清等后顾之忧。很多被拆迁户住老房子习惯了，对老房子都有感情，刚开始不想搬，跟他们打交道最重要的是将心比心，换位思考。对每一户征迁对象，征迁人员平均入户都要超过 10 次，有的甚至走访数十次释疑解惑。不少群众在接受记者采访时反映，在征迁工作中，征迁人员不仅宣传项目的意义，而且实事求是地帮他们算账，设身处地帮他们分析得失；认真细致地开展土地、房屋丈量，房屋评估和地面物清点等工作，还帮他们解决了许多实际困难。如被拆迁户吴友贤说：“将心比心，政府不让我们吃亏，工作也做到仁至义尽了，我们也要支持他们工作，就签了协议。”

尽到“细心”。细心是做好人的工作的重要法宝。在征迁前的工作中，工作人员主动做好两件事：一是前期入户摸底调研。在具体方案未出台前，安置征迁工作小组挨家挨户入户调查摸底，摸清被征迁土地和房屋面积、区位、权属、用途，了解被拆迁户的家庭结构、成员、工作和生活水平、身体健康状况、主要社会关系、对安置征迁工作的认识和意见建议等情况，切实做到底数清、情况明。这一时段的工作要细心，有时被拆迁户或他的左邻右舍的哪怕一句不经意的话，都有可能让安置征迁工作小组人员掌握被拆迁户的实际情况，从而使工作取得突破。在此基础上，研究制订出下一步针对每一户的个性化的包括突破口、主攻对象、双方底线、标的、方法步骤等内容在内的征迁工作方案。二是研究被征迁户心理，熟悉征迁工作人员心理，做到知己知彼。了解被征迁户的心理，便能正确认识被征迁户的各种言行，以便采取相应对策促其早日签约。明白征迁工作人员自己的心理，能够避免少走弯路，提高征迁工作质量和进度。有一次，为了让一位寡妇签下拆迁协议，拆迁干部和她谈到凌晨两点。这位干部将她送回家后，还将洗脸水、毛巾放在床头。寡妇感动之余，终于把协议签了。

尽到“耐心”。动迁工作中，只要寻找到工作的突破口，绝大多数被征迁户都会来签约，但难免会出现一户或几户不爽快和难缠的，甚至是“钉子户”。只要有一户或几户没签约，动迁工作就没有完成，这是工作的难点，怎么突破？千万不能把征迁户推到“钉子户”的行列，不妨可多使用政府的威慑力，但应尽可能不使用政府的强制力。要把思想工作做上门、做到家，对被征迁群众提出的各种问题和意见，全面收集整理，充分调查论证，反复细致研究，充分尊重群众合理的意愿；要站在被征迁户角度考虑问题，让其利益最大化，动之以情，晓之以理，让利于民，不厌其烦，耐心细致，用真情打动人，设身处地地为被征迁户着想，主动为被征迁户争取合情、合理、合规的利益。特别值得一提的是，晋江制订征迁方案时设计了一个提前签约时段，在这个时段里签约可获得奖励，绝大多数被征迁户都能在这个时段里签约，即绝大多数被征迁户都能获得提前签约奖励。有一对聋哑夫妇杨建新和李淑霞，听不懂拆迁人员说的话，拆迁人员便请来手语老师，和他们沟通拆迁政策，聋哑夫妇感动得竖起大拇指；还有位拆迁户家的狗非常凶，刚开始工作人员一去，狗便狂吠不止。但工作人员不厌其烦，随着去的次数多了，狗一见这位工作人员再也不狂吠了。

尽到“真心”。征迁工作开展以来，征迁工作组围绕民心下工夫，从入户宣讲政策、调查摸底、填写征迁意见、方案出台到签订拆迁协议，直到搬家的每一个环节，主动关心群众生活，尤其是生活困难对象，主动协调各级慈善部门、红十字会等单位，申请补助经费解决迁对象生活困难的问题，用一颗真心去对待群众，尽心尽力为村民解决实际困难。除了及时答疑解惑，工作人员还将征迁群众的意见逐一梳理、分类汇总反映到了上级部门，对涉及分包户切身利益的过渡费、拆迁费等，更是做到了细心核对，确保准确无误。真心换来真情，拆迁人与被拆迁人之间的关系由“对立”转变为“融洽”，许多拆迁户都跟晋江的拆迁干部建立了深厚的感情。拆迁干部与拆迁户不仅没有结怨，相互之间还成了好朋友！一些拆迁户搬走两年了，现在结婚嫁女还请拆迁干部赴宴。晋江文体新局的拆迁干部黄克农告诉记者，“我有一个前年去清洋做征迁工作时认识的拆迁户，对我们的拆迁工作非常满意，到现在还经常跟我们保持联系。昨天晚上还主动要请我们喝酒。”

尽到“公心”。征迁工作涉及范围广，人员多，政策性强，稍有不慎，后患无穷，还易酿成群体性事件，危害社会稳定。公平、公正至关重要，而征迁工作人员怀一颗公心，则是实现征迁工作公平公正的最关键因素。公心体现在对征迁户公心也体现在对自身的严格要求，二者缺一不可，所谓“公生明，廉生威”。首先，必须严格而公平地把握征迁政策。代表政府负责征地拆迁的工作人员，无论是谁，都必须以政策原则为限，公平公正地对待每一次拆迁、每一个拆迁户，杜绝“会叫的鸟多吃食”现象，绝不能因为与谁的关系好就多补偿，也不能因为谁会闹、会叫就多补偿，而要做到一视同仁。对征迁中群众应享受的各项优惠政策，不折不扣地给予兑现。其次，党员干部以身作则，勇挑重担。在晋江池店南片区改造中，有不少党员、干部以及亲戚也是搬迁户，在关键时刻，他们总能起到模范带头作用，识大体、顾大局，主动配合晋江市委、市政府工作，与安置征迁工作组积极配合形成合力，执行纪律，不打折扣；不仅自身主动签约、率先将旧房腾空拆除，而且主动做好家属和亲友的思想工作，用热情、真情搭建了一座群众与政府间的“连心桥”。

四　以情动人

俗话说，人非草木，孰能无情。征迁工作主是要做人的工作，有了强有力的团队、有效的工作机制做保障，更要有好的工作方法。在晋江征迁过程中，中共晋江市委、市政府周密细致地安排部署，坚持组织实施“五到位”，坚持以情动迁，做过细的工作，使征迁顺利进行、圆满完成。

1. 宣传发动到位

即在征迁正式启动实施之前，不仅组织召开村民代表会、户主会、党员会等，还要挨家挨户，面对面、点对点，讲政策、摆事例、说道理，把规划用途、征迁意义、补偿安置办法讲清楚。重点在三个方面：一是营造氛围。通过电视、报纸、宣传栏、发放宣传资料、召开动员会等载体和途径，将征收补偿安置的有关政策、实施方案、工作流程、补偿标准、选房顺序以及建设规划方案等事项向被征迁人宣传，制造舆论氛围，并留出一定时间让他们思考。在晋江的各个征迁指挥部里，墙上张贴的宣传标语富有闽南地方特色和征迁色彩，针对征迁工作人员的有：“输人不输阵，输阵番薯面”，“思想早通抢头注，协议早签捡好厝”，等等。通过采取群众喜闻乐见的方式进行立体式、全方位宣传，营造人人参与、支持城市建设的良好氛围。通过媒体宣传报道群众积极签约、踊跃腾空的典型和动迁干部深入群众扎实工作、群众中大力支持、配合动迁的人和事，进一步在被拆迁户中形成“先签约、先腾空、先选房、先收益”的共识，跟踪报道房屋拆迁进度，为全面动迁工作营造浓烈氛围。报道先进城区的城建亮点、经验举措，为晋江城市建设提供参考与借鉴，引导社会各界特别是基层群众开阔视野、统一思想、齐心协力。

二是解疑释惑。针对征迁方案优惠政策，通过编写方案问答、案例解读等方式，进行宣传，让群众易于理解、接受；针对每个动迁时间节点，开展针对性政策宣传，引导群众自觉配合动迁工作；针对群众关注的补偿标准、安置房建设等问题，开通热线电话，接受群众咨询。

三是面对面交流。强化入户宣传，与群众面对面，为群众讲道理、算细账；同时，针对改建区域祖厝多、华侨多的特点，先后分 4 批次至我国的香港和澳门，以及菲律宾等华侨相对集中的地方开展宣传工作，与华侨直接沟通交流，得到广大华侨的理解和支持。

2. 征求意见到位

即补偿安置方案要与群众“零距离”沟通，对群众反映的问题要逐一甄别，研究制订解决方案、配套措施，统一解释口径，消除群众误解，取得最广泛的认同，最大限度保障被征收人的合法权益。

晋江这几年出台的每一份征迁方案，都是经过近百场不同规模的大小会议、数十次修改完善形成的，最大限度地尊重民意，吸纳群众提出的合理意见。被征迁群众全程参与，从补偿标准、安置方案到安置房选址，群众意见最大限度被采纳、吸收。最终，所有安置房都建在了地段最好、价值最高、景观最美、配套设施最齐全的地方。

3. 规定程序到位

征收土地前的告知、确认、听证，征地中的征地公告、征地补偿安置方案公告、征地补偿登记；城镇房屋征收补偿方案论证、公开征求意见和听证，评估机构选定、社会稳定风险评估、政府常务会议讨论等法定程序，都要不折不扣地执行。

依法依规、阳光操作是征迁工作的生命线。在梅岭组团征迁过程中，晋江市委、市政府严格依照法律法规和政策的规定组织实施，通过优化决策程序，明确所有城市建设项目都要经过生成、策划、评估再进入决策程序，严格按照“全局平衡、局部平衡、积极平衡、紧张平衡”的要求和实现“经济效益、社会效益、长期效益”的基本原则研究确定，并提交晋江市委、市政府进行决策。市委、市政府依据国家法律法规和部门规章，结合晋江实际，出台了 15 份规范性的文件，制定了城市建设规划、城市建设管理制度，保障全市土地征用、房屋拆迁、行政审批等做到规范管理、统筹安排。

为确保安置征迁工作的具体行为依法依规，晋江建立法律机构及中介统筹把关制度，委托具有资质的评估公司对安置征迁方案各种价格数据进行测算；专门建立法律顾问咨询系统，专门为征、迁双方提供法律服务；专门开发安置征迁档案信息管理系统，实行“当日事当日毕”和“一户一档”管理，有效防止了重大失误和暗箱操作的产生；依法依规抽调了大批法律政策意识较强的干部投入到城建拆迁工作中，确保拆迁工作依法依规进行。主动接受监督，把接受监督贯穿于拆迁补偿安置的全过程。动迁启动后，由纪检监察部门、人大代表、政协委员、村主要干部以及拆迁户代表共同组成改建工程监督组对拆迁、补偿安置和工程建设进行监督，确保征迁过程中的公正、廉洁。同时，还设立专门举报电话，鼓励社会各界参与监督。

4. 公开透明到位

即征收实施过程全程公开，杜绝暗箱操作，确保各环节都在群众监督下、在阳光下进行。征迁补偿政策、征迁补偿方案、征迁补偿结果必须及时公布。

古人云："不患寡，而患不均"。城建提速、拆迁安置能否顺利进行，关键在于能否做到依法依规、公开透明、接受监督，一以贯之。晋江市委、市政府在城建提速、拆迁安置工作中，特别强调阳光拆迁，把征迁全过程置于阳光下运作。一是坚持标准，严格执行统一补偿标准，"一个声音喊到底，一把尺子量到底"。"绝不让第一个签订协议的少得一分，也绝不让最后一个签订协议的多占一毫"。"在拆迁过程中，如果标准前后不一，先搬迁的老实人往往吃亏，后搬迁的钉子户反而得利，将导致政府公信力受损，群众迟疑、观望，拆迁工作举步维艰。"在各个项目的征迁工作中，晋江市都确保补偿标准一以贯之。二是严格执行已出台的奖励政策，变"要我搬"为"我要搬"。补偿标准首尾相衔、一以贯之，使广大拆迁户从"要我搬"变为"我要搬"，避免重蹈以往拆迁安置工作后期突破标准、引起群众"反弹"的覆辙。此外，晋江还全面公示征迁信息，实行重大事项集体决策。三是全程公示。工作制度、办事流程、征迁纪律，以及拆迁补偿安置的相关政策、实施方案、奖励办法、选房顺序号、困难户申请名单等事项，都通过上墙上会、电视报纸、宣传材料等形式全程公示，接受拆迁户监督。

5. 维护稳定到位

即加强社会稳定风险评估，妥善预防和处置容易引发不稳定风险的环节和因素；按照国务院《信访条例》和福建省信访工作"路线图"的规定，认真处理相关信访工作，把矛盾化解在萌芽状态。一是积极预防矛盾纠纷。建立房屋拆迁社会稳定风险评估制度，加强社会稳定风险评估，妥善预防和处置容易引发不稳定风险的环节和因素。在风险评估中，律师全程提供法律服务，有效预防矛盾风险。城市化进程中房屋拆迁和土地征收，直接涉及公权与私权、公共利益与个人利益关系的处理问题。从这个角度讲，征迁活动本质既是利益整合的过程，也是公权与私权博弈的过程。以往拆迁恶性事件的发生很大程度上源于公权与私权关系处理的失衡。通过购买律师法律服务，晋江市政府运用法治规范拆迁行为、调整拆迁过程中的各种复杂关系，避免了各种社会矛盾和纠纷，最大限度地促使公权与私权之间的良性互动，实现了公共利益与私人利益的相互融合。晋江律师在拆迁实践中建立了比较规范的法律风险评估预防工作流程，包括五个步骤：确定评估对象，制订相应评估方案；入户调查民意；分析编制风险评估报告；建立防范机制；落实风险防范机制，进行后续跟踪评估。通过律师参与对晋江城市征迁项目法律风险的管理，对于顺利推进依法征迁，维护被征迁人的合法权益，降低群体性事件发生率起到重要的作用。例如，在“梅岭组团”拆迁项目中，为防范征迁中民俗文化可能遭破坏面临的相关法律风险，在充分评估的基础上，律师建议专门制定保护晋江特有民俗文化的拆迁方案，并得到政府拆迁部门的肯定和支持。二是晋江市建立征迁工作监督网络，成立巡视检查组及监察执法组，通过倾听群众呼声，掌握群众动态，及时向拆迁指挥部反映情况。在晋江城市化进程中征迁量大、速度快，但没有出现一起非正常上访或恶性拆迁产生矛盾的事件。

五　利民置顶

科学的征迁补偿方案是征迁工作顺利推进的重要保障，正确处理征地拆迁补偿安置过程中出现的安置补偿问题，已成为推动城市建设持续、健康发展和构建和谐社会的关键。在旧城改造房屋拆迁补偿过程中，拆迁人和政府往往占据主导优势，被拆迁人则处于被动地位，科学平衡双方的利益，引导被拆迁群众积极投入到拆迁工作当中，充分尊重被拆迁群众的拆迁意愿，并将利民共赢模式引入到拆迁补偿中去，使被拆迁群众和拆迁方形成一个赢利共同体，双方共同关心拆迁问题的“利民置顶”拆迁模式。只有这样的拆迁模式才能真正实现利民、惠民、富民，才能真正受到人民群众的欢迎，也才能真正有生命力。几年来，如何才能实现被拆迁群众的利益最大化，充分体现各级政府对被拆迁群体的关爱，成为晋江市委、市政府一直以来深入研究的重大问题。针对安置补偿中可能出现的城市房屋征迁标准不统一、拆迁安置款监管不力，使用不当等问题，及时提出要在拆迁安置补偿上，真正将维护拆迁户利益放在首位，晋江市要求各级各部门在拆迁安置中做到“安置补偿五严格”，即严格征迁标准、严格预存制度、严格支付方式、严格支付时限、严格资金监管。

1. 严格征迁标准

严格征迁标准，即按照集体土地征地补偿安置和国有土地房屋征收补偿的政策要求，征迁工作的任何一个阶段，始终坚持统一的征迁标准，一视同仁，切实做到“一把尺子量到底”、“一碗水端平”，不搞人情账，不随意更改，避免引起群众反弹，政府失信。

征地拆迁安置工作是一项涉及面宽、政策性强、牵涉被拆迁群众根本利益的复杂工程。面对这个复杂工程，必须执行统一的补偿政策和统一的补偿标准。让征地补偿工作制度化、规范化和透明化，才能推动城市建设的顺利进行和构建和谐的社会工作的全面开展。只有执行统一的补偿政策和统一的补偿标准，使补偿标准首尾相衔、一以贯之，绝不让第一个签订协议的少得一分，也绝不让最后一个签订协议的多占一毫，才能真正树立起政府公信力，才能维护广大人民群众的根本利益，激发群众的发展意愿和顺利做好群众拆迁工作。

文件的出台为严格征迁标准提供了依据。近年来，晋江先后出台的13份城市建设文件，涉及城市城镇规划建设管理、重大项目规划审批、征拆安置补偿标准、危房改造、土地储备报批、建筑市场管理等八个方面，对城市规划、建设、管理三个层面所要注意的事项进行了统筹规范，有效杜绝了城市拆迁过程中各自为政、互相攀比的现象。

严格执行政策为严格征迁标准丰富了内容。在实际工作中，晋江市坚决维护各类征迁政策的严肃性。征地拆迁政策一旦制定实施，任何征地拆迁单位必须无条件地坚决执行，特别是在丈量评估、安置补偿等问题上要统一标准，一视同仁，真正做到公开、公平、公正，特别要突出处理好征拆“钉子户”的工作，坚决不能乱开口子，以维护大多数被拆迁户的切身利益。

“一把尺子量到底，一碗水端平”使征迁工作赢得信任。在拆迁过程中，如果标准前后不一，使先搬迁的老实人吃亏，后搬迁的“钉子户”反而得利，将导致政府公信力受损，导致群众迟疑和观望，导致拆迁工作举步维艰。晋江市政府理顺“利”字关系，提出并确立了“为民城建”的理念，并在城市建设的规划、实施过程中一以贯之，实现了和谐征迁，在征迁工作中，不论是丈量登记、套用标准，还是补偿费用、安置保障，都一视同仁；坚持“三不变、四早”，即改建方式不变、安置地点不变、补偿标准不变，早签约、早腾空、早选房、早受益。干部工作“一碗水端平”，没人搞特殊，群众心里也就平衡了，大家都没意见。赔偿方案让利于民，是晋江拆迁工作顺利进行的基础，而“以情动迁”、“一碗水端平”的工作方法，使得晋江拆迁工作势如破竹。

对征迁环节全程监督，保证了征迁工作的公正廉洁。为确保征迁工作“一碗水端平”，晋江市成立了九大片区改建工程监督组，负责征迁各环节的监督检查。每个村的征迁进度，每一户的补偿情况，都及时上墙上会，公示公开，接受群众监督。全面公示奖励办法、选房顺序号、困难户申请名单等征迁信息，接受拆迁户监督；对征迁过程中遇到的重大事项，特别是涉及群众利益的敏感事项都由集体研究决定，真正做到让群众心里踏实。

2. 严格预存制度

征收土地，要确保在组织用地报批前，将不低于总额50%的征地补偿资金存入征地资金专户。城镇房屋征收，在做出征收决定前，征收补偿费用要足额到位，专户存储、专款专用。

针对各地征地拆迁的制度建设和监督管理还没有形成制度化，挤占补偿资金还时有发生的情况，2010年，国务院下发《关于进一步严格征地拆迁管理工作切实维护群众合法权益的紧急通知》（国办发明电［2010］15号），要求加强对征地实施过程的监管，确保征地补偿费用及时足额支付到位，防止出现拖欠、截留、挪用等问题。为落实国务院通知要求，在总结一些地方成功经验的基础上，2010年6月国土资源部下发《关于进一步做好征地管理工作的通知》（国土资发［2010］96号），提出各地应探索和完善征地补偿费预存制度。这是我国第一次在全国性文件中提出了建立征地补偿款预存制度，是我国征地管理制度的一次重大创新。

在国土资源部下发《关于进一步做好征地管理工作的通知》之前，各地已经对征地补偿费预存制度进行了不同程度的探索。国土资源部通知下发以后，山西、天津等地也陆续开始酝酿建立相关制度。根据调查，目前全国范围内已经实行征地补偿费预存制度的省市（辽宁、广东、海南、贵州、江苏、北京、安徽、天津等），在具体政策上各具特色，不拘一格。上述省市征地补偿费预存制度的共同点，一是原则上征地补偿费预存比例为100%，也就是全额预存；二是征地补偿费预存与征地审批挂钩，不预存不批地。在其他具体细节上，各省市因地制宜，各有侧重，通过不同方式都达到了加强征地实施过程的监管、规范征地行为、保护农民利益的目标。

晋江市出于保护失地群众利益的角度考虑，为确保征地补偿费用及时足额支付到位，防止出现拖欠等问题，发挥自身职能，设立土地补偿金专项账户，有利于堵住征迁补偿资金财务管理制度漏洞，使其与原有账户区别开来，确保专款专用。同时逐步建立征地补偿资金预存制度，将不低于总额的50%的征地补偿资金存入征地资金专户。城镇房屋征收的征地补偿款（范围包括土地补偿费、安置补助费、地上附着物和青苗补偿费等征地补偿费），要“先补偿、后搬迁”。从而深度参与征地具体工作，提升管理服务水平，达到贯彻落实国家方针政策，切实维护被征地农民合法权益的目的。

3. 严格支付方式

坚持征迁补偿费发放的相关制度，严格履行发放职责，依程序办理。征地补偿款中应补偿给被征地农民的部分，要根据农村集体经济组织提出的被征地农民名单和征地补偿费的分配方案，直接支付给被征地农民。

晋江市政府深刻认识到采用何种支付方式，直接关系到能否对受害人合法权益提供适当的补偿，只有使用正确的补偿方式，才能弥补受害人的损失。过于单一的补偿方式不利于保护相对人的合法权益，尤其是无法保证失地农民的生活水准不因征收而降低。几年来，晋江市对于村民个人有权拿到的地上附着物补偿费、青苗补偿费以及不需要统一安置的安置补助费，应支付给被征地农民的补偿安置费，坚持直接支付给农民个人，防止和及时纠正截留、挪用问题。

2010年6月，历经3个多月的酝酿、20多次的修改完善，中共晋江市委常委会通过实施方案，征迁补偿方式分为产权调换、货币补偿、部分产权调换与部分货币补偿相结合三种方式。补偿金额实行土地、房屋分别计算，合并结算。

在晋江市区湖广西路区域改造一期工程宣传手册中，除了对补偿费用的支付统一采取银行转账形式外，还规定了被拆迁人在搬迁腾空并与拆迁办公室签订拆迁补偿安置协议书之日起七个工作日内，由拆迁办公室以拆迁人名义在兴业银行晋江支行开设活期储蓄账户，选择货币补偿的，将货币补偿的全部金额一次性存入被拆迁人账户；选择产权调换的，临时过渡安置季度存入被拆迁人的账户。同时还规定被拆迁人可以凭借储蓄存折（卡）在晋江市范围的任一兴业银行的储蓄网点随时支取。

4. 严格支付时限

征收土地，要确保征地补偿安置方案批准后 3 个月内，征地补偿费全额支付给被征地农村集体经济组织和农民个人。城镇房屋征收，要做到“先补偿、后搬迁”。

晋江市政府深刻认识到在我国目前的补偿中，被拆迁人在拆迁以后相当长一段时间内都得不到补偿，严重影响了被拆迁人的生活状况，也给公共权威当局的形象造成了极大的损害。一般来讲，被拆迁人相对于拆迁政策的制定和执行主体来讲是处于一种弱势地位，而且房屋的拆迁对其生活具有重要的意义。如果受到损害的利益得不到及时补偿，一方面会给被拆迁人生活造成极大的不便；另一方面，如果损害得不到及时补偿，会给以后的补偿带来麻烦，如补偿标金额的计算问题，因为随着时间的推移，一般情况下财产都会升值，公共政策的制定执行主体和受益主体一般都不会按照现在的标准补偿，但是如果按照原来的标准补偿，势必会引起被拆迁人的不满；此外由于补偿的滞后导致的财产的利息、利润等在补偿过程中被忽视，这样也会导致实际补偿低于应有的补偿。晋江各级政府想拆迁户之所想，急拆迁户之所急，在征地补偿方面充分认识到将补偿资金分年度拨付安排，杜绝长期补偿方式，提出禁止采用强迫、威胁等方式对待被拆迁群众，主要领导要亲自抓征迁工作，安置补偿金要及时足额发放到群众手中。

时刻将人民群众的利益放在首位，践行“辛苦我一个，幸福千万家”的宗旨的例子屡见不鲜。2011 年，泉州南迎宾大道（晋江段）改建指挥部为确保补偿款及时发放到拆迁户手中，财务组从三个方面加以保障。首先，是资金保障到位，及时向市财政局申请资金，保证用于发放补偿款的资金已经全部到位。其次，是工作保障到位。财务工作人员利用晚上和周末时间加班加点，抓紧做好拆迁户的档案财务审核和资金结算工作，最后，是发放及时到位。一旦拆迁户的档案通过财务审核通过，补偿资金统一办理存折后及时通知群众前来领取。

5. 严格资金监管

认真落实农村集体经济组织的民主理财、村务公开和农村审计等各项制度，加强农村集体经济组织内部征地补偿费用分配和使用的监督，规范征地补偿费的使用行为，加强审计监督，严肃查处贪污、挪用、私分、截流、拖欠征迁补偿费用的行为，确保征迁补偿资金及时足额发放到群众手中。

土地补偿政策在有些地方得不到有效实施，归根结底，就是政府对该项经济政策的实施监督不力，缺乏政策的监测，以致直接损害了农民的利益。一方面，拆迁补偿资金的管理监督要到位，责任要明确。拆迁安置补偿工作实施主体的权利、责任要明确具体。要设置专门机构和专职人员对补偿标准、补偿面积、补偿种类、协议的签订，以及工作经费的使用都要进行认真审核。日常管理和监督要到位，并要建立责任追究制度，强化社会监督。另一方面，严肃财经纪律、提高财务核算水平。坚决制止挤占拆迁安置补偿资金和不规范票据入账这种影响群众切身利益和财政资金安全的行为。实施主体要自觉严格遵守国家的财经法律法规，加强拆迁补偿资金使用管理，提高财务核算水平，真实、客观、完整地核算补偿资金的收支及其结果，对违反财务金融纪律行为严肃查处，让拆迁补偿工作真正做到取信于民。

为加强城建项目征迁工作经费及资产管理，充分发挥政府投资效益，保障城市建设持续有序推进，晋江市出台《关于加强城建项目征迁工作经费及资产管理的若干意见》，进一步加强各城建组团及城建临时机构的工作补贴、伙食费补助、接待费、机动车辆、固定资产等管理。晋江市在征地过程中，各有关部门明确分工，加强合作，优势互补，协调推进。土地管理部门负责摸清征用土地和补偿费用的数量，检查征地批准实施程序和征地补偿标准的合法性；农业主管部门负责认真核查土地补偿费在村（组）的分配、使用和管理情况，以及纳入村财务公开范围、建立健全相关制度的情况；审计部门负责对土地补偿费的拨付、管理和使用情况进行跟踪审计；劳动和社会保障部门负责对劳动力安置、“镇保”的落实情况进行检查；纪检监察部门负责加强组织协调和监督检查，严肃查处土地补偿费管理使用上的违法违纪问题。完善内部监督机制，健全各项规章制度，防止和纠正政策执行不到位的现象。特别是要加大村级财务管理力度，制订土地补偿安置资金的管理办法，从源头上把好关，切实保障农民群众的根本利益。

六　重在持续

群众满意不满意是检验我们工作的试金石。征迁工作难就难在既要统筹发展，又要保障好群众利益。城市建设的真正受益者是人民群众，要让群众在城市建设中真正得到实惠。2009 年以来，晋江市坚持将保障群众利益放在发展之前，因地制宜，结合项目实际，制订科学合理的补偿安置方案，并一以贯之地实施，让群众参与规划，让群众看到城市的未来，解决干部“畏拆”和群众“畏不公”的思想，把改善群众居住环境这个“大利”、“大实惠”让给群众，从而赢得被征拆户的广泛支持。迄今为止，晋江完成总拆迁量超 840 万平方米，总征地面积达 7.7 万亩，实现“零强拆、零上访、零事故”，并从实践中探索出一套“和谐征迁工作法”：以民生为重、安置为先、保障为大，发展兼顾。通过统筹解决群众的安置问题、出路问题和发展问题，让被征迁群众满意。实现征迁安置“五满意”，满意工作方法、满意安置方式、满意居住环境、满意生活保障、满意后续管理。

1. 满意工作方法

实施征迁之前，征迁工作人员进村入户，深入被征迁群众中宣传政策，解答问题，消除疑惑，做到思想先沟通、政策先宣传，确保工作纵向到底、横向到边。动迁过程中，禁止采用强迫、威胁等方式对待被拆迁群众。安置过渡期中，及时、主动地帮助被征迁群众解决实际困难。

晋江这几年在正式征迁之前，各组团指挥部、征迁工作组、征迁业务人员和法律专家就对方案进行充分讨论，确保方案科学合理。改变了以往“政府单方制定，群众被动接受”的传统模式，通过民意访查使拆迁户真正成为平等对话的对象，出台的每一份征迁方案，都是经过近百场不同规模的大小会议、数十次修改完善形成的，最大限度地尊重民意，吸纳群众提出的合理意见。有了“和谐征迁”，“为民建城”取代了“借拆生财”，让利于民取代了与民争利，反复论证取代了“拍脑门”决策，公开公正取代了暗箱操作。

晋江各征迁工作组、各成建制单位十分注意运用各种工作力量和社会资源，用心思考、细心关怀，以人为本、“以情动迁”。“动迁干部真辛苦，嘴唇磨破没处补，假日不顾儿和妻，为百姓风雨无阻”是群众对动迁干部的真实写照的描述。为顺利推进征迁工作，各个项目的征迁人员都坚持连续作战，每天工作十几个小时，甚至到深夜一两点，许多征迁人员带病坚持工作。每一户征迁对象，平均入户 10 次，有的甚至走访 20 多次，深入做好解疑释惑、测量核对、算经济账等工作。二是以理服人。向群众详细交代项目建设的总体规划，实事求是地帮群众算好算透利益账，用政策法规说服群众。在征迁工作中，征迁人员不仅宣传项目的意义，而且实事求是地帮群众算账，设身处地帮群众分析得失；在征迁过程中帮群众做好测量核对工作，还帮群众解决了许多实际困难。三是切实服务群众。积极协调供水、供电、教育等部门现场办公，方便群众。派专人到海外与侨亲沟通，解释政策，动员回乡签约。设立“临时法庭”，帮助群众调解矛盾。

为切实加快征迁工作进度，在做好细致的群众工作的基础上，晋江创造性地开展征迁工作，有力提高了征迁工作进度。在工作流程上，一是舆论先行。在开展大规模旧城改造或城市改建之前，通过调动本辖区内外所有的广播、电视、报纸、杂志、网络等传媒工具，进行大规模的宣传、动员，同时尽可能地在项目实施区内的大街小巷拉起横幅标语，营造出良好的社会舆论氛围。让群众充分认识到依法征迁、依法建设，拆迁势在必行，从而为实施政府征迁铺平道。二是认真制订补偿方案。以梅岭组团为例，征迁方案制订小组在长达 3 个多月的时间里，进村入户了解群众的需求，征求群众意见，自上而下、自下而上，前前后后、反反复复召开各种不同类型的座谈会、见面会、征求意见会 100 多场，修改完善了 20 多稿，才最终形成了《征迁实施方案》。三是做好政策宣传解读。梅岭组团旧城改造宣传工作重点放在营造氛围、解疑释惑等方面，通过群众喜闻乐见的方式，广泛发动群众积极参与“建设什么样的城市”和“怎样建设城市”的大讨论，鼓励群众对拆迁补偿安置方案、改建规划发表意见；通过开设“共建美好家园”、“速度晋江、效率晋江”等系列新闻专栏，第一时间宣传改建区域规划蓝图，深入解读征迁补偿方案，让广大拆迁户真正了解政府推进城市建设的目的和意义。四是坚持推行整体征地拆迁。充分激发村干部的积极性，发挥村干部的组织引导作用，提出在限定的期限内，村集体能够签订协议并腾空房屋的，即给予单位面积一定数额的奖励，促使村集体自主做好其中个别“钉子户”的思想工作，使工作效率明显提高。

2. 满意安置方式

除了货币补偿和产权调换外，因地制宜地采取农业安置、就业安置、征地款入股等多种安置方式。耕地后备资源较多的地方，可采取农业安置，通过内部调整土地安置被征地农民。经济较发达地区，可采取货币安置与就业安置相结合，在发放补偿款的同时，实施积极的就业政策，使农民失地不失业。对有长期稳定收益的项目用地，在村集体和农户自愿的前提下，可以用征地补偿款入股，根据合同约定，获取收益。

晋江市面对经济社会迅猛发展的现实，特别是在我国农民生存能力普遍低下且缺乏充分社会保障的情况下，深刻认识到在公共政策损害了个人的财产权等其他权利的情况下，给予利益受损人一定的金钱补偿，这种“绝卖”式的补偿或许可以带来农民的一时“富裕”，却无法保证被征地农民及其后代维持原有的生活水平。如果将现有补偿的最主要的方式认定为货币补偿，其他的补偿方式，如实物补偿、安置就业、社会保障、政策优惠、实际权利补偿等运用不足，就会造成利益受损人对补偿方式不满，因为虽然货币补偿有方便、快捷的优点，但是有些损害是不能直接用金钱来代替的。

因此，对于拆迁安置工作，除了货币补偿和产权调换外，晋江还在推广农业安置、就业安置、征地款入股等多种安置方式。一方面，着力保障被征地群众的基本生活。各地按照“就高不就低、就宽不就窄”的补偿原则，最大限度地保障群众利益。劳动保障部门根据当地被征地农民社会保障具体实施方案，制定就业培训、养老保险及养老补助等不同的保障措施。另一方面，拓宽被征地农民安置渠道。除了货币补偿和产权调换外，各地因地制宜采取农业安置、就业安置、征地款入股等多种安置方式。耕地后备资源较多的地方采取农业安置，通过内部调整土地安置被征地农民。经济较发达地区采取货币安置与就业安置相结合，在发放补偿款的同时，实施积极的就业政策，使农民失地不失业。

3. 满意居住环境

在规划安置房时，尽量满足群众就地或就近安置的愿望。安置房要同步规划、同步建设，在农村地区积极推广统一选址、统一规划、统一设计、统一建设、统一配套，实现“旧房变新房、有新房有新村”，改善广大群众的居住环境和居住质量，变安置为安居。

在征迁工作中，晋江市突出公益至上。一是注重公共配套，把大部分土地用于拆迁安置和公共服务设施建设。如陈村片区的道路、广场用地达112.2亩，占总用地16.6%。二是在改建过程中注重文物保护。如在梅岭组团中规划了120亩“闽南民俗文化保护区”。三是采取就近安置的原则，不仅保留了原有的社区系统和人脉关系，而且让群众享受到优质的公共基础设施资源。

以梅岭组团为例，由于位于市中心，7500亩土地可谓寸土寸金。在新规划中，2782亩用来造景，1180亩作为市政工程用地，595亩作为配套设施用地，整个组团所征土地7500亩，其中只有28%的土地用于商业开发，剩余72%的土地全部用于公共空间建设、回迁房建设、教育配套等。与着眼于“赚钱”的旧城改造惯有模式不同，晋江梅岭组团的改建，着眼的是市民生活质量和城市品位的提升，因此整个片区规划了绿洲生态公园、人工湖、八仙山公园等6个项目。被征迁群众全程参与，从补偿标准、安置方案到安置房选址，群众意见最大限度被采纳、吸收。不久的将来，这个晋江人“心头之痛”的“城中村”，将变身为最宜人、最美丽、最具活力的山水相依绿满城的新城区。晋江还专门辟出景观最好、最核心的近200亩地块，规划为闽南民俗文化保护和展示区。此外，磁灶组团将项目范围内最具商业价值的两个地块用于建设安置房，最大限度让利于民。

4. 满意生活保障

从群众的长远生计考虑，努力为群众提供长期可靠的最低生活保障、医疗保障、养老保障，努力提供受教育和就业培训的机会，努力提高群众的文化素质和职业技能，努力解决群众的后顾之忧。

尽最大可能照顾低保户、五保户、住房困难户等特殊群体，是征迁工作能够得以快速推进的重要原因之一。在征地拆迁中，晋江市在征迁中不仅坚决做到“合法”，而且力求做到“合情合理”，最大限度地保障民生。为此，政府出台了一系列保障拆迁户利益的措施，包括过渡租金补助、居住条件改善、失地农民养老保险、老人生活补贴、慈善福利扶助等。

依照晋江市出台的《补偿安置方案》，属居住困难户的，可以照顾到按人均居住面积35平方米，并按低于建设成本价即1300元/平方米的价格购买；属低保户、无房户这样的“双困户”可以照顾到20平方米不用付钱，超出部分只需按1300平方米购买，这个价格仅相当于安置房价格3300元每平方米的1/3；凡属单层住房户的不仅可免补差等面积置换安置房，而且可按成本价扩购等面积安置房。

改建中，晋江对居住困难户、低保户、无房户都出台了相应的保障措施，加上失地农民养老保险、男60岁和女55岁以上老人生活补助、过渡租金保障、慈善资金资助等措施，最大程度照顾了群众、特别是弱势群众的利益。尤其是过渡期租金保障，让弱势群体免除了后顾之忧。原居住面积的每平方米月租金补贴为7元钱。属低保户、无房户的，可照顾至人均20平方米的保障居住，房款根据实际情况给予减免；晋江在全省率先推行被征地人员养老保险，试行两年后，政府调整了出资比例，由个人和村集体负担比例从原来的45%降至25%，财政负担比例提高到75%。同时，每年从土地“招”、“拍”、“挂”总成交额中提取3%，建立被征地人员养老保险调剂基金；晋江在全省率先实行城乡一体新型农村合作医疗制度，筹资标准从2006年的60元/人/年提高到现在的200元/人/年，除个人每年承担20元外，其余均由政府出资。

晋江市池店镇东山西宅村拆迁户吴承志老伯63岁了，原来主要靠捡废品为生，日子过得非常艰辛，他万万没想到自己一生艰辛的命运会因拆迁而发生逆转。吴承志夫妇俩原本住在一间“雨天屋外下大雨，屋内下小雨”的破旧祖屋中，家里电话、电视都没有，一贫如洗。因为拆迁，吴承志家不仅把原来仅40平方米的破祖屋换成了90平方米的新房，面积增加了一倍，而且还得到了一笔13万元的货币补偿。不仅如此，在拆迁安置过渡期间，我们还给他们争取到每月1000元的过渡费，而他们租房仅需400元左右。另外，吴承志夫妇每人每月还可以领到失地保险500元，生活补贴每月200

元，夫妻俩一个月总共可以领到 2400 元。所以，晋江在拆迁过程中首先考虑的是如何让利于民。自从吴承志家拆迁后，生活明显得到改善。从此，不用捡破烂了，手表买了，手机也买了，成了当地拆迁致富的典型。吴承志现在逢人就说：“小时吃父母，老了靠政府。”

5. 满意后续管理

对安置落户后的群众，要关心其在社区生活、田间地头、就业就学等方面的实际困难，让群众享受到公共服务，感受到政府的温暖，产生良好的示范效应，引导更多群众支持征迁工作。

在实际工作中，晋江各征迁工作组、各成建制单位还建立了回访制度。不定期开展回访活动，为搬迁群众送大米、食用油等物品，及时了解群众过渡生活状况，尽可能帮助其解决困难，实现贴心的服务，赢得了群众的感动。

此外，并不是签订了补偿协议后，政府或拆迁人的任务就算结束了，晋江各职能部门充分发挥自身职能，努力做好拆迁后的回访工作。作为拆迁的组织管理者，原拆迁地政府相关部门有责任进行拆迁后回访。经调查落实后，对未来生活确有困难或因拆致贫的被拆迁户给予一次性补助；委派专职人员审查拆迁补偿安置方案的执行情况，对拆迁补偿安置协议和拆迁资金、房源的使用进行有效监督，全程监理和督促拆迁实施单位签约及履约过程；加强对拆迁评估机构的监管，规范拆迁估价行为，对职业不规范、故意误评估或因过失造成重大误评估的，要按照行业自律规范和有关法律规定处理。同时还要充分发挥行政、司法的监督救济作用，发挥媒体、公众和舆论的社会监督作用，保证城市房屋拆迁活动依法、有序进行。

七　续写晋江经验

晋江和谐拆迁、高效拆迁的一系列举措是晋江人民爱拼会赢、敢拼会赢、善拼会赢精神的又一次彰显，是新时期“晋江经验”的又一发展和创新，是晋江人民走向未来、再创辉煌的重要精神财富，对各级各部门做好拆迁工作具有重要的启迪意义。

1. “以人为本”是实现“和谐征迁”的核心

晋江市委、市政府从“为民建城”理念的确立，到补偿标准的确定，安置地点的选择，房屋用途的认定，违章建筑的处理、最低保障制度的设计，尽可能为群众着想、让群众受益，政府从不考虑从城市建设中谋利，而是让最广大的人民享受城市建设带来的实惠。这就确保了整个征迁工作拥有最广泛的民意基础，能够从根本上得到人民群众的支持和拥护。

2. 依法依规是实现“和谐征迁”的基础

没有规矩不成方圆。面对大规模、超难度的征迁任务，中共晋江市委、市政府从制定严密的征迁办法和工作流程入手，并依法依规确定拆迁主体、严格依程序实施拆迁，保证了整个拆迁过程的合法有序和顺利推进。在拆迁全过程全部实行阳光操作，实施过程公开透明，全程接受群众监督，补偿标准首尾相衔、一以贯之，做到“一碗水端平”。特别是涉及群众利益的敏感事项都由集体研究决定；对征迁环节全程监督，保证征迁过程中的公正、廉洁。

3. 科学得法是实现“和谐征迁”的保障

晋江在征迁过程中，集中优势力量，采取组团式推进、集团式攻坚，用打大战役的办法抓突击，用成建制抽调干部的办法包干分解责任、落实任务、推动工作。由于分工明确、责任到人，在干部队伍中形成了一种不甘落后、你追我赶、大干快上、力争一流的氛围。同时，广大干部在这一过程中，锻炼了意志、积累了经验，树立了群众观点，征迁工作也得以顺利推进。

4. 领导重视是实现“和谐征迁”的关键

打造为民服务的政府是晋江市委、市政府长期以来努力践行的目标和方向。在大拆迁中，晋江市委、市政府主要领导发挥了中坚和骨干作用。从城建战略的提出与决定、前期的建章立制，到补偿安置方案制订、改建规划方案、安置房建设方案的确定，及征迁一线工作，市委、市政府多次开会，反复论证，主要领导亲自把关，亲自参与，有力确保并推进征迁工作顺利进行。

当前，晋江的整个城市建设工作已经从空前规模的大面积征迁，转入实质性的招商建设阶段。曾经的梅岭拆迁工地上，一大批现代化建筑已初露端倪，万达、宝龙、世茂等国内知名地产商已相继进驻，为大型商贸、楼宇经济、创意产业等业态的发展提供广阔的载体和空间。毫无疑问，“和谐征迁”的工作方法带给晋江人民的，必将是城市建设步伐进一步加快，城市功能进一步完善，投资环境更加优越，生活环境更加优美。晋江——又迎来了一个千载难逢的发展春天！

以人为本的社会管理：晋江模式的新内涵[*]

晋江经济快速发展的过程是工业化、城镇化和市场化快速推进的过程，在此过程中大量农村人口变成城镇人口，大量外地人口涌入晋江与本地人口一起工作生活。如何调整旧的利益格局，协调新的利益格局，实现城镇化的平稳快速发展，实现外来人口的社会融入，是晋江市社会管理面临的新挑战。面对不断出现的新挑战和新难题，晋江市委、市政府以及社会各界坚持统筹城乡发展，坚持平等对待外来人口，坚持改革创新，创造了很多独具特色的社会管理经验，在急剧的利益关系调整和社会融合中实现了社会和谐稳定。①

2010 年 10 月，晋江市被列为全国社会管理创新综合试点城市。晋江市成立党政主要领导任组长的工作领导小组，制定了《晋江市社会管理创新综合试点工作实施方案》，以深化“平安晋江”建设为载体，以提升人民群众幸福指数为主线，坚持党委领导、政府负责，以人为本、服务为先，固本强基、健全网络，依法管理、规范建设，综合治理、齐抓共管，重点突破、整体推进，切实提高创新社会管理的能力。针对社会管理中存

---

* 本文作者：国家行政学院课题组组长龚维斌（国家行政学院社会和文化教研部主任、教授），成员：吴超。

① 本文在调研和写作过程中得到了晋江市委宣传部的大力支持和帮助，文中所用数据除特别说明外均来自市委、市政府、政协、法院、检察院、政法委、宣传部、组织部、发改局、财政局、公安局、司法局、住建局、民政局、卫生局、人力资源和社会保障局、信访局、行政审批服务中心、党校、妇联、工会、慈善总会等多个部门和单位提供的资料，还有一部分数据来自晋江市政府及统计局等相关部门网站以及《晋江年鉴（2011 年）》。

在的突出问题、薄弱环节和工作盲区，围绕构建“大调解”工作体系、强化流动人口等重点人群服务管理、加强“两新”组织服务管理、夯实基层基础、健全防控体系建设、完善突出治安稳定问题排查整治长效机制、加强网络舆情引导管理、强化民生保障以及创新社会管理手段等百个项目。围绕这百个项目，近两年来，晋江市社会管理创新不断取得新成效、积累新经验。

2010 年 10 月，晋江市被列为全国社会管理创新综合试点城市。2012 年 9 月 27 日，福建省社会管理综合治理工作会议在晋江召开。

一　晋江社会管理的独特环境

要理解和认识晋江社会管理的独特做法和经验，首先需要把握晋江社会管理所处的独特环境。与其他县域相比，晋江社会管理面临的环境和条件最主要的特点，一是民营经济发达，市场化程度高，经济发展快、水平高；二是城镇化推进速度快，城镇面积迅速扩大，城镇人口迅速增加；三是大量外来人口涌入，外来人口数量与本地人口持平甚至多于本地人口。

（一）民营经济发达，经济发展水平较高

晋江产业经济发源于草根工业，历经“三闲”起步、“三来一补”过度、“三资企业”上路、“产业集群”迈大步的历史进程，通过管理提升、技改提升、创新提升、引进提升、上市提升建立先进生产系统，实现农业穷县向工业强市战略转型。2011 年全市拥有企业 1.6 万多家，工业总产值 2740.15 亿元，在三次产业中占比达到 67.4%。晋江产业经济呈现三个特点：

一是民营企业为主体、产业外向度高。全市 1.66 万家企业，95% 以上是民营企业。2010 年，民营企业完成工业产值 2598 亿元，占工业总产值比重 95%；上缴税收 124 亿元，占财政总收入 93.8%。截至 2011 年累计引进三资企业 4289 家，总投资 141.66 亿美元。2011 年三资企业总产值完成 1535 亿元，全社会出口商品总值 85.2 亿美元，经济外向依存度为 56%。

二是产业集群化发展。制鞋业、纺织服装业、食品饮料业、制伞业、陶瓷建材业、纸制业等 6 大行业为晋江支柱性传统产业。六大传统产业具有完整的产业链和特色产业基地，上游产业链各个环节基本上都有制造企业在从事配套生产，实现了以晋江为区域空间的产业集群现象，纺织服装、鞋业、晴雨伞制造企业基本已经能够实现足不出户就能完成从生产到销售的全部流程，一些传统产品在全国占据着相当突出的市场份额。晋江市获得世界茄克之都、中国拉链之都、中国纺织产业基地的称号，深沪、英林、龙湖三镇获得中国内衣名镇、中国休闲服装名镇、中国织造名镇、中国运动服装名镇的称号。

三是知名品牌多、上市企业多。先后荣获地标性区域品牌 14 枚，全市企业拥有“国字号”品牌 126 枚，全市拥有上市公司 39 家、上市后备企业近百家，上市企业总数居全国各县（市、区）首位。通过国内外资本市场募集到资金折合人民币超 205 亿元，总市值折合人民币 1800 亿元。

（二）城镇化快速推进，城镇面积迅速扩大，城镇人口迅速增加

工业化推动了城镇化，而城镇化又进一步促进了工业化。晋江发展的历程也同样证明了这条规律。改革开放以来，晋江走过了由农村非农化驱动农

村地区城镇化，进而由城镇化进一步推动城市化的发展历程。晋江城镇化主要体现在，一方面城区面积不断扩大，二三产业迅速发展；另一方面，城镇人口迅速增加，农业人口迅速减少，从事二三产业的就业人员迅速增加。

建市20年来，晋江按照两个方向建设城市，一是多点开花，以点带面，建设珠琏式侨乡城市。这个构想立足于把晋江649平方公里的市域都作为城市来建设，坚持“工贸结合，转型外向，城乡一体，协调发展”的方向，努力把晋江建设成三足鼎立、三星拱照、珠联璧合，城乡一体、空间大、余地多，辐射力强的侨乡新型城市。二是强化中心市区，建设城镇群体。撤县建市后，晋江开展以中心市区建设为龙头的城市化建设。到2002年，规划面积和控制区面积分别扩大到58.04平方公里和147.68平方公里，城区面积扩大到15.4平方公里，是1995年的近2倍。党的十六大以来，晋江市城镇化又进入一个新的快速发展阶段，城市区域面积不断扩大。2010年，晋江市委、市政府顺应时势，主动融入海西发展战略和大泉州城市发展框架，全面贯彻福建省委省政府实施五大战役的战略部署，提出以“现代产业基地，滨海园林城市”为发展目标，按照“全市一城，城乡统筹”的理念，立足“产业提升，城建提速”的基本策略，推出“九大组团，两大体系”，将城市建设全面铺开。“九大组团，两大体系”，主要包含梅岭、滨江、青阳、城北、金井、内坑、安海、东石、磁灶等九大组团以及道路交通体系、生态环境体系的建设，总投资1836亿元，总用地4000公顷，拆迁房屋800万平方米。

晋江市城镇化与工业化、市场化相互推动、共同发展，在此过程中，大批本地农村人口转变职业、身份和居住地点变成了城镇人口，实现了农村土地和人口的双重城镇化。从三次产业在地区生产总值中所占的比重来看，1992年，第一产业为5.1859亿元，占15.43%，第二产业为19.6254亿元，占58.40%，第三产业为8.7934亿元，占26.17%。2002年，第一产业为11.3373亿元，占4.08%，第二产业为174.2847亿元，占62.77%，第三产业92.0454亿元，占33.15%。2006年，第一产业为10.5908亿元，占2.15%，第二产业为324.4974亿元，占65.89%，第三产业为157.4081亿元，占31.96%。2010年，全市实现地区生产总值908.88亿元，三次产业结构调整为1.7∶65.1∶33.2。从就业结构来看，1992年，从事农业生产的人口为15.01万人，占年末户籍人口的14.92%，2004年从事农业生产的人口为14.78万人，占年末户籍人口的14.36%。根据第六次人口普查数据，晋江市2010年全市常住人口中，居住在城镇的人口为1172997人，占59.05%；居住在乡村的人口为813450人，占40.95%。同2000年第五次全国人口普查相比，城镇人口增加692564人，乡村人口减少185376人，城镇人口比重上升了26.57个百分点。

（三）外来人口大量涌入，与本地人口数量持平，甚至超过本地人口数量

晋江在工业化、城市化和现代化发展过程中，创造了大量的就业机会，吸引了大量外来人口到晋江工作和生活，为晋江的工业化和城市化发展带来了生机和活力。1994年，晋江市外来劳动力就已经超过20万人。此后，随着晋江经济的快速发展，外来人口逐年增加。2001年，晋江市共有登记在册的流动人口39.1万；2006年增至81万；2007年截至9月，已达85万，其总量与常住人口相比较，仅少20余万。近年来，晋江市流动人口常年保持在110万左右。外来人口主要集中在晋江发达地区，特别是产业集群的工业区和工业园区。以陈埭镇为例，现有各类企业近2000家，90%以上是和鞋业关联的企业。2012年，全镇户籍人口7.8万人，流动人口高峰期达32万多人。

晋江庞大的外来人口大多分布在众多的民营企业中，主要从事制造业，如在制鞋行业的从业人员有35万多人，纺织服装业的从业人员有25万多人，建筑陶瓷业的从业人员超过5万人，制伞业从业人员有4万多人。民营企业中外来人口一般占到企业员工总数的50%以上，部分企业甚至高达80%~90%。60%左右的流动人口连续居住期在一年以上，许多大中型企业每年工人返岗率高达80%以上，个别企业甚至达到95%。但是，也有大量务工人员毫无目标地来到晋江寻找工作，有相当一部分人在找不到工作后就流出晋江，转移到其他县市；还有不少人在晋江找到工作的（特别是一些技术熟练的外来务工人员），因工资待遇等方面的原因造成跳槽的现象较多，加剧了人员的流动。在外来人口中还有十几万是求学人员。

晋江市流动人口中省外的占87%以上，主要来自江西、四川、贵州、

湖北、安徽、河南、重庆、湖南、云南，省内的约有10万人，来自全省各地市。流动人口的男女比例为6∶4，以劳动适龄的18至45岁的中青年群体为主，比例为88.2%；这部分群体文化素质和生产技能普遍偏低，劳动力素质和劳动技能都较为单一，绝大多数从事技术含量较低的体力劳动或知识成分较低的商业活动。流动人口在晋江市居住相对分散，大约有58万人居住在务工单位内部；约20万人居住在出租房屋，占28%；3万人居住在工地现场，占4%；8000人居住在酒店旅馆。

全市流动人口中大专学历以上的仅5%左右，高中（中专）的占10%，初中的占35%，小学的达40%，文盲半文盲的有10%。流动人口犯罪成为晋江市突出的社会问题，特别是流窜犯罪、暴力犯罪、侵财犯罪的现象日趋突出。流动人口在抓获的违法犯罪人员中所占比例居高不下，目前已达84.7%。破获的抢劫案件中，流动人口作案的占87.9%；盗窃案件中占91.6%；抢夺案件中的比例高达96.9%。以亲友、同乡等为纽带结成团伙的集团犯罪成为流动人口犯罪的主要形式。

以上三个方面是晋江社会管理所面临的特殊环境，虽然有有利于社会管理的一面，但更多的是挑战。在城镇化过程中，土地征用、房屋拆迁、劳动就业、社会保障、市场管理、交通管理、农村社区和城镇社区管理、本地人与外来人和谐相处等问题都对传统社会管理理念、体制和方法提出了挑战。

二　晋江社会管理的主要做法

面对城乡结构、就业结构、社会阶层结构的急剧变迁，面对日益复杂的劳动关系、利益格局，以及日益突出的外来人口权益保护和社会融入问题，晋江市委、市政府积极主动面对新形势新要求，不断加强和创新社会管理。社会管理的理念不断更新，思路不断开阔，对社会管理的谋划向更加自觉、更加主动的方向发展。

（一）强化民生建设和保障

民生保障是社会建设和社会管理的重点。随着经济持续快速增长，晋江市委、市政府高度重视提高城乡居民的收入，发展社会事业，改善人民群众的生活条件，注意解决他们的后顾之忧。

撤县建市后，晋江市努力处理好公平与效率、经济政策与社会政策的关系。在初次分配领域，积极实施促进充分就业和自主创业的政策，不断完善企业工资分配调控体系，逐步提高最低工资标准，确保劳动报酬稳步增加。在二次分配领域，不仅逐年增加财政对社会事业和民生建设的投入，而且基本实现了财政增长的目标。

1992 年，晋江市农民人均纯收入为 1713 元，在岗职工年平均工资为 3025 元；2005 年，农民人均纯收入为 7625 元，在岗职工年平均工资为 16491 元。[①]“十一五”期间，农民人均纯收入从 7625 元提高到 10542 元，年均递增 6.7%。城镇居民人均可支配收入从 15554 元提高到 21858 元，年均递增 12%。城乡居民人均储蓄存款余额从 2.32 万元增加到 4.37 万元，年均递增 13.5%。每千人口生活用汽车从 73 辆增加到 149 辆，年均递增 15.3%。1993 年，晋江市教育事业的财政投入仅为 0.53 亿元，到 2005 年，这一数字已经增长到 4 亿元，绝对数字 12 年翻了 6 番半。“十五”期间，晋江“双高普九”率先实现，高中阶段教育基本普及，基本医疗卫生制度日益健全，城乡医疗卫生、防疫保健网络不断完善，农村初级保健工作全面达标。“十一五”期间，晋江市教育财政投入力度加大，从 4.73 亿元增加到 12.66 亿元，在校学生数从 26.83 万增加到 30.29 万，高考本科上线率从 41.2% 提高到 59.33%。每千人口拥有病床位数从 2.32 张增加到 2.86 张，每千人口拥有卫生技术人员数从 2.53 人增加到 3.75 人。

晋江市按照城乡一体的要求构建现代社会保障体系，努力实现人人享有社会保障，致力实现全体城乡居民实现老有所养、病有所医。2007 年，晋江市在福建省率先建立被征地农民养老保障制度，截至 2012 年 4 月底，全市参保村、社区已达 143 个，占全市的 37%，这对缓解征迁矛盾，解除被征地农民后顾之忧，保护他们的合法权益，维护社会稳定起到了积极作用。

2009 年，晋江市被国务院列为国家首批新农保试点，在福建省率先推进城乡一体试点工作，并圆满完成试点任务，在全省首批新农保试点考评中

---

① 陆学艺主编《晋江模式新发展——中国县域现代化道路探索》，社会科学文献出版社，2007，第 304 ~ 305 页。

总分第一。群众参保积极性高，历年续保缴费率都在98%左右，2012年被确定为福建省农保经办管理服务示范点。

社会保险已经从单一险种走向养老、医疗、失业、生育、工伤等全面的社会保险、从原来的国有集体企事业单位人员转向城乡所有居民和被征地人员。截至2012年4月底，晋江市参加养老保险人数达到88万人（其中机关事业单位2.6万人、企业23.1万人、新农保58.1万人、被征地农民4.2万人），参加医疗保险的人数达到15.3万人，失业保险人数为10.6万人、工伤保险17万人，生育保险17万人，参保总人数147.9万人次，比“十五”期末增长了6倍。

为了方便群众办理社会保险事务，2012年5月启用了社会保障综合服务大楼，把过去分散在几个部门和地点的社会保险业务集中在一个大厅里办理，提高了服务能力和服务水平。

（二）优化对流动人口的服务和管理

100多万外来人口给晋江经济社会发展注入了活力，也对晋江经济社会发展提出了诸多挑战。从2006年查处的违法犯罪情况来看，流动人口犯罪人数占全部刑事案件抓获总人数的84.7%。2004～2006年，晋江全市共破获的182起现行命案中，有133起为流动人口作案，占73%。做好100多万外来人口的服务管理是晋江社会管理的难点，是晋江社会管理的重中之重，不仅关系到晋江社会的和谐稳定，关系到外来人口的权益保障，也关系到晋江现代化的平稳健康发展。

晋江市委、市政府高度重视流动人口服务工作，2007年，市委、市政府向全市来晋务工人员做出“三不”承诺，即不让任何一名在晋江的外来务工人员，因企业恶意欠薪而蒙受损失；不让任何一名在晋江的外来务工人员子女上不了学；不让任何一名在晋江的外来务工人员维不了权。这在当时尚属全国首创。2011年在全省率先实行“居住证”制度，领到居住证的外来人员可以享受22项市民待遇。2012年，又出台流动人口落户制度，符合条件的十类流动人口可将户口迁入晋江。

晋江市直有关部门各负其责，各司其职，优化流动人口服务工作。在教育方面：2010年全市中小学、幼儿园在校外来务工人员子女156321人，占总在校生的51.63%。2012年，外来务工人员子女在晋江就读的人数增至近17万人。晋江市确定全市256所公办学校为“外来农民工子女入学定点校”，还鼓励、支持创办外来农民工子弟学校。在全国率先开办首个“川渝皖赣籍学生高中班”，2010年在晋江的100多名川渝皖赣籍学生实现与家乡一致的高中教育。晋江市政府每年投入1400多万元，吸引镇（街道）及社会各界投资7000多万元，先后完成了120所薄弱校改造，教学设备补助每年1000万元，其中很大部分是基于外来工子女入学需要特别安排的。晋江市财政对公办学校接受外来农民工子女就学，按照本地学生的标准拨付公用经费，落实每个学生每年小学280元、初中360元。市编办、人事等部门按本地学生标准为外来农民工子女配备教师编制，全市外来工子女的教师占编制6600多人，市财政一年为此的负担超亿元。2000～2010年，晋江慈善总会共发放助学金2795万多元，扶助包括外来农民工子女在内的大中小学生39000多人（次）。

在就业培训方面：统筹城乡就业，加强劳务协作，积极与省内外人力资源相对充足的地区建立紧密的劳务协作关系，为流动人口提供免费求职、登记、职业介绍、职业指导等服务。工商行政部门为外来个体经营者办理营业执照8033户，注册资本33894.62万元，从业人员16428人。动员并组织社会各类职业教育培训机构、企业、行业协会和就业服务机构，有计划地组织流动人口参加岗前培训和岗位技能提升培训，建立定期培训和技能考核鉴定制度。晋江市企业每年在职职工培训都在20000人（次）左右。

在社会保障方面：截至2010年9月20日，晋江市外来务工人员基本养老保险参保人数达100600人，占总参保人数的56.87%。晋江市外来务工人员医疗保险参保人数45100人，占总参保人数的36.82%，2008年以来，共有15万人（次）的外来务工人员参加职工医疗互助活动，累计有100人（次）获得了200多万元的补助金。

在医疗卫生方面：卫生部门实行一类疫苗免费预防接种措施，将流动人口适龄儿童预防接种纳入本地免疫规划管理。2008～2009年共接诊流动人口结核病人2000多人，免费为流动人口结核病人拍摄胸片2000多张，免费痰涂片1万多片，2008～2009年共有1097位外来孕产妇享受优惠措施，减免费用达33万元。目前，晋江市40多万流入育妇均可就近享受免费计生技术服务。2007年以来，晋江市全面开展生育关怀行动，市镇村三级共筹集生育关怀基金6013.6万元，并建立60个生育关怀基地，流动人口也同等享受生育关怀。

在生活关怀方面：2008年以来，公安机关为流动人口办理户口迁入26954人，办理车辆报牌38420部。规划建设与房产管理部门将外来务工人员纳入经济适用房和廉租房建设规划范畴。民政部门投入52000元，帮助24户（次）来晋务工的困难家庭解决生活、医疗等临时性、突发性的困难问题。救助流浪乞讨人员1300人（次），发放救助金54082元。

晋江市还建立了劳资处理、法律服务、权益诉求回应等工作机制。在劳资处理方面，2008年以来，全市共处理劳动争议13254起，涉及劳动者人数45584人。在全省率先设立企业欠薪保障调剂金、欠薪举报奖励和劳动保障基金等制度，有效预防和减少劳动争议案件的发生。市法院共受理各类劳动争议案件4966件，审结4901件，审结率达98.69%，标的额2231.91万元，及时、有效地维护了外来务工人员的合法权益。对外来务工人员维权活动予以支持，2008年以来，有3983件劳动争议案件的外来务工人员得到减、免、缓交诉讼费，占受理案件的80.2%。在法律服务方面，市司法行政机关畅通法律援助渠道，对涉及外来务工人员群体追讨工资等案件，及时受理、及时援助。市法院派出“社区巡回法庭专用车”到村（社区）、企业，现场接受法律咨询、信访投诉，当场受理劳动纠纷立案及执行工作。在权益诉求的回应方面，设置专门面向流动人口咨询的电话专线，保证流动人口及时、充分地表达利益诉求。

由中国人民大学心理学系和工众网于2012年4月发布的《中国农民工“生存感受”2012年度报告》显示，泉州整体农民工幸福感、新生代农民工幸福感排名均高居榜首。晋江流动人口约占泉州的一半。这一调查结果也是对晋江流动人口服务管理工作的肯定。近年来，晋江全市规模以上企业员工返厂比例都超过90%。

（三）改善对特殊人群的服务管理

一是做好刑释解教人员的帮扶工作。多年来，晋江市政法系统积极做好刑释解教人员的排查摸底工作，各镇充分发动群众，做好集中排查和清理工作，召开刑释解教人员工作协调会，精心部署，安置帮教工作人员开展进村入户活动，做到情况清，底数明。开展多种形式的帮教活动，积极主动地帮助回归人员解决生活中的实际困难，千方百计地广开就业门路，多形式，多渠道地做好安置帮教工作。对刑释解教人员的安置，主要通过以下4种途径：（1）积极争取有关部门、单位支持，回原单位安置。（2）鼓励城镇刑释解教人员自谋职业，从事个体经营。（3）对农村的刑释解教人员实行就地安置，为其落实责任田，从事农业生产，或协助他们承包荒山、果园，或安排到乡镇企业做工等。（4）由劳动部门推荐就业。各镇还结合村级换届选举工作，重组配强村级帮教小组，推进“二帮一”责任制，家长关心教育制、帮教汇报制、领导检查落实制，做到定人、定任务、定责任，包帮教、包管理、包安置、包转化，涌现出不少帮扶典型企业。同时，晋江市将安置帮教工作延伸到大墙以内，积极主动地深入到监狱、劳教所，看望服刑人员，为他们带去了社会的关怀和温暖，巩固了监、所改造教育的成果，为开展进一步的安置帮教工作奠定了基础。

二是利用现代科技手段改进社区矫正工作。近年来，晋江市司法局还对社区矫正人员实施“天罗地网”管理工程。“天罗”即研发社区矫正服刑人员手机定位监控系统和声纹识别系统，将社区矫正服刑人员纳入科技监管视野，依托中国移动公司设置移动电话定位监控平台，建立区域监管警系统。矫正服刑人员未经请假擅自离开辖区，马上得到信息警报，可以及时核实处理，同时加入声纹识别系统，通过口令声纹识别，系统可在0.5秒内做出精确判断，防止出现“人机分离”现象，使之成为社区矫正监管的一种有效手段。“地网”即是负责日常管理的司法所人员、社区矫正专职工作者和志愿者等队伍联合加强对服刑人员的日常管理，实现制度化和常态化。

（四）畅通诉求表达渠道

畅通民意表达渠道是做好利益关系协调、解决社会问题、化解社会矛盾、防范社会风险的前提。

一是开通市长专线电话。2006年10月晋江市率先在福建省开通县级市市长专线电话，5年半时间专线电话共接听来电63619个，其中直接办理41525个，书面交办21794个，已办结21424个，结案率98.3%。坚持市、镇主要领导轮值接听市长专线制度，即每个月1名市领导、每周二、四下午各1名市直职能部门或镇（街道）主要领导轮值接听专线电话。结合领导干部接访制度，推进市委常委接听专线机制，实现人人都能得到市领导接待、接访。开展“市长专线在行动”活动，查处、关闭一些长期处理不了的非法经营场所，得到了群众的肯定。

二是开通网上信访渠道。2007年，晋江市被确定为全国100个“网上信访”试点，晋江市及时将“市长信箱”升格为“书记市长信箱”，作为“网上信访”主要平台，制定《“网上信访”办理工作制度》、《关于进一步做好书记市长信箱和市长专线电话有关工作的通知》，让群众可以足不出户就能反映和解决问题。“网上信访”开通5年时间，受理来信6420件，已办结5880件。晋江市“网上信访”工作受到国家、省、泉州市有关领导的充分肯定。

三是开通企业服务专线电话。2008年11月21日，为帮助企业应对金融危机带来的冲击和影响，依托市长专线电话平台，晋江市开通企业服务热线，及时受理企业在项目建设、生产经营等方面遇到的困难和问题，并做到当天接听、当天转办、限时办结。这一举措推动了政企互动，为企业有效应对危机、走出金融危机的阴影，发挥了积极的作用。

四是加强信访工作机构和工作制度建设。2004年组建成立了“晋江市民众咨询投诉中心”，与市委、市政府信访局实行“三块牌子、一套人马”办公，作为行政系统内外交流的载体和民意处理的快速反应机构，综合受理群众来信、来访、来电、网上咨询、投诉，使信访工作在巩固中提高，在整合中加强。同时，建立信访督查督办工作规则和责任追究机制，对信访问题排查不到位或赴省进京上访苗头信息报送不及时的，化解、稳控工作不到位的，在全市通报批评，直至涉访的镇（街道）和市直单位主要领导向市委作书面检查，同时记入领导干部抓综治实绩档案。

五是建立“两代表一委员”的参与信访工作机制。2009年，引入党代表、人大代表、政协委员和律师等组成社会工作组，直接参与领导干部接待群众来访活动，协助接访领导做好群众的思想疏导和答疑释惑工作。同时，建立了回访测评制度，对市领导接访批示件的办理结果进行回访测评，并及时将办理和测评结果呈报领导，同时抄送社会工作组成员审阅。

对群众不满意、社会工作组成员有异议的，组织人员在进行复查后要给群众明确答复。

（五）多管齐下解决社会矛盾纠纷

一是建立矛盾排查调处机制。晋江市将信访工作和排查化解矛盾纠纷纳入村（社区）综治协管员工作目标考核内容，促使重大、疑难纠纷事件得到及时妥善解决。他们建立以村、社区居委会为依托，以社团、群团组织为载体的信访问题处理机制，构建社会矛盾预防排查和化解的基层“第一道防线”。针对劳动纠纷增多的情况，晋江市在全省率先出台了《晋江市劳动争议预防和处理工作意见》，持续深入地开展劳资纠纷隐患排查治理工作，劳动争议化解率不断提高。

二是打造镇村综合服务平台。在各镇（街道）、村（社区）成立综治信访维稳中心（工作站），把工作重心下移，服务前移，在镇（街道）一级将综治办、司法所、信访办、公安（边防）派出所、人民法庭以及民政、劳动、国土、安监、农业等单位联合起来，实行集中办公、一体运作，及时有效地排查化解矛盾纠纷。

三是建立社会矛盾预警报告机制。晋江市完善以信访局为中心，镇、街道和市直单位为支点，村（社区）、重点企业为触角的“三级四方”信访信息网络，制定《晋江市信访信息报送制度（试行）》，为及时掌握重要情况信息，妥善处理信访突出问题和群体性事件，更好地为党和政府决策服务，为维护社会稳定提供了信息保障。

四是建立重大项目决策社会稳定风险评估机制。晋江市制定实施了《社会稳定风险评估方案》，采取一系列措施，对征迁等重大项目和重要决策进行社会稳定风险评估，确保市委、市政府的重要决策和重大项目均能够顺利和谐推进。2009 年以来，晋江市完成旧城改造征迁任务 840 多万平方米，总征地面积达 7.7 万亩，没有发生一起非正常上访和群体性事件。

五是构建“大调解”工作体系。由党委、政府统一领导，综治部门组织协调，社会各界广泛参与，建立健全人民调解、行政调解、司法调解相互衔接的“大调解”工作机制。晋江市先后成立了渔业、医疗、道路交通、物业、数码行业、环保、围头港涉台民间海事纠纷调解委员会，通过这些调解委员会实现人民调解与行政、司法调解的对接。晋江市数码行业调解委员会与工商局12315维权中心实现对接，商会商务调解委员会与法庭、仲裁庭等对接。在交警部门设立交通事故纠纷多元调处中心，实行调解与仲裁、鉴定与理赔等“一条龙”服务，90%以上的交通事故纠纷都能在第一时间化解。由司法局牵头，法律专业人员、退休医学专家共同组成晋江市医疗纠纷调解委员会，建立第三方调解医疗纠纷机制。医疗纠纷调解委员会自2010年4月份运行以来的2年时间里，共受理案件52起，成功调解48起，引导至司法途径2起，撤回申请1起，不在调解受理范围内1起。调解委员会既不代表“医方”，也不代表“患方”，以第三方立场进行调解，体现公平、公正，群众满意度明显提高。2012年3月，晋江市还推出检调对接工作办法，对轻微伤刑事案件等第一次实现检察院和人民调解有机结合、综合调解。

（六）以立体化防控体系维护社会治安

晋江人口密集、流动性大，维护社会安定，任务十分繁重。围绕平安建设，晋江市公安政法部门坚持打防控一体化，坚持“严打严防”方针，狠抓社会治安专项整治，驾驭社会治安局势能力不断提升，保证了一方平安。特别是近两年晋江开展了“百日会战”和“打盗抢、保稳定”专项行动以及“清网”活动，取得显著成效。

一是坚持以“打”开路，提升破案效能。坚持严打方针，有针对性地开展了严打整治、打黑除恶、命案侦破、打盗抢抓逃犯、禁毒斗争、整顿市场秩序等社会治安专项整治行动，攻坚克难，切实提升了打击犯罪的能力水平。在命案侦破方面：严格落实“一长双责”制和“四长必到”制，逐步规范命案快速反应、现场侦查、协同作战等行之有效机制；同时把技侦、网侦、视频监控等高新技术应用到案件侦破工作中来，大大提高了命案侦破效能。1992年以来，全市共立命案1007起，破963起。2008年，被公安部评为“全国公安机关侦破命案工作先进集体”。在打黑除恶方面：重点围绕容易滋生黑恶势力的场所、区域、上访材料和举报信中犯罪组织涉案人员及涉嫌犯罪活动开展外围调查，收集材料和犯罪证据，全力予以打击。1992～2011年，共打掉黑恶势力团伙167个，抓获黑恶犯罪分子897名，破获涉黑恶刑事案件1114起。在打击“两抢一盗”犯罪方面：始终保持对盗抢犯罪主动进攻的严打高压态势，不定期组织开展专项整治行动，打击效能明显提高。1992~2011年，共破“两抢一盗”案件63887起。在打击毒品犯罪方面：始终保持打击毒品犯罪的高压态势，深入调查旅菲涉毒线索，坚决遏制旅菲涉毒人员在晋江辖区从事制贩毒活动，持续不断地开展专项行动，均取得了较好成效。1992~2011年，共破获毒品犯罪案件1398起。在打击经济犯罪方面：密切关注经济领域违法犯罪的新动向，严厉查处各类经济犯罪活动，组织开展深入整顿和规范市场经济秩序、打击整治发票犯罪、银行卡犯罪和假币犯罪的“09行动”等专项行动，有效维护了国家经济安全和市场经济秩序。1992~2011年，共破各类经济案件1371起，挽回经济损失近21237万元。在追逃工作方面：进一步健全完善破案追逃新机制，严格落实追逃工作责任，强化网上追逃力度，及时捕获了一批在逃人员，从中破获了一批积案、隐案，提高了打击效能。1992~2011年，共抓获各类逃犯11570名。2009年，被公安部评为“追逃工作成绩突出基层单位”。

二是坚持以防促安，织密治安防控网络。坚持“打防结合、预防为主”方针，全力推进区域防控体系建设，全面落实人防、物防、技防等措施，有效遏制刑事案件高发态势。

1. 推出“视频巡逻”新机制。充分发挥已建视频监控系统作用，2012年推出“视频巡逻”新机制，进一步提升了打防时效性和针对性。

2. 推出警灯闪烁巡逻工程。指定60部巡逻车全天候在全市主要干道、犯罪频率高的地段进行巡逻、设卡。

3. 推出免费安装摩托车暗开关新举措。针对摩托车被盗案件高发的情况，晋江市公安局以增强摩托车安全性能为切入点，推出免费为群众安装摩托车暗锁新举措，2010年3月份下旬开始启动并全面推开，实现了摩托车被盗案件较大幅度下降。2010年4~9月，全市共立摩托车被盗案件5566起、与2009年同比少被盗296部，下降5.1%。

4. 加强租赁房屋“旅馆式”服务管理。晋江市推出流动人口“一站式”服务管理和租赁房屋“旅馆式”服务管理，加大对流动人口的服务管理力度，督促落实租房登记工作，加强租房人员信息采集录入工作。2010年来，市公安局共登记租赁房屋28627户，登记承租人485766名，发现并抓获违法犯罪嫌疑人1956人，查处违法租赁房屋业主82人次。

5. 加强群防群治队伍建设。到2011年底，全市共有410支专职巡逻队3472名巡逻队员，其中镇（街道）直专职巡逻队24支385人，村（社区）专职巡逻队386支3087人，实现每个镇（街道）、村（社区）均有一支专职巡逻队。

6. 建立一套网络舆情引导制度。设立网络舆情监督中心，组建网络阅评员队伍，加强对虚拟社会的管理。2011年，协助公安网安部门破案205起、抓获犯罪嫌疑人153人。

三是坚持以点带面，着力改善治安面貌。按照“哪里治安问题突出就集中整治哪里、什么治安问题严重就集中整治什么问题”的原则，抓住群众反映较多的突出治安问题、治安混乱的重点地区、部位，集中力量，重点整治，做到整治一片，安定一方，有效解决突出问题，切实改善治安面貌。1992～2011年，晋江市公安局共查处治安案件192620起300653人。

1. 强化黄丑问题整治。坚持“常抓不懈，露头就打，见苗头就压，有线索就查”的原则，定期不定期开展治安清查、清理整顿电子游戏机场所、打击黄丑等专项行动，进一步净化了社会风气。

2. 强化涉枪涉爆等危险物品整治。以实现“不炸响、不打响、不流失”为目标，一方面强化打击，及时惩处违法犯罪分子，全面收缴流散在社会面的枪支弹药、管制刀具、危爆物品；另一方面强化宣传，提高群众安全防范意识。

3. 强化校园及周边治安整治。狠抓校园“八条措施”贯彻，督导学校落实社会治安防控体系建设。目前，全市共有中小学、幼儿园526所，配备保安员659名，配备了一批橡皮警棍等装备，选派法制副校长、辅导员197名，安装监控设施165所。定期不定期组织开展校园及周边治安专项整治工作，进一步净化了校园及周边治安环境。

4. 强化重点工程项目建设施工环境治安整治。为进一步优化全市重点项目建设施工环境，维护工程建设良好治安秩序，晋江市公安局从2009年12月7日至2010年5月6日在全市开展为期半年的重点项目建设施工环境治安专项整治行动，确保了重点工程建设的顺利进行。专项行动期间，共排摸、化解各类矛盾纠纷和不稳定因素34个，打掉强迫交易、敲诈勒索团伙

2个，查办案件9起，刑拘18人，逮捕12人，治安行政拘留5人。

2011年，晋江被福建省综治委命名为“全省平安先行县（市、区）”，社会治安综合考评成绩位列泉州市第一，群众对社会治安满意率达到93.56%。

三 晋江社会管理的基本经验

晋江社会管理的成功之处在于，在党政主导下，坚持以人为本，统筹城乡发展，平等对待外来人口，尊重人民群众的主体地位；加强政府自身建设，深化行政体制改革，转变政府职能，注重保障和改善民生，充分利用企业、民间组织等多方面力量参与社会建设和社会管理，强化基层基础，运用现代科技手段，做好现实社会和虚拟社会两方面的管理；在经济发展和社会建设中加强和创新社会管理，寓管理于服务之中，既严格依法行政、依法管理，又注重法外调解、多种手段综合运用；既注重制度建设和机制建设，又注重思想道德建设，倡导文明新风，用高尚的道德和崇高的理想教育人、凝聚人、激励人。20年来，晋江社会管理积累了许多宝贵的经验，其中最基本的有以下五个方面：

（一）强化社区建设和管理

撤县建市以来，晋江市镇（街）以及村（居）民委员会根据城镇化发展以及农村人口变化的现实，调整行政区划，1993年，全市有15个镇、1个农场，下辖村民委员会347个、居民委员会24个。2007年，全市辖6个街道办事处、13个镇；293个村委会、93个社区居委会。在镇（街）、社区区划调整的同时，把城乡社区建设作为社会管理创新的重要工作，着力发挥社区在社会管理的基础性作用，按照现代理念强化社区建设和管理，以社区和谐发展为目标，促进农村人口向城镇人口转变、单位人向社区人转变，促进外来人口融入社区。

近年来，随着经济社会的快速发展和城镇化的快速推进，晋江市城乡社区建设进入了快车道。按照“试点先行、形成示范、以点带面、逐步推开”的方法，“城市社区抓提高，农村社区抓覆盖”，深化城市和谐社区示范创建活动，开展“农村社区建设实验全覆盖”的创建活动。

1. 建设政府管理服务平台

全面推行社区“七个一”配套工程建设。（即社区组织办公场所、社区公共服务中心、社区综合文体活动室、社区警务室、社区卫生服务站、社区居家养老服务站、社区活动小广场）。在全省率先推进社区公共服务中心建设。将各级各部门设在村级的6类工作机构，整合在1个社区公共服务中心，为村（居）民提供“一站式”服务。统一规范“一厅两栏三室四统一”建设标准。设置“一厅二栏三室”（即便民服务大厅、公开栏和宣传栏、工作室、接待室和档案室）。由市财政专门拨款，为全市386个村（社区）统一配备现代化办公设备，建立村级组织网络管理系统，实现市、镇（街道）、村（社区）三级协同办公，使各级事务公开及时、信息资源共享、村（居）财监管到位，社区组织运转规范。

2. 建设社区生活服务平台

加大社区基础设施建设。按照布局优化、道路硬化、村庄绿化、路灯亮化、环境洁化、沟渠净化的“六化”要求，建设城乡社区公共设施。全市行政村、自然村水泥路普及率均达到100%，自来水普及率达到69.7%。完善社区文化设施配备。结合新农村建设，根据晋江实际，大力实施文体活动场所“五个一”工程，即一个文化室、一个戏台、一个篮球场、一条健身路径、一批小公园。“五个一”工程已实现全覆盖，城乡社区文体活动蓬勃发展。发展社区卫生服务。以村（社区）卫生所为依托，加强疾病预防、医疗、健康教育等服务，改善社区医疗卫生条件。全市已建立社区卫生服务站66个，村级卫生所686个，从业人员达1078人。实现社区环境净化绿化。重点引导村（社区）加快建设垃圾收集转运体系，共建成垃圾转运站31座；已建立330支、2000多人村（社区）保洁队伍，垃圾处理实现“村（社区）收集、镇（街道）转运、市处理”；大力实施“四绿”（绿色城市、绿色村镇、绿色通道、绿色屏障）工程建设，向“村在林中、路在绿中、房在园中、人在景中”的目标迈进。

3. 整合力量，创新载体

晋江市全力推进社区四支队伍（社区干部、社区专职工作者、社区社会工作者、社区义工队伍）建设，为基层社会管理和社会服务提供坚强的人力保证。经过几次换届选举和驻村（社区）任职干部选派，社区干部队伍在老中青结合基础上实现了“两优一高”（社区干部的年龄结构和整体素质明显优化，党员比例进一步提高）。近年来，对全市 389 个村（社区）3500 多名“七大员”① 等兼职协管人员进行全面整合解聘。先后分 6 批采取面向社会公开招聘和定向本村招聘相结合的办法，招聘 1010 名专职工作者，每个村（社区）配备社区专职工作者 2～5 名，长驻社区公共服务中心办公。其中 82.8% 具有大专以上学历，平均年龄 28.5 周岁。晋江市以被民政部确定为“全国社会工作人才队伍建设试点市”为契机，推进社区专职工作者向职业社工过渡。积极组织发动社区专职工作者参加全国社会工作者职业水平考试，目前已有 138 名通过资格考试，通过率居全国前列。对通过社工职业资格考试已注册并实际从事社工工作的村务（社区）专职工作者，社工师给予每月 200 元补贴，助理社工师给予每月 100 元补贴。同时，积极借助高校力量，在 9 个单位建立社会工作人才队伍试点，设立社会工作站，配备专兼职社工，开展社工服务活动，形成示范，取得较好成效。

（二）强化企业社会管理责任

晋江市在优化社区建设和管理的同时，加强非公企业党的建设，加强非公企业工会工作，引导和强化非公有制企业履行社会责任，不断强化企业社会管理责任。

1. 加强非公企业党的建设，为企业健康发展和维护职工权益提供坚强的组织保证

晋江非公企业党组织数量少、分布较散，加上党员流动性大，“隐性党员”、“口袋党员”多，党务干部队伍建设相对滞后，部分企业主对党建工作认识不到位、党员教育管理难度大。针对这些新情况、新困难，晋江市建立市委统一领导、工委（组织部）综合协调、部门齐抓共管、党群联动共建的领导机制，推动非公企业党建工作。实行市镇领导挂钩联系非公企业制度，建立“市镇村企”四级工作网络，市级建立由经发、工商、税务等 16

① 农村“七大员”：村级农民技术员、村级文化协管员、村级社会治安综合治理协管员、村级计划生育管理员、村级国土资源和规划建设环保协管员、乡村医生、村级食品药品质量安全协管员。

个涉企部门组成的联席会议制度。镇街统一设立企业党委，规模企业超过50家的17个镇（街道）各配备1名副科级专职副书记和1名非公党建办主任。村（社区）建立村企党建联席会议，由村（社区）党组织书记牵头协调辖区内党组织共建工作。在重点品牌企业成立党委、纪委和党校。党委统一选派非领导职务科级干部和优秀年轻后备干部到市重点品牌企业挂职，分别担任党建指导员和党建专职干部，直接抓企业党建工作。2007年以来已经选派两批次43名干部到32家企业挂职。晋江市还在重点企业实行党务干部聘用制。每年由市委组织部聘用50名、镇（街道）聘用150名左右的重点企业党务干部，实行"基本补贴+绩效考核"奖金制度，分别给予3600~10800元不等的经济补贴，推动党务干部职业化。同时，还建立财政拨助、党费补助、企业资助的经费保障机制，建立基本工作经费、重点企业经费、重大活动经费补助制度。

2. 加强企业工会工作，提高职工素质，增强法制意识，维护职工合法权益

晋江市历来重视企业工会工作，不断加大基层工会组织建设力度，不断扩大工会组织覆盖面。2011年10月底，企业工会组建率和职工入会率分别达到95.56%和95.32%，把工会组建、依法规范、发挥作用三者紧密结合起来。在非公企业中开展"工会组织亮牌子示承诺、工会干部亮身份示职责"活动，2011年全市共组织了342家企业工会参加了市总工会的"双亮"活动。在非公企业中开展"学习型"、"创新型"、"环保型"、"效益型"、"和谐型"、"安康型"班组建设，着力培育新型劳动者队伍建设，在经济建设主战场中发挥主力军作用。2011年，全市组织1700家企业、35万职工参加"安康杯"竞赛活动，有效地促进企业加强安全生产管理，提高了员工的安全生产防患意识。加大安全生产和有毒有害化学品专项整治监督工作力度，在全市企业中积极抓好"一法三卡"试点工作。通过广播电视、报刊信息，在市区、镇、街道主要路口设置大型广告牌、分发宣传材料等，在广大职工中宣传《工会法》、《劳动合同法》、《企业工会工作条例》、《妇女权益保障法》等法律法规，引导广大职工学法懂法、守法用法，依法规范自己的行为和运用法律保护自身的合法权益。各级工会组织围绕构建和谐社会，注重维权实效，开展劳动关系和谐工业园区、和谐企业创建活动，促进劳动关系和谐稳定。

3. 强化企业服务职工的意识，满足新一代职工多方面的精神文化需求、维护职工权益

近年来，新生代农民工文化水平较高，个人情感丰富，权利保护意识增强，期望在工作中提高自身素质，渴望受到尊重和平等对待，希望融入当地社会。针对这些特点，一方面出于尊重职工权利的考虑，另一方面也是为了拴心留人、培养稳定的高素质的职工队伍，晋江民营企业家们采取多种手段，加强和改进对职工的服务管理。361 度（中国）有限公司在履行企业社会责任、创新企业社会管理方面走在晋江市前列。该公司是中国领先的体育品牌，2011 年度，实现销售额超过 70 亿元，纳税近 7 亿元，全国终端专卖店达到 7800 多家，全国员工近 15 万人，在晋江总部员工近万人，在晋江市五里工业园区 361 度公司的员工有近 6000 人。为了能够满足员工在工作之余的生活、学习、休闲、娱乐的需求，361 度五里工业园建设了一栋设施齐全、功能多样的“361 度职工之家”。361 度职工之家共 6 层，其中一层至三层为员工食堂，每层可容纳 3000 人，能够满足近万人同时就餐。同时，一层还有一家 1500 平方米的购物超市，极大地方便了员工的日常生活需求。四至六层为员工的文体休闲会所，可同时容纳 3000 人，包括 5 个电影院、乒乓球馆、台球馆、溜冰馆、烧烤吧、员工聚会餐厅、网吧、健身中心、心理咨询中心、图书馆（拥有纸质图书 3 万多本、电子图书 10 万册）、瑜伽馆等，为员工日常学习、生活以及休闲娱乐提供了极大的方便。361 度公司建立了多层级的培训体系，并联手高校成立 361 度职工大学，首批就有近 2000 名员工报名参加，为员工实现知识升级和就业升级提供重要途径；定期组织员工郊游、开展文体活动。为了保障员工合法权益，建立和谐劳动关系，361 度公司还成立工会组织、劳动争议调解委员会、员工访谈委员会、员工纠纷协调委员会。

（三）充分发挥群团组织和社会组织的作用

晋江的群团组织和社会组织较为发达，积极参与社会管理，满足了人民群众多方面的需求，较好地协调了利益关系，在处理社会问题、化解社会矛盾方面发挥了积极的、独特的作用。

1. 工青妇等群团组织找准定位，发挥熟悉和联系职工、青年和妇女的优势，服务广大职工、青年和妇女，积极参与社会管理创新

晋江市委、市政府出台《关于在社会管理创新工作中进一步发挥工会、共青团、妇联组织作用的意见》（晋委［2012］6号）。晋江市总工会真诚服务、关爱广大职工群众，促进企业和社会的和谐稳定。共青团为青少年发展创造条件，通过创先争优，强化建设，打造一支有凝聚力、创造力、学习型的共青团队伍。妇联组织主动维护妇女权益、推动和谐家庭建设。在村级成立妇女维权服务站、镇级建立“家庭暴力报警点”、“反家庭暴力合议庭”，市级建立“家庭暴力庇护站”、“12338”维权热线；依托市法院，建立妇联干部担任特邀陪审员制度；依托市公安局，建立妇联干部担任听证监督员制度；依托市司法局成立法律援助中心，构建“横向到边、纵向到底”的大调解网络格局。市妇联主席亲自进社区、进企业接访，以走访议事、现场议事等方式倾听基层妇女心声，把矛盾化解在一线。晋江市妇联不断深化创建“和谐家庭”活动，引导妇女参与和谐社会建设。每年“三八节”都要隆重开展以妇女为主体的健身舞蹈展演、广场舞汇演、文艺演出、拔河、登山、专题讲座、摄影展、图片展等系列活动，展示新时期晋江女性热爱生活、昂扬向上的精神风貌；2008年起连续开展五届“家庭文化节”活动，结合传统节日开展社区游园、宝宝运动会、“我爱我家·爱在端午”包粽子比赛等内容丰富、发动面广、影响力大的系列活动，打造以家庭成员共同参与的活动品牌，共吸引了5万多人参加；广泛开展“五好文明家庭”、“平安家庭”、“低碳家庭”等各类文明家庭评选表彰活动，大力弘扬夫妻互爱、家庭和睦、邻里和善、社区和谐、孝老爱亲的文明风尚；深入开展家庭教育工作，每2年开展一次家庭教育征文活动，每年深入开展“争做合格父母培养合格人才”家庭教育巡回活动近百场，家长受教育率达98%。

2. 促进社会组织健康发展，发挥其积极的社会管理功能

晋江建市后，各级各类社会组织发展迅速，在改革开放、经济成长、教育发展、文化繁荣、科技创新、精神文明建设和社会文明进步等方面起到了积极的促进作用。同时，在激发社会活力、促进社会公平、倡导互助友爱、缓解就业压力、推进公益事业、反映公众诉求、解决贸易纠纷、化解社会矛盾等方面也起到了不可替代的作用。1993年，全市社团累计达到88个，

1998 年发展到 140 个；2005 年 174 个，2010 年发展到 361 个，增长了 2.07 倍，年均增长 41.4%。随着人们对教育、文化、艺术、慈善等方面需求的日益增长，各类民办文化、艺术、教育机构和慈善组织迅速成长起来。另外，为了与经济发展相适应，晋江市还成立了包括旅游、包装印刷、医药、文化娱乐、机械制造等行业协会。2010 年以来，晋江市更加积极支持和发展社会组织特别是社区社会团体，对社区社会团体放宽准入条件，鼓励和规范发展。社区社会团体包括社区服务类、文化体育类、公益类等三大类，主要有村（社区）慈善协会、综治协会、义工协会、计生协会、老人协会，校董会等。晋江市按照“边发展、边登记、边规范”的原则，适当降低社区社会团体注册登记的准入门槛，放宽注册资金、会员数量、办公场所、专职工作人员等方面的条件、标准、要求，简化登记手续和审批环节，对尚未达到登记条件，但正常开展活动且符合经济社会发展需要的社区社会团体，推行核准备案制度。同时为规范管理，积极开展社区社会团体负责人业务和政策培训活动，指导社区社会团体根据社团性质及类型制定了章程，严格了内部规章制度。

3. 民间慈善组织一枝独秀，扶贫济困、倡导公益精神和仁爱思想，成为晋江和谐社会建设一道亮丽的风景线

2002 年 12 月 18 日，晋江市慈善总会成立。经过近十年的发展，晋江现代慈善事业体系逐步建立和壮大，慈善组织已经成为政府公共服务的得力助手，慈善事业成为社会保障制度的必要补充，慈善文化成为精神文明建设的重要内容。慈善总会利用晋江企业多、华侨多、民间资金雄厚的优势，已募集善款超过 15 亿元，通过开展助学、解困、福利设施建设、征迁困难户补助等慈善工程，累计支出 6.3 亿元，近 11 万人得到扶助。更为重要的是，晋江慈善组织致力于传播慈善文化，积极营造关爱贫弱、重在参与的良好社会氛围。发展慈善事业的意义，不仅在于使贫者得到救济、弱者得到关怀，也在于唤醒社会各个阶层的互助理念和互谅意识，协调人际关系，增进社会和谐。

一是致力于慈善美德与现代理念的对接。通过开展“晋江慈善日”万人踩街和“慈善一元捐”活动、组建慈善义工协会、设立慈善教育基地、加强媒体宣传和造势宣传等方式，使广大群众意识到参与慈善活动不只是金钱的付出，也可以是劳动、时间和知识的捐赠。在社会各阶层中日益确立“人人可慈善、人人可参与”的现代慈善文化理念，有效地促进了慈善美德与现代精神的对接。一年一度的“晋江慈善日”主题突出、内涵深厚、不断深化、形式多样、参与者众多，已经成为晋江市慈善活动的一个品牌项目。

二是致力于慈善精神与社会责任的结合。广泛宣传国家发展慈善事业的法律、法规和晋江市的相关政策，积极协助有关部门落实市委、市政府出台的鼓励捐赠办法，深入开展慈善世家、慈善家和慈善大使评选活动，努力在企业界等先富起来的人群中倡导“取之于社会、用之于社会”和“先富帮后富”的理念，强化企业和个人对于社会的责任感，有效地促进了慈善精神与社会责任的结合。近年来，晋江市涌现出一批慈善世家、慈善家、慈善大使，得到了社会公众的广泛认可。

三是致力于慈善实践与移风易俗的互动。慈善文化本身就是民风良俗的一个有机组成部分。针对晋江市红白喜事大操大办的传统民俗，晋江慈善总会于2003年向全体理事发出“简办节约、捐资行善”的倡议，得到了广大理事和社会公众的广泛认同，有效地促进了慈善实践与移风易俗的互动。至2007年底，在有识之士的示范和带动下，晋江市慈善总会收到积极响应者捐献的礼金1亿1千多万元，不仅开辟了善款筹措的新渠道，也推动了移风易俗的进程。2010年，因婚丧喜庆节约礼金捐赠慈善事业而新增冠名慈善基金6个共800万元，新增留本捐息冠名基金4个共2000万元，已冠名慈善基金续捐10个共6887万元，历年累计冠名慈善基金54个共3.9亿元，留本捐息冠名慈善基金32个共3.3亿元。

（四）改革行政审批服务方式

晋江市以改革创新的精神，加强政府自身建设，按照社会主义市场经济的要求，不断转变政府职能，把更多的精力投入到社会管理和公共服务上，改革和完善行政审批服务方式，为各类市场经济主体提供良好社会环境，创造良好公共服务。

2002年12月，晋江市行政审批服务中心成立，这是晋江市创建全国公共行政体制改革试点的龙头工程。十年来，行政审批服务中心共进驻30个市及部门，有130名工作人员，承担354个审批事项，并在今年进行了第10轮行政审批制度改革。

1. 深化审批流程改革，为服务发展夯实基础

（1）把削减审批事项作为深化改革的基础。中心建立以来，根据法律、法规的精神和经济社会发展的需要，把可以免除的审批事项尽量免除，能够简化的审批程序一律简化。至今，中心先后推动了10轮审批流程改革，大力推进项目清理、流程再造、审批科成建制、市镇联动工作，积极推行网上审批、并联审批，启动重点项目"特别通道"机制，实施电子监察，开通企业服务专线，审批环节不断简化，审批时限不断压缩，服务水平不断提高。

（2）把再造工作流程作为制度建设的主线。传统行政审批流程存在着互为前置、公文旅行、程序繁复等弊端。通过整合资源、精简前置、简化程序、合并环节等做法，积极推广并联审批和"一表式"审批。在10轮改革中，先后简化审批前置42项，精简内部流转审核环节221个，取消申报材料357种，使平均审批时限缩短了70%，当场办结率达76.35%。比如，一个基建项目从立项到发放施工许可证，原来要经过33道环节、历时240多个工作日，现在只需7道环节、37个工作日，极大地加快了审批速度、提高了服务效率。

（3）实行"两集中、三到位"，推动职能分离。先后选择住建、国土、环保、经贸、卫生、发改、工商、民政、农业、质监、安监等11个部门，按审批、监管、服务重新划分科室和职能分工，实行审批要素高效集聚，原分散于内设各科室的审批职能、权力集中专设审批科，从原单位剥离进入中心运作，即审批链条、审批人员进中心到位，审批权限下放窗口到位，并推动后续部门科室把工作职能重心转移到监管、执法服务等政府职能的薄弱环节上，实现了从重"事前审批"到重"事后管理、加强服务"的转变。

（4）积极承接审批事权下放，推动简政强镇。行政审批服务中心认真梳理上级部门下放的行政审批事权，科学制定承接的工作方案和序时进度，引导本级部门与上级部门业务对接，牵头组织协调解决承接过程中遇到的困难和问题。运行至今，累计承接上级部门下放的审批事权161项。2011年以来，按照有利于促进发展、调动基层积极性和提高效率的思路，行政审批服务中心与各进驻部门深入探讨、反复论证，选择6个部门40个审批事权下放或服务前移到镇级，充实镇级审批权限和服务职能，进一步方便企业、群众办事。

2. 严格规范权力运作，推动审批阳光作业

行政审批服务中心通过多种方式强化对审批各项制度的监督落实，确保行政审批高效运转，阳光作业。监督方式由事后监督、内部监督、逐级监督转变为由效能监察部门、有关领导和群众共同参与的实时、公开、联合监督，制约暗箱操作，促进廉政建设。重点从五个方面加强审批监督：

（1）重事前监督。行政审批服务中心实行办件咨询预登记制度，设置了4个预登记窗口，6名专门人员预受理登记和引导群众办事。预登记制度的实行加强了对不予受理件、退回件的监督管理力度，使得监管从事后转变为事前，避免由于个别部门窗口没有理由不予受理、没有一次性告知，而使政府服务形象受到影响。

晋江市社会管理应急指挥中心

（2）重电子监察。设立电子监察室，对进驻审批中心的审批业务全程自动监察，促使效能监督对象由业务部门向业务项目、业务环节和工作时效转变。

（3）重媒体舆论监督。主动邀请泉州晚报社工作人员进驻行政审批服务中心，设置监督服务窗口，广泛征集企业、群众意见建议，报道审批改革动态，这种将媒体舆论监督引入行政审批改革全过程的做法在全国尚属首例。

（4）重社会监督。主动接受人大、政协、行风评议代表和人民群众的监督，邀请人大代表对窗口服务开展明察暗访活动。

（5）重政务公开。本着便于群众知情、群众监督、服务群众的原则，对行政审批事项确定了“六公开”，即：公开审批内容、程序、时限、申报材料、办理结果、收费标准。在政务公开上力求达到信息透明、服务便捷、有利监督的目标。

晋江市行政审批服务中心还积极完善服务机制、不断创新服务经济方式，努力提升为群众服务的能力和水平。在综合窗口和咨询预登记窗口完成正常导询工作的基础上，推出业务咨询现场答疑、办理代书、主动引导办证等服务，尽力满足办事群众的各种服务需求。设立残疾人服务专窗，主动为残障人士开辟审批服务“绿色通道”，并联合晋江市残联，出台一系列扶持残疾人创业的优惠措施。开发了身份证读卡录入、预登记挂号排队、审批意见内容预设、网上咨询、预约办理等多项提高服务水平和办事效率的系统功能，搭建前后台信息共建共享的“全方位”公众服务平台。

晋江市行政审批服务中心的建立和改革发展，极大地推进了行政体制改革，促进了政府职能转变，提高了行政效率和服务质量，从源头上防止了腐败行为的产生，提高了政府的公信力，改善了干群关系，减少了经济发展引发的社会问题、社会矛盾以至社会风险。

（五）用群众工作统揽社会管理

习近平同志指出，社会管理主要是对人的服务和管理，说到底是做群众工作。一些社会管理工作之所以得不到群众的理解支持，甚至引发矛盾冲突，根本原因是群众工作没有做好。比如，有的社会管理，出发点就不端正，不是真诚为群众谋利益，而是掺杂着部门利益、少数人的利益；不是考虑怎么让群众方便，而是考虑自己管起来怎么省事。有的社会管理，尽管出发点是好的，但对群众态度不好，工作方法简单粗暴，引起群众反感。实践表明，任何一项社会管理任务，如果离开富有成效的群众工作，就很难取得良好效果。20 年来的晋江社会管理之所以取得成功，就在于他们善于运用群众工作的理念和方法统揽和推进社会管理。

1. 坚持以民为本

以民为本、为民谋利，不与民争利，是做好群众工作的本质要求。晋江在城市扩建和旧城改造中，拆迁房屋和征用土地量非常大。由于晋江市党委政府坚持“为民建城”的理念，广泛征求群众意见，科学制订方案，公开透明操作，做深入细致的群众工作，实现了“零强拆、零上访、零事故”。晋江市在征迁工作中，始终突出公益至上。一是注重公共配套设施建设，把大部分土地用于拆迁安置和公共服务设施建设。例如，陈村片区的道路、广场用地 112.2 亩，占总用地面积的 16.6%。二是在改建过程中注重文物保护。例如，在梅岭组团中规划了 120 亩“闽南民俗文化保护区”。三是采取就近安置的原则，不仅保留了原有的社区系统和人脉关系，而且让群众享受到优质的公共基础设施资源和服务。晋江和谐拆迁的启示在于把群众利益作为城市建设的最高利益，在项目策划、拆迁补偿等各个环节，既考虑城市经济的持续发展，又体现城市生活“以民为本”的精神；既为大多数人的长远利益谋划，又尽可能照顾到拆迁群众的近期利益。

2. 坚持尊重民意

任何一项涉及群众切身利益的公共决策都要认真听取各方面群众的意见，大多数群众不支持、不理解的事情就不能办。暂时不理解的，要做耐心细致的解释说服工作，不能替民做主、贸然行事，否则会引起群众的反感，引发社会风险。为了顺利推进拆迁和征地任务，2009 年晋江市成立了“城市建设管理领导小组”，由市委书记任组长，统筹解决全市城建过程中经营运作、人力资源配备等问题。下面分成九个组团，十个片区，均成立指挥部。每一个指挥部的总指挥、副总指挥均由市领导担任，并且成建制从全市抽调大量精兵强将、业务骨干直接参与动迁工作。在正式征迁之前，各组团指挥部、征迁工作组、征迁业务人员和法律专家就对方案进行充分讨论，确保方案科学合理。同时，改变了以往“政府单方制定，群众被动接受”的征迁模式，通过民意调查、沟通对话，广泛听取拆迁户的意见。晋江近几年出台的每份征迁方案，都是经过近百场不同规模的大小会议、数十次修改完善后形成的，最大程度地尊重民意，吸纳群众提出的合理意见，把群众作为城市建设的主体，使群众从“要我拆”变成“我要拆”，树立主人翁精神和全局意识。大到产权确认，小到电话移机，在征迁方案中都有详细规定。

3. 坚持依法办事

依法行政、依法办事是新时期群众工作的内在要求和重要特点。只有依法办事，才能取信于民，树立党和政府在群众中的威信。晋江市各级领导无论在协调城乡居民关系、劳动关系、本地人与外地人的关系方面，还是在城市管理、拆迁征地、环境保护等方面，都能够坚持按照法律办事，公开透明、接受监督。晋江市在征迁工作中坚持“一把尺子量到底”，全面公示奖励办法、选房顺序号、困难户申请名单等征迁信息，接受征迁户监督。对征迁过程中遇到的重大事项，特别是涉及群众利益的敏感事项都由集体研究决定。

4. 坚持有情操作

既要严格执法，依法办事，又要力求做到“合理合情”。在拆迁征地过程中，晋江市出台了一系列保障征迁户利益的措施，包括过渡期租金补助、居住条件改善、失地农民养老保险、老人生活补贴、慈善福利扶助等。对低保户、五保户、住房困难户等特殊群众，还尽最大可能给予照顾。凡属住房困难户的可按低于成本价的最低价购买安置房，使人均住房面积达到35平方米；凡属低保户、五房户的可按人均20平方米的标准保障其居住面积，房款根据实际情况可以减免；凡属单层住房户的不仅可免除补差价置换等面积安置房，而且还可按成本价扩购等面积安置房。

5. 坚持耐心细致

群众的个性各有特点，群众的要求各不相同，群众的水平各有差异，这就要求广大干部在具体工作时一定要具体情况具体分析，善于做深入、耐心、细致的解释说明、教育引导工作。晋江市干部先后有2500人次参与城市“组团”建设，采取包干分解责任、落实任务的办法推动工作。常言道“一把钥匙开一把锁”。为了争取群众的理解和支持，每一户征迁，征迁干部平均入户要超过10次，有的甚至走访数十次，帮征迁户释疑解惑。征迁干部说，“被拆迁户对房子都有感情，跟他们打交道最重要的是将心比心，换位思考”。在征迁工作中，征迁干部不仅宣传项目的意义，而且实事求是地帮征迁户算账，设身处地帮他们分析得失；在征迁过程中帮他们做好测量核对工作，还帮他们解决许多实际困难。正是由于征迁干部理解拆迁户心理，把群众的难处作为自己的难处，平等沟通，以情感人，不厌其烦，不怕反复，精诚所至，金石为开，很多原本的问题和可能的矛盾都迎刃而解。

四 进一步改革创新的几点建议

社会管理既是晋江现代化发展的应有之义，也是现代化发展成功的重要保证。回顾过去，展望未来，晋江现代化发展站在新的历史起点上，城镇化进入加速发展时期，产业结构在进一步调整和转型升级，资源和环境保护的约束力越来越大，人们的权利意识越来越强，对公平正义、民主法治的追求越来越强，对就业、住房、教育、医疗、社会保障等民生和社会管理的要求越来越高，劳动关系、市场纠纷、环境保护、外来人口社会融入等问题越来越突出，所有这些都会对晋江社会管理提出新的要求，需要晋江市党委政府继续坚持已经被实践证明是行之有效的社会管理做法和经验，同时，还要以更加开阔的思路，把社会管理工作放到社会建设中、把社会管理和社会建设放到中国特色社会主义“五位一体”总体布局中，因地制宜、因时而变，勇于探索，大胆实践，不断改革创新，推动社会和谐进步。

（一）牢固树立以人为本的理念

晋江市社会管理最大的特色，也是成功的最重要秘诀在于坚持以人为本的理念，在大力发展民营经济的过程中，始终把统筹城乡发展、着力改善民生、提高人民的生活水平作为经济发展的出发点和落脚点，不断改进对流动人口的服务和管理，尊重群众的首创精神和主体地位。今后随着利益格局的复杂化、群众需求的差别化和高级化，更加需要各级领导干部牢固树立以人为本的执政理念，做到情为民所系、利为民所谋、权为民所用。具体来说，一要加大公共财政对于民生的投入，提高社会保障的参保率和保障水平，解决群众关心的就业、住房、教育、医疗等问题。二要发展社会主义民主，进一步扩大公众参与，满足人民群众日益高涨的政治参与热情，问政于民、问计于民、问需于民，保障群众的知情权、表达权、参与权和监督权，建立和完善重大决策、重要事项的民主参与机制和社会风险评估机制。三要特别关心弱势群体的生产和生活，提升他们自我发展的能力。

（二）进一步深化行政体制改革

社会管理改革创新必然涉及到经济体制、政治体制、文化体制和社会体制的改革。当前社会管理很多方面的创新还只是停留在方式方法上，没有触及深层次的体制机制改革。方法创新的效果从根本上说受制于体制机制，因此，没有体制的改革，方法创新的效果是有限的。虽然经过多轮行政体制改革，现行的政治体制、社会体制仍然带有很强的计划经济体制的特征，不能很好地适应社会主义市场经济和社会管理的要求，服务型政府、法治政府、责任政府、透明政府尚未完全建立，政府缺位、越位、错位的现象时有发生。这些不足在晋江也有不同程度的表现。因此，迫切需要进一步深化行政体制改革，加强政府自身建设，为社会管理体制和方法的改革创新奠定具有决定意义的体制基础。一要进一步转变政府职能，按照“经济调节、市场监管、社会管理和公共服务”的要求，把政府更多精力转到社会管理和公共服务上来，正确处理政府、市场和社会的关系。同时，要转变政府履行职能的方式，积极探索和推行政府向市场和社会组织购买服务。二要研究设定政府社会管理的机构和职能。加强政府社会管理的顶层设计，调整和归并现有相关政府机构从事社会管理和公共服务的职能，建立专门的社会建设管理的领导机构，避免现有机构各自为战、力量分散，提高社会管理的效率和效能。同时，还要统筹考虑党政关系，建立党委统一领导下的合理分工、各负其责、协调配合、运转高效的社会管理领导体制，建立具有稳定性的社会管理体制机制。三要加快法治政府和责任政府建设的步伐，严格依法行政，做到有法可依、有法必依、违法必究，改革和完善对公职人员问责的制度和方式，加大对公职人员履职尽责情况的问责力度，建立群众满意的政府，提升政府公信力。

（三）大力培育和发展社会组织

随着市场经济的不断发展，社会阶层日益多元化，以及人们需求结构的深刻变化，传统的国家与社会不分的状况难以适应现代社会发展的需要，迫切需要大力发展社会组织，建设现代公民社会，承接政府转移的职能，补足市场的失灵，满足人民群众多样化、个性化的物质文化等多方面的需求，实现政府、市场与社会的良性互动互补。社会组织在经济社会发展、文化建设和民主政治建设等方面的重要作用已经被理论界充分证明，也被国内外的实践经验有力证明。澳门仅有 50 万人口，它的各类社团组织却达到 5000 多个。晋江实际人口达到 200 多万人，登记在册的社会组织不到 140 家。相比之下，晋江在社会组织培育和发展方面有着巨大的需求，也有着广阔的空间。一要放宽准入条件，降低进入门槛。应学习和借鉴广东等地的经验，探索实行社会组织备案登记管理制度，改革社会组织管理制度。二要加大培育力度。政府应把更多资源投向社会领域和社会组织，通过委托代理、合同外包等方式，建立与社会组织的伙伴关系，鼓励和支持社会组织之间开展竞争，在竞争中发展。同时，加强对社会组织的服务指导和监督管理，引导社会组织加强自身建设，建立完善的治理结构和内部管理制度，提高可持续发展的能力。三要清理和完善配套支持政策和制度，在税收、人才培养和使用等方面加大对社会组织的支持力度。四要营造良好舆论氛围，消除社会疑虑和偏见，引导人们正确认识社会组织，支持和参加社会组织。

（四）引导企业共同承担社会管理责任

相当长一段时间以来，在理论界和实际工作部门都有一种认识上的误区，以为改革开放以后，随着传统的“单位制”的解体，“单位人”变成了“社会人”，由此或明或暗得出结论认为，今后“单位”不再承担社会管理的责任，社会管理变成了政府和社区的责任。现代社会管理的本质是社会治理，要求多元主体进行合作共治。诚然，现代社会管理的主要责任在于政府，政府在社会管理中起着主导作用，社区管理起着重要的伙伴作用。但是，从现实来看，我国绝大多数人口仍然生活和工作在各种企事业单位中，只不过从原来的国有集体单位转到了民（私）营单位就业，现在全国 70% 以上的就业人口是在民（私）营企业就业。晋江市本地和外地人口在非公有制企业就业的比重要高达 90% 以上。就业人口绝大部分时间是在企业中度过的，社会交往和社会关系主要是在企业，企业是社会管理的重要载体。因此，引导和加强企业特别是面广量大的非公有制企业履行社会责任，加强和改善社会管理，是晋江社会管理的一项十分重要的工作。一要强化企业负责人的社会责任和社会管理意识。企业负责人要尊重职工、关心职工，不能仅把职工看成是企业利润的生产者，看成是生产线上的一颗螺丝钉，应看成是生产的合作伙伴，是企业的主人，要保障职工的合法权益，着力构建和谐劳动关系。二要强化服务意识，改善工作和生活环境，创造条件满足职工个人发展、成长进步、社会交往、情感追求等多方面的需要，以适应青年职工需求变化的新要求新特点，稳定职工队伍，培养高素质的职工，增强企业的凝聚力和竞争力。三要加强和改进企业工会和社团组织工作，鼓励和支持企业建立工会，鼓励和支持职工加入工会组织，鼓励和支持职工成立互益性和公益性社团组织，提高企业职工的组织化程度，让职工在各类组织中找到归属感，实现多方面的需要，有效整合利益、有序表达利益，促进人际和谐、企业和谐、社会和谐。同时，要进一步探索和加强非公有制企业党的建设。

（五）加强共同体意义的社区建设

社会管理的重心在基层，要加强社区建设。近年来，晋江和全国其他地方一样，在城乡社区建设方面迈出了坚实的步伐，加强了社区的组织建设、服务管理平台建设、人才队伍建设，加强了社区的资源保障，无疑这些好的做法和经验仍然需要继续坚持并不断完善。除此之外，和全国其他地方一样，晋江的社区建设还应着眼于增强社区居民的社区意识，提高社区居民的社区认同感和归属感，提高社区居民的自治能力和自治水平。在社区建设中既要强化硬件建设，也要强化软件建设，既要见“物”也要见“人”，促进社区由地域概念和行政组织单元概念走向生活和价值共同体。一要减少社区组织的行政事务，改革党政组织对基层社区的服务管理方式，探索社区自治组织“去行政化”的途径和方式，合理划分和确定公共权力、自治组织和社会组织介入的范围和介入方式，积极扩大社区居民的公共参与，加快基层民主建设步伐。二要搭建公共交往平台，扩展公共活动空间，逐步增强社区居民的邻里意识、公共意识、社区意识，在社区居民中开展文化娱乐、体育健身、旅游环保、互助公益等活动、创造机会让社区居民相识、相知、相助，改变“老死不相往来”、“对面不相识”的邻里交往模式，形成“社区是我家，建设靠大家”的理念，让社区居民在和谐、互助、友爱的氛围中工作、生活和发展。三要摸清社区情况，区分社区类型，准确定位，有针对性地采取社区建设管理的策略和办法。要理顺社区中不同单位和组织之间的关系，整合社区资源，提高社区资源的利用效率。四要防止网格化管理办法被滥用。网格化管理是当前兴起的新型社区管理模式，具有很多优点，受到各地的欢迎。但是，网格管理应统一规划、统筹建设，如果各个部门和单位各自为政、分散实施，势必造成浪费，也会造成过度侵占个人空间的问题。

（六）重点做好流动人口服务管理

外来人口多、外来人口服务管理做得好，是晋江社会管理的特点和亮点，今后仍然是晋江社会管理工作的重点，而且是重中之重。从人口流动、社会发展的趋势以及晋江经济社会发展的走向来看，今后晋江的流动人口会越来越多；外来人口特别是新生代农民工平等意识、发展意识、权利意识会越来越强；希望留下来的愿望会越来越强、人数会越来越多。因此，晋江除了要统筹城乡发展、平衡本地各方面群众的利益关系之外，还要高度重视和妥善协调本地人与外地人的利益关系，要进一步做好流动人口的服务管理工作，有序引导和促进流动人口的社会融入。本地人与外地人的矛盾和冲突在广东、浙江等沿海发达地区已经有所表现。无论从以人为本、保护外来人口的正当权益来说，还是从促进本地区经济可持续发展、社会和谐稳定来看，晋江市都需要进一步增强做好流动人口服务管理工作的责任感和紧迫感。除了强化企业社会管理责任和社区服务管理之外，还应该扩大对外来人口基本公共服务均等化的范围，提高服务水平和质量，解决好外来人口在劳动就业、社会保障、医疗卫生、子女教育等方面的实际困难；建立专门的流动人口服务管理机构，把分散在劳动社保、人口计生、宣传教育、医疗卫生等多个部门服务管理责任统一起来，提高服务管理力度、效率和水平；积极拓宽流动人口参与民主管理的渠道，保障流动人口的政治权利，增强流动人口的主人翁意识，促进流动人口更好地融入当地社会；加大对侵害流动人口特别是农民工权益案件的查处和打击力度，教育当地市民尊重流动人口，从心理上接纳流动人口，形成良好的法治、舆论和社会心理氛围。

（七）重视做好社会管理基础工作

社会管理既是一种传统的常规性工作，也是一项崭新的开创性工作。由于经济体制、社会结构、利益格局的深刻变化，企业有生有死、职工有进有出、城乡人口有来有去，这对社会管理的基础性工作提出了新的更高的要求。一要做好信息统计分析工作。要重视社会管理的基础信息统计、调查和分析工作，一方面充分发挥现有统计调查机构的作用，特别要重视人口信息的统计和报告工作。另一方面，探索改革和完善社会管理信息收集整理、分析研判的体制机制，力求做到党政机关能够全面、及时掌握社会管理所需要的基本的和重要的信息，为科学决策和有效服务管理提供信息依据。可以考虑建立覆盖全部人口的晋江市人口基本信息库。在完善居民身份证制度的基础上，融合人口和计划生育、人力资源和社会保障、住房和城乡建设、民政、教育、交通、工商、税务、统计等部门和金融系统相关信息资源，建立一套能够覆盖全部实有人口的动态管理体系，提高对流动人口的服务管理水平。二要加强思想道德和社会诚信建设。在全社会倡导积极进取、开放包容、团结友爱、尊老爱幼、平等互助、勤俭节约的新风尚，通过教育引导和政策制度，奖优罚劣，推进晋江市政务诚信、商务诚信、社会诚信和司法公信建设。三要加强社会管理的政策法规工作。不少时候，社会管理领域的问题是由于政策法律缺位或陈旧造成的。因此，依法行政和依法管理的前提是要做到有合适的政策法律可依。一方面，应该结合当地实际，把国家统一但原则性的政策法律具体化和细致化，便于操作和执行；另一方面，要敢于探索，勇于实践，在协调劳动关系、医患关系，规范信访秩序、房屋搬迁、土地征用、城市管理，发展社会组织、慈善事业等方面先行先试，制定地方性政策法规，为社会管理奠定制度基础。四要做好城乡发展规划工作。社会管理要注意远近结合，要做好城乡发展规划，合理规划城市不同区域的生产生活功能，引导生产力要素适当聚集和生活服务设施适当集中，使生产上有规模效应，生活上方便城乡居民。在此过程中，要特别注意缩小不同人群在空间资源的占有和利用上的差异，防止由于占有和利用空间资源带来的社会问题、社会矛盾和社会冲突。此外，社会管理基础工作还应更好地与晋江业已推行的“网络化”管理模式相结合。

（八）加大社会管理人才队伍建设力度

加强和创新社会管理需要一大批牢记为人民服务宗旨，忠实践行科学发展观，善于驾驭复杂局面，善于做群众工作的领导干部。因此，要按照胡锦涛总书记的要求，“引导各级领导干部努力学习社会管理知识、提高社会管理能力，不断提高社会管理科学化水平”，加强对各级领导干部社会管理知识和能力的培训和培养。领导干部要以身作则，率先垂范，带头学习。同时还要继续加强专业社会工作人才队伍建设。社会工作是适应现代社会发展兴起的一项专业化、职业化和规范化的“助人自助”的工作，可以在社会福利、养老助残、学校教育、信访维权、特殊人群服务、司法实践、社区工作等多个领域发挥独特的作用。晋江社会工作人才队伍的培养、引进和使用已经走在全国前列，今后还应该继续完善相关政策和制度，加强人才队伍建设。一要研究设置社会工作岗位，制定社会工作人才队伍录用考核、流动晋升、福利待遇等方面的政策，提高社会工作职业声望，增强社会工作的职业吸引力。二要下大力气培养造就一大批专业化的社会工作者队伍。支持和鼓励现有社区工作者、相关岗位的工作人员参加社会工作职业资格考试。在有关高职和中职学校设立社会工作专业，为本地培养社会工作专业人才。三要宣传和推介社会工作，让社会各界了解社会工作，利用社会工作，增强社会工作者的责任感和荣誉感。还应该努力弘扬志愿精神，发展壮大志愿者队伍。

社会管理是一项紧迫而长期的系统工程，涉及经济政治文化社会各个方面的改革创新，除了上述几个重点方面以外，晋江今后还应该重视和提高网络虚拟社会管理能力、突发事件应急管理能力，构筑“源头治理、动态协调、应急管理”三个层次相衔接、农村管理与城镇管理相统筹、现实社会管理与虚拟社会管理相配合的完善的工作格局和制度体系，为“晋江模式”发展得更好更快提供保障。

共建共享：晋江民生建设经验*

晋江撤县建市20年，是经济社会突飞猛进的20年，是“晋江经验”形成、发展的20年，也是人民群众得到实惠最多的20年。在这20年间，晋江市历届党委、政府关注民生、重视民生，优先解决事关民生的利益问题、优先构建事关民生的保障机制，努力建设覆盖城乡居民的就业服务体系、终身教育体系、社会保障体系、医疗保障体系、基层安保体系以及环境整治体系，把公共财政更多向社会事业、困难群体、薄弱环节倾斜，促进公共服务均等化全覆盖，让群众得到更多实惠、享有更多福利，实现幸福指数与经济指标同步提升。晋江的民生建设独具特色富有创新性，其城乡一体共建共享的经验给人以启迪，对于正在进行中的县域民生建设具有很高的理论参考价值和实践借鉴意义。

一 晋江民生建设的实践历程

回顾晋江撤县建市20年民生建设的实践历程，大体经历了由单一到丰富、由表层至深层的过程。以标志性事件的发生时间为节点，通过回溯性分析，可将晋江着力民生建设的实践历程划分为经济发展带动民

* 本文作者：中共福建省委党校课题组组长张君良（福建省委党校社会发展研究所副所长、教授），成员：余文鑫、沈君彬。

生、社会建设保障民生、环境优化改善民生三个阶段①。在三个阶段中，经济发展、社会建设和环境改善相互联系、贯穿始终，但在内容上各有侧重。

经济发展带动民生阶段（1992～2001）——实现“全民创业，富民强市”。1992年，晋江撤县建市，民营经济快速崛起并迅猛发展。秉承“诚信、谦恭、团结、拼搏”晋江精神的晋江人把握机遇、开拓创新，敢为天下先、善为天下先，以集体所有的“红帽子”和外商投资的“洋帽子”的“戴帽创业”行为得到了政府的默许，掀起市场经济创业高潮。创业热潮，让晋江经济在1992年首次跃升全省首位。为了鼓励民众创业，政府主动为民营经济发展搭好“舞台”，集中财力加强交通、能源、水利、通讯、工业园区、社会事业等公共基础设施建设，为本土企业的发展和外来资本的注入提供优越的硬件条件，并将政府职能转向构建政府服务平台，为民众创业和企业做大做强提供良好的软件环境。经过这一阶段的发展，形成了制鞋、纺织服装、建材陶瓷、纸制品、食品和玩具等支柱产业，晋江成为全国重要的制造业基地之一，许多产品在全国占有较大市场份额，并出口到世界各地。经济的持续快速发展，使晋江市的综合竞争力得到了显著增强，跃入全省和全国的先进行列。1993～1999年，晋江的财政收入每年净增1亿元，2000年后每年净增3亿元。2001年，财政总收入达16.17亿元。1991年，在全国首次公布的百强县（市）名单中，晋江市排名第55位，1994年上升到第15位，2001年又跃入百强县（市）前10名行列。1994年，晋江市名列福建经济实力“十强”县（市）之首，经济发展速度和效益也为全省“十佳”县（市）之冠，1995年在全省率先实现小康水平，此后一直是独占鳌头。

社会建设保障民生阶段（2002～2009年）——实现“统筹兼顾，全面

① 应当指出的是，这三个阶段的划分并非以某个时间点为切割线的简单机械割裂，前一阶段是后一阶段的积累与基础，后一阶段是前一阶段的延续与提升，彼此间的区隔也并非不可逾越，各阶段之间统筹工作的重点可能是相互交叉，彼此融合的。有如，以政策平等、待遇一致为统筹重点的“环境发展改善民生”阶段也绝不排斥“经济发展带动民生”阶段所注重的要素融合，产业互补这两大任务。换言之，基于“发展是最大的民生，没有发展的民生是无源之水”的深刻认识，“统筹城乡经济发展带动民生”永远不会过时，这也是发展型社会政策思想的基础理念之一。

协调”。这一阶段晋江政府强调和谐发展，在社会建设方面加大力度。2002年，晋江率先基本实现宽裕型小康。此后，晋江社会建设不断发展、惠及民生，其中一个关键因素就是努力处理好效率与公平、经济政策与社会政策的关系，促进社会和谐，增强民生保障力。在这一阶段突出更高平台、更快发展，既重视经济发展，又关注社会建设，坚持经济发展和社会建设两条腿走路。政府从资源、分配、人的全面发展等方面的统筹入手，把政府引导、扶持和服务经济发展的作用与市场配置资源的基础性作用紧密结合起来，不断完善政府与社会、政府与企业各尽其责、互动联动的体制机制，促进企业做大、做强、做优、做活、做久，促进经济持续、健康、较快发展。政府在经济社会建设中始终坚持以人为本，切实做到发展为了人民、发展依靠人民、发展成果由人民共享，不断把经济成果转化为民生福祉，努力实现学有所教、劳有所得、病有所医、老有所养、住有所居、民有所安，切实保障人民群众的经济、政治、文化权益。在这种积极社会政策的推动下，“双高普九”率先实现，高中阶段教育基本普及，教育强市取得显著成效；城乡社会保障体系框架基本建立，覆盖面不断扩大，2002年，成立全国县级单位的首家慈善总会，充分发挥了民间慈善团体在构建社会保障体系中的补充作用；按照“政府出大头、农民出小头”的思路，率先启动被征地农民养老保险试点工作，有效缓解了被征地农民的后顾之忧，促进了社会和谐稳定；医疗卫生制度日益健全，城乡医疗卫生、防疫保健网络不断完善，农村初级保健工作全面达标；2007年开展“百企联百村、共建新农村”活动，新农村建设稳步推进，城乡差距逐步缩小。

环境优化改善民生阶段（2010年~至今）——实现“转型提升，跨越发展”。这一阶段晋江政府在力促经济转型升级的同时，把改善社会环境和生态环境，提高民生质量放到更加重要的位置。这一时期，晋江市“实施‘产业提升、城建提速’基本策略，不断深化改革开放和城乡统筹，不断创新发展‘晋江经验’，全力推动经济转变跃升、城建大干快上、社会和谐进步，努力把晋江建设成为综合实力强、民生质量高、发展环境好的现代产业基地、滨海园林城市。”[①] 在这一阶段，晋江经济社会发展进入一个转型升

① 引自《在中共晋江市第十一届代表大会第五次会议上的报告》。

级的新阶段，产业结构、城乡结构和社会结构发生深刻变化，经济发展进入结构调整优化，社会建设继续平稳推进。晋江市适时提出要抓住发展机遇，建设“平安晋江”和“幸福晋江”，实现社会环境和生态环境的全面优化。在加强社会环境方面，坚持预防为主，全面落实社会治安综合治理措施，完善“打防控一体化”体系。在统筹人与自然和谐发展方面，把正确处理人口、资源、环境的关系放在更加突出的位置上。着眼建设生态城市、卫生城市的目标，创新发展观念，增强环境承载力。坚持节约资源和保护环境的基本国策，努力形成可持续的城市生产发展模式，建设资源节约型和环境友好型社会。

二　晋江市民生建设的做法和成效

晋江撤县建市 20 年来，在经济发展的同时，坚持民生优先、和谐共享的发展理念，把以人为本的执政理念贯穿于推动科学发展、跨越发展的始终，坚持把重视民生、保障民生、改善民生摆在各项工作的突出位置。努力做到发展为了人民，发展成果全民共享。20 年来，晋江的民生建设卓有成效且富有创新性，在“业有所就、学有所教、劳有所得、病有所医、老有所养、住有所居、民有所安”的民生工程上扎实推进，其各项成果始终走在全省各县（市）前列。

（一）鼓励创业，促进充分就业，夯实民生基础

1. 鼓励创业，大力发展民营经济，为全民就业创造坚实的物质基础

经济是民生之基，就业是民生之本。晋江历任领导深深懂得，要让人均只有 3 分耕地的百万晋江人过上富足安康的生活，唯有让多数农民走出土地并充分就业，而鼓励发展民营企业走工业化之路是必然的选择。早期的晋江民营经济主要是劳动密集型产业，在政府的鼓励推动下，民营企业遍地开花，形成了“村村点火，处处冒烟”的局面。正是由于劳动密集型产业的发展，晋江赢得了经济扩张，在造就了成千上万的老板的同时，也赢得了大量的就业岗位。2006 年以来，城镇新增就业人数 8.87 万，农村劳动力转移人数 3.75 万，城镇登记失业率控制在 0.3% 以内，平均值为 0.275%，就业

局势保持良好，本地人员基本上处于充分就业状态。民营经济的高速发展，使晋江走上了富民强市之路，不仅产生了数以万计的富豪，也使晋江居民整体收入水平和生活水平迅速提高。2011 年，城镇居民人均可支配收入 24731 元，人均消费支出 16306 元，城镇人均住宅面积 79.64 平方米；农民人均纯收入 11965 元，约为全省平均水平的 1.5 倍，人均生活消费支出 10037 元，农民人均住宅面积达 60.35 平方米。

2. 工业化带动城镇化，城镇化推动产业化，为城乡居民创业就业提供广阔的空间和动力

晋江在大力发展民营经济的同时，有效地推动了城镇化的进程，促进了晋江产业结构的变动，为晋江制造业的发展和产业集群的形成，为当地培养了大量的熟练技术工人和管理人员，并为劳动力在行业间的流动提供了可能。随着工业化城镇化水平的不断提高，产业结构、就业结构更趋合理。2010 年，晋江市三次产业占 GDP 的比重分别为 1.7%、65.1% 和 33.2%。从数据上看，晋江市有近三分之二的 GDP 是由第二产业贡献的。制造业成为吸纳劳动力就业的最重要产业，一方面促进晋江人的自主创业，另一方面其辐射效应产生对发展要素的聚集，创造了更多的就业机会，既推动了本地劳动力的转移，也吸引了大量的外来务工人员。从第六次人口普查数据推断，2010 年，三次产业构成中，第一产业从业人员 3.449 万人，第二产业从业人员 92.64 万人，第三产业从业人员 35.52 万人，比例为 2.62%、70.39%、26.99%。经过多年发展，晋江农业从业人口大大减少，城乡居民收入绝大部分来自二、三产业。二、三产业的快速发展夯实了民生的基础，为实现富民强市提供了强劲的经济支撑。

3. 出台扶持政策，开展就业服务，为自主创业和就业提供了强力支持

在鼓励创业，推进工业化、城镇化，促进产业转型升级的同时，政府出台了一系列扶持政策，为自主创业和就业提供强力支持。一是出台各种创业扶持政策，从融资支持、税费减免、行政服务等方面加大创业扶持力度。二是实施积极的就业政策，先后形成两轮促进就业的政策体系，每年建立市人民政府促进就业工作目标责任制。三是积极贯彻加强企业用工服务的政策，初步建立了人力资源市场信息网络，就业信息更加透明。

晋江工业化城镇化的快速发展为市场就业提供大量的工作岗位，却也随之产生了大量的失地农民。虽然，多数农民选择了自主创业之路，但仍有部分失地农民由于自身能力限制，无法适应新的变化。为此，政府组织开展“零距离”就业服务行动，建立以市级人力资源市场为龙头，镇级劳动保障所为支撑，村（社区）劳动服务窗口为基点的三级服务平台，让群众在家门口就能得到优质的就业服务。晋江市财政安排300万元再就业补助资金用于开展就业援助行动，以失地农民、社会待业青年、零就业家庭为重点，免费为其提供职业介绍、技能培训，建立培训资金直补用人单位机制，探索培训补贴与国家职业资格证书挂钩，以此鼓励企业对各类员工开展初级技能、专项技能及在岗技能提升等各项培训。政府还积极推动农业富余劳动力转移就业培训、劳动预备制培训、创业培训的展开，形成独具特色的职业培训制度，大大提高了劳动者的技能素质和就业能力。

（二）发展公共卫生服务，推动全民医保，全面实现基本医疗保障

晋江市深化医药卫生体制改革，大力发展公共卫生服务事业，全力实施城乡覆盖的全民医疗保障制度。特别是晋江市新型农村合作医疗的制度创新，实现了组织资源共享，降低了运作成本，为公共财政支持下新型农村合作医疗制度的可持续发展提供了宝贵的实践经验。

1. 启动新农合，拓展受益面，实现城乡一体的医疗保障

2005年晋江市在福建省内率先启动新农合，当时全国城镇居民医疗保险试点尚未启动，为此，晋江市就近20万城镇居民的医疗保障问题进行调研[①]，规定凡持有晋江市户籍的农民和未参加城镇职工基本医疗保险、铁路医保及没有享受公费医疗的晋江社区居民均可参合。2008年，福建省所有的市、县、区都建立起以大病统筹为主的城镇居民基本医疗保险制度，通过新农合制度与城镇居民医保制度的认真比较、权衡利弊，晋江市向泉州市政

---

① 晋江下辖6个街道和13个镇，2005年，这6个街道均处于镇改街的转型阶段，居民和农民差别仅停留在表面，多数居民和农民的生活条件水平较为接近，在城镇居民还未推行居民医保的背景下，这部分群众的医疗问题没有得到保障。

府申请允许该市城镇居民继续参加新农合，而不另行参加城镇居民医保。由此，晋江市以普遍推行新农合的方式实现了基本医疗保障制度的城乡一体化。2012 年晋江市新农合筹资标准为 310 元/人，全市参合人数 96.99 万人，参合率 99.99%，被国家卫生部确定为新农合重点指导单位，跃升为晋江民生保障体系的品牌项目之一。

2005 年，晋江在福建省内率先启动新型农村合作医疗。
2012 年晋江市新农合筹资标准为 310 元/人，全市参合人数 96. 99 万人，
参合率 99. 99%，被国家卫生部确定为新农合重点指导单位，
跃升为晋江民生保障体系的品牌项目之一。

2. 实行“同城同医”，推动公共卫生服务均等化，实现外来工基本医疗保障

在晋江市居住证制度出台之前，就来晋务工人员的基本医疗保障，晋江市做出如下规定：一是规定来晋务工人员孕产妇分娩可享受减免优惠。根据“十五项优惠”措施，晋江市对持有《暂住证》且符合生育政策的流动人口孕产妇到定点公立医疗机构分娩减免费用 300 元，手术费减免 20%。从 2006 年至今，市财政每年均拨出 30 万元专款用于流动人口孕产妇分娩减免补助。二是加强农民工定点医疗机构建设。引导和扶持规模企业内设医院或卫生所，为外来务工人员提供便捷价廉的医疗服务，2007年以来，晋江市共设置4家医院、8家卫生所为外来工定点医疗机构。三是实行流动人口“三无”病人医疗补助。市政府每年拨出专款100万元，用于“三无”病人医疗费用[①]。据不完全统计，从2005～2011年，共有1000多人享受800万元医疗费用优惠；四是开辟外来务工人员医疗“绿色通道”。该市公立医疗机构均为外来务工人员开辟了急诊、车祸等突发公共卫生事件“绿色通道”。同时，对持有《暂住证》的贫困流动人口住院费用实行减免补助。在晋江市居住证制度出台之前，就来晋务工人员的基本公共卫生服务方面，晋江市采取了如下举措：一是规定外来务工人员在晋江市居住半年及以上，可享受免费的9项基本公共卫生服务项目。不足半年的外来务工人员也能和本地人口一样享受健康教育、预防接种、传染病防治等3项基本公共卫生服务。二是推进流动人口的传染病防控工作，2008～2010年共为87万多名流动儿童进行免费预防接种。三是建立外来务工人员健康档案。为近2万名外来务工人员建立健康档案，并逐步实行高血压、糖尿病等慢性病规范化管理。四是坚持将流动人口计生服务、生殖健康科普知识、卫生防疫等宣传教育工作纳入每年开展流动人口服务管理“宣传月”和“综合服务月”的活动内容，通过媒体报刊、短信标语、宣传品等形式，引导流动人口树立健康科学的生活观念。五是卫生系统经常组织义诊活动，进村居、进企业，为外来务工人员进行健康知识宣传、义诊及送医送药。2011年6月，晋江市出台了《晋江市流动人口居住证管理制度暂行规定（试行）》（晋委办〔2011〕48号），该文件就居住证持有人在医疗卫生方面的权益做出了详细规定[②]：一是流动人口儿童可免费享受预防接种服务；二是流动人口孕产妇可享受“顺产产妇接生费减免300元，剖宫产手术费减免20%”的优惠；三是规定未参加户籍所在地的新农合或城镇居民医疗保险，以及未参加城镇职工医疗保险和

① 晋江市的“三无”（无家属和单位、无陪伴、无钱的病人）病人绝大部分为外来务工人员。

② 在2012年6月的一次访谈中，晋江市卫生局的一位工作人员表示，晋江市外来务工人员与本地户籍人口人数相当，将有居住证的外来人口纳入新农合，对于留住这一庞大的劳动力群体具有重要作用。

企业医疗保险及其他社会医疗保障的流动人口可以参加晋江市新农合，其筹资标准、财政补助和个人缴费标准均参照年度《晋江市新型农村合作医疗管理办法》。

3. 增加财政投入，维护医疗秩序，提高全民医疗保障力

晋江市还根据"新农合"运作实际情况，逐年加大对"新农合"的投入，2006 年，市级财政投入为 1652 万元，到 2011 年已增加到 1.243 亿元。全年补偿封顶线 2006 年为 6 万元，目前已提高到 10 万元，有效地缓解了城乡居民及困难群体看病难、看病贵问题。为维护医疗秩序，提高医疗服务效率。2010 年晋江市出台《晋江市医疗纠纷预防与处置暂行规定》（晋政〔2010〕168 号），建立了由市司法局牵头，法律专业人员、退休医学专家共同组成的市医疗纠纷调委会，实行第三方调解医疗纠纷模式。调委会自 2010 年 4 月运行至 2011 年底，共受理案件 40 起，成功调解 40 起；引导至司法途径 2 起；撤回申请 1 起；不在调解受理范围内 1 起。调解成效显著，为有效解决医疗纠纷提供新途径。医疗纠纷第三方调解模式将医疗纠纷从院内转移到院外，调委会人员既不代表医方，也不代表患方，真正实现第三方调解，体现公平、公正、公开，使患者满意度明显提高，减少了医患纠纷，维护了医疗秩序。

（三）推进教育综合改革，提升教育质量，实现教育强市

大手笔绘就现代教育的宏伟蓝图，大力度推进教育强市的建设步伐，这是晋江教育的突出个性和亮点。目前，晋江教育正加快从普及型向提高型转变，从量的扩张向质的提升转变，从常规建设向教育现代化迈进，在福建省率先实现教育强市。

1. 科学优化布局，全面发展各类教育，建立立体多元化教育体系

首先，学前教育得以做活。"十一五"期间，全市幼儿园（点）从 329 个增加到 361 个；在园幼儿从 42476 人增长至 62475 人，增长 47.08%；学前三年入园率从 91.9% 提升至 94.3%，学前一年入学率均保持在 96% 以上。其次，义务教育得以做实。优化整合教育布局，"十一五"期间，小学由 286 所增加至 291 所。小学在校生从 140202 人增长至 149843 人，增长 6.87%，适龄人口入学率保持在 99.8% 以上。再次，高

中教育得以做优。“十一五”期间，省一级达标高中达到6所，二级达标高中达到4所，高考本科以上上线率从43.4%提升至59.33%，增长15.93%。更次，职业教育得以做强。全市现有中等职业学校6所，其中，晋江职校为国家级示范性中职学校，华侨职校为国家级重点职校，安海职校为省级重点职校。特殊教育、成人教育、社会教育等工作也稳步推进。此外，大学教育得以发展。晋江市近年创办高职院校2所，分别是泉州轻工学院和泉州理工学院，学校充分发挥校企合作优势，确保高职院校人才培养质量。

2. 探索特色办学，落实“同城同等待遇”，促进教育均衡发展

随着晋江经济社会的发展，外来流动人口随迁子女数量迅速攀升[①]。不让任何一名来晋务工人员子女上不了学成为晋江市城乡一体化教育服务体系构建工作的重中之重。为此，晋江市把保障规模庞大的外来务工人员子女入学作为民生重要项目来抓，在全市全面落实“同城同等待遇”，将外来农民工子女纳入招生计划，不加收任何费用，在评优评先、入队入团、社会实践、升学等方面与本市学生一视同仁。通过实施“一二三四”工程[②]，确保全市外来工子女在“有学上”的同时“上好学”。“十一五”期间，接纳外来农民工子女入学从5.6万人增加到15.72万人，增长180.07%。全市现有外来工子女定点学校275所，外来工子弟学校12所。

3. 推进教育综合改革，鼓励发展民办教育，形成灵活多样的办学机制

晋江立足海外侨亲众多、民营企业发达、民间资本充裕、教育需求旺盛等特点，建立和完善政府主导、多元投入、多种所有制的办学机制，鼓励社会力量通过多种渠道参与职业教育，加大财政对技工校、行业办学、社会办

---

① 晋江市教育局提供的数据显示，“十一五”以来，晋江市外来工随迁子女中教育适龄少年儿童人数从10万人剧增至18万人，增长80%，年平均增长16%，目前，外来学生数占全市32.32万学生的55.69%，此规模约占泉州市的二分之一，全省的四分之一强。其中，义务教育阶段在校外来务工子女有12.91万人，占61.5%，其中，就读公办学校的外来务工子女11.96万人，占92.65%。

② 其中，“一”指敢为人先，公开一个承诺，“不让一名来晋务工人员子女上不了学”。“二”指机会公平，确保同等收费和同等就学两项权利。“三”指满足需求，进行三项扶持。一是举办外来务工子弟学校；二是改善学校办学条件；三是创新办学模式。“四”指强化责任，落实四项保障。一是落实公用经费；二是落实教师编制；三是落实人文关怀；四是落实规范管理。

开办外来工子弟学校践行不让一名外来工子女上不了学的承诺

学的补贴，对各类职业学校在财政、土地、招生、就业、税收、贷款等方面出台扶持政策，不断深化教育改革，推进办学模式多元化，激发民办教育活力。截至2011年底，晋江全市共有147所民办学校，其中：幼儿园107所、小学15所（外来工子弟学校12所）、中学3所、职校1所、培训学校21所。另有2所高职院校（注：不计在147所里）。社会捐资助学也是晋江教育的一大亮点。晋江市政府对捐资教育的社会各界人士实施定向捐赠和税前扣除等政策鼓励和表彰。“政府主导、社会支持、全民参与”的社会助学氛围浓厚，近两年来，教育捐资约1.4亿元。

4. 改善办学条件，优化教育资源配置，强化校企合作

“十一五”期间，全市中小学校园占地面积从551.89万平方米增加到578.04万平方米；校园建筑面积从203.76万平方米增加到233.54万平方米。计算机从1.91万台增加到2.36万台，图书藏量从470.09万册增加到658.48万册。固定资产从13.86亿元增加到31.73亿元，增长128.93%。三年来，共120所小学完成改造，投入资金5000多万元；市财政每年安排1000万元专项资金用于中小学教学仪器设备配备改善升级。努力实现教育资源的优化配置和优势互补，如深化泉州市服装纺织职教集团多形式合作办学，探索在汽车维修、印刷、机械模具等领域组建职教集团。积极开展与企业、行业协会联合办学，引企入校，如安海职校成立校内生产实践加工中心，增进校企合作的深度结合。

（四）创新服务手段，力促保障先行，建立健全社会保障体系

经过撤县建市20年的发展，目前晋江市统筹城乡的社会保障体系[①]正处于从“共同发展战略”到“协调发展战略”[②]的转折阶段，社会保险制度、社会福利制度及社会救助制度的发展均取得了长足的进步，体现在面向不同人口群体的社会保障制度建设比较完善，特别是其中的新型农村合作医疗制度、最低生活保障制度、新型农村社会养老保险制度实现了城乡一体化（见图1）。从覆盖面及保障水平上看，社会保险、社会福利及社会救助下辖各社会保障项目特别是基本社会保障项目的覆盖面均不断扩大，社会保障水平不断提升。

---

① 基于“大保障”、“小福利”的立场，本文所指的社会保障体系类似于中国人民大学郑功成教授所试图构建的“公平、普惠、可持续的社会保障体系”，郑功成认为这一保障体系框架由五个子系统构成，即：社会救助、社会保险、社会福利、军人保障、补充保障，这一划分方式契合我国社会保障体系部门分治的现实格局，属学界主流。回到本文的研究框架，因晋江市相关部门对于民生保障体系的习惯性阐述中，医疗保障体系、教育服务体系与社会保障体系是并立的关系，而军人保障及补充保障中的职业福利、商业保险和其他保障亦非本文研究的重点，因此，均给予剔除。应当指出的是，补充保障中的慈善事业对于晋江而言无疑具有浓郁的地方特色，且意义重大，本文将展开详细分析。

② 在《我国城乡社会保障体系协调发展战略研究》一文中，南京大学林闽钢教授（2011）提出了我国统筹城乡社会保障战略两阶段划分法，值得借鉴。林文认为，“统筹城乡社会保障的‘共同发展战略’是从弥补制度缺失入手，优先解决农村社会保障制度的‘从无到有’问题。而‘协调发展战略’解决的是在城乡相同的制度之间建立制度性的连接问题，实现不同的项目之间能够相互配合、功能互补，来解决保障体系在对象、项目、资金和经办等方面的发展问题，实现‘广覆盖、保基本、多层次、可持续’的总目标。”

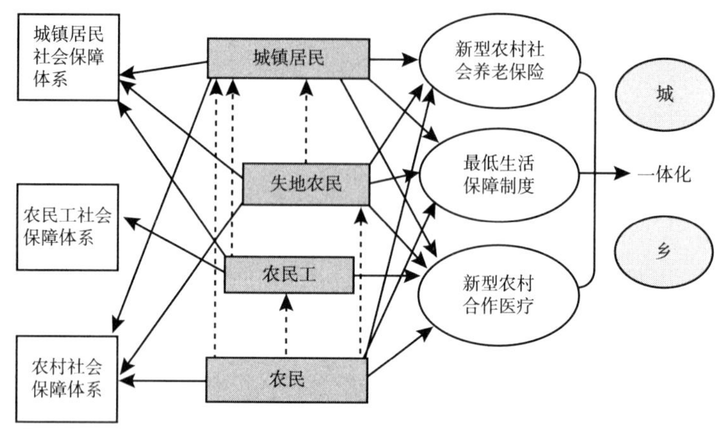

图 1　晋江市不同人口群体与基本社会保障制度的网络关系

1. 统筹兼顾，城乡一体，实现城乡居民社会保险全覆盖

晋江注重把不断完善统筹城乡社会保险制度，构建城乡一体化的社会保险体系，作为完善农村市场经济制度最重要的制度安排及保障和改善民生最基本的问题。该市社会保险从原来的机关企事业单位和非公企业扩大到全体城乡居民和被征地农民，参保人数获得稳步增长，扩面征缴工作呈现良好发展态势，各项基金收支略有结余，各项待遇水平略有提高，基金监管取得一定的成效。2011 年，全市参加基本养老、医疗、失业、工伤、生育五项险种参保人数分别为机关事业单位养老保险 2.59 万人、城镇职工基本养老保险 20.81 万人、被征地人员养老保险 4.35 万人、城乡居民社会养老保险 59.98 万人、城镇职工医疗保险 16.83 万人、新型农村合作医疗补助 96.71 万人、失业保险 10.60 万人、工伤保险 16.34 万人、生育保险 16.34 万人。其中，企业养老、医疗、失业、工伤、生育保险分别完成上级下达扩面任务的 108.61%、109.29%、100%、101.11%、101.30%。特别值得关注的是晋江市推进城乡居民社会养老保险一体化建设的尝试，自 2009 年晋江被列入全国首批新农保试点县市后，2011 年该市又被确定为全国首批城乡居民保险试点县市。根据《福建省人民政府关于开展新型农村社会养老保险试点工作的指导意见》（闽政〔2009〕26 号）精神，基于县域城乡经济发展

均衡、基础工作扎实、总体时机成熟等有利条件[①]，晋江大胆先行先试，于2009年出台《晋江市新型农村社会养老保险暂行规定》（晋政文〔2009〕381号），确定以城乡一体的方式推进县域的新农保试点工作。经过3年的努力，晋江市城乡居民社会养老保险的试点工作取得了较好成效。从参保情况看，截至2012年5月，晋江全市城乡居民应保人数60.6617万，累计参保缴费人数60.9217万，现参保人数60.2044万，综合参保率达99.25%，城乡居民参保实现全覆盖；从续缴情况看，2011年度，全市参保续缴人数46.09万，续缴率达98%，今年截至5月，已续缴到位34.6万人，续缴率69.3%；从资金筹集情况，晋江市居民保基金由个人缴费、集体补助、政府补贴构成，截至2012年5月止，基金总收入2.43亿元，其中收缴个人保费1.95亿元，政府补贴到账4787.72万元[②]，基础养老金补助2.34亿元[③]；从养老金发放情况，晋江市坚持做到按月足额及时发放养老金，目前领取居民保养老金11.0111万人，月发放养老金111.92万元，至2012年度5月底，累计发放养老金总额2.30亿元[④]。

2. 关注弱势，多措并举，深化完善社会救助体系

撤县建市20年来，晋江市着力实施“十大救助工程”，社会救助工作得到长足发展，救助范围不断扩大，救助水平不断提升，逐步形成以城乡一体化、社会全覆盖为特点，以低保、五保供养等基本生活救助为基础，医疗、住房、慈善、用电、文化、法律、教育等体系相配套，灾害救助、临时救助、流浪乞讨救助和社会互助等为补充的社会救助体系，有力地保障了城乡困难群众的基本生活，为构建和谐晋江、推动晋江经济社会发展做出积极贡献。以城乡一体化低保为例，自1998年实行最低生活保障制度以来，晋江市不断规范完善城乡一体的低保制度，加大资金投入，已基

---

① 具体而言，主要基于以下几方面因素：一是晋江城镇居民有较强的参保意识，应统筹考虑；二是晋江市经济持续快速发展，有能力承受所增加的财政负担；三是晋江市城乡经济均衡发展，城乡居民收入差距不大，多项民生工作开展均向城乡一体化方向推进，例如“居民最低生活保障”、“新型农村合作医疗保险”等，具有比较丰富的民生保障项目城乡一体化推进经验。

② 其中省级财政拨入803.71万元，泉州市级财政拨入160.83万元，本级财政拨入3823.18万元。

③ 其中国家和省级补助8650.29万元，泉州市级补助676.60万元，本级财政负担1.41亿元。

④ 其中个人账户发放167.07万元。

本实现了动态管理下的“应保尽保、应退尽退、应补尽补”。回溯晋江城乡一体化低保的构建实践，其主要做法如下：一是制定《晋江市最低生活保障家庭收入核定办法（试行）》。进一步规范低保对象家庭收入核查制度，完善低保工作制度。二是建立低保标准自然增长机制和动态管理机制。三是实施物价补贴措施。截至 2011 年底共投入补贴资金 4000 多万元。四是实行入户走访调查制度，及时纠正低保工作中存在的问题，提高参保准确率。五是建立低保工作责任追究制。与镇、街道签订低保责任状，明确各级低保管理责任人和具体工作事项。六是坚持“三级审批”、“两榜公示”的监督管理机制。采取设立公示栏、投诉电话、民政网发布、聘请村（社区）低保义务监督员等多种方式，基本实现低保工作全程在群众的监督之下。七是加强档案资料管理。做到“一镇一柜，一村一盒”。同时加强低保信息化管理。基本完成低保信息系统录入工作，并投入使用，提高低保工作效率。

3. 深化保障，强化服务，全面推进社会福利事业

近年来，晋江市积极加快养老服务体系建设，基本形成居家养老服务网络，不断完善以居家为基础、社区为依托、机构为补充的社会福利服务体系。目前，晋江全力推进市级社会福利中心建设，不断扶持镇、村养老服务机构建设，新建镇级养老院的市级财政补助标准 100 万元，慈善总会配套补助 40 万元。目前，共有各类养老服务机构 14 家（总床位 1823 张，每千名老人拥有床位 15 张），城乡社区居家养老服务站 76 个（拥有日间照料床位 326 张），在建村级敬老院和老年公寓 4 家，正在筹建的市级养老院 1 家、镇级敬老院 1 家、村级敬老院 8 家、民办敬老院 2 家。另一方面，探索建立居家养老服务站、村级敬老院和老人活动中心相结合“三位一体”的养老服务模式。2009～2011 年各级财政累计投入 753 万元，新建和完善 76 个城乡社区居家养老服务站。试点村（社区）覆盖各镇（街道），晋江市被评为全国养老服务示范单位。

（五）开展综合治理，实现社会协同，打造“平安晋江”

为有效应对动态环境下治安防控新形势，晋江市立足实际，着眼长远，创新思路，出台新举措，主动探索动态环境下提高治安防控效能的新途径、新办法，多层次建立健全基层安保体系，形成有效的治安防控网络，为建设平安和谐晋江创造安定的社会环境。

1. 推行“视频巡逻”新机制，建立监控网络，实现以防促安

全力推进区域防控体系建设，充分发挥已建视频监控系统的作用，推出“视频巡逻”新型警务模式，初步建成了市、镇（街道）、村（社区）、企业四级视频监控网络，联网监控的视频探头1600多个，进一步提升了打防时效性和针对性。此外，各企业（单位）建有未联网视频探头约10万个，形成了一个覆盖全市主要路段、遍及各个角落、部位的视频监控网络。这种警务模式有几个特点：一是实时发现，迅速出击，把违法犯罪行为制止在发生之前；二是视频跟踪，实时调度，快速反应，实现“快发现，快出警、快抓捕”的联动效果；三是视频回放，证据采集，从视频监控影像资料中搜寻、发现违法犯罪分子的蛛丝马迹，攻克疑难大案；四是视频捕捉，实时比对，做到远程搜索捕捉、实时上网查询比对，悄无声息间识别嫌疑车辆，让违法犯罪分子措手不及。“视频巡逻”新型警务模式进一步提升了打防时效性和针对性。2011年，利用视频监控系统，直接或间接破获各类案件346起，查获嫌疑摩托车345辆。

2. 建立覆盖城乡的三级治安巡逻格局，形成巡防网络，实现层级综合治理

为全面开展社会环境综合治理，努力提高基层安保能力，组织市、镇、村三级联合巡逻格局，打造严密的巡逻网络。三级巡防队伍实行分级管理，一级是市区派出所和交管大队一中队对市区重点道路和8个治安岗亭的巡逻防控；二级是派出所巡逻队伍对辖区重点路段、重点场所以及视频监控覆盖区域的巡逻防控；三级是以村、社区警务室为依托的村、社区、单位内部等的巡逻防控。同时，推出警灯闪烁巡逻工程。指定60部巡逻车全天候在全市主要干道、犯罪频率高的地段进行巡逻、设卡，初步形成了警车巡逻、镇（街道）和村（社区）巡逻队巡逻、视频巡逻“三位一体”的巡防工作新格局，进一步提高了对各类违法犯罪的现行打击能力与威慑力，提升了群众安全感。三级治安巡防体系布下覆盖城乡、快速联动的“防控管打”治安巡防网络，大大提高了社会治安防控能力。

3. 构建“大调解”工作体系，组成调解组织网络，预防化解社会矛盾纠纷

围绕构建“大调解”体系，重点完善“三项机制”：一是完善利益诉求表达机制。开通书记市长信箱、市长专线、网上信访，畅通民意诉求通道。整合民众投诉咨询服务中心与矛盾纠纷联动调处中心，推动信访“路线图”与多元调解的无缝衔接。特别是在城市建设、土地征迁中，始终注重群众诉求，始终坚持为民建城，最大限度地倾听群众呼声，赢得群众的支持和参与。近几年，晋江拆迁房屋840多万平方米，没有出现非正常上访。二是完善矛盾排查预警机制。针对社会稳定风险预防，实施重大事项社会稳定风险评估，对涉及群众利益、重大民生问题的决策，全部纳入评估；针对社会热点、难点管控，加强“市镇村（企）”三级四方情报信息网络建设，强化社会热点难点的排查管控；针对重点项目建设，建立“无障碍施工程”的10项保障措施。三是完善矛盾多元调处机制。整合设立市级矛盾纠纷多元调处联动指挥中心，完善工作机制，开发专门软件，按照“统一受理、集中梳理、归口管理、依法办理、限期处理”原则，联动调处矛盾纠纷，完善大调解体系。此外，在交警部门设立交通事故纠纷多元调处中心，实行调解与仲裁、鉴定与理赔等“一条龙”服务，90%以上的交通事故纠纷都能在第一时间化解；在陈埭镇设立商务调委会，帮助企业化解劳动用工、生产经营、市场销售、商务往来等环节产生的各种矛盾纠纷。

4. 建立非公综治体系，整合企业和社区组织网络，达成社会协同治理

从2006年起，晋江市积极推动综治工作向非公企业延伸，建立了一套解决非公企业劳资纠纷、安全生产、治安防控等问题的有效机制，及时化解劳资纠纷、疏导内部矛盾、防范治安风险，最大限度地减少不和谐因素，逐步探索出一条“党政统一领导、综治部门指导、非公企业为主、群防群治配合”的非公企业综治工作新路子，形成了非公企业内部矛盾少、事故降、案件减、秩序好的可喜局面，实现了企业发展、社会稳定、职工满意的“三赢”局面。在实现“综治进民企”实现全覆盖的基础上，积极探索在“两新组织”特别是民营、台资等非公有制经济组织设立综治平安工作机构或综治平安工作联络员，目前已在全市906个规模企业中设立综治平安机构或综治联络员，实现了企业内部矛盾纠纷排查调解率达

100%、调解成功率达到98%以上。此外，晋江在全省率先整合村级综治协管员等村（社区）“七大员”、确保每个村（社区）都有3名大学生“村官”的基础上，实现每个村（社区）至少有1名大学生专职负责综治平安建设工作。整合各方面优势资源力量，全面加强维稳信息员、维稳群众工作队、网络舆情引导员等三支队伍建设，这些做法大大提升了动态稳定的预警防范稳控能力。

（六）推动生态建设和文化建设，优化商居环境，构建“幸福晋江”

随着晋江市社会经济的快速发展和城市化水平的逐步提高，环境问题已成为晋江社会各界普遍关注的热点问题。为了切实提高晋江的城市生态环境和人文环境，改善投资环境和居民生活条件，积极推动可持续发展战略，以实际行动推动环境保护产业化发展。

1. 推行“生态立市”，实施环境整治，打造滨海园林城市

晋江“十一五”期间下大力度开展“全民动员，绿化晋江”活动，强化近海水域、重点流域及市区水系综合整治。以近海水域环境污染综合治理为例，5年之中，晋江市投入资金高达21.26亿元，共完成项目107项。同时，开展“农村家园清洁行动”，加强污水处理、垃圾收运系统等基础设施建设。近五年来，全市新增造林3万亩，完成绿洲公园、八仙山公园等一批绿化工程，市区绿化覆盖率增长到40.5%，初步实现了“有路有绿，见缝插绿，见空植绿”的绿色城市环境。“十二五”期间，晋江市将实施“产业提升、城建提速”的基本策略，努力将晋江建设成一个综合实力强、民生质量高、发展环境好的现代产业基地、滨海园林城市。

2. 淘汰落后产能，推动设备更新，促进产业升级

晋江市积极推动淘汰落后产能的专项整治行动，努力推进高消耗、高污染、高排放企业的整治工作，淘汰落后生产工艺，推动企业设备更新换代，优化区域环境质量，先后对陶瓷、皮革、电镀、石材、铅蓄电池、漂染等行业进行重点治理，对不符合环境要求的企业实行关停并转，已完成关闭取缔企业320家。如可慕制革集控区内63家单体企业和丙厝、福联、恒达裕3家皮革企业已停止生产，积极投入整合重组工作；责令辖区内的6家违法铅酸蓄电池企业实施停产；陶瓷企业分期分批淘汰煤气发生炉，使用天然气；

做好建筑饰面石材行业整体退出的相关工作。同时，规范企业排污许可证发放、管理工作，对排污许可证的发放实行办结承诺制度，积极探索排污许可证换证和年检等问题。

3. 引进民营资本，推动环卫体制改革，实现环境治理市场化运作

一是通过引进 BOT 项目治理环境，重点引入民营资本投入垃圾焚烧发电厂和污水处理厂。建设创冠环保（晋江）有限公司垃圾焚烧综合处理厂，实现垃圾处理的资源化、产业化以及城乡一体化。2010 年日平均处理垃圾 1277.31 吨，累计处理垃圾 183.22 万吨，垃圾焚烧发电量 41306 万千瓦时，上网电量 33874 万千瓦时，垃圾无害化处理率 99.72%。改造城市排水系统，提高城市排洪能力和城市污水处理水平，全市污水日均处理量达 12.8 万吨，污水处理率达 83.7%。“十二五”期间，将新、扩建 5 座污水处理厂，分别为新建晋南、南港、西北污水处理厂及扩建远东二期、仙石三期污水处理厂，污水处理能力将提升至 28.5 万吨/日。二是污染治理市场化运作。首先是 BOT 项目经营市场化。实现企业投资政府付费的方式进行运作，运作一定年限后由收归政府所有。其次是保洁工作市场化。2004 年，推行环境卫生管理的体制改革，实行“管作分离，事企分离”，积极扶持垃圾产业化市场，把环卫保洁工作通过政府采购中心推向市场，将作业区分片发包。垃圾中转站是垃圾收集、转运的核心。加强对垃圾中转站的日常管理，杜绝建筑垃圾和未经处理的医疗垃圾进入中转站，垃圾转运做到日产日清和转运站的消毒管理，建立三级考核制度，既加强监督管理力度，又提高承包企业的积极性。晋江市政府在解决市区环境的同时，也将环卫工作延伸到了农村，目前，已有 18 个镇（街道）成立了垃圾清运队伍，并陆续申购环卫设施。城乡统筹，编制城乡垃圾收集、转运专项规划，加快乡镇环卫基础设施建设，推行垃圾处理的城乡一体化，解决农村的垃圾污染问题，达到了城乡垃圾处理一体化的水平。晋江这项措施已经走在了全省前列，在城乡统筹垃圾资源化处理方面曾于 2005 年获得国家“人居环境范例奖”。

4. 繁荣文化产业，改善人居条件，打造宜商宜居的社会环境

晋江市在改善生态环境的同时，也下大力气提升社会环境。既重视综合治理的“硬环境”，也关注文化生活的“软环境”。首先，形成了较完善、较高标准的城市文体设施网。居于全国县市级先进行列的市体育中心综合馆、游泳馆、博物馆、图书馆、大剧院等先后建成或新修后投入使用。市文化馆、图书馆入选国家一级馆，博物馆入选省一级达标馆，获“全国文化工作先进县”。市体育中心陆续成为国家队多项体育项目的集训基地和竞赛场地。其次，基层文体设施建设力度逐步加大。目前19个镇（街道）已有10个镇（街道）完成文化活动中心建设，在建项目5个，其余列入建设规划。全市389个村（社区）村村有文化室，全部建立村级文化信息资源共享工程基层服务点。再次，积极发展以广场文化、社区文化、农村文化为重点，以南音会唱、戏剧展演、大型踩街等为地域特色，以“三贴近”、“三下乡”、“四进社区”和群众性创建活动为重要途径的群众性文化。积极扶持、推进东石闽台文化、安海民俗文化、磁灶陶瓷文化、金井侨乡文化、深沪渔区文化、陈埭民族文化等各具优势与特色的文化类群。晋江市每年举办的戏剧展演节、南音会唱、广场艺术表演等群众喜闻乐见的活动1000多场次，全市103个民间文化社团和根植于农村的22个民间职业演出团体活跃于农村文艺舞台。此外，积极推进以学校、乡镇、社区为重点，以政府主导、社会协同、全民参与为主要方式的全民健身工程，初步形成了多元化、比较完善的全民健身服务体系。2010年，全市参加体育活动人口比例45%，人均体育场地面积2.6平方米。

晋江市通过生态改善和人文塑造，在构筑宜居城市的基础上，还努力建设宜商现代产业基地。为此，晋江市抓紧城市规划控制和精品区域建设。启动新一轮城市总体规划修编和中心市区市政专项规划，编制市域“五区四带”及重点区域控制性详规或修建性详规、城市设计。目前，晋江市首批启动的15个城建重点项目正有序推进，拉开了建设宜居宜商城市的大幕。滨江商务区的建设，提升了城市金融服务水平和信息、咨询、会计、中介等服务功能；总部商务区建设则增强了中心城市聚集功能和辐射作用；建设晋南城市生态宜居片区，进一步营造吸引和留住人才的环境，促进高端服务业发展。总投资7.756亿元的机场改扩建工程和太古维修项目配套工程建设，将进一步提高空中客货运能力，提升城市对外交流服务功能。晋江大手笔推进城市建设，极力打造宜居宜商滨海城，城市形象更美了，城市功能提升了，投资环境改善了，为实现“幸福晋江”勾勒了重要的一笔。

三　晋江民生建设实践的突出特点

晋江民生建设的做法富有晋江特色，该市的民生建设在受益对象上"城乡一体、内外统筹"，在项目建设上"类型多样、动态调整"，在输送渠道上"市场运作、平台整合"，在多个维度上均充分体现出了晋江干部群众的首创精神。

（一）城乡一体内外统筹

撤县建市20年来，晋江市历届市委、市政府立足于20世纪80年代后期各镇乡村工业发展呈现齐头并进态势这一实际，在城市建设上始终坚持城乡一体，立足于把晋江649平方公里的区域都作为城市来经营。相应的，系统考察晋江民生改善的20年实践历程，我们发现，注重民生工程在城乡间的协调发展，抑或以城乡一体化的方式来推进民生建设，成为重要的着力点。撤县建市的前十年，晋江市注重通过"经济发展带动民生"，不断增进决策的科学性、运作的持续性、改革的配套性和发展的协调性，致力于把县域经济做大做强，由此奠定了统筹城乡的经济基础，增强了县级政府促进城乡统筹、加强民生建设的财力保障，形成了城乡互动联动、共存共荣的和谐关系。当城乡经济一体化发展到一定程度，必然提出城乡社会一体化的新要求。为此，在接下来十年间，晋江市更加注重把统筹城乡发展的重点由经济层面拓展到社会领域，明确提出"财政支出要向困难群众倾斜，向基层薄弱环节倾斜，向农村社会事业倾斜"，通过建立健全覆盖城乡居民的六大民生保障体系，使城乡居民逐步享有更加平等的基本公共服务与发展机会。回溯晋江市民生改善的实践，我们发现，以民生工程建设为重要抓手来促进"城乡一体、内外统筹"是晋江市推进民生保障体系建设的重要特点与经验。以晋江市委、市政府2011年为民兴办的19件实事及其完成情况为例，该年度为民兴办的19件实事中，17件具有明显的城乡一体化推进的特征，另有2件实事的服务对象明确为"新晋江人"，可划归在内外统筹的民生保障项目之列。

在努力构建和完善城乡一体化的民生保障体系，使城乡居民逐步享有更加平等的基本公共服务、发展机会和社会保障的同时，晋江市正视110多万外来人口的民生保障需求，适时地把民生建设工作领域从本地居民拓展到外来人口。在完善制度建设方面，2007 年晋江出台了“三不承诺”和“服务流动人口 15 条”，2011 年在全省率先实行“居住证”制度，研究出台了《关于实施流动人口居住证管理制度的意见（试行）》和《晋江市流动人口居住证管理制度暂行规定（试行）》，赋予居住证持有人享有新农合参保、事业单位招聘、住房公积金缴存、住房保障购买等 22 项“均等化、市民化”待遇，促进流动人口更好地融入晋江，截至目前，全市已发放居住证 36.2 万张。在加强教育服务体系建设方面，在流动人口子女“零门槛”入学、“公办学校”入学为主基础上，晋江全市确定 258 所流动人口子女入学定点学校，接纳 18.7 万多名流动人口子女就学。在加强就业服务体系建设方面，晋江在全省率先设立企业欠薪保障调剂金和欠薪举报奖励等制度，开展企业欠薪专项整治，建立健全工资支付监控网络，预防和减少劳动争议案件的发生，晋江市法院、司法局也开辟了流动人口诉讼和法律援助“绿色通道”，优先接待困难流动人口。在完善医疗保障体系方面，晋江对满 8 个月至 14 周岁的 15 万多名外来流动儿童和少年进行麻疹疫苗免费接种，并将符合条件的流动人口纳入临时救助对象的范围，积极开展职工医疗互助活动。在完善社会保障体系方面，据统计，晋江市外来流动人口参加养老、医疗、失业、工伤、生育保险的参保人数累计达 56 万人，占全市参保数的 60% 以上。此外，通过政策扶持、多元经营、市场运作的方式，晋江还将流动人口纳入廉租房、公租房保障体系，在流动人口相对密集的深沪镇、陈埭镇、新塘街道等地启动 5 个外来职工廉租住房项目，项目总建筑面积 26.34 万平方米，总投资 5.5 亿元，可提供廉租房 4575 套。

（二）类型多样动态调整

晋江民生建设的实践具有类型多样的显著特点，具体而言，其内涵包括两个方面：一是指晋江市的民生保障建设的内容包含就业服务、教育服务、医疗保障、社会保障、环境整治、基层安保六个保障体系，而每个保障体系又由覆盖不同群体的多个保障项目组成（见表 1）。以晋江市的养老保险为例，该险种具有机关事业单位养老保险、城镇职工基本养老保险、被征地人员养老保险、新型农村社会养老保险（城乡居民社会养老保险）四种类别，在制度建设上实现了全覆盖。通过弥补制度缺失，构建覆盖城乡居民的民生保障体系，以全体新、老晋江市民为保障对象，晋江市已经建立起了“二免除一解除”[①] 为支柱的基本保障体系，形成了一张比较可靠的生活安全网。二是从消费者主权的角度看，晋江市的民生保障体系的具体保障与援助形式包含了现金、实物、权利、服务、机会等多种形式。

表1 晋江市社会各层面及群体制度性纳入民生保障体系框架

各层面及群体	环境整治	基层安保	就业服务	养老保险				低保	住房保障	义务教育保障	医疗保险		
				事业	城保	土保	新农保				基本医疗	住院医疗	新农合
机关干部	√	√	√	√					√	√			
事业单位职工	√	√	√	√					√	√	√		
企业晋江本地职工	√	√	√		√		√	√	√	√		√	√
外来农民工	√	√	√		√				√	√	√	√	√
城镇灵活就业人员	√	√	√		√		√	√	√	√			√
农村居民灵活就业人员	√	√	√				√	√	√	√	√		√
被征地农民(>60%)	√	√	√			√	√	√	√	√			√
被征地农民(<60%)	√	√	√				√	√	√	√			√
村主干	√	√	√		√		√	√	√	√			√
乡村医生	√	√	√		√		√	√	√	√			√
渔民	√	√	√				√	√	√	√			√

动态调整意指晋江市在各民生保障项目的覆盖水平以及保障水平上充分兼顾自身在不同发展时期的财政能力、人口结构、收入水平、市场化程度、城乡二元结构、城市化水平、劳动力流动性、就业多样化等特征，使民生保障体系的改善与晋江市社会经济的发展阶段相适应：一是动态提升覆盖水平。由于各社会保障项目的覆盖面均不断扩大，在人口转化加速的同时晋江市城乡社会保障制度的制度性连接越来越紧密，城镇居民社会保障体系、农民工社会保障体系、农村社会保障体系间的界限正日趋模糊。以企业职工养

① 郑功成教授提出了“二免除一解除”为支柱的覆盖城乡居民的基本保障体系，意即“通过建立综合型社会救助制度来免除国民因生活困难而难以摆脱的生存危机，通过建立覆盖全民的医疗保障体系来免除国民因‘看病贵、看病难’而产生的疾病医疗恐惧，通过构建多元化的养老保险制度来解除国民的养老后顾之忧”。

老保险为例，晋江市在特殊人群参保的准入上有所突破，该市于2004年在全省率先把村级主要干部及两委成员纳入企业职工养老保险参保范围，且个人承担部分由财政承担；2007年该市在福建省内率先将合同教师（民办教师）纳入企业职工养老保险参保范围；2010年该市又率先将乡村医生纳入企业职工养老保险参保范围；此外，针对晋江市本地灵活就业人员多的特点，晋江市社保部门还给予优惠规定，这一群体除可选择参加新农保外，也可以选择参加企业职工养老保险。此外，晋江市在新农合、新农保以及土地被征用农民养老保障的覆盖率上均具有比较明显的动态调整的特征。二是动态调整各民生保障项目的保障水平。晋江市城乡一体化的社会保险体系、社会福利体系、社会救助体系所含社会保障项目类型在不断丰富的同时，各项目的保障水平亦实现了动态提升。以城乡一体化低保为例，该市自1998年全面实施城乡居民最低生活保障制度以来，随着经济社会发展、财政承受能力和人民生活水平的提高及物价指数的变化，先后9次提高了城乡低保标准，保障标准由120元提高到380元，月人均补助水平由85元提高到222元，保障金分担比例由市、镇、村（居）4∶3∶3调整为市、镇（街道）9∶1，基本建立了低保标准和补助水平自然增长机制，较好地保障了该市困难群众的基本生活。此外，晋江市在新农合筹资与报销标准、新农保基础养老金水平以及土地被征用农民养老保险的保障水平上均具有比较明显的动态调整的特征。

（三）市场运作平台整合

如何建构和完善输送系统以促进一致性和可获得性对于民生建设的实践至关重要。回溯撤县建市20年来晋江市民生建设的历程，我们发现，晋江市历届市委、市政府在高度重视服务渠道建设的同时，并没有大包大揽，而是采取了灵活多样的形式，如服务外包、BOT模式、BT模式、政府购买等。在医疗保障体系的市场化运作方面，实行市场化的运行模式是晋江新型农村合作医疗的显著特点之一。晋江市按照“政府领导、统一筹集、监管分离、定额补偿、专款专用、收支平衡”的原则推进新农合工作，采用市镇两级政府、卫生部门和太平洋寿险三者“筹、监、管”相分离的运行模式，即市镇两级政府负责组织、宣传、发动，各镇（街道）负责参合人资金的收集和信息采集，卫生部门履行“新农合”基金和医疗机构的监管职能，委托太平洋寿险履行基金补偿精算和实施结报补偿职能。通过服务外包，由太平洋寿险负责建立服务中心并在各定点医院设立补偿结报窗口，派驻专管员，实现了实时补偿、管理和监督，取得了良好的运行效果。在就业服务体系的市场化运作方面，晋江市业已形成的村企共建的五种模式中，除“公益捐助型”模式外，“产业带动型”、“合作建设型”、“劳务协作型”、“经济顾问型”等四种共建模式皆有明显的市场化运作的特征，以劳务协作型模式为例，政府通过积极引导、制定政策，鼓励企业把产品订货单、上游产品下达给有条件的加工厂或家庭作坊加工，或聘用本地劳动力进工厂、做代销，促进农村劳动力转移就业，既解决了企业用工难问题，又有利农民增加收入。此外，采取政府购买社会工作服务的方式是晋江市在民生保障服务输送渠道方面的重要创新之一。这一市场化的运作方式主要集中在社会救助、社区建设、教育、卫生等领域，主要有岗位补贴、岗位购买和项目购买三种形式：一是岗位补贴。即运用岗位补贴形式鼓励和引导社区工作者积极从事社会工作，充分发挥社区专职工作者在社区社会工作中的作用。对通过全国统一社工职业资格考试并已注册且实际从事社工工作的社区专职工作者，中级给予每月 200 元补贴，初级给予每月 100 元补贴。二是岗位购买。继 2011 年投入 25 万元向致和社工事务所购买 7 个社会工作岗位从事社会救助、社会福利与居家养老服务取得良好成效后，2012 年晋江市民政局又购买了 16 个专业社工岗位。三是项目购买。晋江市与厦门大学合作，以项目购买形式购买 8 个社工试点建站服务，使试点工作开展取得较好成效。同时，文明办、团市委、新塘街道、内坑镇湖内村等也分别以项目购买形式购买社工服务，开展青少年服务、居家养老等社工服务，取得了较好的效果。

加强组织管理，整合、提升各类管理服务平台、各类指挥中心、服务中心及村（社区）等基层经办机构的服务职能，使得各民生保障项目的输送渠道更加畅通，经办流程更加高效便捷，无疑能增强普通晋江民众对各民生保障项目的可及性。在流动人口服务管理方面，晋江市建立了由综治、公安、劳动、计生、财政等 32 个部门组成的流动人口服务管理工作领导小组，定期召开成员单位联席会议，共同协商、解决重大问题，全市 19 个镇（街道）及安平开发区均建立流动人口服务管理所，村（社区）建立 143 个流动人口服务管理站，并配备了 918 名专职协管员、4527 名企业专（兼）职协管员，就近为流动人口提供登记办证、就业介绍、计生审验等“一站式”服务；在慈善救助网络整合方面，晋江市已形成了一个市级慈善总会、镇级爱心援助中心、村级“爱心慈善援助站”三级联动的慈善网络平台，该平台中，作为民间慈善的最基层触点，晋江 389 个村（社区）全部建立了“爱心慈善援助站”，建站率达 100%；在资金的筹集渠道上，以社会保险管理体制的变革为例，随着养老、失业、医疗、工伤、生育保险制度框架初步建立，2007 年晋江市即已基本形成“五险合一、地税统征”社会保险费征缴新体制，真正做到了进一道门就能缴完社保“五险”，从而破解了分散征缴给缴费人和管理者带来的诸多不便，使得经办流程更为高效。2010 年后，晋江市以社会管理创新试点为契机，以“四个整合”、“五个提升”为目标，力争通过各民生保障项目输送平台的整合与提升争创福建省加强和创新社会管理的示范区。

四 晋江民生建设的经验——“共建共享、同举并进、动态推进”

晋江市的民生实践丰富而又充满创新色彩，如前所述它的许多做法都富有晋江特色。那么，晋江民生建设的经验有没有普遍意义？换言之，晋江民生建设共性或本质的东西是什么，它对正在进行中的县域民生建设是否有可供借鉴的经验和启示？回答是肯定的。我们认为晋江的民生建设经验可提炼概括为 12 个字：“共建共享，同举并进，动态推进”。“共建共享”是晋江民生建设的动力、目标，也是晋江民生建设的内核，最本质的东西；“同举并进”是晋江民生建设的经济基础和制度保障，属于环境条件因素；“动态推进”是晋江民生建设的基本工作方法，属于途径和手段层面。毫无疑问，晋江民生建设的经验弥足珍贵，既是基于晋江本土实践的生动创造，又具有普遍的方法论意义。

（一）共建：始终坚持充分发挥政府的主导作用与民众的主体作用，形成多元共建的民生建设合力

民生的改善和发展需要持续不断的动力支持。加强民生建设，解决民生

问题，政府责无旁贷，同时，我们又要充分认识到，人民群众不仅是民生建设的受益者，也是民生建设的主体和生力军，只有充分发挥人民群众的主动性、积极性和创造性，民生建设才有源源不断的强劲动力。回顾撤县建市20年来晋江民生改善的实践，我们发现，与一些地方不同，晋江在解决民生问题上，政府的主导作用和人民群众的主体作用充分得以发挥，形成了多元共建的合力。

政府在民生建设上的主导作用，主要体现在政治保障、经济调节、市场监管、社会管理和公共服务方面的有所作为。在执政理念上，晋江历届党委政府都强调民生民心的重要，践行立党为公、执政为民的理念，晋江各级干部自觉投身于为人民谋利造福的工作中，他们察民情、解民忧、顺民意，乐此不疲、无怨无悔。正是他们不懈的努力和追求，凝聚了人心也汇集了民智民力。20年来，在干部总量（县级市干部编制）基本不变的情况下，GDP从33.6亿到1095亿，翻了5番，财政收入从2.2亿到136亿，翻了6番，民生建设大踏步前进，创造了经济建设、社会建设和生态建设的奇迹。在执政方略上，在经济建设方面，从大力发展民营经济，到发展产业集群，再到发展品牌经济，从“质量立市”到“品牌立市”，晋江走出了一条经济可持续发展之路。从社会建设看，晋江党委政府较早地把加强社会建设提上了议事日程，在文体教育、医疗卫生、社会保障等方面不断加大建设力度。值得一提的是，在社会建设、公共管理服务方面，晋江一开始就把“全市一城”、“城乡一体化”作为发展目标持续推进。正是在这些具有远见卓识的相关政策的引导下，晋江经济在国际国内起起落落的大潮中始终保持又好又快的发展态势，与此同时，社会协调性和社会和谐度也越来越高。在民生建设的措施上，特别是在资金投入上，也体现了“政府主导”的力度。2005年后，晋江市每年安排地方财力的60%以上用于民生建设，2010年后每年递增逾20%，其中2010年民生投入27亿元，占晋江本级财政预算支出的64.14%，2011年投入38.4亿元用于民生建设，占支出的65.07%，2012年晋江市财政计划投入46.6亿元用于民生建设，占支出的66.02%。资金投入的背后是实实在在的惠民措施，是人民群众持续不断得到的实惠。

在晋江民生建设中最让人感动的不仅仅是党委政府的科学理念和远见卓

识，也不仅仅是各级干部的殚心竭虑、亲力亲为，而是广大民众的那种主人翁精神，在民生建设的每个“战役”中人们都能见到他们无私奉献、奋勇拼搏的身影。

晋江市企业多、华侨多、民间资金雄厚且晋江人爱国爱乡、乐善好施、大气包容。历届市委、市政府积极引导、整合当地企业家、华侨及普通市民等社会各界的力量与资源，采取设立慈善总会、教育基金、村企合作、公共设施捐建捐款等灵活多样的形式为晋江市民生建设奉献力量，创造出了整合多方资源形成合力共同推进非制度化民生建设的多种载体、形式：一是政府、企业（家）、华侨、普通市民围绕以晋江市慈善总会为核心与代表的各类慈善基金会的筹建、运营形成了“慈善供给”的多主体合作网络，积极推动着晋江市慈善事业的发展，使之成为晋江市民生保障体系构建的重要补充力量。二是在政府的积极倡导下，晋江在2007年开始开展“百企联百村、共建新农村”活动和2010年的“一村一项目”工程，基于晋江特有的地域社会资本整合，合作双方在经济资本、土地资本、人力资本方面实现了“以企带村、以村促企、兴村富民、村企共赢”为目标的村企良性互动。三是具有浓郁地方特色的侨捐，正是在当地政府的积极宣传和引导下，旅外华侨捐助公益事业蔚然成风。据统计，自1991年至今，“十户人家九户侨”的晋江全市侨捐金额逾20亿，捐款多用于教育事业、道路、老人中心建设等，当地90%以上村落接受过旅外侨亲的捐赠，几乎所有学校、医疗机构都不同程度地接受过海外侨亲的捐赠。

总之，政府与民众在民生建设上心意相通，高度契合。一方面，政府相信群众，依靠群众，善于凝聚民心，借用民力；另一方面，群众相信政府、支持政府又不依赖政府，尽其所能为民生建设添砖加瓦。正是他们与政府汇聚的合力，把晋江的民生建设不断推向新的高度。

（二）共享：始终坚持“城乡一体、公共服务均等化、先富帮后富”，确保经济发展成果的全民共享

长期以来，晋江有一个让人困惑不解的现象：这就是晋江的城乡差距并不大。从城乡收入差距看，数据显示，比全国均值低得多；对晋江城乡居民幸福感问卷调查也表明，农村居民的幸福感甚至略高于市区居民。之所以如

此，主要原因是，长期以来晋江一方面通过发展乡村工业，让广大农民就地参与工业化进程，减缓了乡村资源生产要素向城市过快流动；另一方面，晋江把城市的基础设施和公共服务向镇村延伸，使城乡和谐发展，缩小了城乡的差距。而根本的原因是，晋江始终坚持全民共享的理念和原则，并将这一理念贯彻于实践，采取了一系列行之有效的措施。

1. 坚持“全市统筹、城乡一体”的目标和“待遇均等，保障全覆盖”的原则，不断提高民生保障水平

将公共财政更多向社会事业、困难群体、薄弱环节倾斜，坚持“三个优先”，优先保证事关民生的财政投入、优先解决事关民生的利益问题、优先构建事关民生的保障机制，确保经济发展成果的全民共享。为了让百万外来人员稳定工作、安心生活，晋江市把各项民生保障体系向他们延伸：坚持教育同城同等待遇；出台“三不承诺”；推行“居住证”制度，持证人员享有新农合参保、公积金缴存、住房保障、参选人大代表、政协委员等 22 项市民待遇。

2. 把实现基本公共服务均等化作为民生建设的重点，构建“就业、教育、医疗、基层安保、环境整治、社会保障”等六大民生保障体系

就业方面，出台促进就业扶持政策，免费开展劳动力培训，每年培训 8000 人以上；鼓励企业使用本地劳动力，超过 100 人，每人给予 1000 元奖励；支持农民创业，鼓励金融机构小额支农贷款，市财政贴息 50%。教育方面，教育支出占财政支出比例超过 1/4，2012 年将投入 20 亿元，并免收公办学校高中阶段学费。医疗方面，医疗卫生支出占晋江财政支出比例 7%，2012 年将投入 4 亿元。2011 年，该市还启动了晋江市医院迁建，拿出中心区域 300 亩地，投资近 20 亿，建设一座现代化园林式、三级甲等综合医院。基层安保方面，晋江建立市镇村三级巡防联动机制，组建 3890 多人的基层巡防队伍，把安保力量直接配到村一级，工资和日常开支由市财政负担，每年财政支出 4000 万元。环境整治，经费主要靠财政投入。2011 年开始，晋江全面推进“三项活动”，努力打造“天蓝、水清、岸美、地干净”的城乡环境。社会保障方面，晋江建立城乡一体、统一标准的社会保障制度，不分农民市民，都能享受到同等的社保待遇。社保支出占晋江财政支出比例 13%，2012 年将投入 8 亿元。

3. 大力发展慈善公益事业，提倡先富帮后富

在晋江乐善好施深入人心，许多企业家把做慈善公益当做人生的一种追求。成立于2002年的慈善总会主要实施助学、助行、解困、复明、福利设施、征迁困难户补助等15项慈善工程。遍及乡村的爱心援助站，源源不断的捐赠物资，让贫穷和弱者衣食无忧，倍感亲切温暖。同样，在晋江先富帮后富、城市支持农村也已成为一种社会共识。一些先富起来的企业家，不忘回馈社会，回报家乡。许多企业家热心公益事业，为建老人中心、建学校、铺路、造桥慷慨解囊。2007年政府大力推进新农村建设，晋江适时推出“百企联百村，共建新农村”活动，极大地调动了企业家的积极性，他们踊跃参与出资出力，一批原本落后的农村，迅速改变了面貌，有些乡村农民集体住上了别墅。在一些农村，经常可以看到一些企业家借助他们的资本和社会影响力，倾力打造的幸福社区，在这里我们看到了一幅全民共享改革发展成果的真实图景。

（三）同举：始终坚持以经济发展带动民生建设，以民生建设促进经济发展，实现经济发展与民生建设的良性互动

民生的基础是经济发展，没有发展的民生是无源之水；发展是为了改善民生，没有民生的发展是无根之木。在晋江，民生建设与经济建设是“你中有我、我中有你”，相互促进的关系。建市20年来，晋江市在处理经济发展与民生建设两者关系上探索出了一条通过民营经济发展不断改善民生，通过民生的改善直接或间接促进民营经济发展的良性发展道路。

一方面，晋江从解决民生问题的高度推进县域民营经济发展，形成了以鞋服、纺织、食品等民生产业为主导的发展格局，构筑起了改善民生的坚实经济基础。经过撤县建市20年的发展，晋江市民营企业数量逾万家，民营经济非常活跃，县域经济基本竞争力保持在全国5至7位，经济实力连续18年位居福建县域首位，在经济总量、财政收入、人均收入上均呈现出了跨越式发展的态势。持续发展的经济，为民生建设夯实了物质基础，在坚持“稳中求进”做大经济总量的同时，晋江市历届市委、市政府坚定不移地把更多人力、物力、财力向民生领域倾斜，特别是进入“环境优化改善民生”阶段后，晋江市连续三年确保民生投入增长高于财政一般预算增长，新增财

力主要用于改善民生。

另一方面，持续改善的民生又不断为经济发展注入新的活力和动力。第一，晋江市在民生保障体系的构建、完善的过程中，强调其渐进发展过程，不急于求成，而是充分兼顾该市在不同发展时期的财政能力、人口结构、收入水平、市场化程度、城乡二元结构、城市化水平、劳动力流动性、就业多样化等特征，使民生保障体系的改善与晋江市社会经济的发展阶段相适应；第二，晋江市构建的全民共享的发展型民生保障体系突出以人为本，强调提升人力资本的重要性。基于关注与推进人的全面发展的包容性发展理念，晋江高度重视就业援助、教育发展、健康促进等“上游干预性”民生保障体系的建设，积极提升县域人力资本存量与质量，助力民营经济发展；第三，晋江从中长期发展战略的角度入手制定民生保障相关政策，加强民生保障支出的社会投资功能，把传统的补偿型福利模式转变为一种与经济发展相互促进的福利模式。更重要的是，持续改善的民生让民众增添了信心，看到了希望，获得了新的力量。

（四）并进：始终坚持机制和制度创新，将民生建设纳入制度化、规范化、常态化轨道，做到民生建设与制度建设同步推进

民生建设需要进行全方位的体制机制创新，从制度上明确保障和改善的目的、方式和途径，将民生建设纳入制度化、规范化、常态化轨道。在晋江，民生建设与制度建设如影相随、同步推进；在重视民生建设的同时，也重视机制、制度创新，通过制度创新推进民生建设，并巩固民生建设的成果。主要表现为三个方面。一是凡有民生建设的地方就有制度建设，制度覆盖面广。大到前面提到的民生建设六大体系，不管是就业、教育，还是医疗保障、养老保障，都有详尽的制度规定；小到民生的具体项目和针对的特定群体，也有文件规定和制度章程。比如，2011 年晋江市出台《关于实施流动人口居住证管理制度的意见（试行）》和《晋江市流动人口居住证管理制度暂行规定（试行）》两份文件，在全省率先实行居住证制度，将外来流动人口纳入新农合的覆盖范畴；为维护被征地人员合法权益，促进征地工作有效开展，2006 年晋江开始建立被征地人员养老保障制度；2009 年，随着《晋江市新型农村社会养老保险暂行规定》（晋政文〔2009〕381 号）的出

台，晋江市确定在市内城乡一体推进新农保点工作，开始将60多万农民纳入养老保险制度范畴，等等。制度的好处是可避免人为因素干扰和随意性变更；制度所针对的群体一目了然，能做什么不能做什么，能享受什么不能享受什么，老百姓一清二楚。它有力地推进了民生并巩固了民生建设的成果。二是随着民生建设向前推进和形势的变化，民生制度也不断改进完善。以土地被征用人员养老保障体系中的被征地人员养老保险（简称“土保”）为例，回顾其覆盖面的调整过程，在瞄准机制上一开始以新征地人员为主，后来陆续把旧征地人员也加进来，原本规定整个村被征地60%以上的村民方可参加“土保”，后来进一步延伸规定为村民小组被征地60%以上的也可以纳入“土保”，“十二五”期间，晋江市正在规划落实被征地面积达60%以上人员参加被征地人员养老保险。三是晋江重视结合市情在民生制度上改革创新。比如，晋江很早就提出要构建城乡一体化的社会保障体系，并提出梯度推进，动态调整的策略。又如，晋江的新农合制度，采用市镇两级政府、卫生部门和太平洋寿险三者“筹、监、管”相分离的运行模式。再如，“城建提速”工程的拆迁补偿办法，补偿的标准根据被拆迁房屋楼层不同而标准不同，只一层的房屋赔补系数高，逐层递减。这样的规定既照顾了经济不太好盖不起房子者的利益，又遏制了为赚取赔补金临时突击加层的情况发生。此外，晋江的民生制度建设，还对民生的责任主体、工作机制、包括时限都做了细致规定，制度的制定、执行、监督、反馈，形成封闭的回路，保证了制度都能落到实处，产生良好的社会效应。

（五）动态推进：始终坚持以民生关切为起点，以“民生工程”为抓手，动态推进民生建设

人民群众对生活的要求和期盼是不断变化的，因此，民生建设的内容和形式也是动态发展的。晋江政府以人民利益为重，以人民利益为念，善于审时度势，总是能在第一时间捕捉并积极回应群众的民生关切，在调查研究的基础上，根据轻重缓急，迅速形成方案，并以民生工程建设为抓手优先解决事关民生的利益问题。多年以来，这已经成了晋江的一种习惯，一个解决民生问题的基本方法。回溯晋江市委、市政府历年为民兴办实事项目，覆盖范围基本集中在医疗卫生、环境建设、食品安全、公共安全、社会保障、教育

事业、便民工程等民众高度关切的民生建设领域，每一件实事项目的出台，都是对民生关切的直接回应。以被征地农民养老保障为例，随着晋江市工业化、城市化进程加快，土地大量被征用，产生大量被征地人员，其生活保障问题日益凸显，为妥善解决他们老有所养问题，晋江市于2006年通过《晋江市被征地人员养老保险试行办法》及实施细则，在福建省县级市中率先推行被征地人员养老保险试点，为失地农民建起了“一次缴费，终身受益；待遇标准，适时调整；个账余额，可以退还；基金缺口，财政兜底”的制度性保障。2008年，为适应工业化、城市化发展的需要，晋江市又出台了《晋江市被征地人员养老保障暂行办法》，对被征地人员养老保障的范围和保障对象、缴费比例和标准、基金来源和筹集、个人账户建立和管理、享受条件和待遇、与其他社会养老保险的衔接、基金管理和监督等做出了进一步的详细规定。正是晋江这种以民生关切为起点，以民生工程为抓手的动态推进的工作方法，政府不断赢得了民心，也不断创造了民生建设的奇迹。

新时期晋江全面建设小康社会的实践*

改革开放以来，在工业化和城市化的双重推动下，晋江市实现了从传统农业县到现代工贸基地、从农村集镇到中等城市、从温饱不足到宽裕型小康的历史性巨变。综合实力连续18年位列福建各县市之首，成为福建县域经济发展标杆，全面建设小康社会先行者和排头兵。晋江的探索和成功实践，展示出新时期“晋江经验”创新发展的蓬勃生机。今年是晋江撤县建市20周年，也是全面建设小康社会目标提出的10周年，科学总结新时期晋江率先全面建设小康社会的鲜活经验，不仅有助于晋江自身的继续发展，也能够为全国其他县域全面建设小康社会提供有益参考和先行的示范效应。

一　新时期晋江全面建设小康社会的重大意义

（一）丰富了新时期党和国家重大战略目标的生动实践

全面建设小康社会是我国实现社会主义现代化的必经阶段。1987年邓小平正式提出中国社会主义现代化“三步走”的长远目标构想，十三大正式将“小康水平”列为“三步走”战略的第二步奋斗目标。[①] 到2000年第

---

* 本文作者：福建省全面建设小康社会基地课题组组长林红（福建省委党校产业发展研究院副院长、管理学部主任、教授），成员：肖庆文、王庆华。

① 党的十三大报告对三步走的战略思想作了完整的表述，我国经济建设的战略部署大体分三步走：第一步，实现国民生产总值比1980年翻一番，解决人民的温饱问题。第二步，到本世纪末，使国民生产总值再增长一倍，人民生活达到小康水平。第三步，到下个世纪中叶，人均国民生产总值达到中等发达国家水平，人民生活比较富裕，基本实现现代化。

二步战略主要目标基本实现。

进入新世纪后，立足于21世纪初期我国经济社会发展阶段和国内外条件的变化，十六大进一步明确了21世纪中国实现现代化的三步构想，第一次正式提出了全面建设小康社会的奋斗目标：到2020年，GDP力争比2000年翻两番，综合国力和国际竞争力明显增强，全面建设惠及十几亿人口的更高水平的小康社会。党的十七大从新的实际出发，顺应各族人民过上更好生活的新期待，提出了全面建设小康社会的奋斗目标新的更高要求，把2020年目标从GDP调整为人均国民生产总值翻两番，将“三化”（工业化、城镇化、市场化）扩展为“五化”（工业化、信息化、城镇化、市场化、国际化），提出与物质文明、精神文明、政治文明并列的“生态文明”的科学新理念，把加快转变经济发展方式、完善社会主义市场经济体制作为实现未来经济发展目标的关键，并进一步提出科学发展观和构建和谐社会的发展方向，明确了发展的宗旨和实质，是对邓小平的“三步走”发展战略构想的历史继承和创新发展，也是当前全党和全国人民肩负的时代使命。晋江作为县域经济发达地区，以敢为人先、只争朝夕的拼搏精神，在激烈的区域竞争中勇于开拓、力争上游，经济社会发展取得巨大成就。

晋江发展文化创意产业

（二）为福建全面建设小康社会提供示范

改革开放以来，福建释放出市场主体的活力，赢得了改革发展的先机，改变了经济社会发展落后的面貌，经济总量和城乡居民收入连续上了几个大的台阶，到20世纪末，提前实现了现代化“三步走”发展战略第一步和第二步的目标[①]，人民生活水平总体达到了小康，实现了由温饱到小康的历史跨越。进入新世纪，根据党的十六大精神和福建省委七届四次全会的决议，提出全面建设小康社会的目标是：到2017年国内生产总值比全国提前3年翻两番。[②] 截至2011年，福建全面小康社会建设取得显著进展：实现地区生产总值17410亿元，财政总收入2596.12亿元，人均地区生产总值46972元，达到东部地区平均水平的90%，全面小康社会实现程度已达到90.1%。2011年省党代会报告提出今后五年更高的奋斗目标：将福建建设全面小康社会的时间表提前到2016年。目前，福建全面建设小康社会面临着紧迫的任务，与东部发达地区比较，福建的全面小康社会建设在经济建设、城乡收入比、基尼系数、基本公共服务等方面存在较大的差距。因此，福建亟须抓住机遇，充分发挥中央所赋予的支持海峡西岸经济区发展的先行先试的政策优势，通过晋江等地区的探索实验、引领示范，为全面建成惠及全省人民的更高水平的小康社会提供新的动力机制。

（三）为晋江迈向现代化的更高目标奠定坚实基础

从发展历史阶段看，现代化不是全面小康社会基础上的简单量的扩张，而是经济科教社会民生生态等的全面协调发展、可持续性不断提升。晋江经过改革开放30多年来率先发展、大胆探索，小康建设取得很大成绩，经济、社会、民生等主要指标基本得以实现，走出了一条符合晋江市情的县域经济

---

① 福建地区生产总值从1978年的66亿元增长为2000年的3920亿元，2000年，全省人均国民生产总值达到11804元，按照当年的汇率计算，约为1425美元；城镇居民人均可支配收入达到7432元；农村居民人均纯收入达到3230元，城镇恩格尔系数44.7%，农村恩格尔系数48.7%。

② 在优化结构和提高效益的基础上，年均经济增长速度保持比全国高1～2个百分点；按2000年可比价格计算，到2008年国内生产总值力争达到7800亿元，实现第一个翻番；到2017年达到17000亿元，比全国提前3年翻两番，综合经济竞争力明显增强。2007年福建经济总量就跨过8000亿元跃升上了9000元，提前实现了第一个翻番。

发展道路，实现了从贫穷落后的传统农业社会向现代工业社会快速转型的历史跨越。特别是2002年建设全面小康社会目标的明确提出，晋江坚持以科学发展观统领全局，在基本实现农村工业化的基础上，推动工业化和城镇化互动共进，朝着建设高水平小康社会和现代化的目标不懈努力。2011年，晋江实现地区生产总值1095.70亿元，工业总产值2740.15亿元，财政总收入136.06亿元。[①] 经济总量占泉州的1/4、全省的1/16，人均地区生产总值突破8000美元，已经跨入世界上中等收入国家水平，晋江经济社会发展的水平和质量不断提升，为实现现代化新征程奠定了坚实的基础。

二　新时期晋江全面建设小康社会的进程及成效

（一）晋江全面建设小康社会发展历程

改革开放以来，与晋江发展历程相适应，晋江小康社会进程取得了三次阶段性跨越。第一阶段，从改革开放到1992年邓小平南方谈话，晋江从“三闲”起步，利用“闲资、闲人、闲房”和海外关系，积极鼓励股份合作，大力发展乡镇企业，成功探索出一条符合实际的农村工业化的“晋江模式”道路，率先走上了繁荣富裕的道路，实现了由温饱到小康的历史跨越；第二阶段，从1992年撤县建市到2002年，晋江大力发展民营经济，加快培育产业集群，加快工业化、城市化步伐，推进服务型政府建设，实现了由工业大市向经济大市的转变，率先实现宽裕型小康；第三阶段，2002年以来，党的十六大提出全面建设小康社会目标的新阶段，晋江开始了积极推动科学发展、促进社会和谐的新实践，更加注重经济社会协调发展，更加注重城乡统筹，更加注重资源环境保护，实现了从品牌经营到资本经营的跨跃升，上市公司数量跃居全国县级市第一。同时，晋江市探索建立了新型农村合作医疗制度、失地农民养老保险制度和最低生活保障制度，探索了企业与村委会结对子建设社会主义新农村的举措，经济社会发展的质量大幅提升，形成了新时期晋江模式的新发展，推动全面建设小康社会的进程。

---

① 晋江市统计局：《晋江市2011年国民经济和社会发展统计公报》。

（二）晋江全面建设小康社会的成效

为了客观全面地评估晋江市全面建设小康社会现状与总体进程，我们综合应用经济、社会和心理评价，采用客观评价法和问卷调查法两种方法相结合的评估模式。客观评价法以现行统计数据为基础，结合县域实际，课题组构建了晋江市全面建设小康社会评价指标体系。按照经济发展、社会发展、人民生活、社会和谐、生态环境五大类设置 32 个二级指标，分别给予权重（见附件）。我们应用 2008 ~2010 年数据进行跟踪分析，发现三个年度综合得分呈现稳步上升趋势。2008 年综合指标实现程度为 83.11%，2009 年为 84.91%，2010 年为 87.46%。（见图 1）2010 年各项指标完成情况由好到差依次是人民生活、经济发展、生态环境、社会发展和社会和谐。以完成 2020 年目标值的 90% 为标准，晋江市的人民生活和经济发展两个领域已经达到全面小康社会的标准。此外，从纵向看，三年之间五大领域实现程度提高最快的是社会发展，其次是人民生活。（见图 2）

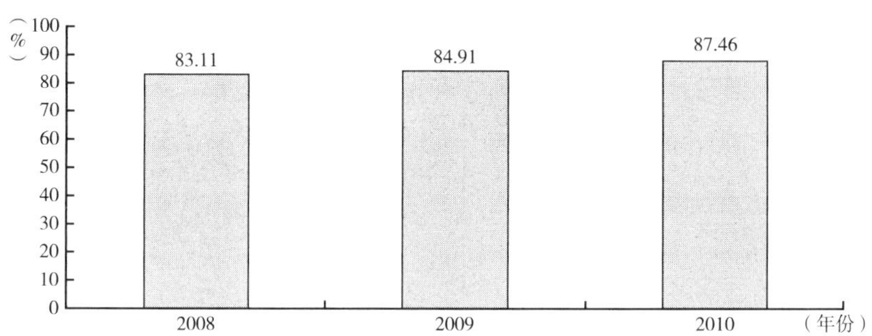

图 1　2008 ~2010 年晋江全面建设小康社会进程综合得分对比

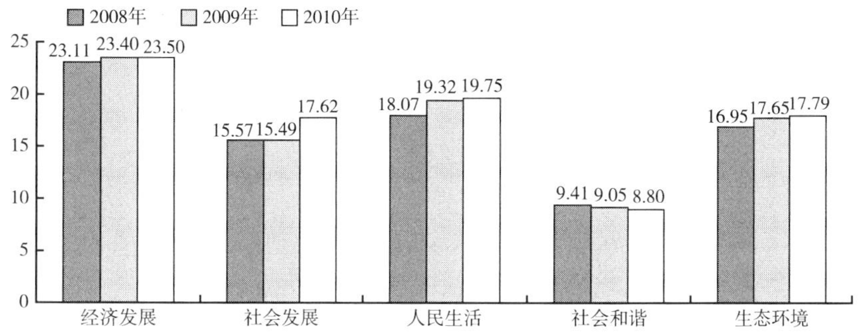

图 2　2008 ~2010 年晋江全面建设小康社会进程分类得分对比

从结构变化的年度对比分析，以当年完成进度实现2020年目标值的100%的指标落入第一象限，实现80～100%的指标落入第二象限，实现60～80%的指标落入第三象限，实现60%以下落入第四象限，可以发现，在总共33个指标中，2010年有18项落入第一象限，全部完成全面小康目标，有9项落入第二象限，有2项落入第三象限，还有4项落入第四象限，需努力改善。而在2009年，四个象限分别为15项，9项，4项和5项，2008年分别为11项，10项，6项和5项。所以，分项目看，2010年比2008年、2009年在结构上有明显改善，即优势项目大幅增加，劣势项目相应减少（见图3）。

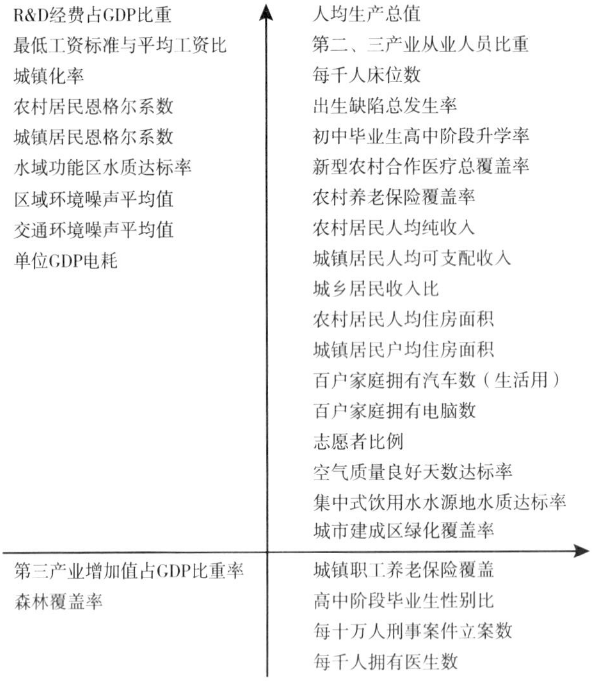

R&D经费占GDP比重
最低工资标准与平均工资比
城镇化率
农村居民恩格尔系数
城镇居民恩格尔系数
水域功能区水质达标率
区域环境噪声平均值
交通环境噪声平均值
单位GDP电耗

人均生产总值
第二、三产业从业人员比重
每千人床位数
出生缺陷总发生率
初中毕业生高中阶段升学率
新型农村合作医疗总覆盖率
农村养老保险覆盖率
农村居民人均纯收入
城镇居民人均可支配收入
城乡居民收入比
农村居民人均住房面积
城镇居民户均住房面积
百户家庭拥有汽车数（生活用）
百户家庭拥有电脑数
志愿者比例
空气质量良好天数达标率
集中式饮用水水源地水质达标率
城市建成区绿化覆盖率

第三产业增加值占GDP比重率
森林覆盖率

城镇职工养老保险覆盖
高中阶段毕业生性别比
每十万人刑事案件立案数
每千人拥有医生数

图3　2010年晋江市小康社会指标实现程度四象限图

通过对晋江市1200名常住居民进行的以全面建设小康社会进程中的幸福感受为主题的问卷调查结果显示：92%的受调查者幸福感受“幸福”或“一般”，感受“不幸”的占少数，市民总体上幸福心态比较平和[①]。这也反映出2008～2010年晋江市重视解决民生问题，初步实现了经济社会的协调发展（见图4）。

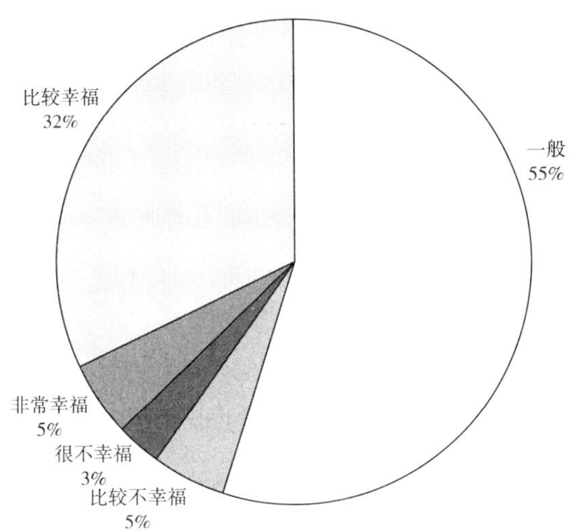

图4　晋江居民幸福感受分布饼形结构

三　新时期晋江全面建设小康社会的经验及启示

（一）坚持科学发展，注重以科学发展推动跨越发展

科学发展观的第一要义是发展。晋江始终坚持发展是硬道理，是解决一切问题的关键。认为发展才有魅力，发展才有发言权。为此，历届领导班子始终抓紧发展这个第一要务，努力推动经济现代化、城市现代化和人的全面发展。晋江所追求的发展是一种科学式的跨越发展。就是要立足更高层次，瞄准更高目标，在科学发展观的指引下，自加压力，激发潜能，打破常规，

① 本次调查根据晋江市居民的职业情况特点，分别以企业、农村和机关事业单位为对象进行抽样，抽样方法近似于分层随机抽样，即结合社会主要群体类型和本、外地人口结构抽取典型的调查村落、企业和单位，不同村落、企业和单位按照“好、中、差”均衡分布原则加以抽样，在不同村落、企业和单位内部就采取随机抽样的方式抽取调查对象。调查的主要方式是入户访谈和发放问卷，同时设计了网络调查。在晋江新闻网、晋江教育网等网站添加本次调查问卷。本次调查回收有效问卷1124份，有效回收率达到93.7%。

寻求突破，迈开大步，奋力赶超，能够一步到位的不分两步走，在跨越发展中转变经济发展方式，在转变经济发展方式中促进跨越发展，争取以更快速度，再上一个新台阶。2008 年以来，面对复杂的宏观经济形势和国际金融危机，晋江坚持把转变发展方式、推动经济转型升级作为发展的根本途径，围绕“111662”工程，以发展为根本，以目标聚民心，以项目出实绩，用发展说话，用数字说话，用事实说话，牢牢掌握发展的主动权，在全球经济放缓的情况下，2008～2011 年国内生产总值仍然取得了跨越式增长速度。在外界为晋江财政突破百亿元大关欢欣鼓舞时，晋江人却在思考晋江新一轮发展战略，“产业提升，城建提速”成为晋江科学跨越发展的基本策略，目标是在“十二五”期间将晋江建设成“现代产业基地，滨海园林城市”。

产业提升。坚持走有自身特色的新型工业化道路，产业结构调整以传统产业高端化、新兴产业规模化、服务业加快超越为取向，构建“641”产业体系。着力于对传统制造业的技术改造，把自主创新作为经济又好又快的核心战略。着力培育新兴产业，金保利、冠科电子新生产线投产，协鑫金保利、大自然印刷试投产，筹划建设创新创意创业园。着力做大第三产业规模，实施服务业超越计划，推动现代服务业与先进制造业互动发展，物流配送、酒店餐饮、连锁超市等商贸流通业茁壮成长。特别是大力发展总部经济，通过高端项目带动，引导民企将总部留在本地。这是晋江产业提升的关键，也是城市品位和档次提升的关键。自 2011 年福建省“五大战役”实施以来，晋江以此为契机，提出了“三个扶持”（扶持上市、扶持品牌、扶持技改）、“三个引导”（引导骨干企业做大做强、引导企业精益管理、引导企业抢占产业链高端环节）、“三个载体”（创新创意创业园、立体综合的市场体系、工业园区）的有力举措，成为产业转型升级的加速器。

城建提速。推动新型工业化与新型城市化互动，改变城市化落后于工业化的状态，以城建提速助推产业提升，以城市化带动工业化，促进工业化与城市化良性互动、产业品牌与城市品牌交相辉映。按照“现代产业基地，滨海园林城市”的发展定位，全市一城、统一标准，启动“九大组团、三大体系”建设，加快提升中心城区，加快建设小城镇，打造滨江临海、山清水秀、富有闽南特色的宜居城市。在规划上，主动融入厦漳泉大都市圈，加快形成“拥湾面海、一核两翼、三大走廊、多区联动”的城市发展布局。

（二）坚持以人为本，注重发展成果共享

晋江在全面建设小康社会中始终坚持以人为本，切实做到发展为了人民、发展依靠人民、发展成果由人民共享，不断把经济成果转化为民生福祉，促进共同富裕和社会和谐。在具体工作中坚持把重视民生、保障民生、改善民生摆在各项工作的突出位置，努力提升人民群众的幸福指数。

加大民生投入。为促进卫生、文化、教育、慈善、科技、环保等社会事业的建设，晋江每年投入大量的资金。2011 年，全市用于民生建设的投入占财政支出的 65%，安排 31 亿元投入就业、教育、医疗、公共安全、环境治理、社会保障等领域。目前晋江已构建了较为完善的社会事业体系，打造了较为完备的社会保障网络，基本建成了一个学有所教、劳有所得、病有所医、老有所养、住有所居、贫有所济、弱有所助的覆盖城乡的社会保障体系，民生改善与经济发展在更高水平上实现了相互促进、协调发展。

在晋江心养小学，孩子们在崭新美丽的校园里做游戏

促进充分就业。就业为民生之本，晋江加强对农村劳动力、大中专毕业生和失业人员的就业培训和服务，建立了城乡一体的公共就业服务制度，实现了充分就业。强化劳动用工管理和职业病防治，努力解决欠薪问题，维护了劳动者的合法权益。

健全社会保障。不断完善农民基本生活保障和农村基本养老保险制度，城乡居民最低生活保障制度已实现全面覆盖，做到了应保尽保。同时，实现医保、新农保全覆盖，推行被征地人员养老保险等。

发挥扶贫济困和社会慈善作用。实施城乡贫困家庭医疗救助，推广建立“爱心慈善援助中心（站）”，实施廉租房补贴政策等。慈善投入、慈善救助，已经成为晋江民生保障的重要补充。

维护群众利益。在处理政府与群众的利益关系时，始终把群众利益放在首位，切实解决好土地征用、城镇拆迁等涉及群众切身利益的问题，在大面积征迁实践中，没有出现非正常上访和群体性事件。之所以出现这种令人称奇的和谐拆迁是因为在各大组团的规划设计、项目运作上，政府考虑更多的是城市建设的效益最优化而不是效益最大化，充分考虑的是惠民而不是与民争利。

打造平安环境。开展社会稳定综合整治，建立市镇村三级治安巡防体系，提高基层安保能力，扎实推进“平安晋江”建设。2011 年顺利通过平安先行县（市、区）考评验收，群众对社会治安满意率达 92%。

惠及外来人口。为本地人造福的同时，同步考虑活跃于晋江的 100 万外来务工人员及其子女的福祉。多年来政府践行“三不承诺”，推行“居住证”制度，持证人员享有新农合参保、公积金缴存、购买经济适用房、参选人大代表、政协委员等享有 22 项市民待遇。把来晋务工人员子女，纳入九年义务教育，近年来晋江公办学校就学的外来人员子女已经超过本地生。

（三）坚持系统推进，注重增长目标与民生目标的协同

全面建设小康社会阶段是现代化建设中的一个重要阶段，和基本实现小康社会的任务相比，更加突出发展的全面协调可持续，突出人的全面发展和顾及人民群众的各种感受。在科学发展观的指引下，晋江在坚持全面发展的

同时，更加注重经济建设、政治建设、文化建设、社会建设和生态建设之间的协调发展，统筹兼顾、系统推进。既要提升发展实力，更要提升幸福指数。在不断发展人民群众物质财富的同时，不断提高人民群众的幸福感受度和社会认同度，实现幸福指数与经济指标同步增长，生活质量与经济总量同步提高，生态环境与生产条件同步改善，社会建设与经济建设同步推进，农村经济与城市建设同步发展。

加强社会事业，促进经济与社会协调发展。在教育方面突出政府责任，持续大力投入，改善办学条件，提高教师待遇和教学质量。城乡教育资源配置日益均衡，基本构建起涵盖学前教育、义务教育、高中教育、职业教育、特殊教育、成人教育、高等教育等比较全面的教育体系，主要教育指标走在全省前列。长期坚持“科技立市”，加强科技管理机构体系的建设，培育企业作为技术创新主体，完善科技中介机构，加大人才引进和培养力度。加大体育设施投入，建成了一批标准高、设备新、环境美、效果好、具有时代风采和侨乡特色的高档次体育设施群，群众性体育活动日渐丰富，竞技体育水平不断提高，国内外重大体育赛事层出不穷。积极推进医药卫生体制改革，全面实施公共卫生服务项目，晋江市医院成为福建医科大学非行政隶属关系附属医院和省肿瘤医院协作医院，市中医院通过二级甲等复评。

强调文化繁荣，构建全面建设小康社会的精神支撑。积极构建社会主义核心价值体系，深入开展文明城市创建，积极倡导公共生活好习惯，持续深化公民道德建设，大力开展社会志愿服务，市民文明素质和社会文明程度进一步提升，为晋江科学发展、跨越发展提供精神力量和道德支撑。晋江在文化建设中突出“创新力、影响力”，着力打造文化强市。树立大文化观，引进名家大师参与策划创作，以品牌之都、产业集群为依托，加快发展文化创意、广告策划、工业设计等文化产业；以文化领军人物为龙头，培育一支德艺双馨的文化队伍，开发一批文化精品和品牌活动；以保护传承为重点，深入挖掘文化遗产，充分弘扬晋江“敢为人先、爱拼敢赢”的拼搏精神、“走前列、创一流”的品牌文化、“豪爽大气、乐善好义”的慈善风尚，增强海内外晋江人的文化自信力和文化自豪感。

注重生态建设，促进人与自然的和谐发展。晋江地域狭小、经济发达、资源和劳动密集型产业比重高，在资源环境方面的压力大。晋江以建设“蓝天、碧水、青山、绿色家园”为目标，助推晋江生态建设跨越发展，努力构建资源节约型和环境友好型社会。坚持深入开展行业污染整治和重点流域专项整治，强化对重污染企业的日常监管，大力打击违法排污行为，落实节能减排措施，严格控制污染物排放总量，提高污水和垃圾处理能力，生态文明建设取得了显著成效，提升了晋江的可持续发展能力。

（四）坚持城乡一体化、注重统筹发展

自建市以来，晋江在工业化与城市化的实践中始终注重城乡经济社会协调发展，特别是以新农村建设为契机，坚持城乡一体化的理念，坚持工业反哺农业、城市支持农村，切实做到“予得更多、取得更少、放得更活”，因地制宜地走出了一条具有县域特色的城乡共繁荣的一体化道路。

统筹城乡规划。2005 年，晋江在城市总体规划修编过程中就将全市域作为一个城市整体来规划建设。不仅如此，在完成城镇规划的同时，坚持抓好各镇区总体规划调整和中心村规划工作。此后根据经济社会的发展需要，不断完善城乡空间、产业布局、公共设施、耕地保护等各类规划，努力形成覆盖城乡、衔接配套的规划体系。

统筹城乡建设。按照“全市一城”的思维，打破传统的“城乡二元结构”，将以城市建设为中心过渡到城乡一体化发展，着眼于大局，统筹安排各项建设任务，如在安海、内坑、金井、深沪建设省级装备制造业基地，在晋南四镇打造滨海运动休闲产业带。同时还有英林的茄克城、金井滨海新城、龙湖的原料城、磁灶的印刷城等。在建设步伐上，有序推进道路交通、生态环保“两大体系”建设，初步形成覆盖全市、互为衔接的基础设施体系，基本建成城乡一体的交通、通讯、信息、能源网络和垃圾焚烧发电处理系统。

统筹城乡服务。坚持“民生优先、全市统筹”理念，推动教育、卫生、公交、文化、社会治安等公共服务均等化，推动社会养老保险、保障性住房等社会保障一体化，推动水电、通讯、环保、燃气等基础设施同城化，推动户籍、就业、住房制度等综合改革配套化，构建城市与农村、农民与市民、晋江本地人与来晋务工人员同城共享、和谐共处的发展格局。如在设计社会

保障制度之初，晋江就树立超前思维，坚决打破城乡二元管理模式，完全按城乡一体化的管理模式推进社会保障体系建设。目前，在新农合、新农保、被征地人员养老保险、生育、工伤保险等方面，基本不存在城乡差别。可以说，在晋江同一片蓝天下，农民和市民待遇一致。

（五）坚持政府与民间良性互动，注重加强政府自身建设

全面建设小康社会，取决于政府和民间两方面的努力。在晋江，民间的自我创新力量成为全面建设小康社会的不竭动力，而政府的因势利导则起到了保护、规范和推进作用。在晋江经济社会发展的不同阶段，政府总是能够适时地跟进、正确地引导、科学地规划和合理地规范，在现代化过程中既保持了源源不断的发展动力，又不至于偏离正确的轨道而遭受挫折。晋江的发展经验表明，政府和民间的力量并非是此消彼长的替代关系，而是能够良性互动的共生关系。在全面建设小康社会的实践中，晋江市党委市政府是全面建设小康社会的领航者、科学发展观的践行者、和谐社会的构建者。长期以来，无论晋江市党政班子如何变换，晋江改革开放、工业化、城市化、现代化的道路没有变，工作思路没有变，形成了“一届接着一届干，一届为一届打基础，一年为一年添后劲”的优良传统，做到了“一个声音喊到底”，“一以贯之做到底”的工作风尚。这与晋江市党委市政府具有较强的学习能力和锐意改革创新的精神，始终坚持公开、民主、科学的决策方式，始终坚持问计于民、问需于民、问政于民的工作作风密不可分。

加强服务型政府建设。晋江以 2004 年福建省委、省政府批准的《创建公共行政体制的改革试点方案》为契机，大胆改革行政体制，从机构重组、职能转变、流程再造和管理方式更新等方面入手全方位、多层次地推进改革，努力构建一个有限的、责任的、法制化的服务型政府，将政府职能转移到经济调节、市场监管、社会管理、公共服务上来，形成与晋江经济社会发展相适应并适度超前的新型公共管理体制及模式。

政府着力培育市场主体和社会主体，将民间组织当做改善社会管理和公共服务的重要途径和助手，积极引导民间组织参与社会管理和公共服务。为了服务支持市经济转型提升和创新发展，晋江市出台政策，鼓励和引导全市行业协会商会发挥应有的作用，帮助企业克服困难，促进民营企业二次创

业；为了推动养老事业的发展，政府大力鼓励支持民办养老服务机构的发展；在社会工作领域政府通过岗位补贴、岗位购买和项目购买三种形式在社会救助、社区建设、教育、卫生等领域购买社会工作服务，充分发挥了民间组织在社会管理和公共服务中的作用。

四 在新起点上晋江率先推进基本实现现代化的挑战与思考

按照目前发展趋势，晋江在2012年底即将在全省率先完成全面建设小康社会的发展目标。届时，晋江将站在新的历史起点上。从我国县域经济第一方阵的实践看，苏南和珠三角的大部分地区都已提前实现了全面建设小康社会的目标，江苏率先开展现代化问题研究并制定基本实现现代化指标体系，苏南地区提出了要在2020年率先基本实现现代化的目标，这对晋江市来说既是一个鼓舞也是一种挑战。

（一）晋江率先推进基本实现现代化面临的挑战

1. 动力机制重构

经济现代化是现代化进程的基础与核心。面对当前经济全球化趋势日益增强，科技革命迅猛发展，产业结构调整步伐加快，国际竞争更加激烈的新形势，晋江传统产业以要素驱动、投资驱动为基础，表现为以规模和空间扩展为特征的外延式增长方式已难以为继，亟须推进产业转型升级。目前晋江已进入工业化中后期，但从三次产业结构演变考察，三次产业结构从2008年的1.9∶64.4∶33.7调整为2011年1.6∶67.4∶31.0。第二产业一直处于上升通道中，对经济的贡献率高达79.8%，第三产业占比却出现了逐年下降的趋势，不仅远低于全国的平均水平，也低于全省平均水平。这种产业结构逆向调整对晋江经济产生了不利影响，制约了第二产业水平的提高和产业竞争力的提升，传统制造业的发展面临土地、劳动力、资源环境的约束越来越明显，影响了晋江经济的可持续发展。因此，要促进晋江经济由传统工业化向新型工业化的转变、从工业经济向服务经济的转变，必须重构经济发展的动力体系，从主要依靠要素投入向主要依靠创新驱动转变，形成创新驱动、创业带动、消费需求和投资拉动、城市化推动的协调共进、互为支撑的经济发展动力体系。

2. 空间竞争格局重塑

从区域经济竞争合作的演变规律看，晋江市位于闽南金三角地带，同时也卷入了厦门、泉州大规模城市化的历史进程中。厦漳泉同城化和泉州湾都市区建设势必对晋江的城市定位和发展规划带来巨大的影响。从外部看，晋江市与厦门市、泉州市、石狮市存在着区域互补和竞争。从地理上看，晋江处于泉州市发展的主轴方向，连接泉州市区和石狮市，战略地位在整个厦漳泉城市群中仅次于南安市和翔安区，基于此，晋江市将会在厦漳泉城市群建设中获得较为优越的地位和较多的资源。因此，晋江应顺势而为，主动融入环湾同城建设，突出功能特色、优势互补形成错位竞争。

3. 破解土地紧缺难题

晋江市土地紧张的情况是客观存在的，尤其是晋北地区更为紧张，要继续保持晋江经济高速发展，势必要求单位面积土地贡献更多附加价值，要求发展总部经济、楼宇经济、标准厂房立体化，甚至精致农业工厂化。这会导致产业过度集中于狭小区域，必然产生大量废弃物和污染物，对晋江市生态环境容量的重新配置提出了更高要求，特别是对开发区和 CBD 区域提出了更高的低碳、绿化要求和废弃物处理要求。由此需要晋江市投入更多资源保护生态，发展环境产业。破解晋江市土地紧张难题的另一个思路是开发海洋经济。目前海洋经济在晋江市比重很小，而晋江市东西两面环海，有着丰富的近海资源和滨海资源。在严格保护海洋生态环境基础上，发展晋江市的海洋经济是未来实现晋江现代化的必由之路。

4. 提高人口素质

人的现代化是晋江市实现现代化的根本目标。无论是完成艰难繁重的产业转型升级任务，还是建设宜居的中型城市，都离不开较高素质的人口。从企业家群体角度看，晋江市第一代创业型企业家逐步进入退休期，第二代企业家逐步接班，晋江面临从创业型向创新型企业家的培养与提升；从专业人才看，晋江亟须引进主导产业发展的科技领军人才、复合型高级人才以及中介服务专业人才。目前在晋江知名企业中奋斗的职业经理人多为非晋江户籍人口，流动性较大，晋江有必要培养出更多本土化的职业经理人，并且创造条件帮助外来经理人扎根晋江；从产业工人的组成来看，今天在晋江务工的一百万外来常住人口（包括其子女）已成为不可忽视的建设晋江的生力军，据调查目前仅有20多万人获得了居住证，成为新晋江人，如何提高外来常住人口素质，如何吸引这些宝贵的劳动力资源长期留在晋江，帮助其融入晋江，亟须在户籍制度及其蕴含的各种社会保障和福利制度上进一步创新；从教育科研领域看，晋江市缺乏有竞争力的大学和职业技术学院，原创科研能力薄弱，教育和科研是城市的灵魂，晋江市要实现现代化，必须在这两个领域取得质的突破。

（二）在新的起点上推进晋江率先基本实现现代化的思考

目前，晋江正处在全面建设更高水平小康社会，并向基本现代化目标迈进的关键时期，面对新时期、新任务、新挑战，晋江要不断丰富全面建设小康社会的综合指标体系，不断总结新经验，探索新思路，在2012年率先基本实现全面建设小康社会建设的基础上，进一步提出在全省率先实现基本现代化的目标，作为未来发展的方向。

1. 强化目标指引

现代化建设内涵极其丰富，如没有具体的目标指引，相关部门和干部群众就没有抓手。因此，建议组织一支由晋江职能部门、民间组织和专业研究机构相关人员组成的课题组，在借鉴国内外相关经验的基础上，尽快构建一个具有县域特色又适合自身的基本实现现代化的指标体系。在此基础上，研究出台一系列的配套政策。同时开展现代化的理念教育，并建立相应的传播机制。要通过晋江讲坛、党校干部讲坛、各种科普活动、相关电视讲座和群众性论坛等方式增强全民的现代化意识，形成全社会统一的自觉意志和共同追求，促进广大干部群众共同参与现代化建设的进程。

2. 更加注重发展的协调性和可持续性

以“二次创业”为突破口，推动经济发展方式转变，提升产业核心竞争力。特别是要突出产业转型升级和科技创新两个重点，推动工业化和信息化的融合发展，实现产业结构高级化，产业组织合理化，产业集聚集群化，产业模式生态化，产业链条服务化，推动工业经济向服务经济的转变。

3. 更加注重改善民生，推动城乡统筹发展

在现阶段，要顺应新时期党的执政理念的新变化，回应老百姓对改善民

生、增进福祉的关切，以及全面建设小康社会的现实关注，通过注重经济增长目标与民生目标的协调发展来提高全体居民的幸福感受，构建和谐社会；要更加重视调节收入差距，增加城乡居民收入，充分发挥晋江企业家乐善好施的优良传统，扩大慈善基金规模和社会受益面，防止贫富差距继续扩大；要不断完善民生保障体系，构造社会和谐与社会安全网，重点解决高校毕业生、低保对象和零就业家庭三大群体的就业问题，完善城乡居民医疗保险制度，推动城乡居民基本养老保险全覆盖，努力扩大保障性住房规模；要加快推进城乡规划、基础设施建设、基本公共服务三个一体化，不断提高公共服务能力和社会管理水平，打造宜居宜业城市，建设“实力晋江、活力晋江、人文晋江、生态晋江、幸福晋江”。

4. 更加注重完善和创新社会管理

晋江的“和谐拆迁”工作方法，体现了社会维稳与公民维权的有机统一，将社会矛盾的解决和民众正当利益的保护纳入法制化的轨道，既教育了干部、也教化了群众，体现了社会管理的创新。在当前新形势新阶段下，社会管理综合治理对党委和政府的领导与执政能力提出了更高的要求，一方面要求党委、政府主动作为，通过建立利益表达机制、组织机制和政府处理利益冲突的制度化机制，推动及时就地在制度化框架内化解矛盾，解决纠纷；另一方面也促进政府职能转变，社会管理要实现从政府权力本位到公民权利本位的转变。晋江作为先发地区，中介组织发育较早，要通过政企、官民的良性互动，政府、市场、网络力量的融合，鼓励多主体参与经济社会发展，培育公民社会，健全党委领导、政府负责、社会协同、公众参与的社会管理格局，最大限度激发社会创造的活力。

5. 更加注重文化建设和人的素质的提高

应加大力度贯彻实施十七届六中全会文化建设的精神，通过提高公益性文化事业发展水平，大力发展文化产业、加强文化人才队伍建设等多方努力，推进文化繁荣发展，为基本现代化建设提供软实力支撑。进一步弘扬晋江精神以及闽南文化习俗中积极向上的成分，发挥文化引领风尚、教育人民、服务社会、推动发展的作用，满足晋江人民多样化的精神文化需求，为现代化建设提供精神动力。同时，通过加大对教育、培训、技能、卫生和健康、研究开发等投资力度，进一步提高人的全面发展能力，为现代化建设培养合格公民。

附录　2008～2010年晋江市全面建设小康社会实现程度

项目	序号	指标	单位	2020年目标值	权重	2008年实际值	2009年实际值	2010年实际值	2008年完成进度（%）	2009年完成进度（%）	2010年完成进度（%）	2008年得分	2009年得分	2010年得分
经济发展25%	1	人均生产总值	元	31400	10	38952当年价	41694	46124[3]	100	100	100	10	10	10
	2	第三产业增加值占GDP比重	%	≥45	5	34.3	34.4	33.2	74.9	76.4	72.4	3.75	3.8	3.6
	3	城镇化率	%	≥55	5	48	50.2	59	87.2	91.3	98.2	4.36	4.6	4.9
	4	第二、三产业人员从业比重	%	≥70	5	77.8	99.96	99.92	100	100	100	5	5	5
社会发展20%	5	每千人拥有医生数	人	3	2	2.72	1.47[1]	1.51[1]	90.7	49	50.3	1.81	0.98	1.01
	6	每千人床位数	张	3	2	1.81	3.20[1]	3.40[1]	60.3	100	100	1.21	2	2
	7	出生缺陷总发生率	/万新生儿	≤100	3	18.58	19	49.1	100	100	100	3	3	3
	8	初中毕业生高中阶段升学率	%	≥90	3	89.1	85.1	90.4	99	94.6	100	2.97	2.84	3
	9	R&D经费占GDP比重	%	2.5	4	2.12	2.31	2.36	84.8	92.4	94.4	3.39	3.7	3.78
	10	城镇职工养老保险覆盖率	%	≥95	2	30.8	30.57	39.42	34.2	32.2	41.5	0.68	0.64	0.83
	11	农村养老保险覆盖率	%	≥80	2	20.5	13.3	91.33	25.6	16.6	100	0.51	0.33	2
	12	新型农村合作医疗覆盖率	%	≥90	2	98	98.18	99.09	100	100	100	2	2	2
人民生活20%	13	城镇居民人均可支配收入	元	20000	4	17576	19553	21858	87.9	97.8	100	3.52	3.91	4
	14	农村居民人均纯收入	元	9000	4	9202	9828	10542	100	100	100	4	4	4
	15	百户（农村）家庭拥有汽车数（生活用）	辆	20	2	11	15	21	55	75	100	1.1	1.5	2
	16	百户（农村）家庭拥有电脑数	台	40	2	53	61	65	100	100	100	2	2	2
	17	城镇居民户均住房面积	平方米	90	2	77.7	292.3	287.1	86.3	100	100	1.73	2	2
	18	农村居民人均住房面积	平方米	40	2	67.4	65	65.7	100	100	100	2	2	2
	19	城镇居民恩格尔系数	%	≤35	2	39	36.5	38.3	88.6	95.7	90.6	1.77	1.91	1.81
	20	农村居民恩格尔系数	%	≤40	2	40.9	39.3	41.2	97.7	100	97	1.95	2	1.94

续表

项目	序号	指标	单位	2020年目标值	权重	2008年实际值	2009年实际值	2010年实际值	2008年完成进度(%)	2009年完成进度(%)	2010年完成进度(%)	2008年得分	2009年得分	2010年得分
社会和谐15%	21	城乡居民收入比	%	≤2.2	3	1.91	1.99	2.07	100	100	100	3	3	3
	22	最低工资标准与平均工资比	%	≥40	3	31.2	30.86	33.21	78	77.2	83	2.34	2.31	2.49
	23	高中阶段毕业生性别比	%	100～130(上限)	3	110.97	117	122④	45	43.3	26.4	1.35	1.30	0.79
	24	刑事案件立案数	/10万人	≤200	4	1251.61	1617	1512②	18	11	13	0.72	0.44	0.52
	25	志愿者比例	/百城市户籍人口	2.71	2	16.7	12	14.9	100	100	100	2	2	2
生态环境20%	26	空气质量良好天数达标率	%	≥90	2	96.99	95.62	96.16	100	100	100	2	2	2
	27	水域功能区水质达标率	%	≥90	2	87.5	79.17	83.33	97.2	88	92.6	1.94	1.76	1.85
	28	集中式饮用水水质达标率	%	100	2	100	100	100	100	100	100	2	2	2
	29	区域环境噪声平均值⑤	dB	55	1	68.89	56.3	56.3	76.5	97.7	97.7	1.53	1	1
	30	交通环境噪声平均值⑥	dB	60	1	1623.02	68.1	67.7	79	86.5	87.2	4.74	0.9	0.9
	31	单位GDP电耗	千瓦时/万元	1200	4	36.5	1547.98	—	91.3	83	83	2.74	3.32	3.32
	32	城市建成区绿化覆盖率	%	≥40	4	13.37	40.32	40.50	66.7	100	100	2	4	4
	33	森林覆盖率	%	≥20	4		13.37	13.59		66.7	68		2.67	2.72
总计					100							83.11	84.91	87.46

注：①按户籍人口107万人计算，统计口径和上一年度相同。②公安部门数据按户籍人口加上办理暂住证的外来人口计算，2009年为190万人，2010年为205万人。这个数据和普查人口数接近。③人均生产总值数据，2010年和2009年统计口径不同，不可比。2010年采用的是第六次人口普查数据晋江市常住人口198万，2009年常住人口统计为167万。2010年GDP为统计公报初步核算数据。④数据为教育部门提供，和2008年差异较大。⑤⑥指标和2008年不同，2008年采用的是城市环境噪声达标区覆盖率，根据环保部门“十一五”规划考核指标，改为区域环境噪声平均值和交通环境噪声平均值两项，权重合计仍为2%，与原指标的权重相同。

慈善事业“晋江模式”*

写就发展传奇、创造“晋江经验”的同时，在推进社会事业发展上，晋江也有一块光亮的品牌——晋江市慈善总会。这是我国首家县级慈善总会，成立于 2002 年 12 月 18 日，成立之时就募集到 7460 万元善款。截至 2012 年 6 月底，晋江慈善总会共募集慈善资金 15.76 亿元，投入善款近 7 亿元，受惠群众达 13 万多人次。

无论是募集善款总量、扶助项目数量，还是受益对象总数，晋江慈善总会在全国县级、市级乃至省级慈善组织中都遥遥领先。同时，在推进慈善事业发展过程中，晋江探索和创新了诸多极富成效的做法，包括政府引导，社会化、民间化运作；设立“慈善日”，制度化募集善款；简办红白喜事和庆典，倡导移风易俗，慈善捐款形成风气，带动全社会形成浓厚的慈善文化氛围等。

这可以称之为发展慈善事业的“晋江模式”。因而，阐述和研究晋江发展慈善事业的创新做法、成功经验、独特风采，不仅有利于彰显晋江人兼具“爱拼会赢”“乐善好施”的精神风采，对推动福建省乃至全国慈善事业发展也具有重要的启示意义。

一　晋江慈善总会成立的背景和推动力

（一）晋江慈善的历史传统

慈善作为一种含有仁爱、博爱等人道关怀的利他行为，性本善良的中国

* 本文作者：福建日报主任记者段金杜。

人自古有之，“仁者爱人”之心之行在大灾大难、扶危助困之时总有体现。晋江也是如此，发展慈善事业历史悠久，并因闯荡南洋的传统、侨亲众多而别具风采。

在古代，乐善好义在晋江蔚然成风，《泉州府志》和《晋江县志》屡有记载晋江人行善义举。明代慈善家李五（原名李英）即是典型代表。他是晋江池店人，富甲一方，闽南有句俗语叫“富得像李五一样”，由此可见其财富是何等巨大。但他平时却很节俭，住小屋，吃粗粮，一文钱都不乱花。然而，对行善布施，他总是慷慨解囊，其广为人知的善举有增修洛阳桥、重修六里陂、创办桂岩书院等。为此，朝廷钦赐他“乐善好施”金匾，故此民间又有“富不过李五，善不过李五”一说。

受历史、地理环境影响，晋江地方社会普遍存在社群传统，明清以降，民间自发成立组织从事慈善的风气渐兴，明善堂、救济院和育婴堂等地域性社会福利组织不断涌现。创建于 1844 年的安海育婴堂最具代表性，它存续了近百年，其受惠对象已不局限于安海一地，而是广收晋江、南安一带弃婴，加以妥善抚养，产生了良好的社会影响，促进了社会安定。据不完全统计，安海育婴堂前后共收养弃婴 21000 多人。

人多地少、生计维艰之迫，浸润海洋文明的晋江人从宋元时代起，就开始了闯荡南洋的艰辛历程。异国他乡，互助救济成为一种本能的理性选择。如在菲律宾，晋江华侨于 1873 年成立了华侨善举公所，分支机构遍布东南亚，成为东南亚最大的慈善机构。华侨披荆斩棘，事业有成之后，也不忘回报故乡。捐资兴学，筑桥修路，赈灾救济，扶贫助困等，晋江华人华侨贡献甚巨，薪火相传，连绵不绝。据统计，仅 1991～2003 年，晋江籍海外华人华侨、港澳同胞对家乡公益事业捐资达 10 多亿元，平均每年约 1 亿元，这样的奉献力度延续至今。

（二）晋江发展慈善事业的必要性

改革开放，特别是 1992 年撤县建市以来，晋江市经济迅速发展，社会财富不断增加，人们生活水平不断提高。2002 年，晋江 GDP 达 277.67 亿元，财政收入 20.03 亿元，居全国十强县前列。

然而，正像很多先发地区走过的路一样，经济这条“腿”长长了，但社会这条“腿”却还比较短。由于历史地理、资源禀赋等因素的制约，在经济高速增长的同时，却无法避免区域内发展不平衡、贫富差距扩大等社会问题的产生，如全国最富的省份广东，同样存在此类问题。晋江也是如此。

一是区域内经济发展不平衡。2002 年，晋江市已有 13 个镇和 352 个村基本实现宽裕型小康，分别占镇、村总数的 86.7%、91.4%。这表明，在大部分镇村富起来的同时，仍然有少数镇村经济发展相对落后。像全国其他地方一样，区域内发展不平衡、城乡差距同样存在。

二是社会困难、弱势群体普遍存在。据不完全统计，2002 年，晋江市有残疾人 5 万人，贫困学生 1.8 万人，低保家庭 4270 户，还有因多种缘由造成的特殊困难群体，这些加上老弱病群体，约有 20 万人，这在 100 多万人口的晋江也不算小数目。

对此，晋江市从政府保障层面，建立健全社会保障体系，给予大力扶助，每年财政支出数千万元，用于城乡居民最低生活保障、扶贫救灾、助残帮困等。近年来，晋江在此方面的支出持续加大，每年达数亿元，在福建省乃至全国都属于力度较大的。不过，政府提供的社会保障是普惠性的，“就低不就高”，救助力度和覆盖面相对有限。

在此情形下，迫切需要政府社会保障体系之外的救助救济安排。像国际上通行的一样，成立慈善组织，作为政府社会保障体系的必要补充，共同解决发展不平衡问题、救助弱势群体，渐渐提上晋江市决策者的议事日程。2002 年正好是晋江撤县建市十周年，晋江决定以此为契机，成立慈善总会。

晋江慈善虽有悠久历史传统，但相对来说，延续至 20 世纪末的慈善活动大都是自发的、分散的，随机随意性较强，可谓“零星的爱”。而现代慈善是一项社会性事业，突出社会各阶层的广泛参与，具有社会化、经常化、规模化的特点，是一种“制度化行善”。经济发达的晋江市发展慈善事业，既需要传承古老的慈善传统，又需要在高点起跳，高水平推进。

（三）晋江慈善总会成立的推动力

慈善事业的存在和发展是社会经济、政治、文化等因素综合作用的结果。晋江需要发展慈善事业，但必要性不等于必然性，这还需要现实的推动力，包括经济基础支撑、道德观念支撑、政府推动支撑等。

首先，需要经济基础支撑。发展慈善事业的前提是有慈善捐赠，而慈善捐赠是社会经济发展到一定阶段的产物，且随着社会经济的发展而发展。这方面，晋江市有比较好的基础。随着经济快速发展，晋江综合实力不断增强，连续多年位居全国十强县前列、福建省十强县首位，是福建省县域经济发展的排头兵。

伴随经济快速发展，晋江涌现出了一批实力雄厚的民营企业群体，以及爱拼敢赢的民营企业家群体，在全国乃至全球同行业都有一定地位，如恒安集团（许连捷）、安踏（丁世忠）等。同时，新时期，晋江籍旅外侨胞、港澳台同胞仍然一如既往地支持家乡公益事业。这些都为慈善捐赠、慈善组织的建立和顺利运作奠定了坚实的经济基础。

其次，需要道德观念支撑。慈善属于道德范畴，具有非强制性特征，发展慈善事业，社会成员必须具有相应的慈善意识和观念，因为自愿捐赠是建立在慈善意识和观念上的。一个社会经济发展了，但如果没有普遍形成对弱者的关爱之心，社会成员和企业缺乏慈善之心，那么，很难发展起来真正的慈善事业。

晋江素有慈善传统，积德行善成为一种风尚，在新时期，这种传统进一步发扬光大。特别是，在慈善捐赠中发挥重要作用的企业家群体，都有倾力奉献慈善事业的意愿，而且，他们普遍认为慈善是企业应承担的社会责任的重要组成部分。恒安集团首席执行官许连捷就有很深的慈善情结，“企业做大做强了，更应该主动承担社会责任”。他表示，企业应该充分发挥资本优势，通过支持慈善事业的发展来回报社会。

再次，需要政府推动支撑。在目前及未来相当长的时间内，我国普遍是“大政府小社会”的形态，因而，成立民间性的慈善组织，政府的推动至关重要。正像支持民营经济发展彰显的“到位不越位”作用一样，晋江市委、市政府对发展慈善事业也起到了重要的引导、培育、推进作用。2002 年，市委、市政府多次召开会议，专题研究成立慈善总会事宜。当年 8 月 2 日，晋江市成立了以市委书记为组长的慈善总会筹备工作小组，专门负责组织领导、宣传发动、善款募集等各项工作。

2002 年 9 月 29 日，晋江市专门颁布对慈善捐赠的奖励办法，以表彰热心慈善事业的社会各界人士，并对慈善行为特别是典型人物的慈善行为进行宣传。对为慈善事业做出突出贡献的人士进行命名表彰，由市委、市政府按不同标准分别授予慈善大使、慈善家、慈善世家等荣誉称号。这对进一步激发社会成员投身慈善事业，在全社会形成浓厚的慈善氛围和文化，起到了积极的引导作用。

二　晋江慈善总会的成立和制度建设

有发展慈善事业的必要性，又有经济基础、道德观念、政府推动等方面的支撑，成立慈善组织、启动慈善事业发展，在晋江成为水到渠成的事。这一过程又充分体现了政府与民间（特别是企业家群体）良性互动、本土晋江人与旅外侨亲携手共进的晋江特色。

（一）晋江市政府的积极引导作用

晋江市党委和政府的积极引导和推动，对慈善总会顺利筹办起到了关键性作用，这有利于充分利用政府和民间两方面的资源，形成合力，高起点高水平发展慈善事业。

2002 年 8 月，晋江市成立慈善总会筹备工作小组，并派人去广东顺德“取经”，结合晋江的实际，制定出台《晋江市慈善总会筹备工作方案》，提出工作思路，以“全面发动、各方筹集、重点募捐、自愿捐赠”原则推进各项举措。

2002 年 8 月，世界晋江同乡总会年度大会在澳门举办，晋江市领导专门在会上向世界各地晋江社团广泛宣传成立慈善总会的重要性和必要性，获得各界人士的积极响应。同年 10 月，晋江市委书记在深圳市召开晋江籍在港代表人士座谈会，通报慈善总会筹备进展情况，乡亲反应热烈，再次掀起海外募捐的热潮。在此带动下，短短 3 个多月，晋江海外乡亲捐款达 2000 多万元。

与此同时，晋江本土从上到下也行动起来，市委下发文件，要求在全市范围内广泛开展“慈善送温暖爱心献社会”募捐活动。2002 年 10 月 15 日，晋江市召开市直机关慈善现场募捐动员大会，拉开境内劝募筹资序幕。随即，各市直机关、镇街通过召开企业座谈会、现场募捐会等方式，发动民间踊跃捐款。同时，慈善总会筹备工作小组分赴全国 20 多个城市，发动晋江驻外商会及晋江籍企业家捐款。他们还在省、市等各级媒体上，进行广泛宣传，号召社会各界捐款。

经过 3 个多月的努力，共募集善款 7460 万元，大大超过 5000 万元的既定目标。这是为成立晋江慈善总会而进行的首次募捐，但募捐活动时间短、成效大、影响广泛，成为晋江史上最为成功的募捐活动之一。从活动过程可以发现，政府的组织、引导、参与是慈善总会成功创立并迅速募集较多资金的关键因素。

不过，晋江慈善总会创立后，逐渐淡化官方色彩，转入民间化运作，决策、日常管理、善款募集和支出等皆由非政府人士操作，详见下文叙述。

（二）晋江慈善总会的组织结构

2002 年 12 月 18 日，在晋江撤县建市十周年庆典之际，晋江市慈善总会成立。晋江慈善总会实行理事会制度，具体由理事会、监事会、秘书处组成，在运作方式上与国际接轨，凸显市场化运作、企业化管理的民间特色。

目前，晋江慈善总会理事会共有 453 个单位和个人，其中晋江市委、市政府领导、有关部门负责人占理事会总人数 14.5%，海外侨亲占理事会总人数 14%。组织机构社会参与性强，民营企业家占理事会总人数 85.5%，400 多位永远荣誉会长、荣誉会长、会长、副会长、常务理事、理事全都是民营企业家。2007 年成立慈善义工协会以来，目前发展义工 2000 多人，年龄最小 16 岁，最大 80 多岁。

理事会为晋江慈善总会的领导和决策机构，负责制定和修改总会章程，选举会长、常务副会长、副会长、秘书长、常务理事等，讨论和确定总会发展规划和年度预算，听取和审议总会年度工作报告及资金使用情况报告，讨论和决定总会重大事项。理事会闭会期间，由常务理事会行使职权，它由会长、常务副会长、副会长、秘书长、常务理事组成。晋江慈善总会成立至今，会长一直由恒安集团首席执行官许连捷先生担任。

监事会为总会的监事机构，组成人员由总会及业务主管机关协商推举产生，监事不得由理事兼任。其职责为：对资金的募集、管理和使用等活动进行监督，向捐赠人说明资金用途和监管方法，协助审计部门进行年度审计和专项审计。监事长由晋江市政府分管民政事务的领导担任，监察局长为副监事长，宣传、审计、财政、民政、退休老同志及民营企业家为监事。

秘书处是总会的执行机构，由秘书长主持日常工作。晋江慈善总会成立以来，秘书长一直由晋江市民政局副局长（后为党组副书记）龚子猛先生担任，另有5名工作人员负责文秘、档案管理、财务会计等工作。由于晋江慈善总会采取社团编制，这5位工作人员不属于事业编制，享受编制外长期聘用人员的待遇。

为了便于在各镇、街道开展工作，晋江市在13个镇，6个街道设立了慈善联络组，组长一般由当地热心慈善事业的知名企业家担任，从而形成了一个覆盖晋江全市的慈善服务网络，有利于高效开展慈善活动。

在日常运作过程中，晋江慈善总会按照章程规定，重大决议都由会长办公会议提出议案，并交由理事会审议决定。会长办公会议由会长、常务副会长、副会长、秘书长及监事长组成。一般，会长办公会议一年开两次，理事会一年开一次。

晋江慈善总会分别于2004年9月、2005年8月加入中华慈善总会、福建省慈善总会，成为其会员单位，其运作方式被中华慈善总会称为已与国际接轨。

（三）晋江慈善总会的制度建设

对一个慈善组织来说，制度建设至关重要，这也是顺利开展慈善活动、保持慈善机构活力、长效运作下去的基础性保障。

晋江慈善总会创立伊始，就制定了一系列规章制度，包括《晋江市慈善总会章程》《晋江市慈善资金募集管理使用办法》《晋江市慈善总会对捐赠者的奖励办法》等，以及办公室工作制度、财务管理制度、慈善资金审批制度、善款运作情况公示制度等。

建立慈善资金管理制度。慈善资金的使用，晋江慈善总会有一套严格的审批和监督程序。每年有计划地安排一定数额的资金实施“解困、助学、助行、助听、复明、慈善安居、荧屏文化工程”等慈善工程。年度计划由慈善总会办公室提出，经会长办公会集体研究通过，再由总会领导审批后实施。预算内项目和5000元以内应急救济项目由常务副会长审批，5000元~10万元项目由会长审批，10万元以上项目由会长办公会议研究确定。

“解困工程”（重点是生活困难重病户）审批程序：本人填写申请表，提供有关证明材料；村（居）、镇（街道）以及慈善联络组核实把关、签名盖章；慈善总会每月安排10天以上入户抽查，确认无误后，通知本人领取。“助行工程”、“复明工程”、“慈善安居工程”由市残联负责调查摸底提供对象。“助学工程”由市关工委负责调查摸底提供对象，均形成批次进行。

建立善款跟踪落实制度。“助学工程”、“助行工程”、“复明工程”分别由市关工委、残联建立回访制度，“解困工程”由慈善总会入户抽查核实，并不定期跟踪善款落实情况。

建立慈善资金外部监督机制。慈善总会每月向市领导、总会会长、副会长通报慈善资金使用情况；每半年在市政府政务公开栏将慈善资金收支情况向社会公示一次，并定期在《晋江慈善》月刊公布，以接受社会监督；每年度纳入审计部门审计计划，审计结果向社会公布。2008年以来，每年专门聘请一家会计师事务所进行年度审计。

为提高透明度、公信力，慈善总会每月编发一期《晋江慈善》，通报慈善活动开展情况、善款收支情况等，寄发给捐赠人、理事、监事等。《晋江慈善》还上传到晋江慈善总会网站上，捐款人、受益人及社会公众都可以方便快捷地了解相关信息。

实行慈善资金与日常办公经费分开制度。慈善总会工作人员工资和总会办公、宣传等费用由市财政专项拨款，会长办公会议费用由会长、副会长负责，确保慈善资金（包括利息）专款专用，取信于社会及捐资者，提高社会公信度。

三 晋江慈善总会的善款筹集和管理

开展慈善的前提是有慈善捐赠，这也是慈善事业实现可持续发展的最根本保证，唯有“源头活水”，才有“如许清渠”。在善款筹集方面，晋江市政府有效引导、与民间互动，发挥了极大作用。移风易俗，简办红白喜事、庆典，倡导捐献礼金做慈善形成风气，带动全社会形成浓厚的慈善文化氛围，更是凸显了晋江特色。

（一）设立“晋江慈善日”，制度化募集善款

2002 年创立慈善总会时，晋江市政府在引导、推动之外，也给予了极大的资金支持。这包括：总会成立，市财政拨付 1000 万元启动资金；总会成立后，市财政负责总会人员工资和办公、宣传等费用，每年约 30 万元；政策倾斜支持，将市殡仪馆 5 年的经营管理权转让给慈善总会，总会每年可以获得 510 万元的经营收入，同时还划拨土地给慈善总会拟建市里的公墓园区，上述两个经营项目基本上属于无风险的项目。

在此之外，如何稳定地获得善款？晋江市及时予以引导。2003 年 11 月 5 日，晋江市人大通过决议，将以后每年的 12 月 18 日（晋江慈善总会成立的日期）定为“晋江慈善日”。每年的慈善日，在对热心慈善事业的突出贡献人士进行表彰、开展慈善慰问等活动的同时，还通过“慈善一元捐”、万人踩街、篮球赛、慈善晚会、名家画展等活动，广泛发动社会各界募捐。2003 年第一个慈善日，即募捐到 2808 万元，从而使晋江慈善总会成立一年时间内就成为国内第一个募集善款超过一亿元的县级慈善机构。

每年“慈善日”期间，固定开展万人踩街等活动，晋江市四套班子领导、慈善总会会长、知名慈善人士等亲自参加。期间，对慈善捐赠、慈善活动等，晋江市还通过中央、福建省、泉州市及晋江市各级媒体，广泛进行报道，进一步激发人们的爱心，积极参与慈善活动。

这样，通过“晋江慈善日”这一载体，为募集善款建立了一定的制度基础，几乎每年都能募集到 2000 多万元的善款。

（二）大力表彰善举，倡导慈善捐赠

在设立“慈善日”倡导全社会奉献慈善之外，晋江市还出台鼓励捐赠办法，增强慈善责任感和荣誉感，营造浓厚的慈善文化氛围，取得良好成效。

在晋江慈善总会成立前的 2002 年 9 月，晋江市专门颁布对慈善捐赠的奖励办法，对捐赠 10 万元、30 万元、50 万元以上的个人，分别发给铜质、

银质、金质纪念牌，并分别推选为理事、常务理事、副会长，捐赠100万元以上（含100万元）敦聘为荣誉会长，300万元以上敦聘为永远荣誉会长。

2004年10月，晋江市政府又出台《关于命名表彰慈善事业突出贡献人士的决定》，对捐赠累计达300万元以上至500万元以下者，授予“慈善大使”称号；捐赠500万元以上（含500万元）者，授予“慈善家”称号；一家三代以内直系亲属有二人以上（含二人）累计捐赠1000万元以上（含1000万元）者，授予“慈善世家”称号。这极大激发了海内外晋江人，特别是民营企业家群体投身慈善的积极性，他们捐赠善款的总量占了晋江慈善总会的大部分。截至2012年6月，晋江市已有14个“慈善世家”、50位“慈善家”、19位“慈善大使”。目前，总会共设立冠名慈善基金76个，留本捐息慈善基金44个，基金总额达11.85亿元。

（三）移风易俗，捐礼金做慈善蔚然成风

地处闽南的晋江，每逢红白喜事、公司庆典等，素有大操大办的传统，这凸显了中国人借助这些特殊的日子联络感情、加强交流的风尚，但也有资源浪费之虞。能否转化它的目的，改为慈善捐赠，为社会多做贡献？

2003年12月，晋江慈善总会向全体理事会成员发出移风易俗，简办婚丧喜庆，节约礼金做慈善活动的倡议，得到理事会成员的积极响应。晋江寰球鞋服等企业率先响应，寰球公司老板在其母亲生日时捐款10万元给慈善总会。总会发出移风易俗倡议，到2004年底，通过总会领导率先垂范，婚丧喜庆简办，一年来总会收到捐献礼金116.6万元，取得不俗的成效。

此后，每年都有数十万元到上百万元的此类捐款。随着晋江经济快速发展，企业实力渐渐壮大，捐款逐渐增多。特别是晋江乃至泉州市、福建省民营企业家代表人物，也是晋江慈善总会会长的许连捷先生的率先垂范，更是起到了极大的示范带动作用。

2007年6月20日，许连捷的父亲许书典先生80大寿当天，将9999.9999万元捐给晋江市慈善总会，成立许书典家族慈善基金。此后，许书典家族不断带头行善。2011年11月16日，借家族婚庆之际，许书典家族捐款1000万元。2011年12月17日，许书典家族在婚礼上捐出6666.66万元。时隔仅2个月，2012年2月18日，许书典家族在婚礼上再捐出

6666.66 万元。至此，许书典家族慈善基金理念累计捐赠善款近 2.9 亿元。一个家族持续捐款达到如此大的数目，在福建省乃至全国都属少见。

在许连捷先生及其家族的引领下，近年来，晋江市移风易俗，简办婚丧喜庆活动，节约礼金做慈善，蔚然成风。而且，由于晋江企业家秉性具有的“爱拼才会赢”“输人不输阵”的气质，这种风气已经内化为他们的一种自觉意识和行动。如今，在晋江，每逢知名企业家家里办婚丧喜庆、知名企业的庆典等，如果不捐赠善款奉献爱心，不仅自己觉得过意不去，也会被别人议论。

在此风气的激励下，慈善捐赠不断。仅以 2012 年为例，1 ~3 月就募集此类善款 2.17 亿元。其中，设立冠名慈善基金 4 个共 500 万元：1 月 9 日，吴荣清先生捐赠 100 万元设立吴荣清先生慈善基金；1 月 10 日，洪时文先生捐赠 200 万元慈善基金设立创艺慈善基金；1 月 10 日，张富英女士捐赠 100 万元设立亿仁慈善基金；1 月 11 日，孙光前先生捐赠 100 万元设立励精慈善基金。新设立留本捐息慈善基金 4 个共 11500 万元：1 月 5 日，陈荣辉先生捐赠 500 万元设立陈桂枝先生慈善基金；1 月 5 日，吴建荣先生捐赠 500 万元设立吴友计傅树茹伉俪慈善基金；1 月 9 日，丁和木先生捐赠 1 亿元设立安踏和木爱心基金；1 月 28 日，洪玉树先生捐赠 500 万元设立洪我买先生慈善基金。

据统计，2003 年 12 月慈善总会发出倡议至 2012 年 6 月，已收到积极响应者捐献的礼金 6.94 亿元，为持续开展慈善活动奠定了良好的基础。

简办婚丧喜庆，节约礼金做慈善，这在福建省、全国都有，但像晋江市这样，形成一种特别浓厚的氛围，成为一种自觉的行动，得到全社会的认同和广泛赞誉，则尚不多见。这彰显了晋江人，特别是民营企业家群体，在“爱拼敢赢”之外，奉行“乐善好施”的高风亮节，亦可看成晋江企业家群体整体素质提升的一个表征。

（四）做好慈善资金保值增值，支撑可持续发展

除了多多“开源”，多方筹集善款，对已有慈善资金，通过稳健财务运作，实现保值增值，也很重要，这是支撑慈善事业可持续发展的重要保障。晋江慈善总会在晋江市委、市政府的大力支持下，采取稳妥的市场化运作方式，实现了慈善资金的保值增值。

晋江慈善总会成立之初，晋江市就从政策上予以扶持，将市殡仪馆5年的经营管理权转让给慈善总会，总会每年可以获得510万元的经营收入。目前，这项工作已经结束，慈善总会已经按照有关规定将市殡仪馆移交给晋江市有关部门经营管理。五年期间，慈善总会共获得2550万元的收入。

同时，经晋江市委、市政府与慈善总会协商，从2004年开始，为市财政提供有偿借款，每年利息根据银行同期贷款利率年利息7.2%。每年利息收入约720万元，全部用于扶贫济困活动。

此外，晋江市委市政府还决定将公墓区项目让慈善总会开发经营，这个项目风险小、收益稳定，经营收入将全部用于扶贫救济。目前，正抓紧办理有关手续。

值得注意的是，晋江慈善总会上述经营项目基本上都属于无风险的项目，这也显示了他们谨慎严肃的从事慈善的态度。据总会常务副会长兼秘书长龚子猛先生介绍，由于晋江慈善总会累积的资金越来越大，目前已达15.48亿元之多，因而，有很多金融机构闻风而来，想让总会用慈善资金做投资理财等，但都被婉拒了。“这些慈善资金也是捐款人的血汗钱，我们要保证它的稳妥和安全，真正用于慈善。而理财等投资行为，都有一定的风险，如果亏损了，不仅做不了慈善，也对不起捐款人，所以我们不为所动。”龚子猛说。

四　晋江慈善总会的善款使用和慈善活动开展

（一）实施重点慈善工程，将善款的使用效益最大化

成立慈善组织、募集善款，最重要的目的就是开展慈善活动，帮助最需要的人，特别是弱势群体。这也是晋江慈善总会社会效益的最大体现。如何让善款的使用更有效率，把钱用在刀刃上？除了平时随机性的救急、突发灾难救援，晋江慈善总会实施项目带动战略，通过重点慈善工程，将善款的使用效益最大化，而不是“撒胡椒粉”式的分散。

晋江慈善总会成立之初，设立了五大工程：解困、助学、助行、复明、福利设施，后来逐渐扩充，目前已有14项工程，新增了助听、安居、关爱母亲、孤儿助养等。由于慈善总会自身人手有限，在实施这些重点慈善工

程，他们积极联合民政、教育、卫生等部门，共同开展慈善活动。这同样凸显了政府与民间携手的特色，也有利于利用政府的资源，开展惠及百姓的公益慈善活动。

以下仅以2011年晋江慈善总会开展的部分重点慈善工程为例，作个说明：

解困工程。联手民政局等部门，为符合救助条件、情况属实的2686名贫困重病灾户开展救助活动。

助学工程。与市关工委，总商会联合举办2011年首批爱心助学金发放仪式，1638名品学兼优的贫困学生发放助学金，共投入319万元。

助行工程。5月5日，与市残联联合举办2011年“爱心助行工程”现场观摩仪式，为21名残疾人装配假肢或矫形器并为60名残疾人配置轮椅，共投入40万元。

复明工程。4月20日，与市医院、市残联联合举办“复明工程”启动仪式，为101名特困白内障患者施行国际最新眼科超声乳化手术，共投入36.36万元。

助听工程。4月26日，与残联联合举行助听工程装配仪式，分别为120名贫困老人装配助听器、为15名听力障碍儿童装配数字助听器，投入37万元。

助残活动。5月15日，在晋江市特殊教育学校举行第21届“全国助残日”系列活动。晋江市慈善总会及民营企业再次捐赠480万元扶残助残，其中慈善总会捐赠150万，福建诺奇股份有限公司捐赠300万元，舒华（中国）有限公司捐出30万元康复健身器材。

关爱贫困母亲工程。5月6日，联合市妇联，市女企业家联谊会开展“浓情五月、感恩母亲”慰问活动，为100名贫困母亲送去慰问金5万元……

值得关注的是，慈善总会在一定的场合和时机，还发挥了政府不便或不易发挥的作用，起到了服务大局、服务发展、惠及民生的特殊作用。对因被征迁而生活困难的居民进行补助，就是典型的例子。长期以来，晋江的城市化进程一直滞后于经济发展。为此，近年来，晋江市提速城市建设，实施了多项征地拆迁工程。在此过程中，一些本身住房面积小、生活困难的弱势群体，若得不到一定程度的救济，他们的生活就会变得更加困难。由于拆迁补偿标准是统一的，由政府出面给予这些人专项补助，会引发程序公正的议论，但由慈善总会出面给予救助，就彰显出对弱势群体的关爱，恰恰符合公平正义的原则。

近年来，晋江慈善总会通过实施被征迁困难户补助工程，在这方面发挥了独特作用。如 2011 年，为晋江市中心城区的梅岭、青阳组团征迁困难户投入 1397 万元，救助 1463 人次。此外，还扶助 395 名被征地低保人员参加养老保险，共投入 206 万元。

重点慈善工程成为慈善总会开展慈善的有效抓手，让慈善资源使用产生了积极的社会效益。晋江市慈善总会成立以来，至 2012 年 6 月共募集善款 15.76 亿多元，现已累计投入 6.89 亿元，实施解困、助学等重点慈善工程资助和慈善公益项目建设，为 13904 名（其中外来务工者 560 多人）特困对象解决治病、生活困难问题，补助被征迁困难群众 2517 名，资助 9772 名贫困学生就学，为 593 名特困残疾人配置轮椅、假肢，为 796 名失聪老人和儿童装配助听器，为 1295 名特困白内障患者做了复明手术，为 299 名特困残疾人与 100 名五保户援建了住房，为 2200 个特困户购置电视机并安装有线电视，扶助 92 户二女结扎贫困家庭建房，慰问贫困母亲 600 人，扶助 1221 名被征地低保人员交纳养老保险，扶助 73602 名低保户参加新农合，实施低保人员物价上涨补贴，每人一次性补贴 50 元共 20294 名，投入 101.47 万元，扶助市消防大队购买 101 米的消防车，投入 1500 万元，投入 120 万元扶助镇村养老院建设，另外，总会还投入 56833 万元用于我市卫生、教育及老年福利等慈善公益项目，产生了很好的社会效应。

（二）开展送温暖活动，让慈善捐赠者成为慈善参与者

在实施重点慈善工程、临时救济救急之外，晋江慈善总会还有一项制度性安排，那就是开展送温暖活动。每逢元旦春节期间，由慈善总会牵头组织，各镇（街道）慈善联络组成员（民营企业家）参与入户慰问特困户，总会成立以来已走访慰问特困户 6000 多户。在平时，对遭遇重大灾难者，他们也及时组织总会领导走访慰问，共计已走访慰问 160 多人次。

以 2010 年开展的送温暖活动为例：

“两节”期间上门送温暖。元旦、春节期间，由慈善总会牵头，各镇

（街道）联络组配合，分别到各村、社区、企业慰问低保户、特困户、五保户、下岗困难职工、来晋务工人员等432人次，并走访慰问3个社会福利机构，共投入慰问资金46.2万元。

突发事件慰问送温暖。晋江慈善总会永远荣誉会长、安踏（中国）有限公司荣誉董事长丁和木先生代表总会，分别于1月19日、1月20日、4月29日、12月1日走访慰问被硫酸烧伤的小孩向海洋、被开水烫伤的女孩思思、火灾困难户磁灶镇钱坡村李阿婆家、英林镇东埔村的吴辉荣木匠等，并送去慰问金。

像这样的送温暖活动，福建省、全国都有很多，但像晋江慈善总会这样形成固定的制度，并且慈善捐赠的主体——民营企业家争相参加的却并不多见。晋江慈善总会常务副会长兼秘书长龚子猛先生介绍，晋江民营企业家平日都很忙，有所谓“睡不着觉”的说法，但每逢慈善总会组织送温暖活动，他们都抽出空来参加，从不推脱。

送温暖活动在推进慈善，帮扶弱势群体，让他们感受到全社会的关爱的同时，还产生独特的作用：让慈善捐赠的主体——民营企业家，也成为慈善的参与者。这样做，既让企业家真切了解社会底层生活困难群众的真实状态，增强了社会责任感，又能树立荣誉感、自豪感，激发他们更大的爱心，做更多的慈善捐赠，同时还能让他们了解慈善资金运作情况，产生信任感。

通过亲身参加慈善活动，很多企业家受到震撼：“没想到，在富裕的晋江，也还有很多贫困的人群！”他们非常感慨地说：“我们少吃一顿大餐、少住一天高档酒店，就能够解决这些困难群众一年半载的生活费用，今后一定要更加节约，将应该节省的钱奉献给慈善事业，帮助更多困难群众。”这促进了日常捐赠活动走上正常化、制度化轨道，为发展慈善事业奠定了更坚实的基础。

五　慈善事业“晋江模式”的启示

晋江慈善总会成立十年来，无论是募集善款总量、扶助项目数量，还是受益对象总数，都在县级、市级乃至省级慈善组织中名列前茅。这一现象引起了国内外的广泛关注，中华慈善总会近年来举办的全国性会议，基本上每年都邀请晋江慈善总会参加，这在县级慈善组织中还是比较少见的，亦可见其影响力。由此，晋江慈善总会及其理事单位、会员也获得了各项荣誉和表彰，主要包括（省级以下的暂未列）：

2006 年，被福建省评为先进民间组织。

2007 年元月，被中华慈善总会评为"中华慈善事业突出贡献奖"先进单位。会长许连捷先生、永远荣誉会长丁宗寅先生先后荣获全国爱心捐助奖、八闽慈善奖、中华慈善事业突出贡献先进个人奖，许书典先生荣获 2007 年度中华慈善奖最具爱心慈善捐赠个人提名奖。

爱心捐助活动在晋江蔚然成风

2008 年 12 月，恒安、安踏集团分别荣获 2008 年度"中华慈善奖"最具爱心外资企业，常务副会长兼秘书长龚子猛先生荣获 2008 年度"中华慈善奖"优秀慈善工作者。同时，2008 年 12 月晋慈善总会荣获福建省委省政府表彰的抗震救灾先进单位。永远荣誉会长王经伦、吴传劳、黄忠炫、蔡建设等四位先生分别于 11 月、12 月受到省政府、泉州市政府树碑表彰。

2009 年元月，会长许连捷先生荣获“福建省首届十佳爱心助残人士”称号。2009 年 7 月，晋江慈善总会荣获中华慈善先进机构奖；永远荣誉会长丁和木、洪肇明、丁宗寅、周永伟分别获得中华慈善突出贡献人物奖；恒安集团有限公司、柒牌有限公司分别获得中华慈善突出贡献企业奖。

2011 年 7 月，会长许连捷先生荣获第六届“中华慈善奖”提名奖。

2012 年 3 月，永远荣誉会长丁和木先生荣获第七届中华慈善奖“最具爱心捐赠个人”。

十年来，晋江慈善总会通过积极开展扶贫济困、送温暖等慈善活动，为晋江的经济发展和社会的安定稳定，为构建和谐社会、建设“幸福晋江”做出了极大的贡献，发挥了独特的作用。它的资金筹集、管理运作方式，受到中华慈善总会会长范宝俊的高度评价，称之“已与发达国家和地区慈善事业相接轨”。

曾在中国改革开放大潮中，创造了经济发展方面“晋江经验”“晋江模式”的晋江，又在发展慈善事业方面引领风尚，再度令世人瞩目。晋江人不鸣则已、一鸣惊人的打拼精神再度彰显，由此成就了慈善事业的“晋江模式”。深入阐述这一模式如何运作、成功经验何在，对于启示我国地方慈善组织如何成功运作，推动福建省乃至全国慈善事业发展，具有重要意义。

（一）对政府社会保障体系的有益补充

就民众的社会保障而言，目前国际上大致有两种模式：一种是高工资、高累进税、高福利，全民覆盖模式，如一些欧洲国家。一种是美国模式，财富先高度集中在私人手中，又通过无所不在的民间机制——主要是公益慈善——反馈到需要者的手中，补政府福利之不足。当然，即便如此，现今美国的主要社会保障还是政府的责任，政府预算最大的开支是福利开支。

改革开放 30 多年来，我国经济发展成就巨大，社会保障网络也逐步完善，尤以近年来推进的低保、新农合、新农保为代表，社会保障水平渐渐提高。由于我国还将长期处于社会主义初级阶段，经济实力有待提高，发展不平衡问题有待破解，要想达到类似一些欧洲国家那样的全民高福利高保障，还不现实。

晋江慈善日万人踩街活动

同时，随着改革开放的深入，市场经济的发展，我国也有一些人，特别是民营企业家，快速积累起财富。但在目前的情形下，他们的财富回馈给社会的机制和渠道还不是很通畅。因而，对我国来说，既需要继续提高政府层面的社会保障水平，又需要通过合理的制度安排，如建立慈善组织，形成对政府社会保障的补充，加大对民众的保障力度，实现社会的公平正义。

著名经济学家厉以宁先生提出，通过市场实现的收入分配称为第一次分配，通过政府调节而进行的收入分配称为第二次分配；个人在自愿的基础上，在习惯与道德的影响下把可支配收入的一部分或大部分捐赠出去，称为第三次分配。在第一次分配和第二次分配之后，社会协调和发展方面依旧会留下一个空场。这正是慈善可以发挥第三次分配作用的地方，而且，由于慈善捐赠是基于自觉自愿，它的独特作用是市场调节和政府调节所无法比拟的。

正是在上述大背景下，基于对经济社会发展态势的准确把握，晋江人结合自身优势，发挥经济发展的“晋江经验”所表现出来的爱拼敢赢、勇于创新的精神，努力破除体制机制性障碍，大力弘扬“乐善好施”的传统美德，创新推动了慈善事业的大发展，成就了慈善事业的“晋江模式”。九年多来的实践证明，慈善总会具有促进社会公平的杠杆作用，具有贫富互补的桥梁纽带作用，是构建和谐社会中不可低估的力量。

（二）与国际接轨的慈善组织运作方式

一个慈善组织要有生命力，作用的发挥能最大化，必须要有成熟有效的运作方式，通过制度建设，建立公信力和透明度，这样才能实现“可持续发展”。晋江慈善总会从机构性质到基金管理运作、善款使用方式等，都注重学习借鉴国内外慈善事业的先进经验、全新理念，从而使自身运作具备了高速、高效、高透明的特征。

1. 坚持民间特色，吸引更多人参与慈善捐赠，制度化募集善款

晋江慈善总会在成立之后，坚持走民间化之路，决策、管理、运作等的主导者大部分都是当地民营企业家。这在一定程度上摒弃了人们对官办慈善机构透明度和效率不高的担心，从而更愿意参与慈善捐赠。如通过设立“晋江慈善日”这一载体，几乎每年都能募集到2000多万元的善款；通过出台鼓励捐赠办法，增强慈善责任感和荣誉感，激发了海内外晋江人，特别是民营企业家群体投身慈善的积极性，他们捐赠善款的总量占了晋江慈善总会的大部分。特别是，知名企业家带头移风易俗，捐礼金做慈善在晋江蔚然成风。据统计，2003 年 12 月慈善总会发出倡议至 2012 年 4 月，已收到积极响应者捐献的礼金 6.73 亿元，为持续开展慈善活动奠定了良好的基础。

2. 有力有效的制度建设和稳健透明的财务运作，提高公信力

晋江慈善总会创立伊始，就注重制度建设，制定了包括《晋江市慈善总会章程》在内的一系列规章制度等。慈善资金的使用，有一套严格的审批和监督程序，并建立了善款跟踪落实制度。慈善资金使用情况，每月通报并在《晋江慈善》月刊公布，接受社会监督，每年度还进行专门的审计，并向社会公布。

同时，他们还实行慈善资金与日常办公经费分开制度，后者费用由市财政负责，从而确保慈善资金（包括利息）专款专用，提高公信度。为确保每年有一定的资金用于常年性慈善费用，在无风险的前提下，并在晋江市委、市政府为慈善总会、提供无风险的投资平台，晋江慈善总会将部分资金投入一些赢利性项目，如经营市殡仪馆、公墓园区等，确保实现慈善资金保值增值。

通过这些制度安排，晋江慈善总会实现了阳光操作，使得慈善捐赠人能清楚地了解自己的捐款流向何方、如何使用、使用得规范与否，建立起对慈善总会的信心，对善款能真正到达需要它的人手中比较放心。制度建设和稳健的财务运作，一方面对慈善总会提出更高要求，有利于其更加规范运作，提高公信力，另一方面，也有利于慈善总会广开财源，吸引更多的爱心人士踊跃参与捐赠活动。

3. 善款使用项目化，慈善开展网络化，有利于提高慈善的效力

晋江慈善总会在慈善资金的使用上，实施项目化管理。这样针对性更强，社会效果更加明显，它解决了困难群众最需要解决的问题，又可以使捐赠者十分清楚自己的捐赠具体用在什么项目上。慈善项目的选择和设计对于捐赠者的精神满足程度有很大影响，科学合理的项目选择与设计，无疑会增强其感召力，有效激发公众的捐赠热情。

同时，做好与政府有关部门互动工作，积级与市民政、关工委、残联等有关部门，沟通联系，确定救助对象，以免错漏，确保受助对象的准确性。

（三）政府“到位而不越位”的服务意识

慈善事业是一项社会公益事业，发展慈善事业需要有慈善意识和慈善价值观的支撑。并不是拥有和积累了巨大的财富就一定会乐善好施，只有具备了慈善价值观，富人才会去投身慈善事业。目前，我国尚未在全社会形成浓厚的慈善意识和氛围。

发展慈善事业，一般有三种模式，一种是政府包办，一种是社会完全自主主办，另一种是政府出资委托社会办慈善。中国有“家国一体”的传统，政府主导力量介入了经济、政治、社会发展等各个方面。与西方那种“小政府大社会”相对应，我国目前还处于“强政府弱社会”的情境中。因而，现在很多慈善机构说是民间组织，但从本质上说还是“官办”的。这种过分依附政府的倾向，导致一些慈善组织的社会功能发挥不足，公信力和透明度受到较多非议。

因而，从培育慈善意识和慈善价值观的角度而言，要在短期内造就浓厚的慈善氛围，掀起慈善捐赠的高潮，无论如何都绕不开政府之手的作用。另一方面，从充分发挥慈善组织社会功能的角度而言，又需要避免因政府过多介入，影响其效用最大化发挥的问题。故此，需要掌握好发挥政府作用与坚持慈善组织民间特色的“度”。

在经济发展过程中，晋江市党委和政府就与企业（家）有着良性互动的关系，他们葆有的“到位而不越位”的服务意识，对晋江民营经济的发展以及民营企业的快速壮大，起到了极大的推动作用。这一优良传统也延伸到发展慈善事业上，晋江慈善事业探索出了一种政府与社会良性互动、合作共赢的崭新模式，对其他地区起步发展慈善事业具有较大的启示意义。

2002 年，在考虑发展慈善事业时，晋江市决策者就清楚地意识到，在目前中国的发展阶段，社会团体独立开设、成长的能力“先天不足”，社会影响力不够，完全脱离政府办慈善是不现实的。慈善事业起步阶段的宣传、组织、发动、策划等工作，却是政府的积极推动。晋江慈善总会的创始阶段，晋江市政府发挥了关键性作用，包括成立筹备小组、发动募捐、宣传号召、营造声势等。晋江市主要领导也带头给予道义上的支持，包括亲自动员、发动募捐、带头捐款等。正是有了晋江市党委政府的关键性支持，才会在短时间营造出浓厚的慈善氛围，并在海内外晋江人中产生极大反响且得到丰厚的资金支持，为此后晋江慈善总会的良性运作和发展奠定了坚实的基础。

晋江慈善总会成功创立并正常运转之后，晋江市政府选择功成身退——“谁捐款最多，谁就有资格当会长”，放手让民营企业家和海外华人华侨自主管理慈善总会。这些都彰显了晋江市政府“到位而不越位”的服务意识：需要帮助时，主动到位提高优质的公共服务，社会组织能够自主管理后，则退守一旁而不越位代劳。政府真正做到了有所为有所不为，政府服务与社会自主之间的“度”掌握得恰到好处。

长远来看，我国逐步过渡到“小政府大社会”形态，是大势所趋。在现今大多数慈善机构仍属于“官办”或“准官办”的情形下，晋江市这种政府与社会力量一道推动慈善事业发展的模式，更加凸显其价值和意义。

（四）独特的慈善文化丰富了晋江精神的内涵

改革开放以来，晋江人从一片困境中率先杀出一条血路，探索出一条符合实际的科学发展之路，连续 18 年领跑福建县域经济，创造出享誉海内外的“晋江模式”。在这一进程中，晋江人形成了独具特色的精神气质。

“晋江精神”通常有三个层面的表述：一是晋江民众直观认同的“敢为天下先”、“爱拼才会赢”、“输人不输阵”等。二是社会各界现实评价和议论的开拓、进取、创新、求实、不屈不挠。三是官方正式认定的诚信、谦恭、团结、拼搏。表述虽然不尽相同，但其内涵和实质是相通的。

成立晋江慈善总会十年来，慈善事业蓬勃发展，形成了独特的晋江慈善文化：晋江人，从普通人到知名人士，从政府官员到民营企业家，都积极投身慈善事业。这丰富和升华了新时期的晋江精神，那就是在发展经济、创造财富的同时，晋江人乐善好施、责任担当的精神品格。这与新时期“爱国爱乡、海纳百川、乐善好施、敢拼会赢”的福建精神，是一脉相传的。

成立慈善组织，发展慈善事业，通过扶危济困以缓解政府和社会的压力，不仅是对政府社会保障体系的有益补充；而且，在精神价值层面，也承载着移风易俗、提升民众精神境界、增强认同意识等功能。这将使晋江人乐善好施的历史传统在新时期发扬光大，形成更强大的精神力量，支撑物质文明、精神文明、政治文明进一步提升发展。

通过慈善，推进社会文明程度和道德水准的提高，使全体民众形成“来自社会、回馈社会”的现代财富观，这对社会的安定团结产生积极而深远的影响。通过开展慈善活动，塑造了晋江先富起来的民营企业家群体的精神气质，并激发他们以更大的热情投身慈善事业。

晋江独特的慈善文化丰富和升华了新时期晋江精神，这也成为晋江不可多得的“软实力”，有助于提升晋江文明水平、晋江城市形象以及区域竞争力，有助于推动晋江经济又好又快发展，实现科学发展新跨越。最终，形成物质文明精神文明繁荣，经济社会和人的全面发展的良好局面，为晋江开启下一个辉煌篇章奠定基础。

文化晋江*

晋江文化的建设与发展，是“晋江经验”与“晋江精神”的重要组成部分。晋江市委、市政府高度重视文化建设与文化发展，始终强调要坚持以社会主义价值观为核心，践行社会主义荣辱观，把大力倡导民族精神、时代精神与弘扬发展“晋江精神”有机结合起来，积极发展文化、体育等社会事业和产业，满足群众不断增长的精神文化需求，不断强化全面建设小康社会、全面实现现代化的精神动力，推动晋江社会与晋江广大民众的全面发展，增强晋江的文化软实力。

一　文化普及惠民

晋江经济二三十年来持续高速发展，积累了丰富的物质财富，社会民生得到前所未有的改善；与此同时，文化基础设施建设也水涨船高，公共文化服务体系日益完善，文化民生得到充分保障；不仅实现了经济与文化同步发展，也实现了城市文明与乡村文化的同步发展。晋江城市化发展中一个最显著的业绩，就是努力做到文化的均衡发展，实现文化的提升与普及，实现文化建设成果城乡共享、全民共享；而文化的均衡发展，也为经济的进一步发展提供了智力支持和精神动力，为晋江城市建设的全面、可持续发展注入源

* 本文作者：福建社会科学院课题组组长管宁（《福建论坛》总编、福建师范大学文学院博士生导师、福州大学人文社会科学学院教授）；课题组成员林秀琴。

源不断的生机活力。

公共文化服务体系的构建，对政府在公共服务能力和服务创新上提出了更高的要求。改革开放特别是撤县建市以来，晋江在经济发展上的成就有目共睹，而经济的腾飞也为文化的发展提供了强有力的支持，2010 年，晋江财政预算内安排文化体育与传媒支出 8100 万元，比上年增长 10.5%，2011 年预算内支出 9500 万元，比上年增长 17.28%，2012 年预算内安排 11500 万元，比上年增长 21.05%。晋江市委、市政府在推动文化的繁荣与发展上不遗余力，与老百姓生活息息相关的公共文化服务体系日益健全和成熟。

（一）公共文化服务载体日益完善

公共文化设施是公共文化服务体系的物质基础，是文化建设的重要构成。近年来，晋江集中力量，加大财政投入力度，进行大规模的文化基础设施建设，建设了一批高水准的文化体育设施项目，并构建起城市大型文化设施、乡镇文化中心、街道或社区文化室的三级文化设施体系。这些文化设施的建设，与晋江构建“体育城市”、“现代产业基地、滨海园林城市”的城市总体构架相适应，为文化普及和文化惠民提供了有力保障，使城市文化建设进入一个新的历史阶段。

博物馆：体系完善，藏品丰富。自 2000 年以来，以市政府为主渠道并动员社会力量参与博物馆（纪念馆）建设，共投入经费超亿元，建成各类博物馆（含纪念馆）12 座。以晋江市博物馆为核心，以泉州古代外销陶瓷博物馆、陈埭回族史馆、陈紫峰纪念馆、施琅纪念馆等为重要构成的博物馆群建设已初具规模。其中，晋江博物馆建筑面积 17000 平方米，集收藏、展示、科研、教育、休闲等功能为一体，是全国规模最大的县级博物馆。晋江博物馆馆藏文物量居全省前列，展厅面积 5500 平方米，常设有“晋江历史风景线”、“晋江华侨史馆”、“泉州古代外销陶瓷博物馆”等展馆，全方位、深层次地展示晋江历史文化和社会发展的历程，阐述了晋江籍海外华侨华人吃苦耐劳、勇于拼搏的精神和热爱祖国、心系桑梓的胸怀，展现晋江“海上丝绸之路”气势磅礴的历史和晋江悠久文化的深厚积淀。除了常设展馆，晋江博物馆还不定期举办各种文化艺术展览，既让市民可以全方位地了解晋江历史面貌与当代风云，更为市民开启了璀璨的文化艺术之窗。2008 年，晋江博物馆被评为“国家二级馆”，这在县域城市里也属凤毛麟角。

图书馆：功能齐备，管理科学。晋江图书馆为福建省目前规模最大、功能最强的县市级公共图书馆，居全国县市级公共图书馆前列。晋江图书馆包括1994年开馆的旧馆（陈延奎图书馆）和2004年新建的新馆，建筑总面积达2.2万平方米。新馆总投资7000多万元，建筑面积1.8万平方米，设计藏书100万册，现有馆藏32余万册纸质文献，电子图书50多万种，阅览坐席1000多个，配置电脑300多台，网络节点1000多个，新馆落成至今已接待读者16万人次。在硬件设施上，除图书外借室外，图书馆还设置10个部室，包括图书阅览室、专题（工具书）阅览室、地方文献阅览室、多功能报告厅、电子阅览室、培训教室、少儿借阅室、报刊借阅室、采编室、总服务台等，开展馆藏纸质图书、期刊、音像资料的外借、阅览，读者的参考咨询、图书馆业务辅导工作、网络信息与数据库检索、视听等服务，举办讲座、培训、展览、学术交流、读者沙龙等活动。

晋江图书馆新馆采用最新的图书馆管理系统，实行开放灵活的“藏、借、阅、查”一体的新型服务模式，充分发挥了自动化和网络化管理功能。同时，新馆实行“无证阅览、办证免工本费”制度，让每一位民众都能“无门槛”地享受图书馆资源，是全省第一座免费办证、无证阅览的公益图书馆。

晋江图书馆为国家文化部评定的“一级图书馆”，先后荣获“全国文明图书馆”、“省先进图书馆”、“省十佳图书馆”等称号，并连续五届获省委、省政府颁发的“省级文明单位”称号，2009年荣获首届“省级文明单位标兵”称号。

体育中心：设施先进，配套完善。晋江市体育中心总面积123.9亩，1992年5月奠基，总投资1亿多元人民币，由晋江体育场、室外游泳池、游泳馆、祖昌体育馆、培训中心组成。其中，体育场占地面积54亩，设计可容纳观众1.8万人，室外游泳池占地面积9亩、室内游泳馆建筑面积2491平方米，共有八个泳道的室内标准短池（25m×21m）、200个活动座位的观众席。室内游泳池水系统采用过滤供水自动加药供水方式，热力系统可保证水温及空气温、湿度达到游泳馆规范要求，声学达到电影院二级标准，专业灯光可达到现场电视直播要求，是目前福建省内设备先进、设施齐全的室内温水游泳馆。祖昌体育馆由体育馆、训练馆、地下训练房及地下停车场组成，并配备相应的附属功能用房，如新闻发布中心，商务中心，多功能室，会议室等，观众席达4000多座，其建设规模、配套设施可满足国际、国家单项比赛和集训、文艺汇演等综合性功能。

良好的体育设施极大地促进了体育运动的发展。2003年6月，晋江市体育中心被国家体育总局乒羽中心命名为“国家羽毛球队晋江训练基地”，是中国男子篮球职业联赛福建SBS队的主场馆。2008年10月被国家体育总局、中国奥委会授予“2008年北京奥运会突出贡献集体”称号。可以说，晋江市体育中心在推动晋江体育产业发展和“体育城市”品牌形象建设上发挥了重要的贡献。

此外，晋江正加快文化中心、戏剧中心的建设，启动规划建设晋江传媒大厦、市青少年活动中心和科技馆的改扩建工作。一批公共文化服务设施的建成和运营，将更好地服务和满足晋江广大民众的文化需求。

媒体网络：本土记忆，当代资讯。现代传播媒体在经济社会发展中扮演着越来越重要的角色：不仅对经济社会发展有着不可忽视的推动作用，而且本身成为文化建设和经济建设的一部分。在晋江经济腾飞的历史进程中，媒体网络发挥了十分重要的作用。

近年来，晋江市不断加大广电事业投入，提高传播技术水平，完成数字电视平移4.52万户、双向网络改造达4.03万户，支持和推进国家三网融合政策。

晋江电视台侨乡频道于2004年5月经国家广电总局批准成立，2005年元旦正式开播多年来，晋江电视台紧紧围绕“传承闽南文化，服务海西经济，打造特色媒体”的发展目标，不断调整完善侨乡频道栏目结构和节目设置，逐步搭建起一个涵盖新闻、财经、民生、社会、综艺、体育等特色内容的电视栏目体系。目前开设自办栏目八个，日播栏目六档，周播栏目两档，每天的自办栏目总时长达到100分钟。拥有现代化的200平方米、600平方米演播大厅3个及电视转播车。

晋江电视台是晋江对外宣传和形象表现的重要平台，也是广大民众了解晋江的重要窗口。作为本土媒体，晋江电视台通过自办栏目，充分挖掘晋江的各种民俗风情，传播晋江本土传统文化。方言栏目《咱厝咱人》具有浓厚本土特色，以“说闽南话、考晋江史、讲晋江事、唱闽南歌”等形式，注重发现、传播、传承晋江传统文化和本土特色文化，并策划了“两岸龙山寺文化交流”等活动，在促进闽台交流方面取得较好的反响。《侨乡纪事》栏目以专题的形式，讲述晋江百姓故事、摄录侨乡时代影像，内容包括侨乡历史人文、百姓真情故事等，进一步丰富荧屏文化。

由福建日报报业集团和晋江市委、市政府联合创办的《晋江经济报》，于2006年4月19日开办，是福建日报报业集团的第9张子报。《晋江经济报》历史虽然短暂，但发展极其迅速，迄今已形成“一报《晋江经济报》、一刊（《晋江商人》杂志）、一网（晋江新闻网）、一海外版（《晋江经济报·菲律宾版》）、一手机报（《晋江手机报》）”的全方位、立体式新闻事业格局，成为全国在县级市少数同时拥有“报·刊·网·海外版·手机报”的媒体单位。目前，晋江经济报日均发行量已达6万份，成为闽南地区一份具有相当影响力的区域综合性政经日报。

（二）公共文化服务均等化水平不断提升

广大民众能否共享文化繁荣成果，关键在于文化惠民工程能否有效推进，在于城乡公共文化服务均等化水平是否确实提高。近年来，晋江以实现广大民众特别是农村老百姓和外来务工人员的公共文化权利为目标，积极推动文化工作进农村、进社区、进工厂，有效推进农村电影放映工程、农家书屋工程、广播电视村村通等重大文化工程的落实，取得显著成效，在全社会营造了浓厚的文化氛围，文体建设示范村（社区）的带动力不断增强，公共文化服务均等化水平不断提高。

蓬勃开展的公共文化活动。文化活动是公共文化服务的重要载体。近年来，在市、区和社区各级部门的组织引导下，晋江群众文化活动十分踊跃。据不完全统计，晋江市每年举办的群众文化活动达1000多场次，歌舞表演、南音表演、南音演唱会、灯谜展猜、广场舞比赛等形式丰富多样，此外，还有不定期举办的诗歌节、企业文化节、旅游文化节、广场文艺表演周、节庆歌舞晚会、文化下乡、书画摄影展览等。

晋江是高甲戏、掌中木偶戏和南音的发源地，广大民间戏剧文化氛围十分浓厚。在晋江649平方公里的土地上，有露天戏台近2000个，平均每个行政村拥有5个戏台，个别村甚至达到11个之多，每天至少有5个剧团在晋江各地演出。“戏剧展演节”，至今已经开办二十五届，文化艺术节已举办四届。

晋江素有“灯谜之乡”的美誉，晋江市19个镇（街道）有15个镇（街道）成立了灯谜组织，灯谜活动遍及晋江城乡，每年一届的侨乡灯谜会至今已连续组织了十八届，“品牌之都”灯谜夜市已举办了三届，每届都吸引了当地近百家企业，自制谜笺、自备小奖品、自主主持谜坛、自行设计布置场地和设擂猜射，数万人（次）群众踊跃参加夜市活动。多姿多彩的文化活动为广大群众提供了休闲放松的空间和丰富的精神文化食粮，促进了广大群众对晋江本土文化的认可，提高了广大群众生活的幸福指数。

生机勃勃的农村文化建设。大力推进农村公益电影放映“2131”工程，提高公益电影的覆盖面和影响力。2011年共放映农村公益电影3518场，社区公益电影398场，为基层群众提供了丰富的精神文化食粮；积极推进院线建设，鼓励改造镇级旧影院和引入民营资本，推动建立起覆盖城乡的电影放映体系，晋江电影公司及万达、大地、燕林等三家民营影院发展良好，2011年全市电影产业总收入共计2028万元。

全面推动乡镇综合文化站、村（社区）文化室、农家书屋工程建设。自2007年开展“农家（社区）书屋”试点工作以来，晋江市财政、市文体新局及各镇（街道）、村（社区）认真实施农家书屋工程重要决策，投入了大量的财力、人力，目前晋江已在13个镇建成“农家（社区）书屋”近400家，每家“农家（社区）书屋”都在50平方米以上，配备适合村民（居民）阅读的图书1500册以上，以及报刊、电子音像制品，有网络条件的还配备了计算机，为村民（居民）在生产、销售、学习、休闲等方面，提供信息查询和信息发布服务。此外，晋江市目前已实现全国信息资源工程全市覆盖，综合文化站建设已全部纳入规划，全市已有过半镇（街道）建有综合文化站。

2009年晋江农家书屋建设被评为“2009年度福建省农家书屋工程建设先进单位”，截至2011年底，晋江已基本实现全市行政村（社区）的“农家（社区）书屋”全覆盖。

全方位的公共健身体系。近年来，晋江市以奥运会、农运会为契机，建设农民健身工程点，广泛开展全民健身运动，由政府引导、社会力量兴办、广大市民广泛参与的全民健身体系逐步形成。在体育设施建设上，坚持以政府投入为主，引导调动社会投建体育设施的积极性，加大对体育设施建设和完善，如在全市社区（村居）覆盖健身路径，建设精品门球场、篮球场、排球场、文体示范村（社区），完善和提升社区多功能体育设施的品质。广泛开展各种群众体育活动，于2008年5月20日启动晋江市第一个全民健身日，每年全市举办的各项群众性体育竞赛达500多项，参与人数达20多万人次；在青少年中推行“阳光体育”运动，举行每年一届的中小学田径运动会和单项竞赛；广泛开展老年人体育运动，举办老年人运动会，成立全市老体协会，会员达7万人，建立门球队85支，气排球队71支，地掷球队58支，每村建有中老年健身秧歌队等；在机关、企事业单位中发展职工体育，各行业利用节假日举办小型多样的职工体育竞赛活动，举办了五届企业篮球联赛（JEBA）；等等。正是基于这些成绩，晋江市先后荣获“全国阳光体育先进市”、“第八批全国游泳之乡”、“全国实施农民体育健身工程先进县”等光荣称号。丰富的群众体育生活和全社会活跃的体育文化氛围，营造了晋江社会健康向上的生活风貌，也是晋江创建“体育城市”这一构想的重要实践。

二 文化传承创新

公共文化服务体系的建设，除了硬件基础设施的完善，还要有相应的文化内容，没有丰富多彩的文化内容，硬件载体就无法发挥作用。作为地处闽南、与台湾隔海相望的晋江市，多年来注重发挥传统文化积淀丰厚、对台文化交流密切频繁的优势，凸显地域文化特色，借助现代传播手段和表现方式进行创新发展，满足广大民众不断增长的精神文化需求，为城市发展提供了不竭的精神动力。

（一）保护区域特色文化，传承历史文化遗产

晋江历史悠久，文化积淀深厚，晋江民间戏剧文化十分深厚，拥有南

音、高甲戏、掌上木偶等珍贵的传统艺术资源并蜚声海内外。南音又称南曲，原为中原的“宫廷音乐”，唐宋时期传入闽南一带，流行于闽南以及台湾、港、澳和东南亚华侨和华裔聚集地。南音辞藻华丽，文情并茂，曲调幽雅，含蓄纯净，极富艺术感染力，被称为中国音乐的“活化石”。

晋江是“中国民间戏剧之乡”，现有高甲、木偶专业剧团各1个，民间职业剧团21个，从艺人员900余人。晋江高甲戏长期保持旺盛的生命力和强烈的艺术吸引力，深受广大群众喜爱。高甲戏又名“弋甲戏”、“九角戏”、“大班”等，是富有闽南民间特色的地方戏，传统剧目有900多个，以武戏、丑旦戏居多，表演上以诙谐幽默尤以丑角表现见长。掌中木偶又称布袋戏，为闽南一带主要剧种之一，是戏剧文化艺术宝库中的稀有剧种，晋江掌上木偶则以动作轻巧、细腻和娴熟复杂的杂技表演见长。

2012年，举办“晋江水—海峡情”两岸中秋合唱音乐节

晋江另一个重要的非物质文化遗产项目是水密隔舱福船制造技艺。该技艺自中国晋代传承至今，是福建海船制造的一项传统手工技艺，广泛应用于渔船、货船、战船及外交使船，特别是宋元时期“海上丝绸之路”的福建远洋货船，明代郑和七下西洋的船队，都完整采用该项技艺。

晋江高甲戏柯派丑行表演

我国于2005年启动国家级非物质文化遗产的挖掘、保护、传承与发展。在晋江市委、市政府的直接推动下，历年来，晋江通过对民族民间传统文化资源的挖掘、保护和合理利用，加强非物质文化遗产的搜集与整理，积极创设非物质文化遗产项目传习点，高甲戏、木偶戏、南音等传统剧种得到有力保护与传承发展，非物质文化遗产保护与发展取得重大进展，创建了戏剧、民间文艺等一批特色文化品牌。

日渐完善的非遗保护体系。2007年，晋江建立了第一批共计13项的市级非物质文化遗产名录，其中南派布袋戏、晋江高甲戏柯派丑行表演艺术、闽台东石灯俗、水密隔舱福船制造技艺、安海端午“嗦啰嗹”习俗、灵源万应茶共6项（包括涉及的南音、高甲戏等共有8项）先后入选国家级非物质文化遗产名录，另外有7项省级非遗产项目，8项泉州市级非遗项目，并拥有国家级非物质文化遗产项目代表性传承人7人、省级9人、市级11人，基本建立起非物质文化遗产的保护与传承体系。其中，南音、高甲戏、掌上木偶于2005年入选我国第一批非物质文化遗产项目，高甲戏、灵源万应茶被列为闽南文化生态保护实验区示范点。水密隔舱福船制造技艺于2007年先后入选晋江市、泉州市及福建省非物质文化遗产名录，2008年被国务院公布为第二批国家级非物质文化遗产名录，水密隔舱福船制造技艺被联合国教科文组织选入2010年“急需保护的非物质文化遗产名录”。通过认真细致的非遗普查、认定、登记、保护和传承，晋江的非遗保护体系日渐完善。

富有活力的非遗保护方式。南音、高甲戏、掌上木偶虽然共同流行于闽南一带，但晋江则是主要的发源地和保护区。这些传统文化艺术之所以能够在晋江得到较好的保存、发扬与延续，源于晋江民间对这些传统文化艺术的真挚热爱，并在民间历史地形成浓厚的文化艺术氛围。在丰富多彩的民间文化节庆活动中，这些传统文化艺术得到了活态、生态式的保护与传承。

晋江一年一度的戏剧展演始自1981年，迄今已举办二十余届，“晋江市戏剧展演节”已经成为闽南地区著名的戏剧活动品牌，成为闽南地区高甲戏的群英会。1996年以来，晋江开始举办南音演唱大奖赛、南音演唱节，既培养、发掘了一批南音新秀，壮大了南音保护与传承的队伍，也搭建了交流南音艺术、热爱本土文化的平台，使得南音欣赏、南音演唱成为晋江老百姓文化生活的重要内容。此外，晋江还多次举办大规模的海内外南音演唱活动，共接待来自菲律宾、新加坡、马来西亚、印尼等国家和我国港澳台湾地区的南音代表团数十批次，弦友数千人次，并在安海成功举办海内外南音大会唱，为泉州申报南音世界“人类口头和非物质遗产”造势壮声。南音已成为晋江开展对外文化交流、联系海外游子的重要载体。

艺术表演活动和民俗节庆是非遗项目生态保护的重要实践，它既使得传统艺术走入千家万户，也使非物质文化遗产的保护与传承深入人心，更营造了全社会热爱非遗、保护非遗、发展非遗的良好氛围。近年来，对非物质文化遗产项目的保护已进入整体性保护的阶段，非遗项目生态保护区的创建即基于这一理念。中国第一个文化生态保护生态区“闽南文化生态保护区”于2007年授牌成立，其中，晋江共有深沪褒歌、柯派高甲戏丑行表演艺术、水密隔舱褒船制造技术、闽台东石灯俗、安海端午“嗦啰嗹”习俗、灵源万应茶6个项目被列入保护项目，除了水密隔舱褒船制造技术，其他5个项目都和本土民间文化活动、日常生活密切相关。

不断强化的传承扶持力度。传承单位与传承人是非遗项目保护与发展的重要构成。晋江市高甲戏剧团和掌中木偶剧团分别是高甲戏柯派丑行表演艺术和南派布袋戏两项国家级非遗的传承单位，晋江市出台三大举措给予扶持：一是委托福建省艺校定向培养青年演员；二是改善剧团待遇，提高演职人员工资待遇；三是着手建设晋江市戏剧中心，为两个传承单位的传承和发展提供有力的政策支持和物质保障。

水密隔舱福船制造技艺在东西文化的交流中起到了桥梁和纽带的作用，其主要传承地为晋江市深沪镇，代表性人物陈芳财被确认为这一国家级非遗项目的代表性传承人。近年来，晋江市拨出专项经费委托技艺传承人制造船模，并在深沪镇文化活动中心设立船模馆，在金井职校设立水密隔舱福船制造技艺传习点等，不断加大对该项目的保护和传承力度。

形式多样的传承普及渠道。为了让优秀的非物质文化遗产得到更好的传承，从2005年起，晋江市力推“乡土文化进校园活动”，在初中和小学开设南音等乡土文化课程，通过组织中小学南音兴趣小组、幼儿园“小小高甲班”及推广闽南音乐等传统文化教材课件演示等形式，让下一代得到良好的传统文化熏陶；高甲戏柯派丑行表演艺术则恢复了传统的拜师仪式，在艺校培养的渠道外开辟了一条新的传承途径。此外，重视民间古老手工艺挖掘，通过举办各种形式的创意设计大赛，让潜藏于民间的创意人才脱颖而出，促成创意与民间工艺结合。

扎实推进的传统文化挖掘整理。近10年来，晋江高度重视并稳步推进传统文化的挖掘和整理工作。迄今共编撰出版了“晋江文化”丛书5辑32册，内容涵盖了晋江人文地理、历史、古迹名胜、文学艺术、戏剧音乐、古今人物、民俗风情、宗教石刻、华侨轶事等诸多方面，目前已启动第5辑的编撰工作。加大对南音曲谱的抢救性保护和挖掘，在整理编撰《弦管过支套曲选集》、《南音指谱大全》的基础上，晋江市政府投入100万元启动南音古曲的整理出版工程，目前已出版《弦管古曲选集》第1~7辑中的第1、2两辑。同时着手对晋江的古民居、古建筑进行调查摸底，整理出版《晋江古厝》和《古檗山庄题咏集》；注重对民间文学进行收集、整理，出版了民间文学3套集成，包括《晋江民间故事》、《晋江民间谚语》、《晋江民间歌谣》。这些书籍的出版，不仅保存了晋江珍贵的民间文化遗产，也为非物质文化遗产的保护与传承，打下了良好的基础。

（二）推进晋台文化交流，探索晋台文化合作

晋江是重要的港澳台和海外华人祖籍地，特别是与一水之隔的台湾，除了血脉、文化上的承传，还有着深刻的政治文化关系，历史上从晋江先后走出了从荷兰殖民者手中收复台湾的郑成功和最后平定台湾的施琅。改革开放以来，晋台两地在服装、鞋业、印刷、食品等领域的产业合作更加密切，特别是在国务院批准“海峡西岸经济区”先行先试政策的推动下，晋台产业合作步伐大大加快，文化交流与文化合作也更加繁荣密切。

建立晋台文化交流常态机制。晋台两地文脉相通，民间文化交流历史悠久、基础深厚。为加强晋台两地文化交流，晋江市在深化南音、高甲、木偶、谱牒等两地民间文化交流的基础上，通过打造闽台东石灯俗、端午旅游民俗文化节等节庆活动，不断提升两地在祖地文化、闽南文化、宗教文化等的交流层次和内涵，在两地的文化互动中加深了解，增强感情。

活络晋台体育文化交流。晋江充分发挥对台区位优势和体育产业集聚优势，加强两岸的体育产业合作和体育文化的交流，努力使体育成为构筑两岸交流合作的前沿平台。在具体举措上，晋江借助获批为国家体育产业基地的契机，在打造“体育城市”的总体定位下，规划海峡体育文化村、海峡养生文化村、海峡模范新城等项目，建设海峡（晋江）棒球训练基地等平台，打造“海峡杯”男子篮球赛等文化品牌，出台相关支持政策探索两岸体育制造业对接的新模式，促进晋江体育产业的龙头和品牌企业在台设立研发机构、运营中心和开放双向体育产业投资销售中心，鼓励台湾优势企业来大陆参与晋江城市的体育产业功能集聚区或体育产业示范项目的建设，等等。这些举措无疑将大大提高晋江对体育市场狭窄、发展空间匮乏的台湾体育产业的吸引力，两地体育产业合作正迈向新的发展阶段。

探索晋台文化产业合作模式。台湾文化创意产业发展虽然开始于本世纪初，但从最初经济发展视野下产业转型升级的现实需求，到寻求世界文化格局中“创意台湾”的形象定位，台湾文化创意产业发展已取得不俗的成绩，积累了观念、创意、技术、人才等方面的发展优势。近年来，晋江着力推进

晋台两地在文化产业发展各领域的深度合作，如加快晋台文化旅游产业的双向对接，促进旅游业发展，规划建设晋台文化创意产业园，引进台湾创意产业发展理念和创意人才，打造晋台文化创意产业合作孵化基地等。此外，福建省文化产业示范基地“潘山庙宇木雕”长期以来与台湾各大庙宇保持着密切的合作关系，是晋台文化产业合作与文化交流的重要载体之一。

文化传承使晋江文化拥有深厚的底蕴，晋台合作使晋江文化拥有鲜明的特色，这是晋江文化发展的独特优势。但晋江人并没有止步于这一优势，在文化产业发展风生水起的今天，晋江人凭借这一优势，以创新的理念、开阔的视野，拓展出一片广阔的空间。

三　文化产业驱动

历史文化的延续需要科学的保护与传承，历史文化的发展则需要创新与拓展。进入 21 世纪之后，文化发展的方式发生了重要变化，即：从以往单纯的保护传承到传承与创新并重——创新文化形式、文化形态和文化传播方式；从以往发展事业的方式到发展产业的方式转换——通过开发文化产品和服务，来实现对文化的传承与发展。

思想解放、视野开阔、观念先进的晋江人，及时体察和把握了这一历史发展变化的脉搏，在文化产业方面领风气之先，不仅积极推动文化产业发展，形成自身发展特色与优势，而且结合企业文化建设，构筑企业品牌文化价值，有力促进了晋江经济社会文化全面发展，城市建设也因此充满无限生机与活力。

（一）大力推进文化产业，特色优势日益凸显

晋江在公共文化服务体系建设方面，摸索出一条均衡发展、特色发展的成功之路，为文化建设谱写了辉煌的篇章；公共文化建设的成就，也为文化产业的发展提供了良好的基础设施条件和文化氛围。在转变文化发展方式过程中，晋江则走出了一条因地制宜、特色发展的道路。作为县级市，晋江既高度重视文化产业发展，出台一系列政策措施，积极扶持、大力推进；又因势利导、科学发展，确立战略重点和方向，使文化产业避免全面开花，逐渐

形成自身特色优势，为文化建设增添了新的光彩。

晋江文化产业发展的最显著特点，是充分利用文化产业关联性强、辐射面广的特征，将文化产业的发展与晋江既有产业方向和优势密切结合，从而在体育文化产业、会展产业和文化旅游产业等方面，找到自身定位，逐渐形成具有一定规模的文化产业群，有力凸显出优势特色。

全面发展的体育文化产业。经由改革开放三十多年的探索与发展，晋江体育产业迅猛发展，已成为晋江重要的支柱产业。体育产业是晋江最为突出的优势资源和特色资源，依托这一产业资源优势，晋江大力推动体育健身娱乐、竞赛表演为核心内容的体育文化产业。将文化元素引入体育服装和用品的生产，不仅能提升产品的附加值，而且能以此延展出相关体育文化活动。2007 年晋江成为继深圳、成都之后的全国第三个国家体育产业基地，借力于这一历史机遇，近年来，晋江积极承办 CBA 晋江赛区比赛、全国汽车场地越野锦标赛、“海峡杯”两岸三地篮球赛、“国际奥委会主席杯”全国百城市自行车赛总决赛等国际国内体育赛事。另一方面，结合“晋江国家体育产业基地”的建设，沙滩排球、帆船帆板等国家级训练基地建设也在全面推进中，而社会力量兴办经营性体育场所和职业运动俱乐部也得到政府方面的鼓励和推动。

发展体育健身娱乐产业和体育竞赛表演产业，既充分结合和利用了晋江强大的体育产业优势，更重要的意义在于，它一方面丰富和健全了晋江体育产业的结构（而非单一的体育制造业），另一方面也借此推动体育产业从传统制造业向文化创意产业的转型升级，这些举措对推进晋江“体育城市”品牌形象的创建与营造，起到了积极的作用。

日益壮大的会展节庆经济。晋江实力雄厚的产业基础和特色产业优势，带动了会展产业的强劲发展。建设国际会展中心，举办鞋博会、陶博会、伞博会、海峡印刷技术展览会等专业展会，推动“一季一展会、一会一类别”，这些举措使会展产业成为晋江文化产业的重点行业，成为国民经济的一个亮点。会展业作为一种产业链经济，关联度较高，可以强有力地带动餐饮、饭店、旅游、广告、商业、电信、交通运输等相关行业的发展，因而在业界有“1:9 带动效应”的说法，即如果展会收入 1 元，那么与此相关服务行业的收入则为 9 元。此外，会展经济还可以创造可观的社会效益，如对会展地知名度和影响力的提升，对会展地交通、住宿、生态环境各项条件与指标的改善，对会展地居民素质的提升，等等。展会可以起到聚人气、造影响的作用，可以带动其他相关产业的协同发展并形成上游到下游完整的产业链，是拉动内需、创造就业机会和提升城市文化形象的重要力量。

晋江市十分重视发展会展产业，发展会展产业是晋江加快推动产业升级战略的重要构成。会展经济与总部经济、物流经济一起成为晋江重点推动的产业。1999 年第一届“鞋博会”的举办，是晋江会展业起步的标志。迄今为止，“鞋博会”已举办十四届。其间，2003 年经国务院批准，第五届中国（晋江）国际鞋业博览会从一个区域性展会正式升格为国家级的国际性制鞋工业展会，2005 年更被业内权威机构授予“中国会展业最佳展览会”称誉。当下，“鞋博会”已发展成为中国鞋业行业规模最大、覆盖层面最广、国际性、专业性最强的展会之一。2012 年举办的第十四届“鞋博会”，展览面积达到 50000 平方米，设置有 1600 个国际标准展位，吸引了来自美国、英国、德国、意大利、韩国、日本、印度等国家以及我国香港和台湾等地区的 500 多家企业参展，其中，国（境）外参展商展位所占比例为 25.8%。第十四届“鞋博会”开幕现场举办的投资与科技创新项目签约活动中，签约项目共 33 个，总投资达到 174.83 亿元人民币。

“鞋博会”不仅汇聚世界制鞋领域最新产品、技术和设备，为全球鞋业界同仁提供一个品牌推广、市场开拓、资源共享的国际化平台，对推进晋江鞋企提升全球竞争力、推动行业经济快速增长、推进产业转型升级具有重要意义。另一方面，与鞋博会配套推出的鞋文化“T 台秀”活动、中国童鞋产业高峰论坛、2012 年晋江运动鞋制作技能竞赛、海峡两岸运动鞋设计大赛、“喜得龙”杯晋江鞋文化动漫创意大赛等系列活动，更全方位地宣传推介了晋江的产业文化，高效呈现了晋江“品牌之都”的城市风采和文化形象。

当下，晋江以鞋博会为龙头，以专业化、社会化、国际化为目标，采取“政府搭台、企业唱戏”形式，围绕产业集群发展战略，通过挖掘会展资源、构建会展经济平台、培育重点展会、拓展会展市场等，大力推动全国性、国际性专业展会活动的发展。这些举措，旨在通过会展产业的发展，为产业集群发展注入动力，提高产业集群的国际竞争力，提升产业集群规模化、市场化、国际化发展的水平，打造区域品牌和企业品牌，形成合力，共同推动晋江城市发展和晋江城市形象的塑造与营销。

不断推进的文化旅游产业。晋江市源远流长的历史文化积累、丰富多样的文化艺术形态、多姿多彩的民俗风情，构成了晋江独特鲜亮的人文景观，文化旅游资源十分丰富。从宋元时期开始盛行迄今仍在民间延续的摩尼教信仰遗址“草庵”，是全国重点文物保护单位；佛教资源方面有安海镇的龙山寺木雕千手观音、东石镇的南天寺石佛摩崖石刻、金井镇的西资岩石佛，均为省级文物保护单位，此外还有崇祀妈祖的安海朝天宫、东石天后宫等，这些寺庙与台湾鹿港天后宫等都保持密切的联系。安海的龙山寺也是闽台神缘关系的重要实物见证，由安海龙山寺分灵到台湾的龙山寺达440余座，如台北艋胛龙山寺和鹿港龙山寺，历代均来晋江谒祖朝拜。

晋江的建筑文化也具有极高的历史价值和艺术价值，建于宋代的“安平桥”长2255米，又称“五里桥”，并有“天下无桥长此桥”的美誉，为全国重点文物保护单位，也是古代交通文化的重要见证。此外，晋江传统民居建筑艺术和风格也独树一帜，著名的如蔡氏古民居建筑群和手巾寮的独户式院住宅。这些都是晋江独特的人文资源，具有开发成文化旅游产业的优秀潜质。

近年来，晋江积极整合区域内文化旅游资源，编制文化旅游产业发展规划，大力开发文化旅游产业，加强文化旅游产品的市场推广。根据晋江文化旅游资源的分布区域，规划设立了四个重点发展区域：一是以城区为中心，包含有草庵摩尼教遗址、陈埭丁氏宗祠伊斯兰教遗址等主要景观的商贸综合旅游区，主要培育娱乐、购物、宗教文化等旅游产品和服务；二是以紫帽山为主，包含有紫帽山风景区、高尔夫球场和磁灶古窑址的游览度假区，发展集风光旅游、避暑休闲、生态农业与科普考察于一体生态旅游和娱乐度假区域；三是以安海为重点，包含有郑成功史迹、安平桥、龙山寺、南天寺、灵源寺、古檗山庄等旅游景点的宗教古迹旅游区，开辟以宗教朝圣和古迹考察为主的旅游区域；四是以围头为重点，包含有深沪湾古森林—牡蛎礁遗迹等主要景观，依托海滨旅游资源，突出滨海概念，充分展现“侨文化、海之韵、生态型”的海滨度假旅游区域。

在科学规划的基础上，晋江于2008年正式启动A级景区建设工作，2009年衙口景区、围头景区和灵源山景区正式通过3A级景区评定验收，成为晋江首批 A 级景区。同时，结合晋江独特的自然景观和深厚的人文底蕴，着力打造了一个个特色鲜明的文化旅游活动品牌："深沪湾——衙口沙滩文化周"通过海峡两岸演艺互动，将沙滩运动和闽南传统文化较好地进行结合和展示；"（安海）端午民俗旅游文化节"则以安海传统的端午嗦啰嗹活动为主轴，结合民俗踩街，火炬传递、百盏连珠灯展示、老照片展示、传统风味展示等形式，打造最富闽南文化特色的民俗旅游项目；"海峡两岸围头返亲节"则以围头和金门通婚的历史渊源为基础，邀请在金门的围头新娘返亲，打造了一个富有台海特色的旅游文化品牌。

另一方面，结合晋江强大的产业基础和独特的产业特色，2009 年晋江正式开启工农业旅游示范点创建工作，并着力打造全省首个"工业旅游示范区"。迄今晋江已评定三批 20 家省、市级工农业旅游示范点，涵盖了晋江传统及新兴支柱性产业行业的代表性企业，这些企业同时也是文化创意产业基地、非物质文化遗产保护单位。与此同时，晋江成立了旅游商品开发基地，鼓励企业植根于闽南特色文化，开发具有地方特色的中高端旅游商品和旅游工艺品。

将文化旅游产业作为一个产品进行整体营销，这种意识已日渐得到地方政府的重视。近年来，晋江积极组织旅行社、酒店、俱乐部、景点景区和有关乡镇，参加历年的中国旅游交易会、世界福建同乡恳亲会、全国糖酒博览会、"9・8"中国投资贸易洽谈会、福建省旅游商品博览会、晋江鞋业（国际）博览会、泉州旅游节和商品交易会，以及到金门参加旅游资源展示、促销和招商引资活动。通过这些平台加强对外宣传，拓宽与外界的接触。在媒介宣传方面，通过印制《晋江旅游》画册，编印《晋江旅游》简报，建立"晋江旅游信息网"等举措扩大晋江文化旅游的宣传面，历年则围绕"9・27世界旅游日"举办文艺踩街、大型文艺晚会、篮球赛、旅游美食周、"文化之旅"等一系列内容丰富、形式多样、影响广泛的庆祝活动。一手抓全市旅游资源的整合和规划，一手抓旅游产品的宣传与行销，晋江文化旅游市场的活跃度明显提升，富于区域特色和闽南风情的晋江文化旅游形象也逐步树立。

潜力无限的文化创意平台。以创新、创意为核心竞争力的现代文化创意产业，在推动传统产业转型升级、创造产业附加值和提升产业增值能力上的巨大潜能，日益得到全社会的深刻关注，我国更是自上而下出台各项扶持政策举措，引导和推动现代文化创意产业的加速发展。随着全球产业结构调整和产业发展规律的自我调适，晋江市也面临着推动传统产业的转型升级、建设产业可持续发展体系的时代课题，发展现代创意产业的意识日趋自觉。据初步统计，目前晋江市共有工业创意注册企业 236 家，其中 2009～2011 年新增文化创意企业 160 家，占文化创意企业总数的 67.8%，产业发展呈现加速趋势。另外，文化创意产业业态发展也呈现出多元化趋势，创意设计、动漫网游等高新科技为代表的创意产业新业态开始发育成长。近两年来，晋江市从项目策划、招商引资、政策扶持、载体建设等方面加大刚性扶持力度，全力推动文化创意产业发展。

在扶持政策方面，晋江出台了《关于推动工业创意设计产业加快发展的若干意见》，着重从创意设计企业培育、创意设计载体建设、工业创意设计机构做优做强等三方面进行鼓励和扶持。具体措施上有：对年纳税 20 万元以上的创意设计企业，当年参照其缴纳企业所得税、营业税地方留成部分 50% 给予奖励；对创意设计园区，给予最高限额 300 万元的奖励，获得晋江市级以上文化创意示范园（基地）的，再给予运营管理机构最高限额 50 万元的奖励；对于企业发布、刊发的原创作品也将给予一定奖励。在载体建设方面，晋江已全面启动"三创"园、洪山文化创意园、"五店市"传统街区等园区建设，并制定专项优惠政策吸纳企业入驻创意园区。

1. 三创园——聚焦科技创新与艺术创意

"三创园"（创意创业创新产业园）是晋江市委、市政府落实"产业提升、城建提速"发展战略，助推民企"二次创业"的重要载体，园区立足本市强势产业上下游产业链，以创意设计、研发孵化、金融服务为核心，致力打造海峡西岸的"智岭·慧谷"。园区规划占地 2.4 平方公里，以"北创南智"为总布局，以造型新颖、个性凸显、"现代元素 + 闽南色调"为总格调。总投资 150 亿元，分 3 期 7 年开发建设，将建成集"智造、乐活"于一体的低碳、智能高端新型园区。未来五年内，将通过打造国家级纺织及新材料研发技术平台、国家级纺织面料研发人才实训基地、国家级食品配方研发平台和人才实训基地、全国首创的并购整合推进中心、闽南地区领先的股权交易中心、闽南草根金融创新试点平台、国内一流的创业融资平台、海峡西岸闽台创意文化融合示范区、大型民企与国际接轨的管理理念提升中心、闽南企业领袖对外交流中心等10大公共服务平台，培育50家企业设计研发中心和200家创意创新增值服务机构，建成运动休闲、纺织服装、休闲食品等三大强势产业蓄势升级的“慧谷”、设计研发、金融服务集聚的“智岭”、海峡两岸闽台创智融合的新门户。

基于三创园对晋江产业升级和地区竞争力提升的重要意义，晋江市委、市政府高度重视，成立了由市长担任组长的创意创业创新园开发建设领导小组，委托国际知名的麦肯锡公司和晋思公司进行项目的策划、规划，借鉴国内外先进园区相关经验，制定切合三创园实际的入园程序、入园条件及优惠措施等。目前，中国纺织科学研究院、福建红桥新能源创投公司已签订入驻协议，台湾创意设计中心、麦肯锡领导力中心达成初步战略合作协议。东华大学、苏州大学、江南大学等国内一流院校，台湾纺拓会、台湾设计师协会等知名设计单位均已进入实质合作洽谈阶段。苏州工业园、普洛斯公司和一批台湾岛内知名创意院校、文创机构、喜达屋酒店集团等多次实地考察三创园，并对入驻园区表示浓厚兴趣。

2. 五店市——传承历史文化、打造创意街区

与三创园聚焦于现代科技创新和创意提升的产业发展规划不同，“五店市”传统街区的建设则意在保护晋江历史文化根脉，同时与文化创意产业发展相嫁接。五店市传统街区位于晋江青阳老城区核心区，是晋江城区的发源地。五店市传统街区是晋江特色风貌建筑的典型代表，其独特的建筑风格和深厚的文化积淀无疑是晋江宝贵的文化资源，是晋江历史与文化的“根”。近年来，晋江经济的迅速发展加快了城市化进程，此时，如何保护和传承晋江城市悠久、积淀深厚的文化根脉，成为晋江市委、市政府执政决策的重要课题。

2010年启动的五店市传统街区规划建设项目，使原有街区的山水格局、传统街巷、文物古迹、历史建筑和历史环境要素等物质文化遗存得到较好的保护和还原，而表演艺术、传统工艺、地方习俗等非物质文化遗产项目的留存或引进，则将与建筑历史文化交相辉映，更加丰富立体地构建起闽南文化生态保护区的风貌。未来，五店市传统街区将成为晋江市集传统文化、建筑风貌与民俗体验、创意特色商业、休闲观光等多元功能于一体的传统街区。

这种规划与设计蕴含了晋江地方政府与民众对晋江历史文化命脉的珍重与爱护，也与当下大举发展文化产业、营造文化产业发展平台这一时代行为相互呼应。

3. 包装印刷产业——夯实基地，探索转型

晋江市印刷业起步于上世纪五十年代初期，在经济强劲发展的带动下，晋江包装印刷业也不断地发展壮大，目前已发展成为拥有设计制版、装潢印刷、复合软包装、特种印刷、原辅材料等完整的产业链，共有以金鹰、艾派等为代表的印刷包装企业 500 多家，包装印刷工业总产值近 45 亿元，在全省所占比例约 25%。2008 年全省共有 39 家产值超亿元的包装印刷企业，晋江市就有 7 家，福建省最大的文具用品、彩盒彩箱、塑料彩印包装、瓦楞纸板等生产企业都在晋江，晋江成为福建省产业链较为完整的包装印刷产业基地。

印刷产业是文化产业发展的重要构成。晋江具有发展印刷产业的经济区位优势和产业优势，也力争在未来全省印刷产业发展大潮中占据更重要的位置。2011 年起晋江市开始举办海峡印刷技术展览会，同年启动中国包装印刷产业（晋江）基地的规划建设，该基地规划面积 700 公顷，目前正进行基础设施建设，预计至 2018 年基地包装印刷工业总产值将达 200 亿元，并基本形成印刷产业集群发展的格局，引领印刷产业领跑全省。

4. 中桥传媒——助力城市行销与品牌推介

为贯彻落实国务院《文化产业振兴规划》，进一步深化文化体制改革，加快文化传媒产业发展，中桥传媒主动对接晋江城市建设和文化发展主题，先后承接了晋江火车站站前广场广告运作、“品牌之都”形象宣传活动、创业英雄电视大赛等政府文化创意项目。同时，作为政府服务企业的延伸，中桥传媒积极打造企业服务平台和优质媒体资源库，为晋江企业提供品牌创意、品牌推广、形象包装、广告宣传等服务，提升企业影响力。2011 年 10 月，中桥传媒被命名为“第二批泉州市文化产业示范基地”。“十二五”期间，中桥文化传媒将着力于生产要素整合、服务城市与产业转型升级、挖掘文化创意市场潜力三个方向，发展“文化创意产业园”、“电视栏目/电影策划制作”、“移动互联网终端”等相关文化产业领域，以期立足晋江产业经济优势和经济发展基础，打造辐射海西的文化创意基地。

除了全面启动平台建设，晋江文化产业发展在政策机制、战略合作上也取得更大突破。2012 年晋江与省文化厅签署《关于推进晋江文化繁荣发展战略合作框架协议》，与福建日报报业集团签署《文化产业合作战略框架协议》，双方将在文化产业发展上形成战略合作伙伴关系，届时，双方将在文化产业示范基地建设、文化产业扶持政策、文化产业项目引进、文化产业平台建设、文化旅游产业开发、“非遗”项目的生产性保护与开发、文化产业投融资平台和文化产权交易平台搭建等领域开展密切合作，这些战略合作犹如助推器，将大大加快晋江文化产业发展的步伐。

（二）着力企业文化建设，构建和谐活力晋江

晋江作为制造业的强市，集中了众多民营企业，其中不少企业及其品牌已声名远扬。企业文化建设对于晋江而言具有格外重要的意义。晋江的企业文化建设，其显著的特点在于：与企业品牌价值打造相结合、与社会和谐构建相结合、与城市精神建设相结合。而企业文化建设的不断推进，也极大促进了包括文化企业在内的企业员工队伍素质的提高，这为文化企业的发展奠定了坚实的基础，使晋江文化产业的发展也因此具有强劲的推动力和深厚的潜力。

企业文化的建设是现代企业制度建设的重要构成，作为“品牌之都”的晋江，企业文化也是城市文化建设的重要组成部分。近年来，晋江市委、市政府科学引导、积极推动民营企业探索现代企业文化制度的建设，同时注重在“合”字上做文章，以“融合、联合、整合”的理念、思路、方式，引导企业建设现代企业文化：通过企业文化的融合与创新，建设公平公正、积极向上的企业文化环境，确立公平公正的竞争机制，建立企业文化核心价值，构建城市人文精神。虽然多数企业发端于家族产业，但在企业规模不断扩大、产值不断提升的同时，广大民营企业家的企业运营观念也发生了深刻转变，打造公平公正、健康向上的企业文化也日渐得到企业家的重视，广大企业职工积极参与企业文化建设的热情和精神得到调动和鼓励，企业文化建设开展得有声有色。

推进企业“品牌”价值与城市人文精神的整合。品牌文化是企业文化建设的重要内容，从 1995 年起，晋江全面启动质量立市工程，在科学发展

观的指导下，鼓励企业加快科技进步，建立研发中心，开发知识产权，认真践行新型工业化战略，推动第三产业现代化，努力培育新的产业链、产业群，大力扶持民营企业创立民族品牌、争创中国名牌，为开拓国内市场、参与全球竞争夯实基础，在此基础上深入推进品牌立市、打造品牌之都。

企业是推进品牌立市、打造品牌之都的主力，晋江市在企业文化的建设中，始终强调要将品牌观念植入企业的发展自觉，将创建品牌作为企业发展的核心动力，在全市深化品牌发展战略，实施品牌发展规划。具体举措包括：鼓励中小企业联合创牌，扶持大企业打造国际化品牌，扩大名牌产品对经济贡献份额，以品牌战略促进规模经营，鼓励规模以上的企业抓技改、上项目、增贡献，培育成为产业集群核心企业，在区域经济中成为“领跑方阵”，带动产业链延伸和中小企业发展；以品牌战略促进资本经营，出台实施扶持企业上市优惠政策，培育更多上市公司，在证券市场打造“晋江板块”。

当前，如何将产业品牌、企业品牌与城市文化品牌建设相结合，通过企业文化形象、产业文化形象的塑造，促进城市文化形象的提升，是晋江在企业文化建设中的思考重点，而关键则在于将企业品牌价值内涵的塑造与整个城市的人文精神进行整合与统一，在二者的互相促动中融为一体。

推进新老晋江人的情感融合。晋江产业经济的发达离不开百万外来务工人员的付出与奉献——在晋江，他们被称之为“新晋江人”——这种亲切的称谓中包含着接纳、尊重与关爱，包含着晋江全社会民众“大融合”的希冀。长期以来，在晋江市委、市政府的引导推动下，以政府为主导，以企业为主体，以企业党政工团为骨干，企业全体员工共同参与的“家文化”建设取得良好进展，外来务工人员与晋江全社会的大融合工程有效推进。让百万“新晋江人”切切实实感受到晋江的平等、包容与友爱，使百万“新晋江人”在晋江找到“第二故乡”的归属感与认同感，也逐渐在全社会民众中树立起企业是“小家”、晋江是“大家”，以及互为依托、“共生、共创、共荣”的城市文化精神。

促进企业经验交流与资源共享的联合。晋江拥有 16000 多家民营企业，它们关系到晋江经济社会发展的大局，更关系到晋江的未来。经过近三十年以劳动密集型为特征的原始积累阶段，晋江的民营企业开始转向技术创新、品牌营销和服务创新等更具核心竞争力的发展方式。在全球产业结构调整和产业升级的大环境下，促进企业创新、推动产业升级成为当下晋江民营企业的新课题，能否科学地解决这一课题，关系到企业的生机出路与未来发展。在这个重要的发展节点上，如何为企业提供相应的服务与帮助，考验着一个政府的服务创新能力。

近年来，晋江市委、市政府开始构想和营建企业经验互享、智力激荡与合作共赢的社会平台。2010 年，晋江在福建省内率先成立县级企业文化协会，吸纳会员单位 159 家。这一平台的搭建，旨在构建政府、企业、高校、媒体与咨询公司的合作战略联盟，推进资源有效对接，提升企业发展观念，推动经济转型和产业升级。自企业文化协会成立以来，组织开展了多项活动，如：策划“企业文化之旅”活动，邀请高校、媒体、专业咨询公司及企业家，在不同的企业间调研把脉；组织“企业文化十大最具创新案例”和“中国品牌之都关爱员工百佳企业”评选，推动企业文化建设；与厦门大学、华侨大学等高校建立合作平台，拓展延伸产、学、研的合作模式；创办《企业文化通讯》，提供相关理论研究、政策解读，挖掘推广企业典型经验；开设晋江市企业文化网上展馆，通过展示企业文化建设风采，实现资源网上共享，使企业在展示交流中借鉴提升；定期组织市宣传部和企业文化协会牵头主办的“企业家文化沙龙”，邀集知名企业高管、企业主和机关单位负责人等社会各界人士，先后举办了“城市・文化・人才”、“城建与产业”、“文化产业拓展提升”、“创意创业创新园策划对接”、“品牌文化建设”等共享交流活动，这些主题性的文化座谈不仅在晋江打造了政企宽松交流互动的平台，更在经验的交流与观念的碰撞中开拓了企业发展的视野，在推动晋江企业良性发展与实现自我跨越方面，具有重大促进意义。

四　文化战略转换

过去二三十年中，晋江在文化建设方面取得的成效和业绩是有目共睹的。但勇于探索的晋江人决不会止步于此。在新形势下，晋江人不仅思考着现阶段文化建设的不足，更筹划着未来文化发展的战略方向。今后该如何拓展和深化晋江文化内涵，如何通过文化对经济的渗透推动产业转型和优化产业结构，如何通过文化事业的建设与文化产业的发展增强城市文化软实力与综合实力，如何通过文化竞争力的提升推动城市文化形象建设，如何在更高的层面上以文化立市，以文化强市……对这一系列问题的思考与探索，形成了晋江未来文化建设的总体思路：以提升文化软实力、创建文化强市为发展目标，着力实现文化发展战略的转换。

（一）打造文化强市，着力文化发展战略转换

从建设经济强市向打造文化强市转换。多年来，晋江名列全国百强县市前列，从 GDP 总额、财税贡献、人均生活水平及各项增长率等发展指标来看，晋江经济发展一直保持着强劲的态势，经济活力有目共睹。在文化发展方面，文化软硬件也取得长足进步，但综合来看，晋江文化发展的实力还远远落后于经济实力，文化综合发展能力亟待提高。当下，推动晋江从经济强市向文化强市发展战略的转换，对晋江未来经济社会的全面与快速发展具有重要意义。

所谓文化强市发展战略，就是城市文化综合发展能力的全面提升战略，从衡量指标来看，一要有完善的公共文化服务体系和不断提升的公共文化服务能力；二要使文化产业发展成为城市的支柱性产业，并体现在富于活力的当代文化创造、优化的文化产业结构、灵活高效的文化管理机制、文化人才创造性和积极性的有效发挥；三要使文化的发展渗透并带动城市其他领域的发展，切实起到推动城市产业转型和产业升级的作用；四要创建富有影响力的文化品牌，树立深入人心的城市文化形象。

从加快文化建设向加快提升文化软实力转换。中国社科院《城市竞争力蓝皮书》将城市竞争力分为文化竞争力、制度竞争力、政府管理竞争力、企业管理竞争力和开放竞争力五个方面。事实上，文化竞争力也潜在地包含了对其他四种竞争力的需求。文化竞争力包括文化硬实力和文化软实力两个部分，文化硬实力主要表现在文化硬件即文化基础设施的完善水准、产业经济对文化发展的支持力度、信息化程度等方面。晋江文化基础设施建设起点较高，各类各级文化艺术中心、博物馆、图书馆、体育馆等基础文化设施的配置已经相当完备和发达。政府也已经意识到文化发展的重要性，对文化事业建设和文化产业发展的财政投入力度不断加大。今后，在打造文化强市的

发展战略统率下，晋江应推动从主抓文化硬件建设到主抓文化软实力提升的转换。

文化软实力的提升体现在：一是文化管理能力，包括文化事业管理机制的灵活性与效率水平、文化硬件设施的有效使用、文保单位与文化遗产的数量及保护能力、文化产业结构的配置与优化能力等；二是文化生产与创新能力，包括文化资源的现代转换与再生能力、文化艺术产品的生产与创新能力、文化产业占 GDP 比重及增长率、文化品牌的创建与营销能力；三是文化人才培养机制的创新能力；四是不同层次的文化消费能力；五是文化环境的开放性、包容度和学习能力，包括城市精神和城市凝聚力、社会核心价值观、市民综合素质等。这几方面都是晋江未来文化发展需要着力予以提升的。

从全面推进城市文化建设向凸显城市文化个性转换。全面推进城市文化建设是城市文化发展的基础阶段和必经阶段，对这个阶段的跨越与突破，则是寻求城市文化个性的彰显和城市文化形象的树立。当下，以鲜明独特的城市文化个性为支撑，创建特色文化城市越来越受到人们的关注，它对于提升广大居民的精神文化生活、展示城市风貌、提高城市品位、支撑城市发展发挥越来越重要的作用。对于晋江这样的中小型城市而言，城市文化的个性既是城市建设个性化的基础和核心，更是在差异化策略下寻求城市可持续发展的关键。

城市文化个性应全面地反映一个地方的文化历史与现代发展的方向，传承历史文化，弘扬现代文明，发挥地域特色，塑造独特的外在文化形象，培育鲜明的内在文化气质。当下，晋江应在“现代产业基地，滨海园林城市”的城市未来发展方向的总体定位上，加强晋江城市文化个性的培育和突显。一是突显传统积淀的区域历史文化特色：晋江历史文化是闽南文化的重要构成，通过闽南地域建筑风格与传统生活街区的营造，闽南民间传统习俗与节庆活动的渲染，闽南文化遗产和民间艺术（如高甲戏和南音）的发扬等，突出闽南文化特色；二是突显现代活力的区域产业文化特色：晋江是重要的体育用品产业基地，应以体育用品企业为主体，以体育场馆和赛事为平台，弘扬现代体育精神，塑造运动、健康、活力的城市文化形象；三是突显稀缺的海岸资源与开放包容的海洋文化特色，将旅游观光、体育活动、休闲宜居的文化原素有机融合，营造滨海休闲生活风，实现自然与人文的和谐发展。

从完善公共文化服务硬件设施向提升市民综合文化素质转换。公共文化服务硬件设施只是服务的工具，广大的市民才是公共文化服务的对象，也是城市文化建设的主体力量。公共文化服务硬件设施的有效使用，应以市民综合文化素质的整体提升为衡量指标。市民综合文化素质的提升是城市文化软实力的重要体现，也是城市文化发展的最终目标。

当下，晋江应从公共文化服务硬件设施的完善转向文化服务能力的提升，开展丰富多样的文化活动与教育培训，以切实提升市民综合文化素质为目标。一是提高市民的思想道德水平，在广大市民中推进社会主义核心价值体系的建设，使市民追求高尚的行为准则、文明健康的生活方式；二是改善城市居民的知识结构，提升市民的知识学习能力，建立面向市民的终身教育体系；三是提升市民的文化修养，扩展大众的文化视野，提高市民群体对世界先进文化的吸纳能力，提高广大群众艺术欣赏的水平和情趣。

从打造文化品牌向打造城市品牌转换。城市品牌建设正成为城市发展的核心理念。城市品牌是城市生态环境、经济活力、文化底蕴、精神品格、价值取向等综合功能的高度集中。从类型上讲，城市品牌有政治型品牌、经济型品牌、交通型品牌、文化型品牌、旅游型品牌、人居型品牌等。晋江应依托自身历史文化积淀、地域特色、产业发展实际、未来发展构想等进行城市品牌的准确定位与科学规划。在创建城市品牌的工作上，一是要通过文化创意的渗透对既有的体育产业品牌进行巩固和提升；二是要加强传统闽南文化精神与现代企业文化精神的融合，对“晋江精神”进行充实、丰富和深化，使“晋江精神”成为晋江城市的核心价值并形成品牌效应；三是树立创意城市的发展理念，创意城市的经营不仅是文化创意产业发展的重要组成部分，也是城市未来发展的整体趋势，晋江应借助已经具有一定发展基础的体育文化产业（包括体育创意设计、体育活动、体育赛事、体育旅游、工业旅游、体育会展等），推动晋江城市从工业制造城市向现代创意城市的理念转变和结构优化。

（二）战略转换下的未来文化建设重点

推行城市文化形象营销策略，倾力打造城市文化形象。打造城市文化形象须内外兼修，对内要注重晋江核心文化理念的养成和文化概念的提炼，形成完整的城市文化理念系统、行为系统；对外要注重城市独特形象与城市个性化标志系统的创建。政府一方面要从挖掘城市特色文化，确立城市主题文化，重视对城市历史文化遗产的保护和利用，拓展城市文化空间，制定构建城市文化形象的发展规划；另一方面，要培养提升公共服务部门城市文化形象意识，掌握基本形象营销推广技能，形成科学的城市文化形象运营机制，要开展城市文化形象的整体营销和推介，负责形象系统的设计、维护与传播，以及形象危机应对等方面的工作。

在具体举措上，包括：（1）品牌整合。目前晋江除体育产品品牌、企业文化品牌之外，南音、高甲戏、福船技艺等文化遗产，各大场馆、五店市传统街区、三创园、印刷基地等文化发展载体，鞋博会、民俗踩街、灯谜等节庆会展等也正在形成各色文化品牌，当下要以晋江核心文化理念将这些品牌加以整合，形成城市品牌体系。（2）形象整合。晋江城市的文化形象设计，要能够呈现晋江城市的历史积淀、资源特色、文化符号等，要对这些元素进行城市形象的整体设计，构建晋江城市文化形象的视觉系统。（3）传播整合。城市的形象传播，包括城市广告、政府公关、旅游推广、城市博览、媒介宣传等在内的传播营销工具的整合与协同至关重要，要以整合传播的理念，多层次、多方位、多形态地推介晋江城市文化形象。

推行“创意生活”计划，提升晋江市民现代文化素质。随着文化消费时代的到来，大众对精神和文化方面的个性化内容、符号与象征元素等文化要素的消费需求不断增长，同时，市民参与创意的活动在逐渐增加，大众参与创意的热情也在持续增长。当下，晋江应着力于激发的创意和创新意识，提升广大市民的现代文化素质。

晋江传统文化发达，民间文化氛围浓厚，但在现代文化、创意文化的发展与市民现代文化素质的提升上需要迫切跟进，具体举措包括：（1）通过创意生活广场、创意生活馆、创意市集等文化创意空间的营建，促进城市创意的集聚，提供市民创意熏陶的文化软空间，引导和提升市民的文化消费品位；（2）通过创意文化培训、创意设计比赛、创意生活 DIY 等文化创意活动的开展，吸引广大市民参与到城市创意生活中，热爱创意、培育创意和保护创意。这些工作的目标，是逐步推动晋江从创意环境营造到创意经济带动，再到创意社会转型的阶段迈进。

着力提升文化活动的水平，不断增强品牌化的影响力。举办文化活动是加强文化载体建设、发挥先进文化引领作用的重要途径，具有鲜明特色的城市主题文化活动对传播城市文化形象和营销城市品牌也具有重要意义。通过城市主题文化活动展示城市魅力与活力，是建设品牌城市的重要构成。因此，要重点打造城市主题文化的文化节庆活动，使之成为城市名片，如北京的音乐节、上海的艺术节、大连的啤酒节、杭州的动漫节、潍坊的风筝节、吴桥的杂技节等，在国内外已经形成良好的影响力与吸引力。

晋江群众文化活动较为踊跃，戏剧展演节、文化艺术节、灯谜活动、民俗踩街等文化活动多姿多彩，民间体育文化活动广泛开展，这些都为广大群众提供了休闲放松的空间和丰富的精神文化食粮，政府、企业、社区和居民对公共文化活动的参与度也较高，对活跃和丰富城市文化氛围都具有很大的推动作用。但综合来看，这些文化活动与城市主题文化形象的结合有待加强，文化活动的内涵和品质也有待提升，尤其是文化活动的品牌化和影响力更应成为今后发展的主要目标。目前，晋江的鞋博会、CBA 比赛都已有良好发展基础，今后则要推进这些文化活动的知名度、持续性和影响力。

融合现有产业优势，发展休闲时尚文化。享受文化休闲已成为一种时代潮流，成为一种生活方式。时尚文化的盛行不仅是文化消费时代的重要体现，也代表着一个地区现代文化发展的活力与水平，同时还体现着商业文化的发展方向，发展时尚文化将有助于增强一个地区文化发展的现代活力。

从自然条件来看，晋江拥有滨海自然资源；从产业经济特色来看，晋江是重要的休闲鞋服产业基地，拥有如安踏、特步、361°等众多休闲鞋服品牌优势；从文化平台来看，晋江拥有鞋博会、陶博会、伞博会等专业展会平台，以及 CBA 晋江赛区比赛、全国汽车场地越野锦标赛、“海峡杯”两岸四地篮球赛、“国际奥委会主席杯”全国百城市自行车赛总决赛等国际国内体育赛事资源，综合上述因素，加上国家体育产业基地的带动，都说明晋江具有发展休闲时尚文化尤其是运动休闲时尚文化的重要基础。

晋江应融合现有产业优势与平台资源，发展休闲时尚文化，加强时尚、设计、文化与鞋服产业的结合、融汇，同时着力发展体育健身娱乐业，发展体育竞赛表演业，开发运动休闲产业，构建集文化体验、会议会展、运动休闲、时尚购物、美食美味于一体的城市生活，培养创新、创意、时尚和设计的城市文化氛围，形成具有深厚文化底蕴、深厚休闲气息、多样时尚元素的现代城市文化格局。

实施人才高地策略，提升城市人才品质。人才是城市最大的竞争力因素，人才战略是城市发展的关键。城市发展要树立人才强市的理念，推动人才工程和实施人才政策，引进外来人才与培养本土人才，尤其要引入高端人才与知名设计企业和设计大师。晋江鞋服产业的升级与转型需要培养高品质的人才队伍，晋江城市文化的发展更需要富于创造性的文化管理人才、创意人才。高端人才的入驻将为晋江带来创造力、想象力和影响力，也有助于提升城市的感召力和凝聚力。

综合来看，晋江人才结构比较单一，人才整体的创新创意水平也有待提升。今后，晋江应将提升城市人才品质作为工作重点，包括：（1）大力引进高端人才，通过人才引进更新文化理念，带动创新创意精神，增加产业的文化创意含量，推动产业创新；（2）晋江不具备本地高教资源优势，但具有毗邻厦门与泉州的地域优势，因而应推动企业联合厦门与泉州的高校，加强产学研合作，探索社会人才培育新模式，着力培养专业型、技能型、创新型的人才；（3）积极创设能够促进人才汇聚的创业环境与生活环境，引进人才并留住人才，真正发挥人才对城市的贡献与作用。（4）建立健全促进各类人才公平竞争、合理流动、优化配置的体制机制，尊重人才成长、发展与流动的规律，让各类人才创业有机会、创新有条件、干事有舞台、发展有空间。

提高文化硬件设施后续效应，建立“鞋服（运动）文化体验馆”。晋江公共文化服务设施体系完善发达，各大场馆和各级文体中心等的配置水准也较为先进，今后重点要以公共文化服务设施为平台，举办各种文化活动发挥其实际使用效能。另一方面，公共文化机构的设置与当地产业特色的结合，对城市形象的建设和营销可以发挥重要作用，譬如台湾陶瓷重镇莺歌古镇的陶瓷博物馆。晋江是重要的休闲鞋服产业基地，为服务产业发展与突出城市主题文化形象建设的需要，晋江可以在既有的综合博物馆之外，专门设立“鞋服文化体验馆”或“运动文化体验馆”，涵盖鞋服文化历史展示、当代鞋服设计体验、设计师品牌推介、时尚 T 台展演秀、鞋服设计教育课程推广、鞋服 DIY 活动等专业、多方位的功能，运动多种形式和手段，展现鞋服（运动）用品的历史内涵与时尚内涵，构建和传播个性化的运动时尚和创意生活。同时以“当代鞋服文化体验馆”为平台开发各种文化观光、创意旅游、设计体验活动，使之成为城市文化行销的重要载体。

优化文化产业发展布局，使产业方向与城市文化定位协调一致。晋江文化产业发展要兼顾传统文化的现代产业转换与现代优势文化产业的多向发展，寻求产业发展方向与城市文化定位的协调一致和文化产业发展空间与结构的布局优化。在文化产业结构上，要推进以绿色低碳、创新创意为特征的核心文化产业的发展：一是要做大做强会展节庆经济，会展节庆活动对晋江经济发展与晋江城市文化形象的营销可以发挥可观的拉动效应；二是发展旅游经济，旅游经济是营销城市形象的重要载体，今后晋江应以五店市传统街区为平台发展文化旅游，再一个就是立足晋江产业经济特色，将文化旅游与工业旅游紧密结合，着力打造全省“工业旅游示范区”，发挥品牌联动效应；三是重点发展创意设计与研发产业，以“三创园”为载体，打造海峡两岸闽台创意产业融合的示范区、晋江综合城市实力提升的体验区。通过这些主导的优势产业推动晋江城市现代文化产业的发展。

新“晋江精神”解读*

车流滚滚，行人匆匆。林立新起的高楼，成片的玻璃幕墙将阳光折射出斑斑点点、丝丝缕缕。穿行在这样一座城市，只有空气中偶尔掠过的海风，不时提醒着我们，这里曾是并不为人熟知的中国海洋文明的开端。

灯火阑珊，霓虹点点。宽阔新修的环城路串起城乡版图，将城市的界线不断放大、不断包容。伫立在这样一座城市，只有茶香里片刻流淌出的醇香，才让人发现这座“爱拼敢赢”之城，尚有一种很少被关注的别样精彩。

为什么这里总是生机勃勃？为什么这里的人总是敢为天下先？为什么这里总能诞生创业传奇？

阅读一座城市，不仅仅因为有高楼、大道，更是因为她的历史和故事。

品味一座城市，不仅仅因为有工厂、企业，更是因为这里的人和创造。

就让我们带着一声喝彩，慢慢地推开这座大门，一起品读来自这座城市的精神家园。

一　大海在这里敞开了大门，开放在这里亮出新路

“闽地瘠民贫，生计半资于海，漳泉尤甚。故扬帆蔽海，上及浙直，下及两粤，贸迁化居，惟海是藉。”——《八闽通志》语

* 本文作者：人民日报福建分社采访部主任赵鹏。

今年是晋江市建市20周年。与其他地方略有不同，晋江的历史是伴随着中国海洋文明的诞生而开始。中华文明是一部以中原农耕文明为主线的发展历史，即使推进到海边，依旧是农耕文化驯服了海洋文化。可历史有时又偏偏在逼着人们无路可走时，又悄悄敞开一道门。

晋江的历史，恰恰如此。晋江血脉之中与众不同的文化基因，也恰恰由此而始。

公元四世纪初，自晋代战乱，从中原避居八闽海滨，晋人怀念故地，由此将家门的河定名为晋水，晋江由此而来。今时泉州，即是当日之晋安县，至唐时，改为晋江县。之后直到新中国成立。1951年后，泉州、晋江才县市分治。

其时的闽地，环境恶劣，山多地瘠。《泉南歌》如此唱道："泉州人稠山谷瘠，虽欲就耕无地辟。州南有海浩无穷，每岁造舟通夷域。"不仅世代依海为生，更依海谋利。一方面携带着来自中原故土的高度文明，包括文化、物质和科技、商业等各个方面；同时，又将这几者与海洋文化中所独有的精神元素——敢于冒险、甘于拼搏，糅合淬炼。不经意间，闪烁出中国海洋文明最初的火种。

自唐，晋江便已经出现了一些以航海为主的家族，被称为航海世家。据《西山杂志》记载，早在隋初，即有东石人林智惠、高逢桢驾舟远航文莱一带，后因"往来有利……晋江商人竞相率航海"。唐末泉州刺史王延彬大力发展海外贸易，泉州港为中国重要港口之一。五代"晋江王"留从效拓展海外贸易，"陶瓷、铜铁，泛于番国"。菲律宾当地土著称闽南华侨为"唐山人"。

至宋，晋江百姓闯荡海外，或开启海上商贸、或定居海外，已是屡屡出现于史书之中。在古晋江的地方志书便有如下记载："濒海之民，一射赢牟利。转货四方，罟师估人高帆健橹，疾榜击汰，出没于雾涛风浪中，习而安之不惧也。"（黄任等纂乾隆《泉州府志》卷二，《风俗》）。据记载，仅宋大中祥符年间，晋江商人航行至高丽国10多起，近500人次，史志上载有姓名者有黄谨等20多人。由此可见，海上捕捞、海外贸易、移民海外，在很长一段时间里，成了古代晋江人的主要日常活动。而其间，又有过三次大规模海外移民。至今海外、港澳地区已有200多万晋江籍华人，再加上本土之100多万，故人称“海内外300万晋江人”。

海洋磨砺了晋江人的精神，海洋也拓展了晋江人的视野。黑格尔曾说：“平凡的土地，平凡的平原流域，把人类束缚在土壤上，把他卷入无穷的依赖性里边，但是大海却挟持着人类，超越了那些思想和行为的有限的圈子。”但，为了迎接这场超越，晋江却付出了1000多年的等待。

我们把时针快速拨至20世纪70年代末、80年代初，那个在躁动中孕育着一场伟大变革的年代、那个在历经漫长等待后即将喷薄释放出全部积累的时刻，有一批代表着晋江精神符号的人，开始登上了历史的舞台。

评选表彰“十佳美丽晋江人”

终于可以听到海的咆哮。大海在这里，为晋江敞开了大门。

1976年，年方23岁的还是个农村小伙的许连捷，穿上人生中第一双皮鞋，因为那年他结婚。不过也就穿了半个小时，他又脱了，拎在手上，“穿不惯，但是我得告诉人家，要结婚了，成男人了。”不过，要证明自己是男人，他却是在苦苦寻找着一条“穿上皮鞋后，就再也不走回头路”的人生新路。

自12岁起便开贩卖鸡蛋、从此踏上商路的他，其时已干过不少营生，甚至还是晋江市最早一批生产牛仔服装、拉链的人。“走上一条让自己不再回头的路”，成了他此后很多年，一直追寻的目标和宿命，直到他最终建立起“恒安王国”，成为晋江市的“商业教父”。

当时晋江的民营经济已经形成了“家家点火、户户冒烟”的遍地开花之势。

1979 年，人称晋江“商业怪杰”的柯子江，在一没钱、二没厂、三没技术人才的情况下，居然一下子把国企厦工的部分订单“骗”到了手，由此“摇身”变成了民营晋江机械厂的厂长。他的三句回答，成了后来总结晋江商人起家的经典名言——没钱，可以借；没厂，可以租；没人，可以请。

1984 年，被誉为晋江“做鞋第一人”的林土秋，这个时候已经完成上海“探秘”之行，拿着哥哥从香港寄来的 8 万元和“东拼西凑”的 2.8 万元，创办了陈埭第一家乡镇企业，并搬入新建的厂房，全面开始了初具现代工业企业流水线的企业式生产。也正是在他的带动下，1984 年，晋江的陈埭镇一个镇的乡镇企业就达到 700 多家，工农业总产值突破亿元，成为福建省首个“亿元镇”，也被外界称为“乡镇企业一枝花”。10 年后，林土秋的产值已达 4000 万元，其生产的旅游鞋以新颖的款式和优质的工艺成为国内名牌。

1986 年夏，今天的晋江商界的另一位风云人物丁和木的儿子——16 岁的丁志忠。初中毕业时他说服了父亲，带着 600 双鞋要到北京闯荡。今天翘首中国体育产业界的“安踏王国”的事业基础也在那时奠定。

……

今天，回顾历史，我们可以惊异地发现：他们当中没有谁曾经受过专业的商业训练，那种与生俱来的商业潜质、嗅觉、胆量，从来也都不是哪本商业教科书上的理论所能解释。很多后人，把这些称为天性。然而这恰恰忽略了那上千年海洋文化的历史积累，为这个地方留下的珍贵能量。

其实，梁启超先生对此早有预言：“海也者，能发人进取雄心者也……试一观海，忽觉超然万累之表，而行为思想皆得无限自由。彼航海者，其所求固利也。然求利之始，却不可不先置利害于度外，以性命财产为孤注，冒万险而一掷之。故久于海上者，能使其精神日以勇猛，日以高尚。此古来濒海之民，所以比于陆居者活气较旺，进取较锐”。

“不唯书、不唯上、只唯实”，粗犷中不失商业规律之精明、搏险中不乏愿赌服输之豪气、重商中不屑苟于小利之磊落。感谢这个重启的开放时代，晋江人是一伙、一群、一批而非一个、零星、孤单地闯入了这个注定属于他们的舞台。一台被后来称之为中国“四大模式之一”的“晋江模式”大戏，就要拉开帷幕……

当时，经商贩卖活动，虽然已经用不着东躲西藏了，但“晋江假药案”却余波未平。不过就像许连捷所一直梦想的一样，当历史重新步入发展的正轨，就没有人可以阻挡它再走回头路了。在如火如荼的发展趋势下，已经小有积蓄、并屡屡从半路折返的他，此时也终于找到一条让他认为“可以不再回头”的路——生产女用卫生巾。

但也就在此时，他也第一次遇到了一个大麻烦——他的地，被上级政府叫停了，原因是违规操作，不应该给他们这样的私企、民企供地。

历史是有它不可拦阻的规律，但历史也是有无数个意外的插曲。正因为有了这些插曲，历史的规律，才更显得真实而强大。

看中了这个让所有人都觉得“看不上”的新项目后，许连捷本没想在老家投资建设。他先后去了福州、泉州，可那里的人看得上项目、却又看不上他。一气之下，他回到了安海镇。听说这一番辛苦后，当时的安海镇书记镇长慧眼识荆，说服他就留在安海镇发展。可是，作为一个滨海之地，安海并没有多少平地。镇里决定填海造地，而且一口气就填出了50亩，其中10亩就是给许连捷的。可麻烦，也就出在这50亩填出的地上。人家说：怎么能给他呢，又没政策也没手续。

麻烦的事，其实还远不止于此。随着晋江家庭企业的快速发展，一连串的质问，比对“假药案”时还更为咄咄逼人地又一次扑向了这里。“是姓社还是资？是公有还私有？该不该雇工？雇工多少才算姓社？……”

以中原华夏文明为主体，以儒学为核心，而又带有浓厚海洋性和地域特征的文化系统，同时双向贸易、双向移民的过程，让以泉州、晋江为代表的闽南文化，从骨子里流淌出来的是兼容与开放。对于这种“关起门来自家斗、窝在怀里拼内耗”的做法，永远都是不屑一顾。

这倒让我想起来又一件前不久发生的故事：2009年国际金融危机爆发，

全国很多地方特别是中小民营企业大面积倒闭。而此时的泉州也好、晋江也好，却偏偏逆势增长。2008 年晋江市的工业总产值 1576.53 多亿元，超亿元企业 290 余家。至 2011 年底，这一数字已是 2740.15 亿元和 479 家，双双翻倍。就在 2008 年，全国中小企业一片凋敝之时，超过 1 亿农民工，因此不得不从城市工业返回农村；而这里依旧到处是缺工、缺工、缺工的信息。

采访了很多当地企业，问起原因，答案只有一个，那就是“抱团取暖”——互给订单、互不催欠、互相担保。

不是同行竞争吗？不是竞争就得你死我活吗？不是商人重利不重义吗？

在晋江这样的事不是没有，但，这样的事情仅仅是少数。“原因嘛，现代商业规则是：你倒未必我活、你死我更难存。”这就是海洋文化中催生出的现代商业文明，为我们提供了又一崭新世界和社会规则——农耕文明起源的中国，也许恰恰缺了这一课。

不过，麻烦总是要来的，就像在海边生存，台风总是要碰到。关键是抵御？还是搬走？都说“一方水土养育一方人”，其实也是“一方水土造就一方人”。

在即将撤县建市的前夜，一场决定生死的开放，在这里亮出了新路。

二　最大的支持是舍身，最大的帮助是前瞻

> “中国商人谁最大？不是晋商，不是徽商。是谁呢？2000 年，《华尔街报》评过去 1000 年（1001～2000）世界 50 巨富，中国占 6 位。两位元朝皇帝，成吉思汗和忽必烈；一位明朝太监刘瑾，一位清朝贪官和珅，一位国民党四大家族的宋子文，剩 1 位，就是清末大商人广州十三行的伍秉鉴，籍贯泉州安海。中国人怕海，泉商爱海；所以有海水的地方，就有泉商。”——晋江籍作家，许谋清

开着二手进口车，载着镇书记和镇长，许连捷心情忐忑地要去会一会这个大麻烦，这不是钱的麻烦、技术的麻烦、市场的麻烦——那些，他怎么都

可以想出办法解决——这可是政策上的大麻烦，这可不是他或和他一样的一批神奇的晋江商人靠自己力量，就能解决问题。

拉开一个时间周期，让我们再度回头看一个地方的发展与崛起时，总是可以发现一些，当时置身其间时难以注意到的细节。这可能就是历史的魅力吧，在一堆纷繁复杂的细节中，总有那么一两个，也许就曾是支撑历史改变进程的关键受力点。所以，不要老用历史规律这样的大道理来去解读曾经的结果，否则我们坐等规律，不是更好。

偏偏是，精彩的细节就是出现在不是规律的时候。

“行了，回去吧。我们都知道了，正常的地不应该给，填出的地给就给了吧。”时任泉州市和晋江市的领导，这样答复了许连捷。

不得不说，这就是一场典型的“上有政策下有对策”的对决；但又不能不说，这也是一种智慧。更不该不说的是，这种的智慧正是那个与我们擦肩而过的关键受力点。

一场大麻烦就这样轻飘飘地烟消云散，不过这也让许连捷从此认识了另外一类人，用他的话说就是“总是比我们想得更长远的”一批人，并且在这以后的日子里，许连捷们还将无数次地碰到这样的人。而这其中就包括尤垂镇、陈章进、黄长江等原晋江县领导。虽然今天他们这批人都已经渐渐淡出公众视野，但在那个风云际会的年代中，他们同样是和许连捷们一样的中国脊梁。

拿了地后，许连捷开始了迅速建设。但，恒安公司却以一种“怪异”的形式出现了——许连捷不仅没当老总，甚至连公司里的会计、出纳、仓管等一批重要高管职位，也被“让”给了镇里的干部来担当。更令人看不懂的是，他还以用了一块镇里土地的名义，把镇政府也“请进”公司当股东，“至今他们还分享着股权红利。”

“看不懂账，也不懂管理。”这是他今天的解释。其实还有一层原因，却是那个年代中，每个晋江商人都不能回避的一个难题——千方百计不能让自己的公司、企业、工厂和“私”字沾上边儿，而这也就是陈章进们为正处于星星之火状态下的晋江民营经济，保留火种的又一次舍身。

其时的中国，在经历了一番动荡之后，正在“是向前路走、还是向回路退”中左右挣扎。当初的“走私”、“制假”、“投机”……变身为“雇工”、“剥削”、“私营”……一串这新包装后的字眼，满街乱飞。这一次，已经不是“原有的地”还是“新填出的地”这种办法，就能暗度陈仓的了。

但凡是“三来一补”的、有境外来的资金的企业，都一改称为外资企业；如果土地有和镇里、村集体合作联办的，就改称为乡镇集体企业。这就是晋江历史上，赫赫有名的一段当地企业竞相改戴“洋帽子”、“红帽子”的传奇。现在已经很难求证出，到底谁是当初的始作俑者，但有一点是肯定的，那就是这段传奇故事的背后，一定是得到了晋江班子成员的集体默认甚至是鼓励。

不过那毕竟只能是少数已成规模的企业，才能够参与的“抢帽子”的游戏。更多的、还处于家庭作坊式的小企业、小工厂，连厂名都没有，又哪里找帽子戴呢？

香烟掐了一根又点一根，常委会议室里和弥漫的烟雾一样沉重的是会场的气氛。“最后还是尤垂镇书记发了话，‘我们这个地方不能照搬照用这个政策，什么雇工不能超过 8 个人。这个政策在晋江不适用！晋江的工厂是加工厂性质，就得用大量工人。就这么办了。’可惜那时没有‘劳动密集型’的说法，其实我们当时就是用的这个意思，对上面交待的。”一丝微笑绽露嘴角，老陈仿佛又回到了当年烟雾缭绕的办公室、仿佛又听到了战友们称他“黑进帮”（同事们给他起的外号）的时候。

“不光如此，后来我们还以政府名义，专门下了个文件，规定晋江企业可以不按上面的政策要求，明确表示对用工数量不加限定，一律按乡镇企业看待。”黄长江补充道：“那时企业都算乡镇企业，刚好都归我分管的农口管。”

历史的进程终于冲过了那段挣扎，时光也堆皱了两位同年老人脸上的沧桑。那一刻的情景一下子让我回想起 18 年前，我刚参加工作时，第一次也是最后一次有幸在福建采访项南老书记时的情景。80 多岁的老人，一脸的矍铄。聊起到泉州、晋江参观的事，老人告诉我这样一个故事。当听说他要回来时，泉州、晋江一带群众自发提出，要用百里红地毯铺路，迎接他回家。老人急了：你们要这么干，我就不回去了！百里红毯撤销了，可当老人一踏入家乡地界时，连串的鞭炮就沿着那回家的路呀，一直地放、一直地放、一直地放……

伴随着那个终于挣出严寒的春天，1992 年底，晋江正式撤县建市。

“人生可比是海上的波浪，有时起有时落……”2012 年 4 月末，在晋江市委、市政府组织的全市千人企业家大会上，这首闻名全国的经典男生独唱《爱拼才会赢》，在这里变成了全体企业家和泉州晋江两级领导共同的高歌合唱。而这样的合唱，在过往的 20 年间，不仅屡屡响起，更是每到关键时刻，便从自发而成自觉。

——“谁是最先进的生产力代表？是这些领军行业之冠的民营企业！所以作为执政党应首先自觉、主动向这些企业家进行学习。”

——“爱拼是晋江人的血脉相承的性格。历史在发展、环境在变化，拼的概念也要与时俱进地变化。要学会从爱拼变善拼、从力拼变智拼。”

——“为什么一定要坚持发展这些不起眼的民生产业，而不是也像其他地方转型发展汽车、机电这样所谓的现代化工业？这个答案不是我们来作出，而是要听企业家的意见。从他们的经验中，我们得出的答案是：没有破产的行业，只有破产的企业；没有夕阳的产业，只有夕阳的技术！民生产业是永恒的产业，民生产品也可以是高新技术产品！”

——“地方发展与企业发展有一样的规律。发展如同逆水行船，不进则退；小进也是退；追不上行业先进者、地区先进者的大进，还是退！”

从 2003 年起，作为一名记者，我开始频繁深入晋江市，采访、观察、记录、解读这个作为福建省“第一县（市）”的发展路径与原因规律。而这些被我记录在册的语言，正是那时候新一轮主政晋江的决策者们诉说给我们的。而对照今天之晋江，恰恰句句皆有应验。至今思来，彼时的同声合唱，也正是今时之思想碰撞。而主动碰撞出的火花，比之当初的星星之火，更为可贵也更璀璨。

反之，作为闽商代表之一的晋江企业者，在这样一个如鱼得水的环境中所迸发的智慧与胆识，又往往超越了书本知识所应赋予的能量。旁人纵观晋江企业者群体，总因其普遍文凭不高、教育程度不深而或调侃、或惊服，其实原因无外有二：一是我们的书本便有局限，教的就无如此内容；二是实践便是最好的老师，有如此放手实践的环境，才有如此人才竞相而出之局面。

当发展的步伐最终要跨出家乡的一亩三分地时，许连捷们纵横捭阖的商业才华，在深海之中卷起的冲天巨潮中，也许其中总有那几朵最炫目的浪花，便永远是来自晋江湾畔那一片始终充满着激情豪越的海涛。

打开上海市场，便是许连捷的第一部佳作。当年的中国卫生巾生产，被轻工部所属的青岛、抚顺等四大全国定点生产厂所垄断，上海自然是其中最大消费市场。许连捷要想冲进去，在当时看几乎无半点胜算——四大定点厂拿的国家分配来的外汇配额，用于购买国外原料。而许连捷只能从市场上购汇，才能弄来美元，这里里外外成本就达到了近0.9元，高出人家一倍；上海国营百货公司更是瞧不上这个来自福建乡下的小厂产品。

许连捷找来四大厂的产品与自己的对比，心里有底了：质量摆在那里，肯定能打开这个市场。无数次地尝试说服之后，上海的公司终于松了口："进价一包0.8元，高出一分都不行。""没问题，那就一包0.79元，但要一次进200箱"。仅仅两个星期后，许连捷再接到的电话就是："请您马上再发一车皮货过来!"再一个月后，恒安品牌独霸上海80%市场。

……

——凭借着1992年、2002年、2008年金融危机时的三度转型，许连捷的恒安集团如今已稳坐国内生活用纸领域市场占有率、行业毛利率和税后净利率、市场增长率四项第一的地位。而在其未来的发展战略规划中，新的目标是：到2020年规模成为世界第一!

——从1991年创立时的50万元营业额到2个亿，用了10年；而从2个亿再到如今的近百亿，也只用了10年的安踏集团，依靠着在国内建的第一间运动科学实验室，如今至少贡献了超过40项国家级专利技术，企业也从劳动密集型变为名副其实的技术密集型。

……

求真必先务实、包容方才共享、开放自能向远。在又一个20年的历程中，当年的草根长成为参天大树、当年的作坊换装为现代企业、当年县城也在向中等城市变身。新一代晋江城市精神内涵，也在风雨的洗礼中升华。

在连续经历了1998年亚洲金融危机、2008年国际金融危机、2011年国内中小企业困境多次浪潮的洗礼下，晋江企业家则用这样的一组数据，书写了新一部20年爱拼才会赢的现实版：到2011年，全市民营中小企业超过1万家、其中超亿元产值企业479家；全市GDP突破千亿大关；而且，其中

94%的GDP、90%的税收，都来自当地民营实体经济。累计以39家上市企业的总量和创造出的99个中国驰名商标、24个中国名牌产品，雄居全国县市前列；全市还已有66家高新技术企业，并参与制定了47项国家标准和7项国际标准……

三 所谓不凡，就是把平凡事坚持做下去；所谓成功，就是在艰难时从不轻言放弃

> “那有竞争才会进步，尽展工夫着照步数，若是赢的时候免相骄傲，输的时候着爱有风度，振作着振作，天无绝人的生路，不免惊搁继续拼，最后一定有前途。”——闽南语歌曲《振作》

1992年晋江建市。也就在这同一年，瘦小干练的常向真终于下了狠心，辞掉了原本在福州针织总厂干了11年的技术员工作，告别老公和当时只有9岁的儿子，义无反顾地孤身一人来到晋江。“也没别的特别想法，就是不想在那样平淡地生活下去。其实厂里已经准备提升我到一个分厂任副厂长。学了这么多年技术，我总想应该改变一下，做点什么。”

而她即将进入的新单位，还只是一家才创建没几年、只有200来人的小工厂——但自她到来后，这家公司便一路高歌猛进，如今已成为国内纺织印染行业中的领军者，并且还是晋江第一批上市公司。它的名字叫凤竹。

也是在这一年，已经在外面飘荡了整整10年、并最终在成都立了足，开起自己装修公司的吴金程，一年的营业额高达上千万。此时也回到了老家晋江磁灶镇大埔村。这一次，他是为了回家结婚，以此了却老人们的心愿。按照计划，他本来还想继续回去、像很多晋江人一样，继续做他的成功老板。然而10年的闯练和磨砺后，眼前这个既熟悉又陌生、依旧是脏乱穷的老家大埔村，却一下子触动了他心中一种说不出来的感觉。

“就是觉得光自己成功了还不够。家乡也应该像我一样，有所改变。既然别人做不成，那我就想试试。干成了，让家乡人也一样过上外面大城市中人过的生活；干不成，我也尽心了。”

两个普通的、都曾经可以有着更安稳选择、却又不肯满足于眼前一片平坦的人，就这样和一个年轻的城市，从此结下共同跋涉、一路探索、无悔成长的缘分。见证一个城市的成长，莫如从记录一家公司、一座村庄，一个后来的企业总工、一个如今的村书记兼主任的故事着眼：因为一段不平凡历史，总是由一个个平凡的人创造；一座不平凡的城市，总是由一串串不平凡的故事组成。那就让我们看看，后来被人曾经无数次称道的“成功”二字——究竟是怎样得来的。

陈澄清，晋江凤竹集团董事长，是和许连捷同一批的晋江第一代企业家之一。对于能把常项真请来，他可花费了不少心血，更是开出比国企工资高近 10 倍的薪水。不过他也由此认识领略了两个字“认真”和“物有所值”。

面对着和当时国营企业根本无法同日而语的技术水平，常项真只能既要当总工，又要把自己当化验员用。“比如色牢度问题，当时国营厂基本都可以达到 5 级标准，而他们当时最多只有 3 级。”不过有两点，她也很佩服这位董事长，一是 200 来人小厂干出的生产量，却是上千人的国营厂都比不过的；二是凡是她提出的技术改造建议，他都全力支持。

这一下子让常项真终于有了可以大施拳脚的机会了！一股迟来的青春之火，在这个激情四射的年代里、在这个任意驰骋的平台上，如火山般喷薄欲出。有这样一次，凤竹公司接了一单粘胶棉染整的生意。可染整期间，出来的成品总是大范围破洞不断。车间不得最终全面停工，难题交到了常工手上。是助剂问题？程序问题？温度问题？

让我们这种外行人来看，犹如面对天书。因为不懂，自然一头雾水。但这样的问题对于常工来说，也并不轻松。因为都懂，所以知道每一问题之下，又分无数路径，还要再加以交叉、组合，而从此要得一个准确的答案，一点不轻松。一次、十次、百次……还是不成功，这可把常工犟脾气逼出来了。不是助剂问题、不是程序问题、不是温度问题，会不会是底料的问题？

这可是一道已经超越了一家印染纺织企业可探讨的问题范围了。但常工可不这么想，“不把问题解决透彻，这才是我这个总工不该有的态度！”于是，她带着底料利用业余时间，不光在自家企业机器上，还又找了好几家厂子同样的机器上，分别调试。果然，问题的关键找到了：棉粘胶针织物的棉丝与胶丝，性质刚好相反，无论怎样氯漂、染印、温控中，都会出现两者差异愈发明显的状态，结果便会破洞连连。解决之道最核心就是，在底料生产前，要把粘胶丝的线圈长度调整至与棉丝的长度相同或略长，由此才能根本解决破洞问题。

带着这样的结论，常工找到了下订单的上游企业。对方自然不肯认账：“你们生产过程出现的问题，怎么会反赖在我们的底料上呢？”

“这是个技术事实问题，不是经济上谁承担损失问题。”别瞧着又瘦又小又是女同志，可常工当时是一点都不让步。“大不了损失仍然我们承担。但问题不解决，你们订单即使下到别家企业，成品仍然出不来，最后受损的还得是你们。”常工也不知怎么就冒出这样一句话。道理明摆在这里了，谁也不是傻子。开机一试，结果自不必言。

为凤竹公司挽回了不该有的经济损失、为上游合作企业破解了意料外的技术难题、同时还给整个当时中国印染纺织业界面临的同一难关，找到了最科学的答案——这就是一个在晋江民营企业中成长出来的一名高工的风格——面对问题，绝不回避；遇到困难，不言放弃。

之后的成功，自然就是这类故事的无数次翻版——这以她为领头羊的凤竹纺织技术中心科研团队，研发的新产品、新技术成果经省级鉴定为国际先进水平的有 7 项，国内领先水平的有 10 项，先后获得国家科技进步二等奖 1 项、福建省科技进步二等奖 4 项。2006 年，凤竹技术中心被评为“国家级企业技术中心”，成为中国针织行业第一家国家认定的企业技术中心。在陈澄清亲自指挥下，常向真之后又开始进军的纺织染整行业生产工艺改进、节能降耗、废水处理领域，更是让凤竹从一个人们传统印象中的污染业，向环保创新行业“转身”。在她主持下的省科技重大专项“印染新工艺及其废水回用新技术”，率先在凤竹公司成功实施，每年便可减少耗水量 249. 6 万吨，漂染中水回用率达到 50%（纺织行业废水回用率不足 10%）、染料节约 10%、助剂节约 50%，由此其一年所创经济效益就高达 1500 多万元！

很多的时候，人们都在想这样一个问题：到底是城市促成了一个人的成功？还是一个人改变了城市的发展？国与国、市与市、地方与地方之间的不平衡现象，除了自然、区位、政策等一系列外部的因素外，还有什么可以算是根本或核心的原因吗？亨廷顿为此得出了一个“文明冲突论”的解释。这一观点的是非，不是我们要探讨的话题。但文明内涵中所包括的地域人文精神，的确是地域间形成差异原因的一个值得关注的因素。

当一批批在我们眼前充满传奇色彩的人物，集中地从一个地方涌现出来的时候，也许我们就不得不追问，这片精神的沃壤还能带给我们怎样的传奇？

吴金程的传奇来自一片别墅，准确说，是一个别墅之村。

1997年8月，并非候选人的吴金程却以86%得票率，高票当选上大埔村村主任。早已蓄积在其内心中“干一番事业”的梦想，推动着他由此开始了一系列改变村容村貌整治工程实施——全村1000多个露天粪坑被填埋，取而代之的是20多座重新布局的公厕；将原本七扭八斜村路，请天津规划院重新设计，该拆围墙拆围墙、该拆厨房拆厨房，硬是全面建起了总长5公里多、统一为6米宽的整齐村道路网；清理全村历史上，个人或企业占据的各项公共资产，之后或重新公开招租或用村公共建设，原本几乎的“空壳村”，也一下家底殷实起来……

三项大工程，项项都“扎手”。吴金程自然是没少得罪人，特别是一些有钱有势的村中大族。可他们却拿吴金程没办法：一是，他真硬气。从上任第一天就宣布，今后不管什么原因，他本人绝不在村里报销一张发票！时至今天，依旧如此。二是，他也是房头大（大宗族）、拳头大（外面闯荡10年人的，啥没见过）的人。三是，最关键一点，1339户、4800多人的大埔村大多数群众，坚决支持他！2003年，吴金程以完胜之势又被选举为村支书，至今支书、主任一肩挑。

也就从这一年，甚至更早，一个更宏大、深刻的思考，不断出现在吴金程的脑海里？农村发展的关键到底是什么？

——在承包制运行了30多年后的今天，原本农村中的各类公共资源要么被城市化所占用，要么在承包制下被大量分到各家各户，村集体该如何作为？

——一个现代化农村的发展，必然也会有一天要走上城市发展的道路，“公共基础完善、公共设施齐备、公共服务提高”这样的模式，但早已分光了公共资源，一无土地、二无收入的村集体，又如何能承担得起这样的责任？

——发展到今天的中国，城乡的巨大差距，已经不仅仅停留在人均收入的问题上。至少在沿海民营经济发达地区，农村农民的个体收入，甚至还超过了城镇。但城乡间差距依然巨大，关键是城镇中有来自政府、社会的大量公共投入，得以解决“完善、齐备、提高”的问题；可是农村中，除了村集体，谁又能扮演这样的公共投入角色？所以很多农村人，不管赚没赚钱，都想挤进城市，宁肯在蜗居中也要享受这样的公共服务；而农村再发达（有钱），也没人愿待，因为公共服务的春风，从来进不了这样的角落。可即使有了资源后，村集体又该怎样提供公共服务呢？

……

是的，这样的问题，也许本不该是吴金程这样的一个普通村支书、村主任就能回答与破解的。但，我们再看一下吴金程的另外一组身份，就不难明白他为什么会有如此的思考。从1998年至今，他连续当选为晋江市第十三、十四、十五届人大代表，2006年5月当选泉州市劳动模范，同年12月当选泉州市第十四届人大代表，2008年又被评为福建省劳动模范。

于是别墅村的神话，就此展开。2002年底，吴金程自己垫了100多万，先做了5套别墅。村民们不肯买，他就自己先搬进住了一套。之后先是有在外面做生意、办企业赚了大钱的村民，也陆陆续续买了，就这样第一期46套全部成型。

看着这经过重新规划的村公共土地，就仿佛大城市里的小区一般，像座公园，有清水长流、有绿荫常绕。而且价格也很优惠——吴金程将建别墅与农村乱占宅基地问题一并解决，愿意买别墅的，村集体可补贴其15万基础建设费、3万公共围墙、5万道路、绿化占用费等，一套50万的别墅，群众实际只需花上30余万——这样的花费，对于农民人均纯收入全省第一的晋江来说，应该不算多。

行动胜过说教。二期、三期，顺利开工，村民们也纷纷主动交出自家宅基地，让村里统一规划建设。2012年夏，第四期别墅区也开始了兴建。大埔别墅村，由此而成。

可最令群众满意的不仅是住上了好房子，而且正像吴金程所承诺的一样，村里的公共基础、公共设施、公共服务，也全都一一建起：灯光运动场、活动中心、图书室、健身中心、敬老院、面积扩大了一倍多的新的村小学、5万多平方米的商贸中心……一切应有尽有；老人可免费得到专业照顾、孩子可以免费读书、全体村民的医疗保险、养老保险，全部由村里支付，慈善援助站让家庭困难的村民，提供定点定时帮助。村环卫队 24 小时负责全村卫生；污染的企业搬走了、臭水沟变成清水溪、绿树鲜花配着盆景喷泉……

别墅村的建设，不仅让大埔村土地得到了最集约的使用和保护，而且也让村集体经济实力更上台阶。是的，这就是今天的大埔村。这也应该是，明天的晋江新农村。

四　温暖之中的温情流淌，守望之中的守义相助

“闽人务本亦知书，若不樵耕必业儒。惟有桐城南廓外，朝为原宪暮陶朱。”——南宋诗人刘克庄《南廓》

今年的 5 月 12 日，四川的一家报纸登出了这样一条新闻《赖金土，四川人民喊你回家吃饭》。4 年前的这个时候，赖金土只身背着 28 万元现金，徒步穿行四川地震灾区整整 20 天，将一笔笔善款直接分发给他走过的 19 个村、4000 多户灾民手上。

当一些人质疑，这是否是一名来自沿海富裕地区的“大款”一时的冲动之举时，却很少有人知道：10 多年前，曾经一度家徒四壁、父母双亡的他，带着 5 个弟弟妹妹如何一步步走出困境；也许也不知道：在 2007 年时，他就创建了晋江市翔鹰志愿者组织，下辖 3 支专业服务队伍，人数从最初注册时的 6 个人，发展到了今天的两三千人；也许更不会有人知道：为了磨砺儿子的毅力与意志，2011 年夏时，历时一个多月，父子俩骑车 2240 公里，完成了川藏之行。

只有一座充满着大爱慈善的城市，才是一片值得让人终生守望的温情家园；只有一座饱含着重义情结的城市，也才是一块令人敢于一世托付的土地。

著名社会学家费孝通先生在谈到福建文化时曾指出：值得注意的是“海上交通的发达，固然刺激了经济文化的发展，同时从域外传来的多种宗

教与中国固有的宗教，也都在闽地落户。多种宗教并没有因其教义、教规和仪式的不同，而互相冲突；相反，在被称为‘宗教博物馆’的闽地相容并存。”今天再来读这段话时，我们才更应深刻反思，不同文明间不是只有冲突，更应该是包容共存，而这早已是闽南这片中华文化与海风激荡共同作用下的土地上，所带给我们人类世界最有价值的范本。

而支撑这种差异文明间包容共存的理念，恰恰是这块土地上，同样是维系着海内外300万晋江华人以及数千万海外华侨代代相传的精神血脉——义。中国人一个“义”字，铺就了五千多年文明之路。今天，我们依旧从这里可以看到，让个“义”字在这里续写出的新篇。

重义之地多传奇。英林供销社“一诺四十年”、温玉泽“为一句承诺”的故事，同样是“晋江精神”世界中的别样画卷。

“高压100，低压70，心跳60。一切正常。你的身体好得不得了，池池，起床活动活动了。”护士们哄着床上的老人，和他开着玩笑，“你又胖了。”躺在石狮市著名景区黄金海岸一家福利院里、如今已经74岁的“戆弟”，仍然记不得自己的身世，但他始终不忘的是“我是英林供销社的人，我叫李池池。”

池池是个先天智障。20世纪50年代随父母流落到晋江英林镇，70年代父母双亡，虽然已经30几岁的他，智力却依旧停留7、8岁。此时他的命运可想而知。

“你就把这里当自己家吧，只要有我们吃的，就绝不会让你饿着。只要我们在，就绝不会撒手不管。”在那个时代里，日子还算好过的英林供销社全体员工，挺身而出了。于是一句简简单单的承诺，便从此风风雨雨40多年，坚守至今。

40多年，这是一个怎样的为爱坚守？又是一个怎样的为爱接力？1984年，结束上山下乡回到英林分配至供销社工作，至今仍担任供销社主任施永坤，是接过这根爱心接力棒的第四任社长，也是至今负责照顾池池最久的一任社长。尽管今天供销社的日子，早已没有当初那么好过，但在他和全体供社员眼中，池池早已是他们大家庭中的一员了。

虽然42年前，供销社收留了池池、也把他的户口安置在供销社，但实际上池池并不是供销社的一名正式员工，当然也就没有医保、社保一类的福利。以前池池身体好的时候，时常还能在供销社自办的食堂里帮帮零工，可自从2007年开始，已经快70岁的池池患上了青光眼，就在供销社职工才刚刚集资了1万多元才帮他手术不久，好动的他自己又不慎从三楼摔下来，造成脑出血，一度生命垂危。职工们再次紧急集资10多万，并向当地慈善机构申请，才又凑了20多万元。终于救治成功。10多万的集资，对于晋江这样一个发达地区的普通人家来说，也许不算什么，可是今天的供销社早已不是当年的供销社。很多的职工都已各自靠承包店铺维生，就连施永坤这样的主任，一月工资也不过两三千元。

从当年的好日子，变成了如今的差日子，生活境况变了，但英林供销社对李池池的那句承诺，却从未变过。“只要有我们吃的，就绝不让你饿着。只要我们在，就绝不会撒手不管。”供销社有个叫陈启强的老职工，身患癌症，临终前，最后一件事就是把自己治病剩下的1500元，转交给老施：“我反正不行了，留着给池池用吧，也算尽最后一次力了。”还有个叫周志强的老职工，池池在泉州住院时，他也刚好才从泉州医院出院。恰好得知了池池的事，二话没说，掏了300元放在护士站，署名就是英林供销社。

考虑到池池岁数越来越大，必须要有人24小时专门照顾，于是2008年出院后，英林供销社全体同志商量后，一咬牙又一次集资把池池送到了福利院。这是当时泉州开的第一家可以提供专人护理的福利机构，池池也是这里的第一名患者。

刚住进福利院时，为了能让好动的池池少些寂寞，工作人员不仅每周风雨无阻都会带着他最爱吃的红烧猪肉、线面来看他，还特地让老施帮他买来一部电视机，放在福利院大厅里，让他和院友们一起看。而池池的个故事，也因此从这里渐渐流传出去。更多的、来自泉州各地的志愿者，也加入他们这个行列。

就在前一段时间，每当老施他们再来时，池池总会拉着他的手，要为他唱一首志愿者们反复才教会他的一首歌。尽管吐字含混不清、歌也永远唱不全，但几次下来后，老施和英林供销社的同事终于听明白了是什么歌：“找呀找呀找朋友，找到一个好朋友……”那一刻，所有人，全都明白了他的意思……

大爱之城有大义。正像人民日报为此报道所作的专门评论中所述：“与英林供销社的相遇，改变了池池的命运，书写了他一生的幸福。这是机缘，却绝非偶然。让池池和普通人一样，快快乐乐走完人生路，是供销社大伙儿的信念。连智障的池池，都清楚地知道自己这份幸福的归属。其实幸福何尝不是相互的？感受大家庭温暖的池池，只会绽放简单的笑容，但这对大伙儿而言，是收获，是欣慰，也是一份回味绵长的幸福。”

英林供销社的“义”，是为了一个智障的池池；而温玉泽的“义”，则是为了一群不再奔波的孩子。

今年 48 岁的温玉泽本是重庆垫江县人，20 世纪 80 年代末来到晋江打工，如今满嘴都是闽南腔普通话。“那时在老家一天工 8 元，这边一般都二、三十元。”于是从油漆工开始做起，后来又转行当建筑小工。靠着急公好义的性格在工友中建立起的威望，老温成了他们这支四川重庆籍建筑队负责人，也就是人说的“包工头”。最多时，手下有 1000 多人。进入新世纪，高速发展的晋江经济，像一辆疾驶的动车，也同时带动着全市建筑市场火爆非常。但每年 3 月、9 月原本企业建设高峰期时，却偏偏屡屡出现一工难求的现象。为何？原来此时恰是这些外来工人们的孩子新学期开学之时。此时外来务工人员往往要回家解决孩子上学问题。

老温的建筑队也面临此难题。2003 年时，老温琢磨：要不自己就在晋江当地办所学校，这样既解决了工友们的后顾之忧，同时也能稳定自己的队伍。这样的设想，立即得到了晋江市教育部门的支持。2005 年，老温一手创办的荆山学校由此诞生。

然而这一办，老温竟从此一头“扎进”了与中国教育体制的“博弈”中，并在“误打误撞”中成为了探索开创中国“异地高考”的第一人。

自打有了老温的荆山学校，在晋江的各个外省打工人员都纷纷把孩子送到他的学校——不是收费问题，关键哪个家庭都不愿意承受父母子女两地分居之苦。于是从这以后，老温的学校规模不断扩大。在当地政府的全力支持下，如今老温又先后在晋江其他地方，办起了两处小学，目前三个学校学生总数已超过 4000 人！全晋江市共 11 所外来工子弟学校中，老温一人就占了 3 所！

2009 年，老温又在荆山学校内，办起了全国首个重庆、四川、安徽、湖南、湖北、贵州、河南 6 省 1 市，共 7 个异地高中班。按照老温的设想，小学办成了、初中也办成了，为什么不能再办个高中班，这样孩子们不就能一直和自己的父母团聚在外乡吗？

可是，老温哪里明白，正是这个高中班却让他面临了一个更大的难题——当下中国教育体制之障——没有户口，学籍怎么落？教材不一，将来高考怎么办？孩子们来自五湖四海，各省要求不一，老师又怎么请？……

然而走上了这条路的温玉泽，此时也已经回不了头了——一是，为办学校，这几年老温把生意都交给了别人处理，建筑队伍急剧缩减至 100 来人。为了改善学校硬件，老温还把自己的房子、汽车都卖了，一家老少全都和他一起吃住在学校里。二是，当初他一句“绝不能耽误了这些孩子”诺言，也让他发誓非要闯出个明白来，就是失败了，也“要对孩子们有个交待”。

好一个老温。硬是靠着个人四处奔走，居然先后解决这几十个高中孩子的学籍关——“公立学校不肯管，最后只能找那些当地省市的一些民办校解决，无非就是花钱了，大概一个学生一学期 2000 元”。“异地考点关”。从高一开始，这些孩子都要参加家乡的每年的会考，高三时还有场毕业会考。可这些孩子都在福建，怎么参加呢？老温跟对方商量：你们把考卷拿过来，不就行了。可对方就张嘴：哪有这先例？再说考卷安全问题怎么办？怎么才能保障不泄密？没辙，老温还得一个省一个省地跑：我掏钱，你们派专门老师飞机护送过来，到了晋江和当地教育部门直接对接，放在这边的保密室，双方共同负责维护，考完再飞机护送回去。磨了一圈，这个问题这两年也就这么解决的。“高考体检关”。这个难题是老温 2012 年才解决的。就放在晋江市医院，也是当地省里批准的高考生体检医院。

看着这三道关都过了，老温想：能否如法炮制，干脆正式的高考也就放在这儿吧。这话一讲出去，所有人都告诉老温：别做梦了！前三关好歹是各省教育部门自己通融一下，就能解决的。你说的这道关，只能国家说了算。

老温的闯关之路，就此打住。

2012 年的高考，是老温所办的异地高中班，第一次接受高考检验。告诉我们：不管最终成绩如何，但这个异地高中班，他还办下去。这个异地高考路，他也还要继续闯下去。

老温是不走运的，在如此顽固的中国教育体制面前；然而老温也是幸运的，因为能够包容各种敢为天下先的失败，恰恰正是他所生活的这块土地最大的特点。

鲁迅曾说：“中国一向就少有失败的英雄，少有韧性的反抗，少有敢单身鏖战的武人，少有敢抚哭叛徒的吊客；见胜兆则纷纷聚集，见败兆则纷纷逃亡。”晋江也并非是一块完美的土地，这里也有失败、这里也有沮丧、这里也有迷茫，这里也有彷徨。但，也正因此，这里也才是最真实的。它以它的包容、向远、重义、敢拼的精神特质，向着天下所有创业者，永远地敞开着大门。

为什么这里总是生机勃勃？为什么这里的人总是敢为天下先？为什么这里总能诞生创业传奇？

——因为，它的名字叫晋江。

附录 1978～2011年晋江市经济社会发展主要指标

年　　份	1978年	1979年	1980年	1981年	1982年	1983年	1984年	1985年	1986年
地区生产总值(万元)	14472	17882	28676	30911	36314	42529	64226	74660	91445
第一产业(万元)	5585	7678	13676	13190	14084	14716	22219	20365	21137
第二产业(万元)	5086	5938	8501	10571	13913	18125	29632	38065	52426
第三产业(万元)	3801	4266	6499	7150	8317	9688	12375	16230	17882
人均GDP(元)	154	187	296	316	366	422	630	722	873
财政收入(万元)	1833	1821	2135	2329	3658	4188	4560	5137	7198
全社会固定资产投资完成额(万元)	—	—	—	—	—	—	—	—	—
年末户籍人口(人)	94.87	96.34	97.29	98.34	100.01	101.35	102.66	104.13	105.46
常住人口(万人)	—	—	—	—	—	—	—	—	—
农业生产从业人员(万人)	—	—	—	—	—	—	28.51	25.14	24.27
农民人均纯收入(元)	—	—	129	170	277	338	432	525	602
在岗职工年平均工资(元)	627	667	760	777	780	785	953	1092	1187
社会商品出口总值(万元)	—	—	—	—	—	—	—	—	—

续表

年份	1987年	1988年	1989年	1990年	1991年	1992年	1993年	1994年	1995年
地区生产总值(万元)	105916	99317	113165	136867	192314	336047	618228	1119383	1422718
第一产业(万元)	28963	26959	31236	33952	45135	51859	63303	80700	101145
第二产业(万元)	53398	49708	56056	72263	110343	196254	365718	648308	766258
第三产业(万元)	23555	22650	25873	30652	36836	87934	189207	390375	555315
人均GDP(元)	995	1169	1305	1523	2065	3550	6470	11580	14523
财政收入(万元)	8779	7590	11723	15050	17080	22023	35076	43960	54588
全社会固定资产投资完成额(万元)	—	—	—	19144	21245	45986	61506	163413	169756
年末户籍人口(人)	107.45	84.67	86.91	91.04	93.41	94.12	95.19	96.35	97.77
常住人口(万人)	—	—	—		—	—	—	—	—
农业生产从业人员(万人)	23.72	19	19.3	20.07	20.09	19.2	18.48	18.9	19.11
农民人均纯收入(元)	665	834	887	1012	1214	1713	2121	3358	4321
在岗职工年平均工资(元)	1221	1389	1749	2037	2482	3025	3729	5451	6454
社会商品出口总值(万元)	—	10417	20798	38655	66635	126966	243301	518325	700336

年份	1996年	1997年	1998年	1999年	2000年	2001年	2002年	2003年
地区生产总值(万元)	1662330	1916521	2172424	2342733	2378290	2580197	2776674	3216048
第一产业(万元)	110868	119302	120843	111671	106943	111021	113373	107597
第二产业(万元)	906119	1070395	1291780	1418346	1457190	1599963	1742847	2052179
第三产业(万元)	645343	726824	759801	812716	814157	869213	920454	1056272
人均GDP(元)	16771	19172	21596	23159				
财政收入(万元)	63800	74828	86300	99066	130233	161660	200277	270196
全社会固定资产投资完成额(万元)	180335	200135	302141	302732	318171	346000	450300	608900

续表

年　　份	1996 年	1997 年	1998 年	1999 年	2000 年	2001 年	2002 年	2003 年
年末户籍人口(人)	98.67	99.46	99.92	100.6	101.92	102	102.1	102.43
常住人口(万人)	—	—	—	—				
农业生产从业人员(万人)	13.86	14.44	14.97	15.01	14.94	16.21	15.93	15.97
农民人均纯收入(元)	4868	5257	5643	5772	5972	6140	6330	6710
在岗职工年平均工资(元)	6897	7437	7504	8203	9012	9951	12026	13208
社会商品出口总值(万元)	766198	1010016	1179015	1303183	1341280	1481550	1629705	1946056
年　　份	2004 年	2005 年	2006 年	2007 年	2008 年	2009 年	2010 年	2011 年
地区生产总值(万元)	3698413	4227518	4924963	6058776	7254806	7988927	9088816	10956953
第一产业(万元)	115479	114189	105908	118794	132600	132228	155136	175033
第二产业(万元)	2381177	2760856	3244974	3953783	4634557	5108663	5917303	7390136
第三产业(万元)	1201757	1352473	1574081	1986199	2487649	2748036	3016377	3391784
人均 GDP(元)							46126	54686
财政收入(万元)	331133	386466	485888	602996	720000	815289	1002289	1360566
全社会固定资产投资完成额(万元)	830811	1024161	1195310	1569305	1908177	2302253	3208026	4173790
年末户籍人口(人)	102.89	103.29	103.66	104.45	105.04	105.69	106.58	106.97
常住人口(万人)							199.48	201.25
农业生产从业人员(万人)	14.78	—	—	—	—	—	—	—
农民人均纯收入(元)	7166	7625	8068	8617	9202	9828	10542	11965
在岗职工年平均工资(元)	14967	16491	18149	20398	22562	25606	29019	32939
社会商品出口总值(万元)	2246720	2632200	3014700	3285438	529005 万美元	592060 万美元	686789 万美元	851961 万美元

资料来源：晋江市统计局。

后　记

晋江创造的乡村工业化“晋江模式”和县域现代化发展的“晋江经验”，一直是理论界、学术界关注的范例。我国著名学者费孝通首先提出“晋江模式”，著名学者陆学艺等对晋江进行了持续二十多年的跟踪研究，并于2007年总结了“晋江模式新发展”。与此同时，“晋江经验”也引起党和政府的重视。2002年习近平同志撰文研究“晋江经验”，2011年福建省委号召全省学习“晋江经验”。

2012年，福建省晋江市撤县建市20周年。为进一步总结提炼“晋江经验”，3月，晋江市委、市政府委托我们到晋江开展调查研究。我们欣然接受委托，组织了研究力量较强、学科专业配套的研究队伍，成立新时期“晋江经验”联合课题组，开始了为期七个月的调研活动。

本次调研不同于以往调查研究，主要有两个方面：一是在调研的框架上，我们以一个主报告和十一个专题报告相结合的方式，梳理出晋江建市20年来，特别是近年来，在经济建设、社会建设、文化建设、城市建设、生态建设、服务型政府建设和党的建设等方面的特色和亮点，分为十二个课题组分头开展调研，力求较全面地揭示“晋江经验”的深刻内涵。二是在课题组成员的组成上，课题组成员主要是来自中国社科院、中央党校、国家行政学院、中央编译局、人民日报、福建江夏学院、福建省委政策研究室、福建省政府发展研究中心、福建省委党校、福建社科院、福建日报等单位的数十名专家学者组成研究力量较强的学科专业队伍。十二个课题组的负责人不仅在各自研究领域都有一定的专长，而且都长期关心关注晋江的发展，对晋江县域现代化道路的实践比较熟悉，这就为我们顺利开展调研工作奠定了基础。

做调查研究，关键在于如何通过对客观现象深入细致的考察，借以总结其后的规律和方法。为不负所托，4 月份，联合课题组一成立，便按照十二个课题的框架，围绕各自承担的主题，制订调研计划，并分别赴晋江开展调查研究。从 4 月到 10 月上旬，课题组成员通过实地考察、个别访谈、调查问卷、座谈交流、材料查阅等多种方式开展调研。累计开展座谈交流和互动访谈数十场，收集素材覆盖了 20 年来研究晋江的学术成果、1992 ~ 2011 年《晋江年鉴》、统计数据、各有关单位的工作总结和相关课题调研文章等。各课题初稿形成后，经过反复地论证和征求意见的基础上，最终形成定稿。可以说，呈现在大家眼前的《中国县域发展：晋江经验》是集体智慧的结晶。

晋江地方党委和政府十分重视该课题的调查研究工作。在本次长达近 10 个月调研、撰写工作中，晋江市委市政府始终给予大力支持和密切配合，为调研工作的顺利开展提供了极大的帮助。借本书付梓出版之际，我们向支持、帮助课题调研写作的单位和同志表示由衷的感谢！我们要感谢晋江市委书记陈荣法同志、晋江市长刘文儒同志、市人大主任陈建倩同志、市政协主席周伯恭同志和市委常委林惠玲同志等市领导，他们对该课题调研工作的开展给予了强有力的支持和指导。感谢杨益民、尤猛军、黄春辉等原晋江市领导为我们提出的宝贵的意见，感谢施永康、尤垂镇、许仲谋、邱奕谈、许连捷、陈澄清等晋江市老领导、企业家为我们提供宝贵的意见。感谢市委宣传部副部长柯国林、宣传系统专职副书记蔡辉和宣传部、党校的有关同志为我们的课题调研工作的提供支持和帮助。感谢晋江的人民群众的支持与配合。

本书各报告的具体成员分别是：

主报告：《创业乐园 · 创新晋江》，福建江夏学院课题组，组长黄陵东；执笔：黄陵东；唐赤华、林凯、陈晓煌、朱婧、李羿琼、黄翠萍等参与了调研、讨论、资料研究和部分初稿的写作。

专题报告 1：《晋江市转变经济发展方式的实践与探索》，中共福建省委政策研究室课题组，组长：赵彬，成员：王耀明、徐子青、翁书寿、池志森、陈宇。

专题报告 2：《城乡一体化：晋江现代化建设的内在要求》，中国社会科学院社会学研究所课题组，组长：王春光，成员：梁晨、单丽卿、孙文中。

专题报告3:《晋江市加强党的建设科学化的实践与启示》，中共中央党校课题组，组长：严书翰，成员：蔡志强、游九如。

专题报告4:《以社会发展为导向的政企互动：基于晋江经验的研究》，中央编译局世界发展战略研究部课题组，杨雪冬。

专题报告5:《为民建城　和谐征迁》，省政府发展研究中心课题组，成员：卓祖航、蒋淞卿、赵智杰、朱毅蓉。

专题报告6:《以人为本的社会管理：晋江模式的新内涵》，国家行政学院课题组，组长：龚维斌，成员：吴超。

专题报告7:《共建共享：晋江民生建设经验》，中共福建省委党校课题组，组长：张君良，成员：余文鑫、沈君彬。

专题报告8:《新时期晋江全面建设小康社会的实践》，福建省全面建设小康社会基地课题组，组长：林红，成员：肖庆文、王庆华。

专题报告9:《慈善事业“晋江模式”》，福建日报主任记者段金柱。

专题报告10:《文化晋江》，福建社会科学院课题组组长：管宁，成员：林秀琴。

专题报告11:《新“晋江精神”解读》，人民日报福建分社采访部主任赵鹏。

福建江夏学院课题组组长黄陵东同志负责全书的策划、设计和统稿。

最后，我们还要特别感谢我国著名社会学家陆学艺教授为本书作序并提出宝贵意见。感谢社会科学文献出版社谢寿光社长，谢寿光同志与晋江有不解之缘，多次为晋江课题提供出版服务，尤其是本次课题研究，他从课题开题时就已介入，对本书的研究定位、框架内容及具体写作提供了重要意见。感谢分社长王绯，责任编辑孙燕生、郑茵中同志，他们认真负责的敬业态度，专业高效的编辑水平另我们深为感动、颇为敬佩。总之，感谢为本书出版给予帮助，付出艰辛劳动的朋友们。愿我们的课题成果能为晋江推动“二次创业”，加快转变发展方式，建设幸福晋江，提供一些参考。本书稿提出的有关观点，不代表他人或单位的意见。书中存在的错误，概由本课题组负责，请社会各界不吝赐教。

《中国县域发展：晋江经验》课题组

2012年11月

图书在版编目(CIP)数据

中国县域发展：晋江经验 / 晋江经验课题组著. —北京：社会科学文献出版社，2012.12（2021.1 重印）
ISBN 978-7-5097-4012-5

Ⅰ.①中… Ⅱ.①晋… Ⅲ.①县级经济-区域经济发展-经验-晋江市 ②县-社会发展-经验-晋江市 Ⅳ.①F127.574

中国版本图书馆 CIP 数据核字（2012）第 277363 号

中国县域发展：晋江经验

著　　者 / 晋江经验课题组

出 版 人 / 王利民
项目统筹 / 王　绯
责任编辑 / 孙燕生　郑茵中

出　　版 / 社会科学文献出版社 · 政法传媒分社（010）59367156
地址：北京市北三环中路甲 29 号院华龙大厦　邮编：100029
网址：www.ssap.com.cn
发　　行 / 市场营销中心（010）59367081　59367083
印　　装 / 北京玺诚印务有限公司

规　　格 / 开　本：787mm×1092mm　1/16
印　张：24.25　字　数：392 千字
版　　次 / 2012 年 12 月第 1 版　2021 年 1 月第 3 次印刷
书　　号 / ISBN 978-7-5097-4012-5
定　　价 / 75.00 元